MEXIKO

INHALT

MEXIKO ENTDECKEN 6

Willkommen in Mexiko **8**
Liebenswertes Mexiko **10**
Mexiko auf der Karte **14**
Die Regionen Mexikos **16**
Erkundungstouren **22**
Mexikos Themen **32**
Das Jahr in Mexiko **54**
Kurze Geschichte **56**

MEXIKO CITY ERLEBEN 64

Historisches Zentrum **72**

Paseo de la Reforma **96**

San Ángel und Coyoacán **112**

Abstecher **126**

MEXIKO ERLEBEN 134

Zentralmexiko **136**

Baja California **164**

Nordmexiko **174**

Bajío **190**

Südmexiko **230**

Golfküste **258**

Halbinsel Yucatán **276**

REISE-INFOS 310

Reiseplanung **312**
In Mexiko unterwegs **314**
Praktische Hinweise **318**
Register **320**
Sprachführer **330**
Danksagung, Bildnachweis und Impressum **334**

Links: *Bunte Keramikschädel an einem Marktstand*
Vorhergehende Doppelseite: *Tempel oberhalb des Strands in Tulum* (siehe S. 288f)
Umschlag: *Pyramide El Castillo in Chichén Itzá* (siehe S. 294–297)

MEXIKO
ENTDECKEN

Das Herz von San Miguel de Allende

Willkommen in Mexiko **8**

Liebenswertes Mexiko **10**

Mexiko auf der Karte **14**

Die Regionen Mexikos **16**

Erkundungstouren **22**

Mexikos Themen **32**

Das Jahr in Mexiko **54**

Kurze Geschichte **56**

WILLKOMMEN IN MEXIKO

Ob Sie die farbenfrohen Wandmalereien von Diego Rivera in den pulsierenden Städten des Landes oder die uralten faszinierenden Maya-Ruinen mitten im Dschungel besichtigen möchten, ob es Sie in abgelegene Wüsten, zu unberührten Stränden, an weite Schluchten oder auf schneebedeckte Vulkane zieht – dieser Vis-à-Vis-Reiseführer ist für Ihren Mexiko-Besuch der perfekte Begleiter!

1 *Tortilla-Tacos*
2 *Papel-Picado-Girlanden in San Miguel de Allende*
3 *Eine* Mariachi-*Musikerin*
4 *Popocatépetl und Nuestra Señora de los Remedios auf dem Hügel von Cholula*

Für viele ist Mexiko eine mit stacheligen Kakteen übersäte karge Wüste, die sich landschaftlich so jedoch hauptsächlich südlich der US-amerikanischen Grenze wiederfindet. Im Landesinneren dominieren spektakuläre Berge und Vulkane die Natur, während der Dschungel im Süden eine vielfältige Tierwelt und mesoamerikanische Ruinen birgt. Die Küstenregionen reichen von zerklüfteten Gebirgslandschaften über ursprüngliche Uferabschnitte und authentische kleine Ortschaften bis zu den karibischen Traumstränden der Riviera Maya. Mexico City gilt mit seinen belebten Straßen, bunten Galerien und der lebendigen Kulturszene als eine der aufregendsten Städte der Welt. Guanajuato und San Miguel de Allende sind wunderschöne Bastionen des alten Neuspanien, während Monterrey und Tijuana Zentren der modernen mexikanischen Kultur sind. Im Süden bieten Oaxaca und San Cristóbal eine vielfältige indigene Kultur. Von der Baja California bis zur Halbinsel Yucatán haben wir das Land in leicht zu navigierende Kapitel unterteilt, mit detaillierten Reiserouten, Tipps von Experten und Einheimischen sowie Karten zur Orientierung. Ganz egal, ob Sie auf der Suche nach Kultur, Kulinarik oder Naturerlebnissen sind, mit diesem Vis-à-Vis-Reiseführer planen Sie Ihr perfektes Abenteuer. Genießen Sie das Buch und genießen Sie Mexiko!

LIEBENSWERTES MEXIKO

Mit einer so traditionsreichen Kultur, geschmacksintensiven Küche und atemberaubenden Schönheit gibt es kein »typisch« – stattdessen gilt es, das Land in seiner ganzen Vielfalt zu entdecken. Hier sind einige unserer Favoriten!

1 Land der farbenfrohen Fiestas

Vom ausgelassenen Karneval über den Tag der Toten bis zu regionalen Veranstaltungen im ganzen Land – in Mexiko ist einfach immer etwas los *(siehe S. 54f)*.

2 Vermächtnis der Mesoamerikaner

Entdecken Sie die Sonnenpyramide und Dschungelpfade in Palenque oder bewundern Sie die Wandgemälde in Bonampak.

3 Mexikos kulinarische Köstlichkeiten

Ob als Streetfood oder im Gourmet-Restaurant: Probieren Sie Red Snapper im Veracruz-Stil oder traditionellen Tequila *(siehe S. 52f)*.

Sagenumwoben: 4 Ruta de la Plata
Entdecken Sie die Städte zwischen Zacatecas und Mexico City entlang der uralten Ruta de la Plata *(siehe S. 26f).*

Lebendige Kunst- und Kulturszene 5
Gemälde oder kühne Wandmalereien von aztekischen Schlangen, dem Tag der Toten, Priestern und Revolutionären fangen die Seele Mexikos ein.

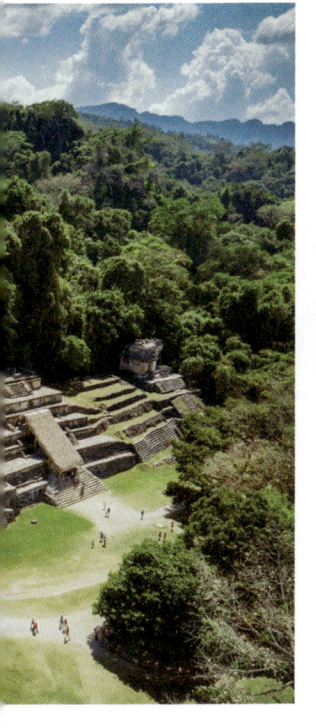

Die Eisenbahnroute 6 El Chepe
Die reizvolle Route durch riesige goldene und rostrote Schluchten ermöglicht eine der schönsten Zugreisen der Welt *(siehe S. 182).*

Highlight im Süden: 7 Oaxaca

Die aufregende Stadt *(siehe S. 234–237)* bietet Zapoteken-Märkte, Kulinarik, Kunst & Kultur sowie das antike Monte Albán.

Erfrischendes Bad in *cenotes* 8

Kristallklares Wasser füllt die Dolinen in den kathedralenähnlichen Kalksteinhöhlen auf der Halbinsel Yucatán *(siehe S. 281)*.

9 Museo Nacional de Antropología

Das Museum umfasst über 3000 Jahre mexikanische Geschichte und erforscht die Vergangenheit mit Exponaten von Statuen und rekonstruierten Gräbern *(siehe S. 100–105)*.

10 Sandstrände für Sonnenanbeter

Faulenzen Sie an Mexikos Stränden *(siehe S. 44f)* vor Wüstenbergen, surfen Sie auf wilden Gewässern oder genießen Sie an der goldenen Küste eine leckere Margarita.

Kunst- und Handwerksmärkte 11

Kunsthandwerk in Mexiko ist ein wesentlicher Bestandteil des täglichen Lebens. Auf den Mercados können Sie gewebte Kleidung oder Silberarbeiten erstehen.

Traditionelle *Mariachi*-Musik 12

Mit Gitarren, Trompeten und einem harmonischen Chor laden *Mariachi*-Bands dazu ein, auf den Plätzen der Städte zu tanzen *(siehe S. 33)*.

MEXIKO
AUF DER KARTE

Für diesen Reiseführer wurde Mexiko in acht Regionen gegliedert. Jedes Kapitel hat eine eigene Farbe, wie auf der Karte ersichtlich.

DIE REGIONEN MEXIKOS

Mexiko ist in 32 Bundesstaaten und den autonomen Bezirk Mexico City, die Hauptstadt des Landes, unterteilt. Von den nördlichen Wüsten bis zum tropischen Süden bezaubert es mit atemberaubenden Landschaften, einer lebendigen Geschichte, kulinarischen Highlights sowie zahlreichen, teils versteckten Sehenswürdigkeiten und unvergesslichen Ausflugszielen.

Mexico City

Seiten 64–133

Wuselige Kunsthandwerksmärkte, opulente Wandgemälde, betörende Düfte der Streetfoodküche und traditionelle Klänge von Marimba und *mariachi* – all das ist Mexico City. Die Metropole vereint luxuriöse Boutiquen und angesagte Bars in Polanco, historische Klöster aus der Kolonialzeit und uralte Aztekenruinen im historischen Zentrum sowie eher ruhiges Vorstadtflair in San Ángel und Coyoacán. Zudem finden sich hier einige der besten Restaurants, Museen, Kulturevents und Sportveranstaltungen in Lateinamerika – machen Sie sich bereit für jede Menge Abwechslung!

Entdecken
Museen, Kunst, Architektur, Restaurants, Nachtleben

Sehenswert
Catedral Metropolitana, Templo Mayor, Palacio de Bellas Artes, Palacio Nacional, Museo Nacional de Antropología, Museo Frida Kahlo und Xochimilco

Genießen
Livemusik und *Mariachi*-Bands auf der Plaza Garibaldi

Zentralmexiko

Seiten 136–163

Die kleinen, dicht besiedelten Bergstaaten rund um die Hauptstadt sind reich an mexikanischer Geschichte und einheimischer Kultur. Indigene Zivilisationen schufen die Pyramiden von Tula und Teotihuacán, wobei Letzteres als vielleicht Mexikos berühmteste vorspanische Stätte gilt. Ab dem 16. Jahrhundert gründeten die Spanier Städte wie Pachuca und Mineral del Monte, die heute charmante Orte voller hübscher Kolonialarchitektur sind. Der westliche Teil der Region begeistert mit kühlen Wäldern und malerischen Seen, während das wärmere Wetter im Süden Besucher nach Cuernavaca oder Taxco lockt.

Entdecken
Antike Ruinen und spanische Kolonialarchitektur

Sehenswert
Teotihuacán, Museo Nacional del Virreinato und Puebla

Genießen
Erklimmen Sie die Sonnenpyramide, um die Ruinen der mesoamerikanischen Stadt Teotihuacán zu überblicken

Baja California

Seiten 164–173

Baja California ist eine lange Halbinsel, umgeben von subtropischen Gewässern – eine Gegend mit riesigen Kakteen, kargen Wüsten und ruhigen, nahezu unberührten Stränden. Die Region ist dünn besiedelt und dient den nordamerikanischen Zugvögeln jedes Jahr als kurzzeitige Heimat. Besucher und Touristen können eine vielfältige Mischung aus abwechslungsreichen Landschaften, abgelegenen Gemeinden und aufregendem Partyleben vorfinden: von der lebhaften Grenzstadt Tijuana über Walbeobachtung in Guerrero Negro und alten Höhlenmalereien bis zu den herrlichen Stränden von Los Cabos.

Entdecken
Strände, Nachtleben und Wassersport

Sehenswert
Cabo San Lucas, Tijuana und La Paz

Genießen
Schlendern Sie die Strandpromenade in Ensenada entlang und probieren Sie die berühmten Fisch-Tacos der Stadt

Nordmexiko

Im Norden liegen viele dicht mit Kakteen besiedelte Wüsten. Doch auch ein paar versteckte Badeorte, nette Ortschaften, schöne Naturdenkmäler sowie lebhafte, moderne Grenzstädte locken Besucher in diese riesige Steppenregion, in der die Menschen hauptsächlich von traditioneller Viehzucht leben. Auch ohne Auto können Sie die Sehenswürdigkeiten im Norden gut erreichen: Fahren Sie zum Beispiel mit dem El Chepe durch den beeindruckenden Cañón del Cobre, entdecken Sie das lebhafte und kosmopolitische Monterrey oder spazieren Sie entspannt durch die Straßen westlicher Filmsets in der Nähe von Durango.

Entdecken
Kolonialgeschichte, Kultur, unberührte Landschaften

Sehenswert
Paquimé und Cañón del Cobre

Genießen
Fahren Sie mit dem El Chepe durch den Cañón del Cobre und genießen Sie die fantastische Aussicht auf die Sierra Tarahumara

Bajío

Die mexikanische Pazifikküste ist dank ihrer unglaublich feinen Sandstrände und der zahlreichen wunderschönen Resorts ein wahres Paradies für Sonnenhungrige. Viele Highlights der Region finden sich jedoch in den kleinen Staaten, die Mexikos Kernland bilden – bekannt als Bajío. Hier wechseln sich prächtige Silberminenstädte aus der Kolonialzeit mit sanft geschwungenen Berglandschaften ab. Der Bajío hat der Welt zwar auch typische mexikanische Exportgüter wie Tequila, *Mariachi*-Musik und Diego Rivera beschert, steckt aber darüber hinaus voller weniger bekannter indigener Traditionen – die farbenfrohen Garnmalereien der Wixáritari und die traditionellen Feste der Gegend um den Lago de Pátzcuaro sind sehenswerte Beispiele.

Entdecken
Strände, indigene Kultur, Architektur und Festivals

Sehenswert
Guadalajara, Guanajuato, Zacatecas, Querétaro und Morelia

Genießen
Genießen Sie die Konzerte und Kunstausstellungen der Feria de San Marcos in Aguascalientes

Südmexiko

Seiten 230 – 257

Im Süden des Landes finden sich einige der beeindruckendsten Kulissen Mexikos, von spektakulären Berggipfeln bis zu von Wasserfällen durchzogenen Tälern. Die Pazifikküste ist bei Besuchern besonders beliebt, die hier in Ferienorten wie Acapulco Entspannung oder im Surferparadies Puerto Escondido und an den Stränden von Chiapas Abenteuer suchen. Südmexiko gilt zudem als kunterbunter Schmelztiegel vieler verschiedener Kulturen, Gemeinschaften und Lebensweisen – selbst für Mexiko, das mehrere Dutzend indigene Sprachen, Traditionen und unterschiedliche Kulturen in einem Land vereint.

Entdecken
Indigene Kultur, mesoamerikanische Ruinen und mexikanische Küche

Sehenswert
Oaxaca, Monte Albán, Acapulco und Palenque

Genießen
Nehmen Sie an einer Feinschmecker-Tour durch die Stadt Oaxaca teil

Golfküste

Seiten 258 – 275

Auf dem schmalen Landstreifen an der Golfküste finden Naturfreunde und Kulturliebhaber das perfekte Reiseziel. Das felsige Landesinnere bietet Aktivurlaubern Nervenkitzel im Freien, während die Ruinen von El Tajín und das Museo de Antropología de Xalapa vor allem Geschichtsliebhabern gefallen dürften. Im Hafen von Veracruz vermischen sich die Kulturen: Traditionelle Musik dringt durch die altertümlichen Straßen, während die modernen Strandresorts eher ein Zeichen der Neuzeit sind.

Entdecken
Geschichte und Outdoor-Abenteuer

Sehenswert
El Tajín und Museo de Antropología de Xalapa

Genießen
Nehmen Sie ein *temazcal* in Catemaco – einen Saunagang, gefolgt von einer Massage oder einem Schlammbad

Halbinsel Yucatán

Die Halbinsel Yucatán gilt zweifellos als das wahre Urlaubsparadies in Mexiko. Besucher aus der ganzen Welt strömen zu den atemberaubenden karibischen Stränden und Tauch-Hotspots der Riviera Maya, die zwischen der beliebten Urlaubsregion Cancún und den Maya-Ruinen von Chichén Itzá liegt. Weiter im Landesinneren ist die Halbinsel von einem riesigen, dichten Dschungel bedeckt, in dem sich viele der berühmten *cenotes* befinden – eingestürzte, mit kristallklarem Süßwasser gefüllte Karsthöhlen. Auch können Sie hier durch etliche teils unberührte Städte und schöne Dörfer wandern.

Entdecken
Strände, Tauchen, Maya-Ruinen und Nachtleben

Sehenswert
Riviera Maya, Uxmal, Tulum, Mérida und Chichén Itzá

Genießen
Nehmen Sie ein erfrischendes Bad in einem kristallklaren *cenote*, während Sie durch die farbenfrohe Unterwasserwelt tauchen

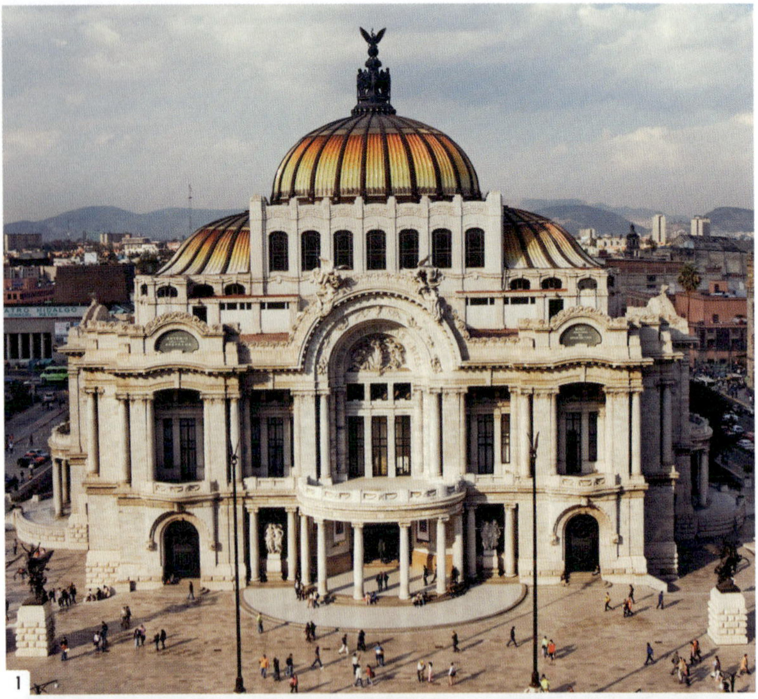

←

1 *Der Palacio de Bellas Artes*

2 *Eine bunte* trajinera *in den Kanälen von Xochimilco*

3 *Zuckrige Churros mit Schokoladensoße*

4 *Eine Aufführung des Ballet Folklórico de México*

In Mexiko kann man angesichts der vielfältigen kulturellen Möglichkeiten, der zahllosen kulinarischen Leckereien und einzigartigen Natur schnell den Überblick verlieren. Mit unseren Reiserouten holen Sie das Beste aus Ihrem Besuch in diesem faszinierenden Land heraus.

3 TAGE
in Mexico City

Tag 1
Vormittags Beginnen Sie den Tag mit einem ausgiebigen Frühstück mit Churros und Trinkschokolade im El Moro (www.elmoro.mx). Genießen Sie danach von der Torre Latinoamericana *(siehe S. 90)* die spektakuläre Aussicht über die ganze Stadt.
Nachmittags Spazieren Sie durch die Fußgängerzone Madero, die wichtigste Einkaufsmeile des Zentrums, zum Herzen der Stadt: dem Zócalo *(siehe S. 94f)*. Beobachten Sie beim Mittagessen das wuselige Treiben auf dem Platz und besichtigen Sie dann die berühmten Sehenswürdigkeiten, darunter den Palacio Nacional *(siehe S. 82f)* und die Catedral Metropolitana *(siehe S. 76f)*.
Abends Genießen Sie ein Abendessen mit Fajitas in der eleganten La Ópera Bar *(siehe S. 89)* und begeben Sie sich dann zur Plaza Garibaldi *(siehe S. 85)*, wo Sie von *Mariachi*-Bands in einer der vielen Bars zum Tanzen aufgefordert werden.

Tag 2
Vormittags Besuchen Sie das Museo Frida Kahlo *(siehe S. 116f)* und bewundern Sie die Kunstwerke als eindrucksvolle Hommage an Kahlos turbulentes Leben.
Nachmittags Essen Sie auf der Plaza Hidalgo im ruhigen Viertel Coyoacán zu Mittag und genießen Sie auf dem Mercado de Antojitos (Higuera 10) knusprige Quesadillas oder brodelnden *pozole* (Eintopf). Danach geht es in Xochimilco *(siehe S. 128f)* per Boot durch die »Schwimmenden Gärten«.
Abends Lassen Sie den Tag in einer *pulquería* (traditionelle Bar) von Xochimilco ausklingen. Die Pulquería El Templo de Diana (Av. 5 de Mayo 17) ist eine der ältesten und erinnert an die 1950er Jahre.

Tag 3
Vormittags Besuchen Sie die faszinierenden mesoamerikanischen Ruinen von Teotihuacán *(siehe S. 140–143)*. Gehen Sie von der Sonnenpyramide hinunter zur Zitadelle und zum Palast des Quetzalcóatl und anschließend in das Museum, bevor Sie zum Mittagessen nach Mexico City zurückkehren.
Nachmittags Im Museo Nacional de Antropología *(siehe S. 100–105)*, Mexikos größtem Museum, können Sie am Nachmittag faszinierende Exponate wie die riesigen Olmeken-Köpfen und Nachbildungen antiker Gräber bestaunen.
Abends Reservieren Sie zum Dinner im Pujol (www.pujol.com.mx), einem eleganten Restaurant des Starkochs Enrique Olvera im gehobenen Stadtteil Polanco. Für einen spektakulären Abschluss besorgen Sie sich Tickets für das Ballet Folklórico de México im Palacio de Bellas Artes *(siehe S. 78f)*.

6 TAGE
in Baja California

Tag 1
Die westliche Halbinsel der Baja California ist wie gemacht für einen Roadtrip. Lange Highways schlängeln sich entlang weiter Wüsten oder malerischer Küstengebiete und vorbei an charmanten Städten und anderen Sehenswürdigkeiten. Beginnen Sie Ihre Reise in der nördlichen Stadt Ensenada *(siehe S. 168)*. Schlendern Sie die Strandpromenade entlang und sehen Sie sich dann im Museo de Historia (www.museoens.com) die Ausstellungen über die Völker und Kulturen der Baja California an. Probieren Sie die berühmten Fisch-Tacos von Ensenada im Mercado de Mariscos und verkosten Sie anschließend die Weine in den Bodegas de Santo Tomás (www.santo-tomas.com). Beenden Sie den Tag bei Hussong's (www.cantinahussongs.com/inicio.html), das Tacos und die angeblich originale Margarita serviert.

Tag 2
Südlich von Ensenada durchschneidet die Carretera Federal 1 steile Bergketten und stark bewirtschaftete Felder. Auf der dreieinhalbstündigen Fahrt von Ensenada nach El Rosario halten Sie für eine Pause unbedingt in San Quintín an, um die lokalen Austern zu probieren, die im La Ostionera de Bahía Falsa (www.laostionera.com) serviert werden. Beenden Sie die Fahrt in der kleinen Stadt El Rosario. Essen Sie bei Mama Espinoza (Tel. +52 616 165 87 70) zu Abend, das berühmt ist für seine Hummer-Burritos.

Tag 3
Brechen Sie früh zu der knapp 575 Kilometer langen Fahrt nach Santa Rosalía auf. Planen Sie etwa neun Stunden plus Zeit für Pausen ein – machen Sie Rast in Guerrero Negro und genießen Sie Meeresfrüchte im Malarrimo (www.malarrimo.com). Am späten Nachmittag können Sie sich im reizenden San Ignacio *(siehe S. 170)* bei einem Spaziergang die Beine vertreten. Wenn Sie Zeit haben, besuchen Sie dort das Museo de las Pinturas Rupestres de San Ignacio, um mehr über die antiken Kunstwerke aus Baja California zu erfahren. Wenn Sie Santa Rosalía *(siehe S. 171)* vor Einbruch der Dunkelheit erreichen, machen Sie einen frühen Abendspa-

1 *Museo de Historia, Ensenada*
2 *Frisches Gebäck in der Panadería El Boleo, Santa Rosalía*
3 *Carretera Federal 1*
4 *Nuestra Señora de Loreto, Baja Californias erste Missionskirche*
5 *Promenade in Cabo San Lucas*

ziergang zu der vollständig aus Stahl erbauten Iglesia de Santa Bárbara.

Tag 4

Probieren Sie das französische Gebäck in der Panadería El Boleo (Obregón 30), bevor es weitergeht nach Mulegé *(siehe S. 170f)*. Besuchen Sie die Kirche auf dem Hügel und sehen Sie sich prähistorische Artefakte im Museo Mulegé an, bevor Sie in Los Equipales (Moctezuma 70) zu Mittag essen. Loreto *(siehe S. 171)* liegt zweieinhalb Stunden südlich, aber stoppen Sie unterwegs an einem der Strände von Bahía Concepción, um die Sonne zu genießen und in der paradiesischen Bucht im Landesinneren zu baden. Am Abend lassen Sie sich Bajas exquisite Meeresfrüchte im El Calorón schmecken (López Mateos 2), das einen atemberaubenden Blick über den Golf von Kalifornien bietet.

Tag 5

Unternehmen Sie am Morgen einen Spaziergang zu Loretos Missionskirche, die erste, die in ganz Baja errichtet wurde. Nehmen Sie im Restaurant Mi Loreto (Salvatierra 50) ein frühes Mittagessen ein und setzen Sie dann Ihre etwa vierstündige Fahrt nach La Paz *(siehe S. 172)* fort. Schlendern Sie entlang des idyllischen Malecón und gönnen sich ein Abendessen mit Hummer und Tacos im Mariscos Bismarkcito (Paseo Álvaro Obregón). Lassen Sie den Abend mit Cocktails in der Cervecería La México (Obregón 1665) ausklingen.

Tag 6

Starten Sie mit hausgemachtem Gebäck im Doce Cuarenta (Madero 1240) in der Nähe der zentralen Plaza Constitución in den Tag. Sehen Sie sich danach die Exponate zur Lokalgeschichte im Museo Regional de Antropología e Historia an, bevor Sie im Rancho Viejo (Márquez de León 228) zu Mittag essen – die Steak-Tacos sind hier hervorragend! Fahren Sie anschließend eine Stunde nach Todos Santos *(siehe S. 173)*, wo Sie entspannt durch die urigen Straßen der Stadt bummeln. Im Hotel California (www.hotelcaliforniabaja.com) gibt es guten Kaffee für zwischendurch.

6 TAGE
auf der Ruta de la Plata

Tag 1
Die berühmte Silberroute führt durch mehrere Städte aus der Kolonialzeit und folgt den ehemaligen Silbertransportpfaden. Die Tour beginnt in der Stadt Querétaro *(siehe S. 206f)*. Um eine Vorstellung vom Leben der Oberschicht im 18. Jahrhundert zu erhalten, besichtigen Sie das Museo Casa de la Zacatecana im Süden der Stadt. Probieren Sie zur Mittagszeit eine *torta* (mexikanisches Sandwich) im Las Tortugas (Andador 5 de Mayo 27). Spazieren Sie anschließend zum Mirador de los Arcos, der einen tollen Blick auf das historische Aquädukt der Stadt bietet. Versuchen Sie die kreative Küche im Chinicuil (Pasteur Sur 52) und genehmigen Sie sich in der Bodega Alquimia (5 de Mayo 71) den einen oder anderen Cocktail.

Tag 2
Mit dem Bus erreichen Sie Dolores Hidalgo *(siehe S. 220)*. Die wichtigsten Sehenswürdigkeiten der Stadt befinden sich rund um die Plaza Principal, beginnend mit der Kirche, in der Pater Hidalgo anno 1810 den mexikanischen Unabhängigkeitskrieg auslöste. Probieren Sie danach die skurrilen Eissorten der Stadt, die rund um den Hauptplatz verkauft werden – wie wäre es zum Beispiel mit Kakteen- oder Garnelengeschmack? Beenden Sie den Tag nach einer 45-minütigen Busfahrt in San Miguel de Allende *(siehe S. 224)* und lassen Sie den Abend im La Azotea ausklingen (Umarán 6), der angesagtesten Rooftop-Bar der Stadt.

Tag 3
Übernachten Sie in der Kolonialstadt San Miguel de Allende. Starten Sie am Morgen mit einem Spaziergang zum Platz El Jardín Principal und essen Sie im La Alborada (Sollano 11) zu Mittag, das berühmt für seine traditionellen Suppen und Eintöpfe ist. Danach besichtigen Sie auf der Plaza Cívica zwei Kirchen aus der Kolonialzeit – den Templo de Nuestra Señora de la Salud mit einer ungewöhnlichen konkaven Fassade und das Oratorio de San Felipe Neri mit Ölgemälden. Stöbern Sie anschließend im Mercado de Artesanías durch mexikanische Volkskunst, Töpferwaren und Souvenirs. Besuchen Sie am Abend das ausgezeichnete

1 *Statue mit Blick auf das Aquädukt in Querétaro*
2 *Eine bunte Straße in Guanajuato*
3 *Seilbahn in Zacatecas*
4 *Mais-Taco im Gordita-Stil*
5 *Eisverkäuferin in Dolores Hidalgo*

peruanische Restaurant La Parada (www.laparadasma.com).

Tag 4
Eine eineinhalbstündige Busfahrt bringt Sie in die Stadt Guanajuato *(siehe S. 196–201)*. Nehmen Sie dort die Standseilbahn zum Monumento al Pípila – von dort genießen Sie einen spektakulären Blick auf die Stadt! Zu Fuß geht es weiter zum Jardín de la Unión, dem Hauptplatz, wo Sie sich ein köstliches Mittagessen auf dem Mercado Hidalgo gönnen. Fahren Sie nach Norden zum Museo Regional de Guanajuato und erfahren Sie mehr über Mexikos Unabhängigkeitskrieg *(siehe S. 59)*. Am Abend essen Sie in der Tasca de la Paz (Plaza de la Paz 28), bevor Sie an einer traditionellen *callejóneadas* teilnehmen, einer Straßenführung von als Minnesänger verkleideten Studenten *(siehe S. 198)*.

Tag 5
Nehmen Sie den Bus nach Aguascalientes *(siehe S. 224)* und laufen Sie über die Plaza de la Patria. Essen Sie im Mercado Juárez *bírria* (Ziegen- oder Hammeleintopf) zu Mittag. Von dort ist es nur ein kurzer Spaziergang zum Museo Nacional de la Muerte, das Mexikos Todesbilder thematisiert. Nehmen Sie am Abend ein Taxi, um die Baños Termales de Ojocaliente (www.banostermalesojocaliente.mx) zu besuchen. Zum Abendessen serviert das Restaurante Mitla (Maduro 220) mexikanische Gerichte.

Tag 6
Nach einer zweistündigen Busfahrt nach Zacatecas *(siehe S. 202–205)* fahren Sie zur Kathedrale an der Plaza de Armas. Laufen Sie durch die herrliche Altstadt und erkunden die engen Gassen mit ihren Arkaden sowie die großen Kirchen und imposanten Herrenhäuser. Besuchen Sie zum Mittagessen das Gorditas Doña Julia (Hidalgo 409). Unternehmen Sie anschließend eine geführte Tour durch die Silbermine El Edén. Lassen Sie sich zum Abendessen im Restaurant des Hotels Quinta Real (www.quintareal.com) verwöhnen, bevor Sie im La Mina Club (www.minaeleden.com.mx) die Nacht zum Tag machen.

←

1 *Zutaten für* mole *auf dem Mercado Benito Juárez*

2 *Ein traditioneller Weber in Teotitlán del Valle*

3 *Ruinen in Monte Albán*

4 *Papier im Taller Leñateros, San Cristóbal de las Casas*

5 TAGE
in Südmexiko

Tag 1
Beginnen Sie Ihre Reise in Oaxaca *(siehe S. 234–237)* und stöbern Sie in den Kunsthandwerksläden der Macedonio Alcalá. Zum Mittagessen können Sie in der Casa Oaxaca (www.casaoaxacaelrestaurante.com) *mole* probieren – eine traditionelle Sauce, die es in vielen Variationen und Geschmacksrichtungen gibt. Erkunden Sie nachmittags die Sammlung an Mixteken-Schmuck und -Gold im Museo de las Culturas de Oaxaca. Abends bietet Los Danzantes (www.losdanzantes.com) Oaxaca-Gerichte wie Barbecue-Huhn mit frittiertem Kaktus und Schokolade.

Tag 2
Der riesige Lebensmittelmarkt des Mercado Benito Juárez ist erfüllt vom Duft frischer Lebensmittel und pikanter Gewürze, während der Mercado de Artesanías für zapotekisches Kunsthandwerk bekannt ist. Auf dem weitläufigen Mercado de Abastos können Sie zu Mittag essen. Bewundern Sie anschließend die mesoamerikanische Kunst im Museo de Arte Prehispánico de México. Kehren Sie zum Abendessen im Zandunga (www.zandungasabor.com) ein, das 60 Arten von Mezcal sowie regionale Spezialitäten serviert.

Tag 3
Mieten Sie sich für eine Fahrt ins Umland ein Auto und brechen Sie früh auf, um den Morgen an den berühmten malerischen Ruinen von Monte Albán *(siehe S. 240f)* zu verbringen. In Santa María del Tule können Sie an den Imbissständen des Mercado el Tule zu Mittag essen und anschließend weiter nach Teotitlán del Valle fahren, der Heimat antiker Ruinen, zapotekischer Kunsthandwerksstände und feiner Teppiche. Genießen Sie frisch zubereitete Tamales und Enchiladas bei Comedor Conchita's (Juárez 104), bevor es nach Oaxaca zurückgeht. Fahren Sie von dort mit dem Nachtbus nach San Cristóbal de las Casas *(siehe S. 249)*.

Tag 4
Der Tag beginnt mit einem Kaffee im El Kiosko (Plaza 31 de Marzo). Frisch gestärkt besuchen Sie anschließend das Museo de San Cristóbal und das eindrucksvolle ehemalige Rathaus, das in ein Heimatmuseum umgewandelt wurde. Nach dem Mittagessen wandern Sie nach Norden den Andador Eclesiástico hinauf nach Santo Domingo. An den Kunsthandwerksständen können Sie nach Herzenslust nach Souvenirs stöbern. Nebenan befindet sich das faszinierende Museo Centro Cultural de los Altos, das Textilien der lokalen indigenen Kulturen ausstellt. Probieren Sie zum Abendessen spanische Tapas im La Viña de Bacco (Real de Guadalupe 7).

Tag 5
Buchen Sie über Ihr Hotel oder über Jalapeño Tours (www.jalapenotours.com) eine geführte Tour durch die zeitgenössischen Tzotzil-Maya-Dörfer San Juan Chamula und San Lorenzo de Zinacantán. Machen Sie sich anschließend auf den Weg zum Taller Leñateros (www.tallerlenateros.com), einer traditionellen Papierfabrik. Für ein Abendessen mit innovativer, moderner Küche aus Chiapas reservieren Sie einen Tisch im El Secreto (16 de Septiembre 24).

5 TAGE
auf der Halbinsel Yucatán

Tag 1
Beginnen Sie Ihre Tour über die Halbinsel mit einem herzhaften Frühstück im El Bastión (Calle 57, Entre 8 y 10) in Campeche *(siehe S. 300f)*. Sehen Sie sich die Kathedrale an und besuchen Sie das Museo de la Arquitectura Maya, das Denkmäler und Skulpturen der Maya ausstellt und Zugang zu den alten Stadtmauern bietet. Gleich hinter den Mauern können Sie anschließend über den bunten Stadtmarkt bummeln. Drum herum finden Sie zahlreiche Restaurants, in denen Sie zu Mittag essen können. Fahren Sie dann zum beeindruckenden archäologischen Museum in Fuerte de San Miguel, in dem Sie die erste mumifizierte Leiche, die in Mesoamerika gefunden wurde, betrachten können. An der Küste können Sie an den *paradores de cocteleros* frische Meeresfrüchte probieren, während Sie den Sonnenuntergang beobachten.

Tag 2
Knappe zwei Autostunden sind es zur alten Maya-Stadt Uxmal *(siehe S. 284–286)*, die für ihre kunstvoll verzierten Gebäude berühmt ist. Anschließend fahren Sie weiter nach Mérida *(siehe S. 290–293)*. Holen Sie sich im El Marlin Azul (Calle 62 488) Meeresfrüchte zum Mittagessen, bevor Sie die Stadt erkunden. Bewundern Sie das wunderschön restaurierte Museo Casa Montejo – ein Palast aus dem 16. Jahrhundert – sowie die riesigen Wandgemälde von Fernando Castro Pacheco im Palacio de Gobierno. Anschließend können Sie in der Casa de las Artesanías (Calle 63) durch filigranes Kunsthandwerk und traditionell geknüpfte Hängematten stöbern. Zum Abendessen geht es in die Fusionküche des Rosas y Xocolate (www.rosasandxocolate.com). Sehen Sie sich danach eine Aufführung im Teatro Peón an.

Tag 3
Fahren Sie früh zu den berühmten Maya-Ruinen von Chichén Itzá *(siehe S. 294–297)*, um den Ansturm der Touristen zu umgehen. Planen Sie etwa drei Stunden für die Erkundung ein und beginnen Sie mit den Pyramiden im Gebiet Chichén Nuevo auf der Nordseite des Geländes. Danach wandern Sie zu den Ruinen von Chichén Viejo im Süden.

1 *Die Kathedrale auf der Plaza de la Independencia, Campeche*
2 *Die Adivino-Pyramide von Uxmal*
3 *Besteigung der Ruinen von Cobá*
4 *Archäologische Stätte von Tulum mit Blick auf den Sandstrand*
5 *Tauchgang im Gran Cenote*

Lassen Sie sich mittags im nahen Valladolid *(siehe S. 306f)* das ausgezeichnete Yucatán-Büfett (Schweinebraten zu Meeresfrüchten) in der Hacienda Selva Maya (www.meson delmarques.com/hacienda-selva-maya) schmecken. Eine Autostunde entfernt liegt die Maya-Stadt Cobá *(siehe S. 304)*, wo Sie imposant über dem Dschungel aufragende Pyramiden besichtigen können. Abends kehren Sie im Hartwood (www.hartwood tulum.com) am Strand von Tulum ein, wo am offenen Feuer gekocht und gegrillt wird.

Tag 4
Die Maya-Pyramiden in Tulum *(siehe S. 288f)* lassen sich in einer Stunde entdecken, aber versuchen Sie auch hier, die Massen zu umgehen, indem Sie früh anreisen. Machen Sie sich anschließend auf zum Gran Cenote – hier erwartet Sie kristallklares Wasser in einer natürlichen Doline im Kalkstein. Wer etwas Glück mitbringt, kann sogar Schildkröten entdecken – aber halten Sie Abstand zu den Tieren. Zum Mittagessen kehren Sie in die Stadt Tulum zurück, wo Sie im El Tacoqueto (Av. Tulum bei Acuario) Tacos und *mole* verkosten. Anschließend lohnt sich ein Ausflug zum Strand, für den Tulum bekannt ist. Es gibt mehrere Strandclubs, in denen Sie jedoch für Liegestühle und Getränke bezahlen müssen. Wenn Sie am Wochenende in der Stadt sind, werfen Sie einen Blick in den Veranstaltungsplan des Papaya Playa Project (www.papayaplayaproject.com), das regelmäßig Partys, Brunchs und andere Aktivitäten ausrichtet.

Tag 5
Fahren Sie die Riviera Maya *(siehe S. 280–283)* nach Norden hinauf und machen Sie für ein erfrischendes Bad im Cenote Azul halt in Akumal *(siehe S. 281)*. Am Strand von Cancún *(siehe S. 283)* geht es für ein spätes Mittagessen mit Meeresfrüchten ins El Fish Fritanga *(siehe S. 283)*. Cancún ist weltberühmt für seine unglaublichen Sandstrände, also genießen Sie die Sonne, das kristallklare Wasser und den feinen Sand. Die nördlichen Strände am Boulevard Kukulcán bieten etwas mehr Ruhe. Beenden Sie den Tag im Restaurante Careyes (www.oasishoteles.com/es/restaurantes/careyes).

Fiesta Mexicana

Musik und Tanz spielen eine große Rolle in der mexikanischen Lebensart. Auf zahlreichen großen Festivals haben Sie die Möglichkeit, in die vielfältige farbenfrohe Musik- und Tanzkultur einzutauchen und die Bilder und Klänge lebendiger künstlerischer Traditionen hautnah mitzuerleben oder auszuprobieren. Ein besonderer Tipp ist der Día de Santa Cecilia am 22. November, bei dem im ganzen Land die Schutzpatronin der Musiker gefeiert wird, oder Guadalajaras Encuentro Internacional del Mariachi y la Charrería Ende August bis Anfang September, das *Mariachi*-Musik und Charrería zelebriert. Auch Guelaguetza *(siehe S. 48)* und Vive Latino *(siehe S. 55)* sind empfehlenswert!

→
Tänzer beim Encuentro Internacional del Mariachi y la Charrería

MEXIKOS
MUSIK
UND TÄNZE

Tanz und Musik gehören zur Kultur Mexikos, und man kann sich das Land ohne traditionelle Volkstänze, mitreißende *Mariachi*-Musik oder lebhafte Straßenmusiker kaum vorstellen. Erleben Sie die Rhythmen Lateinamerikas!

Regionale Traditionen und Bräuche

Manche Tänze werden nur von bestimmten Gemeinschaften oder in einigen Regionen aufgeführt und gehen auf vorspanische Zeiten und uralte Rituale zurück, während andere von spanischen Mönchen eingeführt wurden und europäische Einflüsse zeigen. Beim Karneval in Tlaxcala *(siehe S. 159)* tragen die Tänzer paillettenbesetzte Gewänder und geschnitzte Holzmasken zu blassen Hauttönen, um ihre alten Unterdrücker zu parodieren. In Mexico City hat sich der Concheros-Tanz im Lauf der Jahrhunderte aus indigenen und spanischen Traditionen entwickelt. Die Künstler auf dem Hauptplatz *(siehe S. 94f)* erkennen Sie an dem typischen Rasseln, das von Samenkapseln um ihre Knöchel kommt.

←
Conchero-Tänzer vor Publikum in Mexico City

Afrikanische Wurzeln

Die afromexikanische Gemeinschaft hat seit jeher großen Einfluss auf die mannigfaltige Musik- und Tanzszene des Landes. Vor allem die Golf- und Pazifikregion mit ihrem großen afromexikanischen Bevölkerungsanteil ist bekannt für ihre ursprünglichen Tänze – die *Danza de los Diablos* (Tanz der Teufel) wird zum Beispiel in den Bundesstaaten Oaxaca und Guerrero am Tag der Toten aufgeführt. In der Stadt Veracruz *(siehe S. 268f)* können Sie hingegen am Freitag- und Samstagabend auf der Plazuela de la Campana den afromexikanischen Zweig der *Son-mexicano*-Volksmusik, bekannt als *son jarocho*, erleben.

← *Tänzer tragen bei der* Danza de los Diablos *die typischen Anzüge und Masken*

Mariachi-Klänge

Die *Mariachi*-Musik erlebte ihren Boom in den 1950er Jahren – noch immer gelten die Mariachi Vargas als beste *Mariachi*-Band aller Zeiten. Heute hört man die Musik in ganz Mexiko, aber besonders in dem als Geburtsort geltenden Guadalajara *(siehe S. 194f)*. Klassischerweise bestehen die Bands aus Gitarren, Geigen, Trompeten und Sängern, aber auch Schlagzeuger schließen sich mitunter an. An lebhaften Orten, wie der Plaza Garibaldi *(siehe S. 85)*, wächst eine Band im Lauf der Nacht oft an und unterhält Zuschauer bis in den frühen Morgen.

549 Musiker zählt die größte *Mariachi*-Band der Welt!

Traditionelle mariachis *auf der Plaza Garibaldi in Mexiko City* ↑

▷ Tropischer Dschungel

Eine große Artenvielfalt an Tieren und Pflanzen ist im Dschungel im Süden Mexikos beheimatet. Ein Ausflug in die üppigen Tropen lohnt sich aber nicht nur wegen der spektakulären Landschaft, sondern auch, um Sehenswürdigkeiten wie den »Garten Eden« in Las Pozas *(siehe S. 218)* oder die Ruinen der Maya-Stätte von Palenque *(siehe S. 244–247)* zu durchwandern.

◁ Filmreifes Mexiko

Zahlreiche Wüsten erstrecken sich über den Norden des Landes und die Baja California. Während eines Roadtrips auf der Carretera Federal 1 *(siehe S. 24)* oder durch Oasenstädte wie Mulegé *(siehe S. 170f)* können Sie die einzigartige, sonnendurchflutete Landschaft mit vielen Kakteen und ausgetrockneten Flussbetten wunderbar entdecken.

MEXIKOS
NATURWUNDER

Jenseits der Wüsten im hohen Norden kann man das ganze Jahr über die atemberaubende Natur und die abwechslungsreichen Landschaften Mexikos erkunden – von hoch aufragenden, schneebedeckten Vulkanen über zerklüftete Bergketten und tropische Wälder bis zu goldenen Küsten und kilometerlangen Sandstränden: Mexikos vielseitige Geografie macht das Land zu einem lohnenden Ziel für Outdoor-Fans, Abenteuerlustige und Familien gleichermaßen.

◁ Schnorcheln in *cenotes*

Die schönsten Unterwasserwelten Mexikos befinden sich im Landesinneren auf der Halbinsel Yucatán. Dank der einzigartigen, mit Kalksteinhöhlen und unterirdischen Flüssen durchsetzten Geologie prägen riesige Dolinen (*cenotes*) die Halbinsel *(siehe S. 281)*. Die Höhlen bieten mit kristallklarem Wasser perfekte Bedingungen zum Höhlentauchen, Schnorcheln oder einfach nur für ein erfrischendes Bad zwischendurch. Besonders schön ist der Cenote Azul *(siehe S. 300)*.

△ Berge und Schluchten

Mexiko gilt als Land der gewaltigen Höhen und abgründigen Tiefen – bestaunen Sie die hoch aufragenden Felswände des mit Seen gefüllten Cañón del Sumidero *(siehe S. 252)* oder die Schluchten im Cañón del Cobre *(siehe S. 180–183)*, die sogar den Grand Canyon in den USA in den Schatten stellen!

▷ Feuchtgebiete

Vogelfreunde sollten auf der Halbinsel Yucatán ihr Fernglas immer griffbereit haben, denn die Mangrovenküste bietet einen hervorragenden Lebensraum für Watvögel, während die Sumpfgebiete des Biosphärenreservats Sian Ka'an *(siehe S. 309)* seltene Vögel anziehen. Besonders schön ist der Anblick riesiger Kolonien rosafarbener Flamingos in den Lagunen.

◁ Rauchende Riesen

Zentralmexiko ist reich an Vulkanen, vom mächtigen Pico de Orizaba *(siehe S. 270)* – dem höchsten Gipfel des Landes – bis zum Schlackenkegelvulkan Paricutín *(siehe S. 214)*. Ein aktiver Vulkan ist der Volcán de Fuego – vom Gipfel des nahe gelegenen Nevado de Colima *(siehe S. 216)* haben Sie einen guten und vor allem sicheren Blick auf die rauchende Spitze.

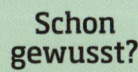

Schon gewusst?

Der Popocatépetl bricht seit 1994 in unregelmäßigen Abständen aus.

Prachtvolle Gemälde

Seit jeher sind mexikanische Künstler bekannt für ihre farbenfrohen Wandmalereien, die man besonders schön in den prächtigen Schmuckfriesen in Teotihuacán *(siehe S. 140–143)* und Bonampak *(siehe S. 248)* bewundern kann. Die Kunstform schuf vor allem nach der mexikanischen Revolution von 1910 ein Gefühl der nationalen Identität. Besuchen Sie Universitäten und Rathäuser im ganzen Land, um einen Blick auf die mitunter recht dramatischen Gemälde zu werfen. Mexico City hat mit José Clemente Orozco, David Alfaro Siqueiros und Diego Rivera die bekanntesten Wandmaler hervorgebracht.

MEXIKOS
KUNSTSZENE

Von den Schriftzeichen der Maya bis zu den Wandmalereien der Neuzeit ist die mexikanische Kunst geprägt durch die verschiedenen Kulturen und Epochen. Heute gelten Tag-der-Toten-Schädel und Selbstporträts Frida Kahlos als globale Pop-Ikonen, doch auch Kunstmuseen und -märkte laden zum Entdecken ein.

Kunst und Handwerk

Die ansteckende mexikanische Lebensfreude wird in der Kunst aus der Vermischung von traditionellem Handwerk, moderner Technologie und Themen aus der Zeit nach der spanischen Eroberung spürbar. Verfolgen Sie die spannende Geschichte der Volkskunst in den Sammlungen des Museo de Arte Popular *(siehe S. 87)*. Auf Märkten wie dem Mercado de Abastos *(siehe S. 236)* können Sie selbst durch traditionelles Kunsthandwerk stöbern oder ein Souvenir erstehen.

Vochol *der Familien Bautista und Ortiz im Museo de Arte Popular, Mexico City* ↑

Schon gewusst?

Am letzten Mittwoch im Monat sind viele Museen bis spät in die Nacht geöffnet.

>
> Entdeckertipp
> **Spaziergang durch Galerien**
>
> Puerto Vallarta *(siehe S. 224f)* ist ein bedeutendes Kunstzentrum. Beim wöchentlichen ArtWalk am Mittwoch (Ende Okt – Ende Mai; www.puertovallartaartwalk.com) können Sie die zeitgenössische Kunstszene entdecken, wenn knappe zehn städtische Galerien bis 22 Uhr öffnen.

←

Diego Riveras Geschichte Mexikos (1935) im Palacio Nacional, Mexico City

Eine mexikanische Ikone

Frida Kahlo gilt mit ihren Selbstporträts als eine der weltweit bekanntesten Malerinnen. Inspiriert von Volkskunst, Politik und den chronischen Schmerzen, unter denen sie zeit ihres Lebens litt, begann Kahlo erst mit 18 zu malen. Heute sind ihre Gemälde in Galerien in ganz Mexiko zu sehen, doch vor allem ihr Zuhause, die Casa Azul in Mexico City *(siehe S. 116f)*, bietet einen hervorragenden Einblick in ihre Werke.

←

Fotografie der mexikanischen Künstlerin Frida Kahlo

Das moderne Mexiko

Zahlreiche Wandgemälde mussten im Lauf der Jahre Urban-Street-Art weichen. Gleichzeitig entdecken viele mexikanische Künstler ihre indigenen Wurzeln und befreien sich von europäischen und US-amerikanischen Einflüssen. Entdecken Sie Mexikos neueste künstlerische Bewegungen in Galerien wie dem Museo Jumex (www.fundacionjumex.org) und dem Museo de Arte Indígena Contemporáneo *(siehe S. 157)*, das zeitgenössische indigene Kunst zeigt.

→

Das Museo Jumex am Plaza Carso, umgeben von moderner Architektur

Sonne, Strand und Meer

Mexikos Küsten sind ideal für einen entspannten Tag mit der ganzen Familie – ob Sie am Strand Burgen bauen, zwischen tropischen Fischen schnorcheln oder frische Kokosnüsse schlürfen wollen. Als kinderfreundlichste Strände gelten die der Isla Mujeres *(siehe S. 280f)*, während Oaxaca für Surfspots bekannt ist. In Baja California geht es hingegen etwas wilder zu.

→

Surfversuche in den tropischen Gewässern der Riviera Maya

MEXIKO FÜR
FAMILIEN

Dank der bunten Fiestas, spannenden Kulturgeschichte und Ausflugsmöglichkeiten ist Mexiko auch für Kinder ein aufregendes Reiseziel. Kein Wunder, steht die Familie in der mexikanischen Gesellschaft doch an erster Stelle. Wer mit Kindern das Land entdecken möchte, ist hier überall herzlich willkommen!

Markt

Mercado de Artesanías La Ciudadela

Der farbenfrohe Markt ist der perfekte Ort für die ganze Familie: Während die Kinder nach Herzenslust durch die Souvenirs stöbern können, gibt es für die Erwachsenen jede Menge Handwerk, Schmuck, Hängematten und traditionelle Kunstwerke zu entdecken.

🅰 H4 📍 Av. Balderas und Plaza de la Ciudadela, Mexico City 🕐 tägl. 10–18 🌐 laciudadela.com.mx

Auf ins Abenteuer!

Ein Ausflug zu Mexikos antiken Ruinen ist ein Abenteuer für die ganze Familie. Setzen Sie einen Fuß in eine echte mesoamerikanische Stadt, lauschen Sie spannenden Geschichten über das rituelle Ballspiel in Chichén Itzá *(siehe S. 294 – 297)* oder erklimmen Sie die Sonnenpyramide *(siehe S. 142)*. Das Museo Nacional de Antropología *(siehe S. 100 –105)* beeindruckt mit seinen Rekonstruktionen alter Gräber auch Kinder!

→

Aufbruch zur Sonnenpyramide von Teotihuacán

Spaß und Nervenkitzel

Abkühlung bei heißen Temperaturen gibt es in den Wasserparks in Cancún *(siehe S. 283)* und Acapulco *(siehe S. 242f)*. Etwas außerhalb von Mexico City findet sich mit Six Flags México der beliebteste Freizeitpark Lateinamerikas. Die weltweit erste Bumerang-Achterbahn und viele Fahrgeschäfte rund um DC-Superhelden garantieren Nervenkitzel für Groß und Klein.

> Insidertipp
> **Eiscreme-Kreationen**
>
> Im Dolores Hidalgo *(siehe S. 220)* kann man ganz spezielle und teils sogar bizarre Eissorten probieren, nämlich *mole*, Rosen, Avocado und sogar Garnelen!

↑ *Kinderfreundliches Fahrgeschäft im Themenpark Six Flags México*

In Feierlaune

Lebhafte Paraden, bunte Kostüme, laute Trommeln und aufgedrehte Volkstänzer – bei mexikanischen Festivals *(siehe S. 54f)* kommen vor allem junge Besucher aus dem Staunen oft nicht mehr heraus. Vielerorts können Kinder sogar mitmachen und sich ins Getümmel stürzen. Größtes Spektakel ist das Folklorefestival Guelaguetza oder der Karneval, der in La Paz *(siehe S. 172)* und Veracruz *(siehe S. 268f)* am wildesten ist.

←

Traditionelles Kostüm beim Folklorefestival Guelaguetza in Oaxaca, das indigene Kulturen feiert

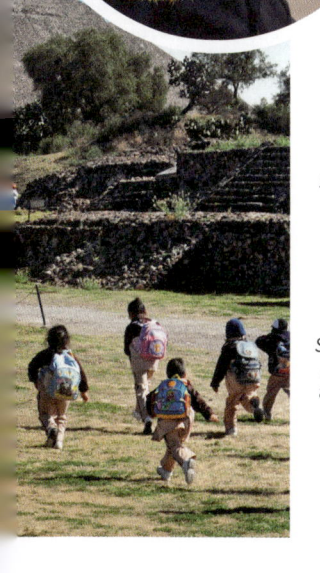

Wildes Mexiko

Entdecken Sie die zauberhafte Artenvielfalt Mexikos. In Baja California können Sie Wale beobachten *(siehe S. 173)* – nehmen Sie Ihr Fernglas mit, um die Meeressäuger zu entdecken, oder machen Sie eine Bootstour mit Baja Expeditions (www.bajaex.com). Auf Yucatán treffen Sie in Celestún *(siehe S. 303)* und in der Ría Lagartos *(siehe S. 307)* mit etwas Glück auf eine leuchtend gefiederte Flamingokolonie.

→

Ein Wal taucht aus dem Binnenmeer von Cortez in Baja California auf

Wanderurlaub mit Aussicht

Weitläufige Nationalparks, zerklüftete Bergketten und schneebedeckte Vulkane können zu Fuß entdeckt und erwandert werden. Doch aufgepasst: Die Schwierigkeitsgrade variieren wie die Landschaften – und reichen von entspannten Spaziergängen am Seeufer des Valle de Bravo *(siehe S. 155)* bis zum anstrengenden Aufstieg auf den Pico de Orizaba *(siehe S. 270)*, der Steigeisen und Eispickel erfordert. Auch der beeindruckende Cañón del Cobre *(siehe S. 180 –183)* ist ein beliebtes Wandergebiet mit Wegen und Schluchten.

→

Bergsteiger auf dem Pico de Orizaba, dem höchsten Gipfel Mexikos

MEXIKO FÜR OUTDOOR-ABENTEUER

Wildwasser-Rafting auf den Stromschnellen des Río Filobobos, Pferdereiten in der rauen Heimat der Rarámuri, Wandern auf den kohlegeschwärzten Hängen längst erloschener Vulkane - Mexikos abwechslungsreiche Landschaften bieten grandiose Kulissen für actionreiche Erlebnisse und unvergessliche Abenteuer.

Rund ums Jahr

In Mexiko finden das Jahr über Veranstaltungen statt, die sich adrenalinliebende Reisende nicht entgehen lassen sollten. Bei der Baja 1000 *(siehe S. 168)* geht es beim Offroad-Rennen durch Baja California, während Angler beim Black and Blue Marlin Tournament in Cabo San Lucas *(siehe S. 172f)* Geld gewinnen können.

←

Die Baja 1000 findet immer im November statt

TOP 4 Golfplätze in Mexiko

Cabo del Sol
🅦 cabodelsol.com
Luxusresort in Cabo San Lucas.

One & Only Palmilla
🅦 oneandonlyresorts.com
Entworfen von Jack Nicklaus.

El Camaléon
🅦 mayakoba.com
Austragungsort des World Wide Technology Championship.

Riviera Maya Golf Club
🅦 pgarivieramaya.com
Führt vorbei an *cenotes* und Seen.

Auf dem Rücken der Pferde

Wer es traditionell mag, kann Mexiko, das Land der Cowboys, auf dem Pferderücken durchqueren. Reiten Sie im mit Blumen übersäten Valle de Bravo *(siehe S. 155)*, an den vulkanischen Hängen von Paricutín *(siehe S. 214)* oder durch das Schutzgebiet der Monarchfalter in der Sierra Chincua. Achten Sie darauf, ein seriöses Unternehmen zu finden, und reiten Sie nicht in der Mittagssonne – zu Ihrer Sicherheit und zum Schutz der Pferde.

← *Reiter in der Gegend um Cabo San Lucas*

Mexikos Wasserwege

Ab ins Wasser: Outdoor-Fans und Adrenalinjunkies können sich auf den herabstürzenden Gebirgsbächen und Stromschnellen des Río Filobobos *(siehe S. 265)* im Wildwasser-Rafting versuchen. Etwas gemächlicher geht es bei den von vielen Hotels organisierten Kajaktouren an der Riviera Maya *(siehe S. 280 – 283)* zu, die durch die Mangroven in Richtung Bahía Asunción, durch die kristallklare Lagune von Bacalar oder entlang der Küstengewässer Mexikos führen.

→ *Wildwasser-Rafting bei Huasteca in San Luis Potosí*

◁ Die Kolonialzeit
Ob in Siedlungen oder in Städten, überall findet man in Mexiko Kirchen aus der Kolonialzeit. Architekten waren Missionare sowie indigene Handwerker, sodass eine spannende Stilmischung aus einzigartigen und vielseitigen Fassaden entstand. Die *Ruta de los Conventos* von Maní *(siehe S. 307)* bietet einige Beispiele.

▷ Wunder der Moderne
Klare, moderne Linien veränderten die mexikanische Architekturszene nach dem Zweiten Weltkrieg. Bedeutender Schöpfer war Luis Barragán (1902–1988), der Skulpturen wie die Torres de Satélite in Mexico City sowie Wohnprojekte und Gärten entwarf. Die Torre Latinoamericana gilt als Höhepunkt des modernistischen Stils der 1950er Jahre in Mexiko.

MEXIKOS ARCHITEKTUR

Von imposanten Pyramiden bis zu ultramodernen Gebäuden besticht Mexiko durch eine Vielzahl von architektonischen Stilrichtungen und Epochen. Heute verändert eine neue Generation mexikanischer Architekten das Land mit aufregenden, zeitgenössischen Designs.

▷ Antike Meisterwerke
Die eindrucksvollen Ruinen der Pyramiden und geometrischen Muster der frühen Zivilisationen Mexikos haben unter anderem moderne Architekten wie Frank Lloyd Wright und die Art-déco-Bewegung nachhaltig beeinflusst. Die Zapoteken-Stätte von Mitla *(siehe S. 252f)* ist bekannt für besonders aufwendige Mosaikarbeiten.

◁ Hauptsache Barock
In Mexiko erwartet Sie eine extravagante Mischung – allen voran Barock und Churriguerismus. Puebla *(siehe S. 148–151)* ist besonders reich an barocker Architektur und bezaubert durch die Skyline mit orangeroten Kuppeln, blassgelben Glockentürmen und aufwendig verzierten Herrenhäusern.

◁ Die Ära des *porfiriato*
Im 19. Jahrhundert wollte der damalige Präsident Porfirio Díaz die Welt beeindrucken und wählte als Mittel dafür die Architektur. Entstanden sind so der Palacio de Bellas Artes *(siehe S. 78f)* oder das Teatro Juárez *(siehe S. 196)*, das Neoklassizismus mit französischen Dekorationsstilen verbindet. Ein Großteil der Investitionen floss in öffentliche Gebäude – das Correo Mayor (Hauptpostamt) von Mexico City ist ein großartiges Beispiel.

TOP 3 Moderne Architekten

Tatiana Bilbao (* 1972)
Mit Projekten von Gärten bis hin zu nachhaltigem Wohnen besonders vielfältig.

Frida Escobedo (* 1979)
Die Künstlerin hat sich auf die Gestaltung und Restaurierung verschiedener urbaner Räume spezialisiert.

Michel Rojkind (* 1969)
Verantwortlich für innovative Designs wie das Nestlé-Schokoladenmuseum.

△ Zeitgenössisches Mexiko
Neben historischen Highlights sollten auch Spaziergänge durch die aufregenden Städte bei keinem Besuch in Mexiko fehlen. Überall finden sich architektonische Sehenswürdigkeiten oder extravagante Meisterwerke der Moderne, wie das schlangenartige Nestlé-Schokoladenmuseum bei Toluca oder das glitzernde Museo Soumaya *(siehe S. 133)*.

Strandleben

Klar, Mexikos Küsten bieten zahllose Abenteuer – aber manchmal gibt es doch nichts Schöneres, als in einem Liegestuhl zu faulenzen und eine Margarita unter Palmen zu schlürfen, während der Blick über das weite Meer schweift. Ob Sie nach einer Strandhütte oder einem Luxusresort suchen, Sonnenhungrige haben in Mexiko die Qual der Wahl. Sie können sich nicht entscheiden? Die großen Ferienorte rund um Cancún *(siehe S 283)*, Cabo San Lucas *(siehe S. 172f)* oder Acapulco *(siehe S. 242f)* bieten von allem etwas – pure Erholung im Spa oder am Strand sowie jede Menge Action beim Wassersport.

→

Die pazifische Hafenstadt Puerto Vallarta an der beliebten Banderas-Bucht

MEXIKOS
TRAUMHAFTE KÜSTEN

Mit 9330 Kilometern hat Mexiko eine unglaublich lange Küste. Ob Sie einen Ort zum Entspannen und Sonnenbaden, atemberaubende Korallenriffe zum Tauchen und Schnorcheln oder erstklassige Surfspots zum Wellenreiten suchen, irgendwo an der traumhaften Küste finden Sie sicher Ihr perfektes Plätzchen.

Umweltfreundliche Wildlife-Touren

Baja California ist berühmt für die einzigartige Tierwelt, die hier in den Gewässern des Golfs von Mexiko im Osten und in den ruhigen Lagunen an der Westküste zu Hause ist. Baja Expeditions (www.bajaex.com) und Cabo Expeditions (www.caboexpeditions.com.mx) sind zwei renommierte Reiseveranstalter, die beide die Isla Espíritu Santo anfahren – ein geschütztes Naturreservat, das nachhaltigen Wildtiertourismus fördert.

←

Die Flosse eines Buckelwals bei Baja California

Hotel

The Beach Tulum Hotel
Das Hotel bietet Zimmer mit herausragendem Strandblick sowie großzügige Himmelbetten, Badewannen im Freien, einen Pool und kostenlose Yogakurse.

🅰 G4 🏠 Tulum – Boca Paila, km 7, Tulum Beach 🆆 thebeach-tulum.com
💲💲💲

Unter Wasser

Das Great Maya Reef ist eines der größten Korallenriffsysteme der Welt. Das Riff ist allerdings auch ein gefährdetes Ökosystem – wer es besuchen möchte, sollte deshalb einen Ausflug in ein geschütztes Gebiet wie das Biosphärenreservat Sian Ka'an *(siehe S. 309)* unternehmen. Schnorcheln ist eine schöne Alternative und vor Cozumel *(siehe S. 282)* besonders empfehlenswert, da die Riffe hier relativ küstennah sind.

←

Ein Taucher begegnet einem Französischen Kaiserfisch in den Gewässern vor Cozumel

Auf dem Wasser

Die Pazifikküste gilt als ideales Revier für Wellenreiter, die einen aufregenden Tag am Strand und im Wasser verbringen möchten. Puerto Escondido *(siehe S. 254)* ist mit seinen vielen lokalen Betreibern, die Unterricht und Boardverleih auch für Anfänger bieten, ein Hotspot. Profis können sich auch in die wilden Fluten an den Stränden von Baja California stürzen.

→

Surfen in Puerto Escondido im Bundesstaat Oaxaca

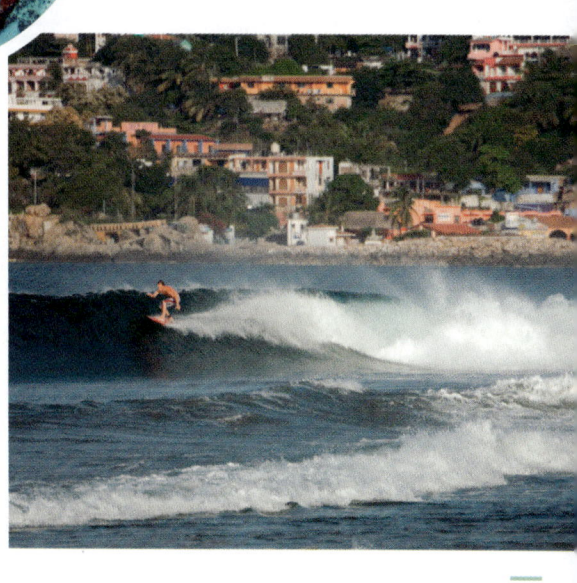

Es lebe die Revolution!

Tauchen Sie ein in Leben und Wirken der radikalen mexikanischen Revolutionäre Emiliano Zapata *(siehe S. 62)* und Pancho Villa *(siehe S. 184)*. Folgen Sie Zapatas Spuren entlang der Ruta Zapata durch historische Städte im Bundesstaat Morelos. Im Museo Histórico de la Revolución in Chihuahua *(siehe S. 184f)* erfahren Sie alles über Pancho Villa – es ist sein ehemaliges Haus.

←

Das Gemälde im Museo Histórico de la Revolución zeigt Pancho Villa

MEXIKO FÜR
GESCHICHTSFANS

Von jahrhundertealten, halb verfallenen Ruinen über faszinierende Bauwerke aus der spanischen Kolonialzeit bis zu modernen, beinahe futuristisch anmutenden Museen und Galerien – durchwandern Sie die allgegenwärtige Geschichte und erleben Sie die bewegte Entwicklung dieses faszinierenden Landes.

Relikte der Kolonialzeit

Das Erbe der spanischen Herrschaft (1521–1821) lässt sich gut bei einem Spaziergang erkennen. Die Stadtplanung wurde streng kontrolliert und der Hauptstadt nachempfunden. Gerade Straßen führten oft zu einer großen Plaza Mayor mit bürgerlichen Gebäuden, Kirchen und Arkaden. Mérida *(siehe S. 290–293)* und San Cristóbal de las Casas *(siehe S. 249)* sind mit ihren zentralen Plätzen hervorragende Beispiele der ehemaligen Kolonialzeit.

→

Eine hoch aufragende Kirche an der Plaza Mayor in Mérida

Schon gewusst?

Die Stadt Valladolid wurde zu Ehren ihres berühmtesten Bürgers 1828 in Morelia umbenannt.

Der Unabhängigkeitskrieg

Miguel Hidalgo und José María Morelos sind zwei der berühmtesten Protagonisten des mexikanischen Unabhängigkeitskrieges *(siehe S. 59)*. In ihren Geburtsorten Guanajuato *(siehe S. 196–201)* und Morelia *(siehe S. 208–211)* können Sie Museen besichtigen, doch richtig authentisch geht es beim Unabhängigkeitstag am 16. September zu – dem wohl wichtigsten Nationalfeiertag des Landes.

→

Eine Parade zum mexikanischen Unabhängigkeitstag

Archäologische Schätze

Neben Mexikos weltberühmten Sehenswürdigkeiten Teotihuacán *(siehe S. 140–143)* und Chichén Itzá *(siehe S. 294–297)*, sind auch einige weniger bekannte Orte einen Besuch wert: In Mitla *(siehe S. 252f)* finden sich prächtige, mit geometrischen Mosaiken bedeckte Wände, in Bonampak *(siehe S. 248)* sind die Maya-Wandmalereien erstaunlich gut erhalten, und Ausgrabungen in Sayil *(siehe S. 302)* geben detaillierte Auskunft über das faszinierende Leben der Maya in einem heiligen zeremoniellen Zentrum.

←

Die gut erhaltenden Maya-Wandmalereien in Bonampak aus der Zeit um 790 n. Chr.

Reise in die Vergangenheit

Mexikos zahlreiche archäologische Schätze haben der Natur und dem Zahn der Zeit über Jahrhunderte standgehalten. Viele Stätten stellen ihre wertvollen Artefakte in Museen aus. Zu den sehenswertesten Sammlungen des ganzen Landes zählt sicherlich das beeindruckende Museo de Antropología *(siehe S. 264f)* von Xalapa.

→

Rekonstruierte Fassade im Museo Nacional de Antropología

Kulturfestivals

Wer in die mexikanische Kultur eintauchen möchte, sollte eine oder gleich mehrere der traditionellen Fiestas und Festivals besuchen, bei denen lokale Künstler in traditionellen Gewändern ihre indigene Herkunft feiern. In Oaxaca findet im Juli das Kulturfestival Guelaguetza mit Tänzen, Foodständen und Kunsthandwerk von Gemeinden aus der Umgebung statt. Doch Achtung: Verhalten Sie sich stets respektvoll und rücksichtsvoll, wenn Sie teilnehmen möchten.

→

Eine Volkstanzgruppe beim Kulturfestival Guelaguetza in Oaxaca

MEXIKOS INDIGENE KULTUREN

Nachkommen der indigenen Zivilisationen Mexikos sowie eine ganze Reihe anderer indigener Völker leben heute im ganzen Land und bewahren ihr Erbe in einem Mexiko der Moderne durch traditionelle Bräuche und kreative Werke.

Wichtige Handelsplätze

Märkte gehören in Mexiko zum Alltag und sind soziales Zentrum sowie lebhafter Handelsort. Besucher können auf den Märkten typische Speisen probieren oder Kunst und Kunsthandwerk bestaunen. Besonders schön sind der Mercado de Abastos *(siehe S. 236)*, der Sonntagsmarkt Tlacolula in Oaxaca sowie der weitläufige Mercado de La Merced in Mexico City *(siehe S. 132)*.

←

Verkauf von frischen Produkten auf dem Sonntagsmarkt von Tlacolula

Aus erster Hand

Einige Völker Mexikos informieren mit Organisationen und Aktivitäten über Geschichte, Bräuche und Alltag ihrer indigenen Kultur. Die Stiftung Na Bolom *(siehe S. 249)* verfügt über ein Museum, ein Gästehaus und bietet Expeditionen mit den Lakandonen an, während Kiichpam Kaax (www.sumak-travel.org) Besucher über Imkerei oder Kautschukbaumzapfen aufklärt.

→

Der Hauptsitz von Na Bolom in San Cristóbal de las Casas

Kunsthandwerk

Mexikanisches Kunsthandwerk reicht von filigranem Schmuck bis hin zu massiven Skulpturen und wurde schon von den Ureinwohnern frühester Kulturen hergestellt. Die Märkte in Tequisquiapan *(siehe S. 216)* und Izamal *(siehe S. 305)* sind insbesondere empfehlenswert, um zeitgemäßes, formschönes Kunsthandwerk zu erstehen.

←

Besticken eines traditionellen huipil *auf der Halbinsel Yucatán*

Zeitlose Schönheit

Verschlafene Plätze, einsame Schuhputzstände und vereinzelte Zuckerrohrsaftverkäufer auf gepflasterten Straßen neben verwitterten Barockkirchen – Mexikos kaum bekannte Städte und Dörfer stecken voller Charme und Geschichte(n). Die Wurzeln des Bergbaus sind zum Beispiel in Santa Rosalía *(siehe S. 171)* erfahrbar, während man in Batopilas *(siehe S. 183)* die moderne Welt beinahe vergisst.

→

Die farbenfrohe Veranda der Riverside Lodge in Batopilas

UNBEKANNTES
MEXIKO

Verlassen Sie die ausgetretenen Pfade und entdecken Sie das ursprüngliche Mexiko – wandern Sie durch längst verlassene Dschungelruinen, besichtigen Sie Kirchen und Städte aus der Kolonialzeit oder lassen Sie sich auf einem urigen Weingut durch die Weinberge führen.

Skurrile Feste

In Mexiko gibt es viele fantastische Events, doch selbst bekannte Feiertage, wie das regionale Osterfest *(siehe S. 185)*, können so manche Überraschung bereithalten. Ganz zu schweigen von den wirklich skurrilen Veranstaltungen, wie Oaxacas Noche de los Rábanos im Dezember – der Nacht der Radieschen *(siehe S. 254)*.

↑ *In der Nacht der Radieschen treten die Teilnehmer unter anderem im Schnitzen gegeneinander an*

Mexikos verlassene Missionen

Mexikos Missionskirchen gelten als spannende Relikte aus der Zeit Neuspaniens. Die Misión San Francisco Javier de Viggé-Biaundó *(siehe S. 171)* erinnert an das Volk der Cochimí, während die »verlorene« Misión de San Miguel de Satevó *(siehe S. 182)* im abgelegenen Cañón del Cobre zu besichtigen ist.

→

Eine Franziskanermission, errichtet von den örtlichen Xi'iuy in der Sierra Gorda

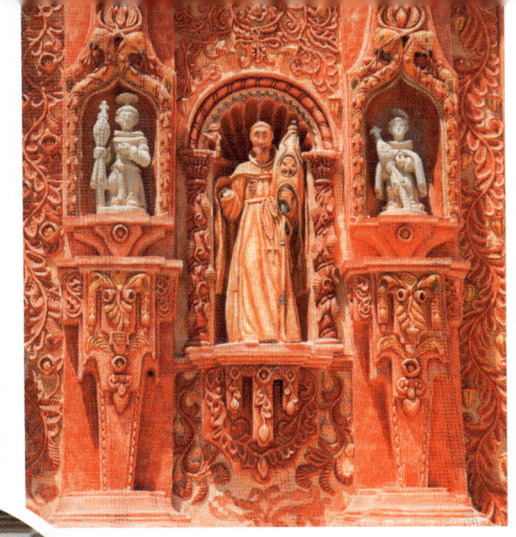

Craftbeer und Weinanbau

Dominierten lange Zeit hauptsächlich große Brauereien die Bierproduktion, so wächst mit Unternehmen wie Baja Brewing (www.bajabrewingcompany.com) auch in Mexiko die Craftbeer-Szene, deren Biere Sie in den Schankräumen oft probieren dürfen. Die Weine des Valle de Guadalupe *(siehe S. 168)* genießen mittlerweile internationales Ansehen, angeführt von Weingütern wie Casa de Piedra.

←

Weinprobe in Mexikos feinster Weinregion in Baja California

TOP 4 Bajas Weinberge

Adobe Guadalupe
🌐 adobeguadalupe.com
Berühmt für Cabernet Sauvignon, Merlot und Gabriel.

Monte Xanic
🌐 montexanic.com.mx
Probieren Sie den Gran Ricardo Bordeaux.

Château Camou
🌐 chateaucamou.com.mx
Absolute Spezialität ist der Gran Vino Tinto.

L.A. Cetto
🌐 lacetto.mx
Besonders bekannt für den Nebbiolo.

↑ *Bäume wachsen zu beiden Seiten einer Pyramide in der Maya-Stadt Calakmul*

Beeindruckendes Mesoamerika

Überall in Mexiko finden sich Ruinen mesoamerikanischer Bauwerke, doch lohnt sich oft vor allem ein Ausflug zu kleinen, abgelegenen Orten. Die Stätten von Río Bec *(siehe S. 308f)* gelten nach wie vor als Geheimtipp, und auch die einst großartige Stadt Calakmul *(siehe S. 309)* mitten im Dschungel ist von den Touristenmassen noch weitestgehend verschont geblieben – hier findet sich eine der größten Maya-Pyramiden.

Streetfood

Die mexikanischen Speisen, mit denen die meisten Ausländer gut vertraut sind, sind als *antojitos* (leichte Gerichte oder Vorspeisen) bekannt, die man am besten an traditionellen Straßenständen und in Lebensmittelmärkten in Oaxaca *(siehe S. 234–237)*, Ensenada *(siehe S. 168)* oder Mexico City probieren kann. Tortillas sind ein Grundbestandteil von *antojitos*, die für Tacos, Enchiladas, *chilaquiles* oder *gorditas* verwendet werden.

→

Streetfood in Oaxaca, einem der kulinarischen Hotspots Mexikos

MEXIKO FÜR
FOODIES

Die landestypischen Gerichte haben wenig Ähnlichkeit mit den Speisen, die anderswo auf der Welt im Namen Mexikos zubereitet werden. Die traditionelle Küche mischt frische Zutaten und ursprüngliche Rezepte aus der aztekischen, spanischen und modernen Epoche und kreiert daraus feurige, köstliche Aromen.

Würzige Salsas

Die Schärfe mexikanischer Gerichte stammt hauptsächlich von roten und grünen Salsas. Auch Tomaten, Zwiebeln und Chili gehören zu den Grundzutaten der Stargourmets und Streetfoodköche. Die Taquería Hermanos González in La Paz *(siehe S. 172)* bietet von allem etwas – und besonders gut.

Klassische *salsa roja* (rote Sauce) aus gehackten Tomaten ↑

Schon gewusst?

In Mexiko werden über 60 Chilisorten angebaut.

Der wahre Spirit

Mezcal ist ein Schnaps aus der Agavenpflanze und wird etwa seit dem 16. Jahrhundert in Mexiko hergestellt. Tequila ist eine Art Mezcal, darf allerdings nur aus der Blauen Agave gewonnen werden und wird hauptsächlich im Bundesstaat Jalisco produziert. Übrigens: Aficionados trinken Tequila stets pur, nie in Cocktails.

Spitzenköche

In Mexiko gibt es einige innovative Köche. Norma Listman und Saqib Keval vereinen im Masala y Maiz (www.masalamaiz.com) in Mexico City südasiatische, ostafrikanische und mexikanische Aromen. In Ensenada kocht Benito Molina im Manzanilla (www.rmanzanilla.com) frische Meeresfrüchte, Josefina Santacruz im Sesame (Colima 183, Cuauhtemoc) in Mexico City panasiatische Gerichte.

← *Camarón y jícama, ein Gericht mit Garnelen und Wurzelgemüse, hier zubereitet von Estanis Carenzo, einem Gastkoch im Pujol*

Kulinarischer Streifzug

Baja California ist berühmt für leckere Fisch-Tacos, während Zentralmexiko die Heimat der einzig echten Guacamole ist. Jeder mexikanische Bundesstaat hat seine eigene Spezialität, also halten Sie Ausschau nach lokalen Favoriten. In Monterrey *(siehe S. 187)* schätzt man *cabrito asado* (Ziegenbraten), während Puebla *(siehe S. 148–151)* für *mole poblano* bekannt ist, eine Mischung aus Chilis und Schokolade.

→ *Eine Köchin der Kochschule El Sabor Zapoteco in Oaxaca bereitet Tamales zu*

DAS JAHR IN MEXIKO

Januar

Día de Reyes *(6. Jan)*. In ganz Mexiko werden zu Ehren der Heiligen Drei Könige Straßenfestivals und Partys abgehalten.

Mérida Festival *(3 Wochen ab 6. Jan)*. Die Stadt feiert den Jahrestag ihrer Gründung mit Tanz, Musik und kulturellen Veranstaltungen.

Februar

Día de la Bandera *(24. Feb)*. Mit Militärparaden, patriotischen Liedern und Reden wird die mexikanische Nationalflagge geehrt.

△ **Karneval** *(Feb/Mär)*. Farbenfrohe Paraden, Konzerte und Tänze finden bis Aschermittwoch an fünf Tagen statt; besonders lebhaft wird in Veracruz und Mazatlán gefeiert.

Mai

Día del Trabajo *(1. Mai)*. Feiertag zum Tag der Arbeit mit Paraden in Mexico City und anderen Großstädten.

△ **Corpus Christi** *(Mai/Juni)*. Wichtiges Datum für Katholiken, an dem 60 Tage nach Ostern im ganzen Land Messen abgehalten werden.

Juni

Día de la Marina *(1. Juni)*. Die Fackelumzüge zu Ehren der Marine und der Fischereiindustrie sind besonders beliebt in Guaymas, Sonora.

△ **Mexico City Gay Pride** *(Ende Juni)*. Rund eine Million Menschen nehmen an der LGBTQ+ Parade in der Zona Rosa in Mexico City teil.

September

Día del Charro *(14. Sep)*. Die Veranstaltung wird landesweit zu Ehren von Mexikos Cowboys und Cowgirls – den *los charros* – mit Pferdevorführungen, Rodeos und Paraden abgehalten.

△ **Día de la Independencia** *(16. Sep)*. Der patriotische Feiertag ist besonders wichtig in Dolores Hidalgo, wo die Unabhängigkeit Mexikos proklamiert wurde.

Oktober

△ **Festival Internacional Cervantino** *(ganzer Okt)*. Ein abwechslungsreiches Kunstfestival mit Theateraufführungen auf den Straßen von Guanajuato.

Día de la Raza *(12. Okt)*. Ursprünglich die Feier zur Ankunft von Christoph Kolumbus in Amerika, wird an diesem Tag nun die ethnische Vielfalt Mexikos gefeiert.

März

△ **Vive Latino** *(Mitte März)*. Ein riesiges American-Rock-Festival in Mexico City mit internationalen Spitzenstars aus Spanien.
Natalicio de Benito Juárez *(21. März)*. Mit Flaggen und floralen Ehrungen wird des verehrten Präsidenten insbesondere in seinem Geburtsort San Pablo Guelatao im Bundesstaat Oaxaca gedacht.

April

△ **Semana Santa** *(Ostern)*. Am Palmsonntag beginnt eine Woche der Paraden und Passionsspiele. Einige Regionen wie der Cañón del Cobre verbinden katholische und indigene Rituale.
Regata del Sol al Sol *(Ende Apr)*. Mit Feuerwerk und Partys wird das Ende des internationalen Jachtrennens von St. Petersburg, Florida, zur Isla Mujeres vor der Küste bei Cancún gefeiert.

Juli

△ **Festival Internacional de Guitarra de México** *(Mitte Juli)*. Saltillo feiert Saitenmusik aller Art – von der Barocklaute bis zur Tangogitarre – und veranstaltet in der ganzen Stadt Orchesterkonzerte und Liederabende.
Guelaguetza *(Ende Juli)*. Einwöchiges Fest der indigenen Kulturen in Oaxaca – ein Feuerwerk an Farben, traditionellen Tänzen und lokaler Küche.

August

△ **Festival Zacatecas del Folclor Internacional** *(Anfang Aug)*. Das Festival rund um traditionelle Musik und Tanz in Zacatecas gilt als eines der besten im ganzen Land.
Dia de la Asunción *(15. Aug)*. Paraden und Prozessionen zum Gedenken an die Jungfrau Maria, wobei die berühmtesten Feierlichkeiten in den Bundesstaaten Aguascalientes, Jalisco und Tabasco stattfinden.

November

△ **Días de los Muertos** *(1./2. Nov)*. Mexikos berühmtestes Fest, bei dem Familien ihrer verstorbenen Lieben gedenken. Gefeiert wird mit bunten Pappmaschee-Skeletten, Speisen und Getränken. Pátzcuaro hat besonders stimmungsvolle Festlichkeiten.
Día de Santa Cecilia *(22. Nov)*. Konzerte in ganz Mexiko zu Ehren der Schutzpatronin der Musik; besonders beliebt bei *Mariachi*-Bands in Mexico City und Guanajuato.

Dezember

△ **Día de la Virgen de Guadalupe** *(12. Dez)*. Jährlich pilgern Millionen von Anhänger der mexikanischen Schutzheiligen zur Basilika von Guadalupe in Mexico City.
Dia de la Navidad *(25. Dez)*. Mexikaner feiern den Weihnachtstag mit besonderem Eifer und kunstvoll gebastelten Krippen.

KURZE GESCHICHTE

Mexikos Geschichte umfasst den Aufstieg und Fall antiker Zivilisationen, der spanischen Krone, kurzlebiger Kaiser, berühmter Revolutionäre und politischer Führer. Heute zeichnet sich Mexiko zwar längst durch eine eigene moderne Identität und Geschichte aus, aber die Einflüsse der historischen Epochen und Kulturen sind noch immer spürbar.

Frühe Siedler

Um 8000 v. Chr. begann Mexikos Bevölkerung von Jägern und Sammlern, sich in Dörfern niederzulassen und das Land zu bewirtschaften. Um 1500 v. Chr. entstand die Kultur der Olmeken an der Golfküste, was zu großen zeremoniellen Zentren führte – aber im ersten Jahrtausend v. Chr. zogen sich die Olmeken aus unbekannten Gründen wieder zurück.

Erste Kulturen

Die fortschrittliche Zivilisation der Maya findet ihren Ursprung im Süden Mexikos. Die klassische Maya-Epoche erreichte ihren

Schon gewusst?
Angeblich ist der Name Mexiko von dem Wort für die toltekische Kultur abgeleitet: der Mexica.

Chronik

20 000 v. Chr.
Jäger und Sammler aus Asien erreichen Amerika und breiten sich gen Süden ins Tal von Mexiko aus

8000 v. Chr.
Beginn der Landwirtschaft mit Anbau von Mais, Chili und Bohnen

1500 v. Chr.
Erste olmekische Siedlungen an der Golfküste

200 v. Chr.
Gründung von Teotihuacán

800
Zusammenbruch der Maya-Zivilisation und Aufgabe von Monte Albán

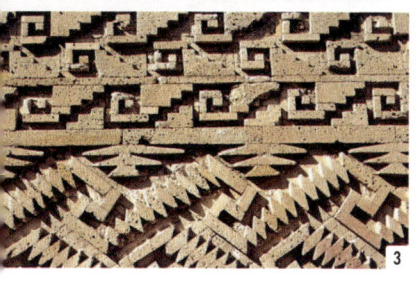

Höhepunkt zwischen 200 und 800 n. Chr. Die Maya galten als hochintelligentes Volk, und ihr komplexer Kalender zeugt von bemerkenswertem mathematischem und astronomischem Wissen. Trotzdem brach die wachsende Bevölkerung der Maya-Kultur um 900 n. Chr. zusammen. Weiter nördlich entstand unterdessen im Tal von Mexiko ein großer Stadtstaat: Teotihuacán wurde von unbekannten Gründern erbaut und aufgegeben, bevor es von ca. 100 bis 650 n. Chr. erneut aufstieg. Im 7. Jahrhundert schwand es jedoch, geschwächt durch Angriffe, Armut und interne Meinungsverschiedenheiten.

Von Rivalen und Eroberern

Der Fall von Teotihuacán führte zum Aufstieg militarisierter Nachfolgestaaten, insbesondere der Tolteken. Nachdem deren Hauptstadt Tula von rivalisierenden Gruppen überrannt worden war, entstanden die Azteken als letztes großes Reich Mittelamerikas. Als der spanische Eroberer Hernán Cortés 1519 in die aztekische Hauptstadt Tenochtitlán einmarschierte, litten die Azteken bereits unter Überbevölkerung, Streitereien und Widerstand von Außenstaaten. Cortés schloss sich mit einem solchen Staat zusammen und besiegte Tenochtitlán.

1 Karte von Nueva Galicia, einem Königreich in Neuspanien

2 Riesiger Olmeken-Kopf im Parque-Museo de La Venta in Villahermosa

3 Detailliertes Mauerwerk in der Säulenhalle in der Zapoteken-Stadt Mitla

4 Treffen zwischen Cortés und Moctezuma II., dem Herrscher der Azteken

---

909
Letzte aufgezeichnete Inschriften der klassischen Maya, gefunden in Toniná im Bundesstaat Chiapas

1325
Die Azteken gründen ihre Hauptstadt Tenochtitlán (das heutige Mexico City) auf einer Insel im Texcoco-See

1519
Cortés landet mit einer Hundertschaft an der Küste von Veracruz

1521
Die Azteken ergeben sich den Spaniern bei Tenochtitlán, und das Aztekenreich fällt

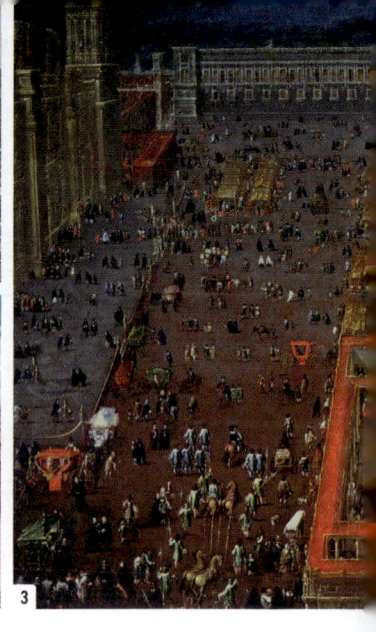

Kolonialzeit in Mexiko

Innerhalb von drei Jahren nach der Niederlage der Azteken hatten die Spanier den größten Teil des heutigen Mexiko unterworfen, das fortan Neuspanien hieß. Als die Kolonialwirtschaft wuchs, verließ sich Neuspanien auf die Arbeitskraft versklavter Afrikaner. Im frühen 17. Jahrhundert unterhielt das Land die größte Anzahl versklavter afrikanischer Völker in ganz Amerika. In der Zwischenzeit führte die Vermischung von spanischen Siedlern mit anderen ethnischen Gruppen zu Zwischenkasten und einer neuen kreolischen Elite, die sich den wohlhabenden weißen europäischen Einwanderern und deren gigantischen Residenzen und verschwenderischen Kirchen gegenübersah. Eine große Anzahl indigener Völker starb an Krankheiten, die von europäischen Kolonisatoren eingeschleppt wurden, oder wurde verbannt.

Wachsende Unzufriedenheit

Als weit von Spanien entfernte Kolonie und mit einer neuen Elite an der Macht, die durch die Schätze und das Land Neuspaniens reich geworden war, genoss Mexiko im Vergleich zu

> ### *Encomiendas*
> Die spanische Krone gewährte Konquistadoren mit den *encomiendas* Landstücke mit indigenen Arbeitern. Von *Encomendero*-Vermietern wurde erwartet, dass sie ihre Arbeitskräfte schützen sollten, da diese im Gegenzug schufteten und Tribute leisteten. In der Praxis war das *Encomienda*-System jedoch eine brutale Form der Sklaverei und wurde 1542 endgültig abgeschafft.

Chronik

1531
Eine Erscheinung in Tepeyac initiiert den Kult der Jungfrau von Guadalupe, der Schutzpatronin von Mexiko

1546
Zacatecas wird nach der Entdeckung von Silber gegründet

1692
Regierungsfeindliche Ausschreitungen indigener Demonstranten in Mexico City

1765
Spaniens Einfluss auf Mexiko wird durch Reformen gefestigt

anderen Kolonien eine gewisse Autonomie. Im 18. Jahrhundert versuchte die Bourbonen-Dynastie in Spanien jedoch, die Kontrolle zurückzuerobern. Die königliche Macht wurde zentralisiert, was die Kirche schwächte, und die Beziehungen zwischen Spanien und Mexiko verschlechterten sich, während die unteren Kasten unter steigenden Steuern und einem Mangel an Grundversorgung litten. Das alte Bündnis zwischen Krone und Kirche wurde weiter untergraben, als die Jesuiten 1767 wegen ihrer übermäßigen Macht ausgewiesen wurden.

Der Unabhängigkeitskrieg
Als Reaktion auf die fortwährenden Spannungen und die Ablenkung Spaniens durch die napoleonischen Kriege formierte sich die mexikanische Unabhängigkeitsbewegung. Am 16. September 1810 rief Pfarrer Miguel Hidalgo mit seinem legendären *el grito* (der Schrei) zur Bewaffnung auf. Der Aufstand schlug jedoch fehl, Hidalgo wurde hingerichtet. Ein weiterer Aufstand 1814, angeführt von José María Morelos, wurde ebenfalls niedergeschlagen. Der Widerstand ging weiter, und 1821 erklärte die kreolische Elite sich zur unabhängigen Nation Mexiko.

1 *Die Silberminenstadt Zacatecas*
2 *Von spanischen Siedlern erbaute Hacienda*
3 *Plaza Mayor in Mexico City, 1692*
4 *José María Morelos*

Schon gewusst?
Heute leben etwa 1,5 Millionen Afromexikaner in Mexiko.

1767
Vertreibung der Jesuiten aus Mexiko

1810
Miguel Hidalgo startet eine Revolte und löst den Unabhängigkeitskrieg aus

1813
Leona Vicario, ein wichtiges Mitglied der Aufständischen, wird inhaftiert, kann aber fliehen

1821
Der Krieg endet; Agustín de Iturbide wird Präsident der Regentschaft von Mexiko

Nationaler Neubeginn

Nachdem Mexiko unabhängig geworden war, blieb die Republik gespalten. Liberale Intellektuelle, unterstützt von indigenen Arbeitern, bevorzugten eine fortschrittliche, säkulare Freihandelsgesellschaft, während sich die elitären Konservativen für einen zentralisierten Staat aussprachen, der von Kirche und Armee unterstützt wurde. Das zeigte sich in der Verwaltung: In den nächsten 50 Jahren regierten 30 Staatschefs das Land. Die Armee brachte derweil eine Reihe von *caudillos* (Militärführern) hervor, die mit ihrem Gefolge um politische Macht kämpfte.

Verheerende Kriege

Der prominenteste *caudillo* war Antonio López de Santa Anna. Er wurde elfmal zum Staatschef gewählt, führte das Land jedoch im Krieg von 1836 zu einer Niederlage mit Texas – das zwar noch Teil von Mexiko, aber schon Heimat zahlreicher US-Einwanderer war. Zehn Jahre später trat Texas den USA bei und löste einen Krieg zwischen den beiden Ländern aus. Die Niederlage Mexikos führte im Vertrag von Guadalupe zum Verlust der Hälfte des Territoriums an die USA.

1 *Kaiser Agustín I.*
2 *Denkmal zu Ehren der Helden des Mexikanisch-Amerikanischen Kriegs*
3 *Hinrichtung von Kaiser Maximilian I.*
4 *Castillo de Chapultepec*

Schon gewusst?

Die Ära unter Präsident Porfirio Díaz ist auch bekannt als *porfiriato*.

Chronik

1824
Mexiko wird Bundesrepublik

1836
Texas-Revolution; Santa Anna siegt bei Alamo, wird bei San Jacinto geschlagen

1846
Beginn des Mexikanisch-Amerikanischen Kriegs

1848
Mexiko verliert einen Großteil des Territoriums an die USA

1857–1860
Reformkrieg; Sieg der Liberalen unter Benito Juárez

Die Reform

Von der Niederlage proviziert, erließ Mexikos liberale Regierung unter Benito Juárez 1854 *la reforma*, mit der Kirche und Staat getrennt und die Gleichberechtigung aller Bürger angestrebt wurde. Die Kirche und die Armee widersetzten sich, aber im Reformkrieg (1857–1860) siegten die Liberalen. 1864 suchten die Konservativen Unterstützung bei Napoléon III. und erklärten den Habsburger Maximilian zum Kaiser von Mexiko. Die Liberalen wehrten sich, und Maximilian wurde hingerichtet. Mexikos letzte Monarchie war gestürzt, und die Republik unter Juárez wurde wiederhergestellt.

Von der Diktatur zur Revolution

Vier Jahre nach dem Tod von Juárez 1872 übernahm General Porfirio Díaz die Macht und regierte als autoritärer Präsident über drei Jahrzehnte. Während dieser Zeit expandierten die Städte, aber mit dem Jahrhundertwechsel hatte Díaz die Landarbeiter komplett verarmt und die Mittelschicht mit seiner autoritären Kontrolle verärgert. Mexiko sehnte sich nach Demokratie und bereitete den Schauplatz der Revolution vor.

Vicente Guerrero

Mexikos zweiter Präsident, Vicente Guerrero, war nach dem kolonialen Kastensystem afromestizischer Abstammung und damit der erste farbige Präsident Nordamerikas. Guerrero wurde Präsident, nachdem er als General im Unabhängigkeitskrieg gedient hatte. Neben anderen liberalen Anordnungen forderte er am 16. September 1829 die sofortige Abschaffung der Sklaverei.

1862
Mexikanische Truppen besiegen Franzosen bei Puebla

1863
Französische Truppen erobern Mexico City

1864–1867
Französische Besetzung unter Kaiser Maximilian

1867
Am 19. Juni wird Maximilian in Querétaro exekutiert

1876–1911
Porfirio Díaz ist mehrfacher Staatschef von Mexiko

Ein Jahrzehnt der Revolution

Die mexikanische Revolution begann 1910 als Opposition zum Regime von Díaz. Dieser wurde von Francisco Madero abgelöst, der das Land jedoch nicht einen konnte und ermordet wurde. Ein Krieg brach aus, als sich die Revolutionsführer Emiliano Zapata und Pancho Villa gegen das spätere Regime von General Victoriano Huerta zusammenschlossen. Trotz ihres Siegs gegen Huerta kam es zum Bürgerkrieg. Venustiano Carranzas Niederlage gegen Villa 1917 führte zu einer radikal neuen Verfassung und Carranzas Aufstieg zur Präsidentschaft. Am Ende der Revolution waren über eine Million Menschen gestorben oder hatten das Land verlassen, die Währung war zusammengebrochen, und Mexikos Infrastruktur lag in Trümmern.

Dramatische Folgen

Carranza wurde 1920 von dem ehemaligen General Álvaro Obregón verdrängt. In den folgenden Jahren kämpfte das neue Regime darum, sowohl die Kirche als auch die USA zu besänftigen, die ihre Enteignung in ausländischem Besitz missbilligten. 1928 wurde Obregón ermordet, was zu mehr Instabilität führte.

↑ *Venustiano Carranza, eine wichtige Figur der mexikanischen Revolution*

Chronik

1910 — Francisco Madero startet die mexikanische Revolution

1917 — Mexikos liberale Verfassung wird verabschiedet

1929 — Gründung des Partido Nacional Revolucionario (PNR)

1941–1945 — Mexiko schließt sich im Zweiten Weltkrieg den Alliierten an

1957 — Tod des berühmten Muralisten Diego Rivera

Der Weg ins neue Jahrtausend

Die 1950er und 1960er Jahre waren vom »Wirtschaftswunder« geprägt, das von der Privatwirtschaft angetrieben wurde. Die Entdeckung von Offshore-Öl führte dazu, dass die Regierung Kredite aufnehmen konnte – und das Geld verschwenderisch ausgab. Die Inflation stieg, die Wirtschaft brach ein, und die Rezession setzte sich trotz des nordamerikanischen Freihandelsabkommens von 1993 fort. Doch die Sozialreform war auf dem Vormarsch. 1992 startete Mexiko das Projekt Third Root, mit dem die Präsenz und der Einfluss Afrikas in Mexiko anerkannt wurde, und 1994 forderten indigene Völker in Chiapas eine politische Vertretung.

Das heutige Mexiko

Das frühe 21. Jahrhundert war turbulent: Die Verteilung des Wohlstands ist nach wie vor unausgewogen, und die Regierung macht sich Sorgen über die Gewalt der Drogenbanden, Korruption und Migration. Der Bau von Fabriken in einigen ländlichen Gebieten trägt dazu bei, den Wohlstand umzuverteilen, indem er Menschen aus Mexico City abzieht.

1 *Pancho Villa 1914*
2 *Chihuahua in den 1960er Jahren*
3 *Versammlung von Staatsoberhäuptern 1993*
4 *Die antike Stadt Teotihuacán*

Schon gewusst?

Mexico City ist das bevölkerungsreichste Stadtgebiet in ganz Nordamerika.

1985
Bei einem Erdbeben in Mexico City sterben ca. 9000 Menschen

1979
Rosario Ibarra de Piedra gründet mit Eureka eine Organisation gegen politische Unterdrückung

2007
Chichén Itzá zählt zu den neuen sieben Weltwundern

2021
Mexiko legalisiert Abtreibung

2018
Der Demokrat Andrés Manuel López Obrador wird zum Präsidenten von Mexiko gewählt

MEXICO CITY
ERLEBEN

Läden und Cafés in Coyoacán

Historisches Zentrum **72**

Paseo de la Reforma **96**

San Ángel und Coyoacán **112**

Abstecher **126**

MEXICO CITY
AUF DER KARTE

In diesem Kapitel wird Mexiko City in drei Bereiche unterteilt, die auf dieser Karte dargestellt sind, sowie in einen Teil außerhalb des Stadtzentrums. Auf den folgenden Seiten erfahren Sie mehr über jeden Bereich.

Museo Nacional de Antropología

Museo de Arte Moderno

Bosque de Chapultepec

Paseo de la Reforma
Seiten 96–111

AV. CHAPULTEPEC

LOMAS

AV. CONSTITUYENTES

TACUBAYA

PERIFÉRICO

CIRCUITO INTERIOR

AVENIDA INSURGENTES SUR

DEL VALLE

SANTA FE

MIXCOAC

AVENIDA SANTA LUCÍA

LAS AGUILAS

PERIFÉRICO

San Ángel und Coyoacán
Seiten 112–125

SAN ÁNGEL

COYOACÁN

Plaza San Jacinto

PROGRESO

N ↑

0 Kilometer 2

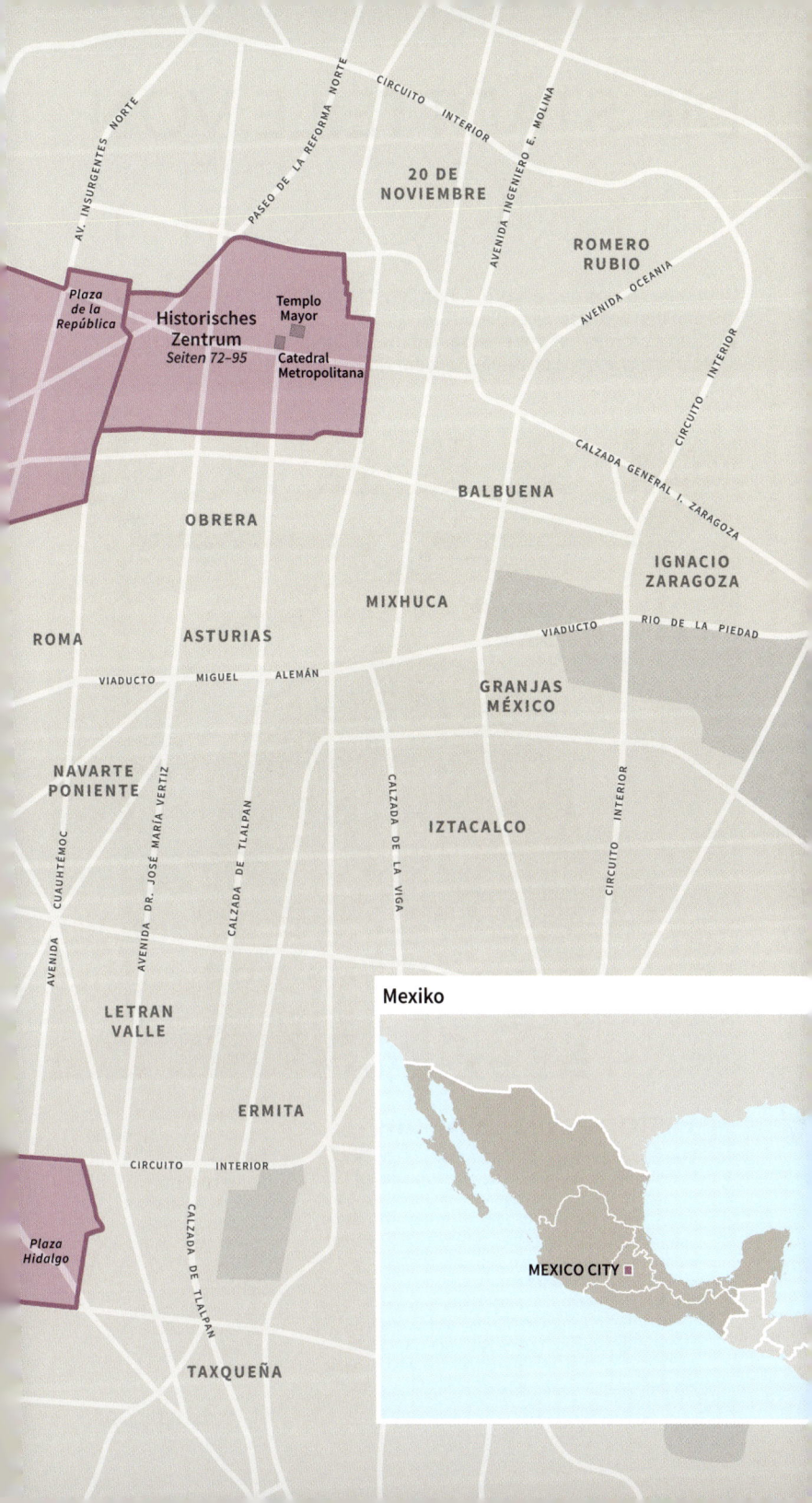

Mexico City

- Plaza de la República
- Historisches Zentrum *Seiten 72–95*
- Templo Mayor
- Catedral Metropolitana
- Plaza Hidalgo

Straßen:
- AV. INSURGENTES NORTE
- PASEO DE LA REFORMA NORTE
- CIRCUITO INTERIOR
- AVENIDA INGENIERO E. MOLINA
- AVENIDA OCEANIA
- CALZADA GENERAL I. ZARAGOZA
- VIADUCTO
- RIO DE LA PIEDAD
- VIADUCTO MIGUEL ALEMÁN
- AVENIDA CUAUHTÉMOC
- AVENIDA DR. JOSÉ MARÍA VERTIZ
- CALZADA DE TLALPAN
- CALZADA DE LA VIGA
- CIRCUITO INTERIOR

Stadtteile:
- 20 DE NOVIEMBRE
- ROMERO RUBIO
- OBRERA
- BALBUENA
- IGNACIO ZARAGOZA
- ROMA
- ASTURIAS
- MIXHUCA
- GRANJAS MÉXICO
- NAVARTE PONIENTE
- IZTACALCO
- LETRAN VALLE
- ERMITA
- TAXQUEÑA

Mexiko

MEXICO CITY

DIE STADTTEILE VON MEXICO CITY

Umgeben von Bergen und Vulkanen liegt Mexico City im Tal von Mexiko am ehemaligen Texcoco-See. Die pulsierende Metropole mit ihren 350 Stadtvierteln *(colonias)* ist das fiestageladene, fußballbegeisterte, politische, wirtschaftliche und kulturelle Herz der Nation.

Historisches Zentrum

Die ehemalige Hauptstadt des Aztekenreichs Tenochtitlán ist heute das pulsierende Herz von Mexico City. Die spanischen Siedler begannen im 16. Jahrhundert mit dem Bau ihrer eigenen Stadt auf den Überresten von Tenochtitlán; heute ist das historische Zentrum nach den vielen wichtigen Gebäuden benannt, die hier stehen. Im Viertel mischen sich Priester und Nonnen mit Schuhputzern und Taco-Verkäufern, während aus den Geschäften ringsum *Mariachi*-Musik erschallt. Das bunte authentische Treiben kann man bei einem traditionellen *café de olla* in einem der vielen Lokale aus der Kolonialzeit besonders schön beobachten.

Entdecken
Architektur, Geschichte und Kultur

Sehenswert
Catedral Metropolitana, Palacio de Bellas Artes, Templo Mayor und Palacio Nacional

Genießen
Besuchen Sie eine Performance mexikanischer Volkstänze beim Ballet Folklórico

Paseo de la Reforma

Der Paseo de la Reforma verläuft als Hauptverkehrsader mitten durch das Zentrum der Stadt und ist eine prächtige, von europäischen Hauptstädten inspirierte Allee. Entlang des Boulevards finden sich mächtige Wolkenkratzer des Finanzdistrikts, während sich zum Stadtrand hin jede Menge hipper Viertel angesiedelt haben. Die Zona Rosa ist Mexikos beliebtestes LGBTQ+ Viertel, während sich im wohlhabenden Polanco junge Berufstätige in den schicken Boutiquen und exquisiten Restaurants tummeln. Am südlichen Ende des Paseo liegt der Bosque de Chapultepec, Mexikos wohl schönster Stadtpark, in dem sich Fuß- und Radwege durch die Gärten und am Schloss vorbeischlängeln.

Entdecken
Museen, Nachtleben und Parks

Sehenswert
Museo Nacional de Antropología

Genießen
Entdecken Sie das pulsierende Nachtleben in den Restaurants, Bars und Clubs der Zona Rosa

San Ángel und Coyoacán

In der Metropole sind die charmanten Vororte San Ángel und Coyoacán bekannt für ihre besonders authentische Atmosphäre. Schlendern Sie durch die ruhigen Kopfsteinpflasterstraßen vorbei an kleinen Cafés und gehobenen Restaurants, an individuellen Boutiquen und alten Kirchen, an malerischen Kolonialhäusern und den Überresten der Aztekenstadt. Hier finden Sie auch die Ateliers von Frida Kahlo und Diego Rivera sowie das letzte Zuhause von Leo Trotzki – allesamt heute faszinierende Museen.

Entdecken
Kunst, Geschichte und Bummeln

Sehenswert
Museo Frida Kahlo

Genießen
Brunchen Sie im San Ángel Inn, bevor Sie den lokalen Kunsthandwerksmarkt am Samstag besuchen

Abstecher

In Mexico City mischen sich Elends- und Arbeiterviertel mit Touristengegenden und noblen Vororten. Überall in der Metropole verstreut finden sich deshalb lohnende Orte, die einen Ausflug über die bekannten Bezirke hinaus durchaus wert sind. Besichtigen Sie die berühmten Kanäle von Xochimilco, erleben Sie die Heimat des mexikanischen Fußballs, schlendern Sie über den größten Markt der Stadt oder besuchen Sie einige der aufregendsten Kunstmuseen und imposantesten Architekturwunder der Hauptstadt.

Entdecken
Traditionelle Kultur und moderne Architektur

Sehenswert
Xochimilco

Genießen
Gehen Sie in Xochimilco an Bord eines Boots und schippern Sie durch die alten Wasserstraßen und »Schwimmenden Gärten«

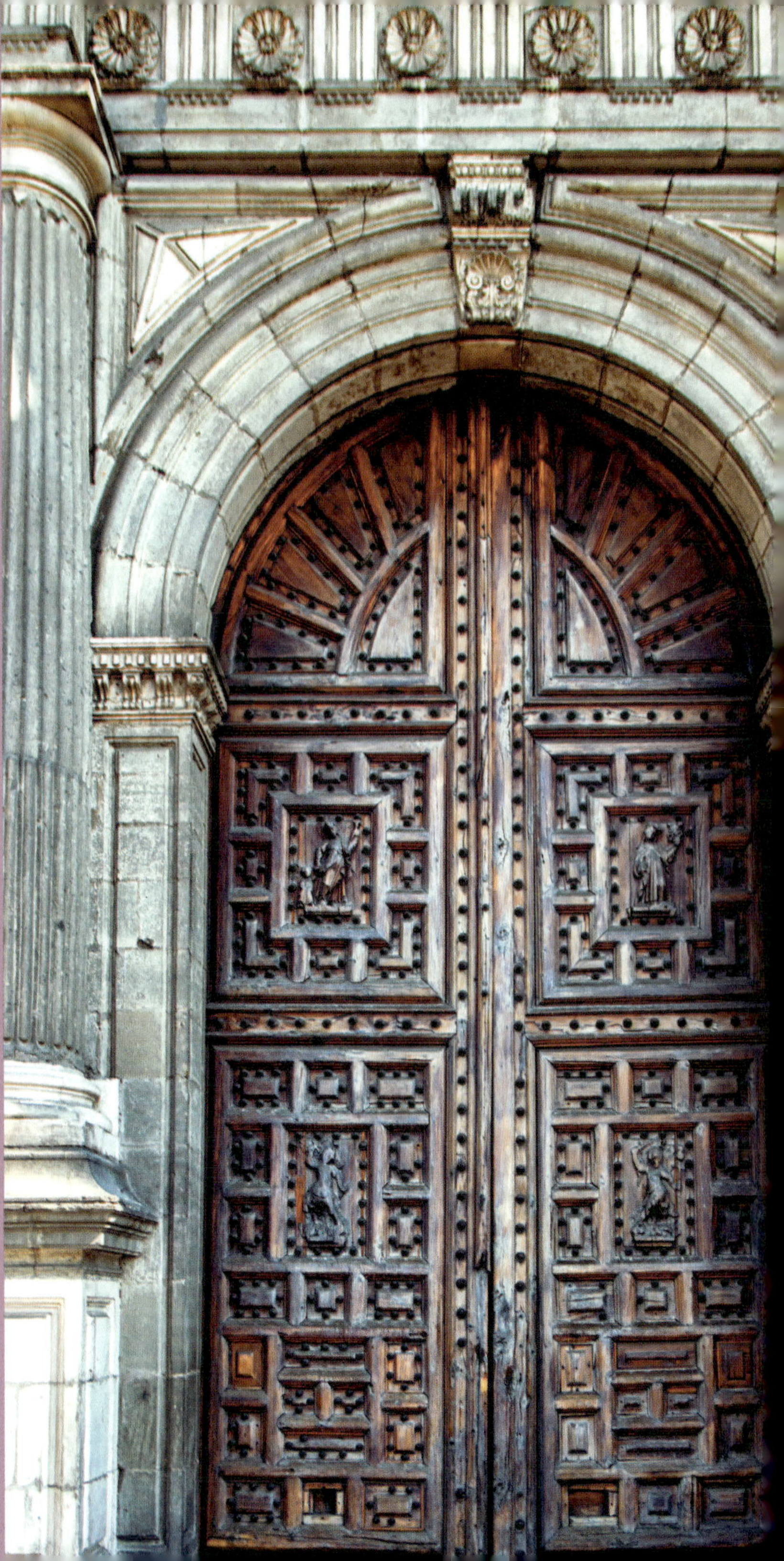

Der imposante Eingang der Catedral Metropolitana (siehe S. 76f)

Historisches Zentrum

Das historische Zentrum von Mexico City befindet sich im ehemaligen zeremoniellen Mittelpunkt von Tenochtitlán, der Hauptstadt der Azteken. Als Hernán Cortés im Jahr 1521 seine Armee in die Stadt führte, lag sie auf einer Insel im Texcoco-See. Nach der Eroberung der Stadt durch die Spanier zerfiel das Aztekenreich rasch, die Pocken löschten einen Großteil der indigenen Bevölkerung aus (und verhinderten so die Möglichkeit des Widerstands), und schließlich wurden die Azteken unterworfen oder getötet. Die Spanier machten die Stadt dem Erdboden gleich, wobei sie einen Großteil des Mauerwerks für ihre eigenen Bauten wiederverwendeten und den See nach und nach auffüllten.

Heute ist das historische Zentrum von Mexico City von engen Gassen mit altmodischen Cafés und Läden gesäumt, und die eleganten Herrenhäuser wurden in Büros, Banken und Museen umgewandelt.

Historisches Zentrum

Highlights

1. Catedral Metropolitana
2. Palacio de Bellas Artes
3. Templo Mayor
4. Palacio Nacional

Sehenswürdigkeiten

5. Secretaría de Educación Pública
6. Antiguo Colegio de San Ildefonso
7. Templo de la Enseñanza
8. Plaza Garibaldi
9. Iglesia de la Santísima Trinidad
10. Museo José Luis Cuevas
11. Museo de la Ciudad de México
12. Museo de Arte Popular
13. Museo Mural Diego Rivera
14. Laboratorio Arte Alameda
15. Casa de los Azulejos
16. Museo Nacional de Arte
17. Palacio de Cultura Citibanamex
18. Museo de la Caricatura
19. Museo Nacional de la Estampa
20. Torre Latinoamericana
21. Plaza de Santo Domingo
22. Museo Franz Mayer
23. Palacio de la Escuela de Medicina

Restaurants und Cafés

1. Café de Bellas Artes
2. El Caguamo
3. Tortas Been
4. Tacos El Huequito

Bars

5. La Ópera Bar
6. Café de Tacuba
7. Terraza Gran Hotel

Historisches Zentrum

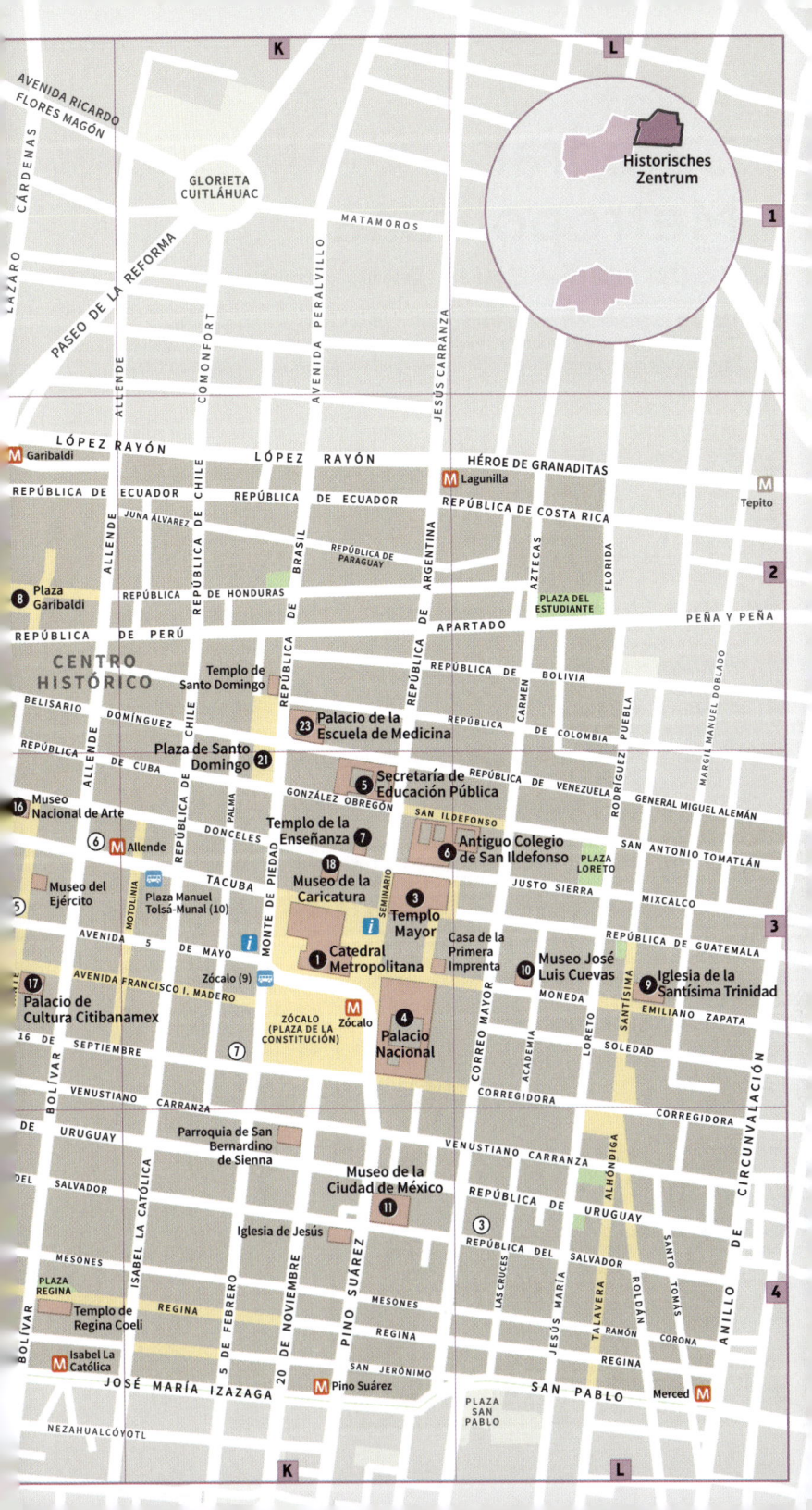

CENTRO HISTÓRICO

- Garibaldi (M)
- Lagunilla (M)
- Tepito (M)
- 8 Plaza Garibaldi
- Templo de Santo Domingo
- 23 Palacio de la Escuela de Medicina
- Plaza de Santo Domingo 21
- 16 Museo Nacional de Arte
- 6 Allende (M)
- 5 Secretaría de Educación Pública
- 7 Templo de la Enseñanza
- 6 Antiguo Colegio de San Ildefonso
- Museo del Ejército
- Plaza Manuel Tolsá-Munal (10)
- 18 Museo de la Caricatura
- 3 Templo Mayor
- 1 Catedral Metropolitana
- Casa de la Primera Imprenta
- 10 Museo José Luis Cuevas
- 9 Iglesia de la Santísima Trinidad
- Zócalo (9)
- Zócalo (Plaza de la Constitución) (M)
- 4 Palacio Nacional
- 17 Palacio de Cultura Citibanamex
- Parroquia de San Bernardino de Sienna
- Museo de la Ciudad de México 11
- Iglesia de Jesús
- Templo de Regina Coeli
- Isabel La Católica (M)
- Pino Suárez (M)
- Merced (M)

Catedral Metropolitana

📍 K3 🏠 Zócalo Ⓜ Zócalo 🕓 tägl. 8–18 🌐 catedralmetropolitana.mx

Die Kathedrale von Mexico City wurde auf den Ruinen eines ehemaligen aztekischen Zeremonialplatzes erbaut und dominiert den Zócalo. Die verschnörkelte Fassade strotzt vor churrigueresken Skulpturen, während das Innere mit vergoldeten Altären und schmucklosen weißen Säulen, die eine hohe Decke tragen, glänzt.

Die Kathedrale, die größte Kirche Lateinamerikas, ist das Herz der größten katholischen Diözese der Welt. Die Türme erheben sich 67 Meter über den Zócalo. Für ihren Bau benötigte man fast 300 Jahre – von 1525 bis 1813. Diese außerordentlich lange Zeitspanne spiegelt sich in den unterschiedlichen Baustilen und der Innenausstattung wider, die von der Renaissance über Barock und Churriguera-Stil bis zum Klassizismus reichen. Die Kirche hat fünf Hauptaltäre und 16 Seitenkapellen mit zahlreichen Bildern und Skulpturen.

Zwei Ölgemälde von Juan Rodríguez Juárez am **Altar de los Reyes** stellen die Anbetung der Heiligen Drei Könige und Mariä Himmelfahrt dar.

Die **Sakristei** birgt Gemälde aus dem 17. Jahrhundert und mit Schnitzereien verzierte Schränkchen.

→ *Illustration der Catedral Metropolitana*

Die Skulpturen am **Altar de los Reyes** zeigen heiliggesprochene Könige und Königinnen.

Seiteneingang

Der **Hochaltar** aus weißem Marmor ist mit Heiligenfiguren verziert.

Die **Capilla de San José** ist mit Statuen und Gemälden geschmückt, die alle Heilige darstellen oder Marienerscheinungen zum Thema haben.

← *Die imposante Fassade der riesigen Catedral Metropolitana*

Highlight

Architekturstile

Kolonialzeit
Die Arbeiten begannen 1573. Der Grundriss mit drei Schiffen stammt von Claudio de Arciniega. Die ersten Mauern errichtete Juan Miguel de Agüero.

Churriguerismus
▽ Die zwischen 1710 und 1737 errichteten *estípites* (viereckige Reliefsäulen) sind ein Markenzeichen des churriguresken Stils. Das berühmteste Beispiel ist die Fassade des Sagrario Metropolitano von Lorenzo Rodríguez.

Barock
△ Der größte Teil wurde Mitte des 17. Jahrhunderts erbaut, die ältesten Teile im spanischen Barockstil (Plateresk). Die Portale der Hauptfassade aus dem späten 16. Jahrhundert sind prächtiger.

Neoklassizismus
Die Glockentürme und die oberen Stockwerke wurden in den 1780ern hinzugefügt. Manuel Tolsá ergänzte den Uhrenturm und baute die Kuppel im neoklassizistischen Stil um.

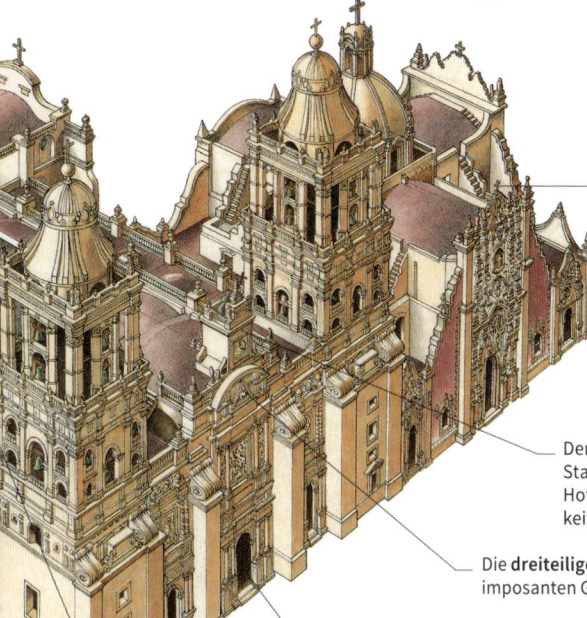

Die Pfarrkirche **Sagrario Metropolitano** entstand Mitte des 18. Jahrhunderts. Sie hat eine prächtige, mit Heiligenfiguren geschmückte spätbarocke Fassade.

Den **Glockenturm** zieren Statuen, die Glaube, Hoffnung und Barmherzigkeit symbolisieren.

Die **dreiteilige Fassade** wird von imposanten Glockentürmen flankiert.

Haupteingang

Der **Chor** mit dem vergoldeten, aus Macao stammenden Gitter, dem mit Schnitzereien verzierten Chorgestühl und den zwei Orgeln ist besonders sehenswert.

> **Expertentipp**
> **Absenkung**
>
> Im Lauf der Zeit sank die Kirche in den weichen Lehm ein, auf dem sie errichtet wurde, der Boden neigte sich. Nach einem Erdbeben 1985 wurde das Bauwerk stabilisiert.

Palacio de Bellas Artes

J3 **Eje Central und Av. Juárez** **Bellas Artes** **+52 55 55 12 25 93**
Di – So 11 – 17 **museopalaciodebellasartes.gob.mx**

Das prächtige Bauwerk beherbergt eine bedeutende Sammlung mexikanischer Wandmalereien, und in seinem Theater werden traditionelle Volkstänze und klassische Livekonzerte von weltbekannten Orchestern und Künstlern aufgeführt.

Der Palacio de Bellas Artes, das wohl schönste Gebäude im historischen Zentrum, wurde 1905 als Nationaltheater konzipiert. Der italienische Architekt Adamo Boari entwarf ein innovatives Gebäude mit einem Stahlgerüst, das Elemente des Neoklassizismus und des Jugendstils sowie prähispanische Dekorationsdetails enthält. Die Fassade ist mit italienischem Marmor verkleidet, die Kuppeln sind mit Fliesen bedeckt. Die größte Kuppel wird von einem mexikanischen Adler überragt, der von Figuren umgeben ist, die die dramatischen Künste darstellen. Das durch die Revolution unterbrochene Werk wurde 1934 von Federico Mariscal vollendet. Dies erklärt das Artdéco-Interieur mit geometrischen Formen aus farbigem Marmor und der auffälligen Beleuchtung, insbesondere den vertikalen Lampen, die den Eingang zum Zuschauerraum flankieren.

Die Kuppel des Palacio de Bellas Artes ist ein Wahrzeichen des historischen Zentrums

Café

Café de Bellas Artes
Ganz gleich, ob Sie zwischen den Konzerten einen Cocktail trinken oder nach dem Besuch der Galerien eine Mahlzeit zu sich nehmen möchten – dieses kleine Café ist ideal für eine Pause, denn es bietet eine großartige Speisekarte und liegt günstig im Palacio. Zu den Gerichten gehören mexikanische Klassiker.

🅐 **Eje Central und Av. Juárez**
📞 **+52 55 12 25 93**
$$$

→ *Die mit creme- und goldfarbenem Marmor verkleidete Art-déco-Eingangshalle*

Highlight

↑ *Der atemberaubende Glasmosaikvorhang von den Tiffany Studios in New York*

TOP 4 Highlights des Palasts

Wandmalereien
17 Werke von Mexikos bedeutendsten Wandmalern, darunter Rivera, Orozco und Siqueiros.

Theatervorhang
Der Tiffany-Vorhang aus einer Million Glasstücke zeigt die Vulkane Popocatépetl und Iztaccíhuatl.

Museo Nacional de Arquitectura
Ausgestellt wird zeitgenössische Architektur aus aller Welt.

Fassade
Die Jugendstilfassade besteht aus Säulen aus italienischem Carrara-Marmor, die von goldenen Kuppeln aus Marotti-Glas und Schmiedearbeiten gekrönt werden.

Templo Mayor

K3 **Seminario** **+52 55 40 40 56 00** **Zócalo**
Di – So 9 –17 **templomayor.inah.gob.mx**

Obwohl die Überreste des Großen Tempels von modernen Gebäuden umgeben sind, vermitteln sie noch immer die Größe der ehemaligen Aztekenstadt Tenochtitlán. Das Museum beherbergt ein maßstabsgetreues Modell der ursprünglichen Anlage und den riesigen geschnitzten Monolithen der Göttin Coyolxauhqui.

Der Tempel stand einst im Herzen der Aztekenstadt Tenochtitlán. Die Azteken wählten diesen Ort für ihr wichtigstes religiöses Bauwerk, um eine Prophezeiung zu erfüllen. Ihr Gott Huitzilopochtli hatte ihnen geraten, ihre Zelte dort aufzuschlagen, wo sie einen Adler auf einem Kaktus sitzen sehen, der eine Schlange verschlingt.

Der erste Tempel wurde nach 1325 erbaut, aber im Lauf der nächsten zwei Jahrhunderte mehrfach erweitert. Nach der Eroberung durch die Spanier in den frühen 1500er Jahren wurde der Komplex fast vollständig zerstört. Die zufällige Entdeckung der außergewöhnlichen Coyolxauhqui-Skulptur 1978 gab den Anstoß zu Ausgrabungen, bei denen die Überreste von übereinanderliegenden Tempeln freigelegt wurden.

Das der archäologischen Stätte angeschlossene Museum zeigt in acht Sälen beeindruckende aztekische Exponate, von denen einige im Templo Mayor entdeckt wurden. Dazu gehören die Adlerritter, zwei identische lebensgroße Tonstatuen von aztekischen Elitekriegern in gefiederten Kostümen.

Der Aufbau des Komplexes kann verwirrend sein, hier helfen eine Führung oder ein Audioguide, die man im Museum buchen kann.

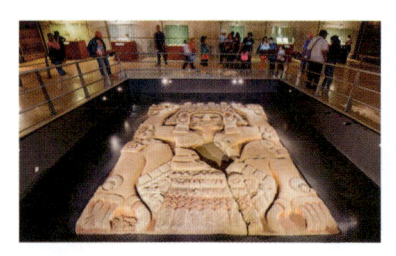

↑ *Von Azteken geschnitzte Steine, die im Museum ausgestellt sind*

Highlight

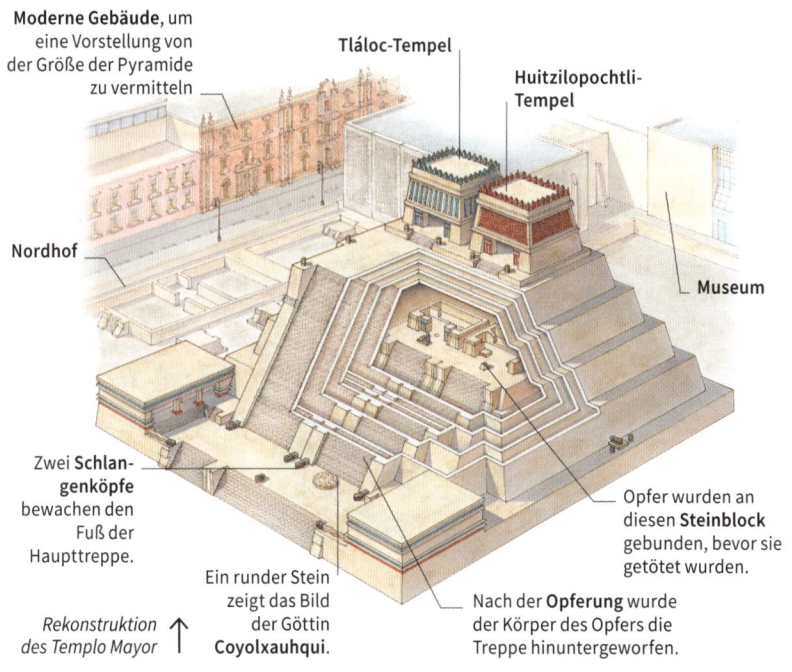

Schon gewusst?
Die Schlange ist ein wichtiges Element der reichen Symbolik des Tempels.

↑ Der Komplex mit den Pyramiden, die übereinandergebaut wurden

Moderne Gebäude, um eine Vorstellung von der Größe der Pyramide zu vermitteln

Tláloc-Tempel

Huitzilopochtli-Tempel

Nordhof

Museum

Zwei **Schlangenköpfe** bewachen den Fuß der Haupttreppe.

Opfer wurden an diesen **Steinblock** gebunden, bevor sie getötet wurden.

Ein runder Stein zeigt das Bild der Göttin **Coyolxauhqui**.

Nach der **Opferung** wurde der Körper des Opfers die Treppe hinuntergeworfen.

Rekonstruktion des Templo Mayor ↑

Palacio Nacional

4

📍 K3 🏛 Plaza de la Constitución s/n 📞 +52 55 36 88 12 55
Ⓜ Zócalo 🕐 Di–So 9–17

Der Palacio Nacional ist seit 1562 der Sitz der Regierung. Seine vornehme Fassade spiegelt die Geschichte der Präsidenten wider, die hier gelebt und gearbeitet haben, wie die Wandgemälde von Diego Rivera zeigen.

Die gesamte Ostseite des Zócalo nimmt der Palacio Nacional ein. Hier stand einst der Palast des Aztekenherrschers Moctezuma, den der Konquistador Cortés zu seiner Residenz machte. Mit dem Bau des heutigen Palasts begann man 1562. Prägend war der relativ strenge spanische Barockstil jener Zeit. Der Palast wurde 1624 und 1692 von Rebellen besetzt. Später residierten hier die mexikanischen Präsidenten. In den 1920er Jahren kam ein drittes Stockwerk hinzu, das sich dem ursprünglichen Stil anpasst. Hauptattraktion sind die Wandgemälde von Diego Rivera, aber auch das ehemalige Abgeordnetenhaus, die Räume von Benito Juárez und das Geschichtsmuseum sind sehenswert.

Wandgemälde von Diego Rivera

Rivera schuf die außergewöhnlichen Gemälde zwischen 1929 und 1951. Die wichtigsten Wandgemälde über der großen Treppe zeigen ein Panorama der mexikanischen Geschichte. Auf der rechten Wand ist eine idealisierte Vision des alten Mexiko vor der Ankunft der Spanier zu sehen. Der untere Teil der mittleren Wand zeigt die blutigen Schlachten der Eroberung, während die Unabhängigkeit das Herzstück der Hauptwand bildet. Ausländische Invasionen werden auf den Tafeln ganz rechts und links an der Hauptwand dargestellt. Die rechte innere Tafel bezieht sich auf die Reformgesetze von Juárez aus dem Jahr 1857, die Revolution von 1910 ist oben links zu sehen. An der linken Wand ist das erstaunliche Mexiko heute und morgen zu sehen, eine überschwängliche Darstellung des Versprechens der Revolution.

> Die gesamte Ostseite des Zócalo nimmt der Palacio Nacional ein. Hier stand einst der Palast des Aztekenherrschers Moctezuma.

↑ *Detail der Inneneinrichtung im spanischen Barockstil*

← *Die nachts beleuchtete Fassade des Palacio Nacional*

Highlight

↑ Besucher bewundern die Wandgemälde über der großen Treppe

Wandbilder

Riveras Wandgemälde, die sich um die Treppe des Hauptinnenhofs winden, stellen die mexikanische Geschichte dar.

Botanischer Garten

▽ Die kleinen Gärten mit mexikanischer Flora befinden sich in einem ruhigen Innenhof neben der Königlichen Kapelle.

Sehenswert

Museo Benito Juárez

△ Benito Juárez verbrachte die letzten fünf Jahre seines Lebens im Palast. Das Museum zeigt seine Besitztümer, darunter Briefe.

Geschichtsmuseum

In den sechs Sälen des Museums werden 600 Jahre mexikanischer Geschichte behandelt.

Hauptbalkon

△ Über dem Balkon befindet sich die Glocke von Dolores (Glocke der Schmerzen), eines der wichtigsten patriotischen Symbole Mexikos.

SEHENSWÜRDIGKEITEN

⑤ Secretaría de Educación Pública

📍 K3 🏠 República de Argentina 28 📞 +52 55 53 28 10 97 Ⓜ Zócalo, Allende 🕐 Mo – Fr 9 – 17 🌐 sep.gob.mx

Bekannt ist der Klosterbau von 1594 vor allem durch die Wandbilder Diego Riveras. Die zwischen 1923 und 1928 entstandenen Werke spiegeln verschiedene Einflüsse wider: italienische Fresken, französische Kubisten und prähispanische Kunst.

Im Erdgeschoss des ersten Patio wird die Arbeit verherrlicht. Im Treppenaufgang sieht man mexikanische Landschaften, auf dem Bild *Maler, Bildhauer und Architekt* im zweiten Stock das bekannte Selbstporträt von Rivera. Die Bilder im ersten Stock sind in Grautönen gehalten, dargestellt sind Wissenschaften und Künste. Im zweiten Stock findet man Darstellungen von Volkshelden wie Zapata *(siehe S. 62)*. Die Bilder im Erdgeschoss des zweiten Hofs stellen beliebte Fiestas dar. Die Themen des zweiten Stocks entstammen Revolutionsliedern *(corridos)*. Das Bild *Das Arsenal* zeigt die Malerin Frida Kahlo *(siehe S. 116f)* beim Verteilen von Waffen an Revolutionäre.

Einen deutlichen Kontrast zu Riveras Stil verdeutlicht David Alfaro Siqueiros' Wandbild *Patrioten und Vatermörder*. Es befindet sich im Treppenaufgang des Gebäudeteils neben dem Eingang República de Brasil, dem früheren Zollhaus (Aduana).

⑥ Antiguo Colegio de San Ildefonso

📍 K3 🏠 Justo Sierra 16 Ⓜ Zócalo, Allende 🕐 Do – So 11:30 – 17 🌐 sanildefonso.org.mx

Das ehemalige Jesuitenseminar aus dem 16. Jahrhundert ist ein Schmuckstück der Kolonialarchitektur. Es wurde zwar im 18. Jahrhundert umgebaut, die Fassade an der Calle San Ildefonso, eine Mischung aus Barock und Klassizismus, ist jedoch im Originalzustand erhalten.

Heute gehört das Gebäude zur Universität und dient als Museum. Hauptattraktion ist eine Reihe von Wandbildern der frühen Muralisten, darunter Meisterwerke von Rivera, Siqueiros und Orozco. San Ildefonso gilt als Wiege dieser Schule. Zu den ersten Aufträgen gehörten die Bilder von David Alfaro Siqueiros, der 1922 – 24 vier Bilder im Treppenhaus des Colegio Chico malte, dem ältesten der drei Patios des Komplexes. Etwa zur gleichen Zeit malte José Clemente Orozco eine Bilderserie an die Nordmauer des Patio Grande mit universellen Themen wie Mutterschaft, Freiheit, Recht und Gesetz. Dazu gehören auch *Dreieinigkeit der Revolution* und *Streik*, das dramatischste Bild ist *Der Graben*.

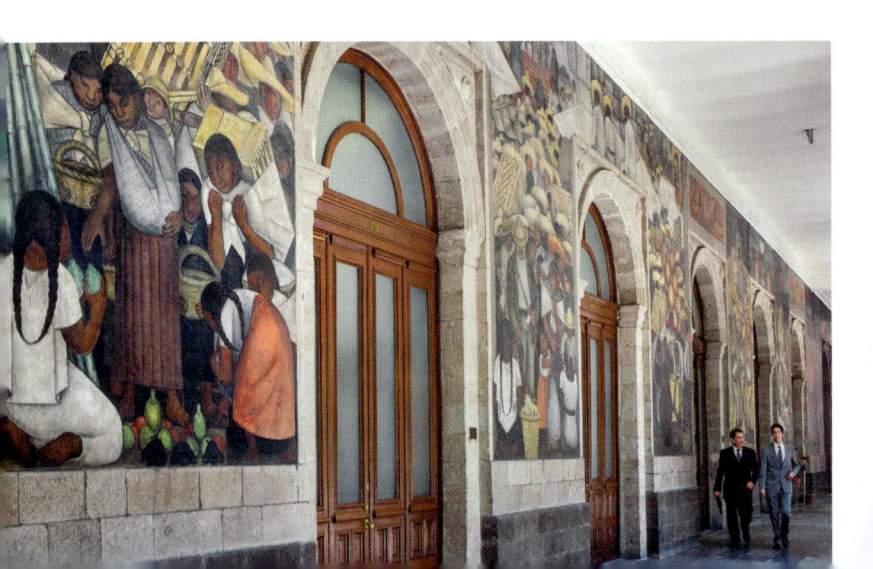

> **Entdeckertipp**
> **Palacio Postal**
> Das Hauptpostamt mit kleinem Museum liegt 15 Minuten vom Antiguo Colegio entfernt. Hinter der düsteren Steinfassade verbirgt sich ein prächtig verziertes Interieur aus Schmiedeeisen und Marmor.

↑ Mariachi-*Musiker spielen für die Gäste auf der Plaza Garibaldi*

Orozcos Bilder am Treppenaufgang – darunter eine Aktstudie von Cortés und seiner indianischen Geliebten Malinche – beziehen sich zumeist auf das Thema des *mestizaje*, der Rassenvermischung, durch die die mexikanische Nation entstand.

Im Anfiteatro Simón Bolívar ist *Die Schöpfung*, ein Frühwerk Riveras, zu sehen. Die anderen Bilder im Saal malte Fernando Leal zwischen 1930 und 1933.

Das Konferenzzimmer nördlich des Patio Grande, bekannt als El Generalito, besticht besonders durch das geschnitzte Chorgestühl aus dem 17. Jahrhundert.

❼ Templo de la Enseñanza

K3 Donceles 102
+52 55 57 02 18 43
Allende, Zócalo Mo – Sa 9:30 –18, So 11–14

Mit seiner schmalen, leicht nach hinten geneigten Fassade zählt der Templo de la Enseñanza zu den großartigsten Kirchen von Mexico City. Das Atrium ist winzig, die Innenausstattung ein

←
Diego Riveras Wandgemälde in der Secretaría de Educación Pública

Glanzpunkt des Hochbarock im späten 17. Jahrhundert.

Ursprünglich gehörte die Kirche zu einem Kloster, das von den Nonnen im 19. Jahrhundert infolge der antiklerikalen Reformen im Land aufgegeben und später dann von verschiedenen Behörden wie dem Bildungsministerium benutzt wurde.

Der vergoldete, mit Heiligenfiguren geschmückte und von riesigen Gemälden flankierte Hauptaltar reicht bis zum Dach, was seine Vertikalität noch mehr betont. Das Fresko im Gewölbe darüber stellt die Jungfrau von El Pilar dar, der die Kirche geweiht ist.

Im unteren Chor, der sich zu beiden Seiten des Altars befindet, sind Gitter angebracht, die die Nonnen vor den Blicken der anderen Gläubigen in der Kirche schützen sollten.

❽ Plaza Garibaldi

J2 nördl. der Alameda, nahe Eje Central Lázaro Cárdenas

Die Plaza Garibaldi ist das Zentrum der *Mariachi*-Musik. Entlang der Avenida Lázaro Cárdenas sieht man Tag und Nacht *Mariachi*-Musiker in ihren typischen Kostümen auf der Suche nach Aufträgen.

Die *Mariachi*-Musik entstand in Jalisco *(siehe S. 195)* an der Pazifikküste. In den beiden ersten Jahrzehnten des 20. Jahrhunderts kamen zahlreiche Zuwanderer aus Jalisco in die Hauptstadt. Die Plaza del Borrego (später Plaza Garibaldi) wurde die Heimstatt der *Mariachi*.

Heute findet man hier viele Bars und Restaurants, die Besucher mit Tacos und Tequila versorgen. *Mariachi*-Bands kann man für ein Lied oder für eine Stunde mieten. Die Preise variieren je nach Größe der Band und ihrem musikalischen Können.

Der Platz verfügt auch über einen modernen Kulturraum, MUTEM Garibaldi, in dem das **Museo del Tequila y el Mezcal** untergebracht ist. Hier erfährt man mehr über die beiden Spirituosen und kann sie auch probieren.

El Museo del Tequila y el Mezcal
 Plaza Garibaldi tägl. 11– 22 (Do – Sa bis 24)
 mutemgaribaldi.mx

Lucha libre in der Hauptstadt

Lucha libre (Wrestling) ist in Mexico City sehr beliebt. Bei den akrobatischen Freestyle-Kämpfen tragen die *luchadores* (Ringer) oft Masken und Kostüme, um sich als Superhelden zu verkleiden. Die Kämpfe finden mehrmals pro Woche in den beiden Wrestling-Arenen in der Nähe des historischen Zentrums statt: Arena México (Dr. Lavista 189) und Arena Coliseo (República del Perú 77).

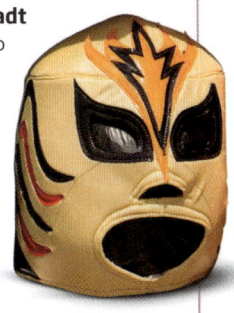

Die verschnörkelte Fassade der Iglesia de la Santísima Trinidad

> **Expertentipp**
> **Nachts im Museum**
>
> Die Museen in Mexico City sind am letzten Mittwoch des Monats bis spät in die Nacht geöffnet, einige bieten auch Führungen, Konzerte, Filme und andere Aktivitäten an.

❾ Iglesia de la Santísima Trinidad

L3 Santísima 12
Zócalo +52 55 55 22 22 15 tägl. 8–20

Die Kirche der Heiligen Dreifaltigkeit aus dem 18. Jahrhundert, früher ein Hospiz, liegt nur ein paar Blocks vom Zócalo *(siehe S. 94f)* entfernt, wird aber im Trubel der umliegenden Straßen leicht übersehen. Sie hat eine komplizierte churriguereske Fassade mit fein gearbeiteten, konischen Säulen und geschnitzten Figuren.

Das Innere ist schlichter, aber es lohnt sich, die Kirche zu betreten, um die Gemälde der Märtyrer im Kirchenschiff, die beiden Holzskulpturen, die die Dreifaltigkeit darstellen, und das Kruzifix mit Intarsien zu sehen. Auch der hölzerne Paravent am Eingang und die Balustrade des Chors sind beeindruckend geschnitzt.

❿ Museo José Luis Cuevas

L3 Academia 13
+52 55 55 42 61 98
Zócalo Mo–Fr 10–17
museojoseluiscuevas.com.mx

Ursprünglich war dieses Juwel aus dem 17. Jahrhundert der Kreuzgang des Klosters Santa Inés. Im 19. Jahrhundert wurde er zu einem Privathaus umgebaut und 1932 zum Museum. Seit 1988 befindet sich hier eine Kunstgalerie, in der sich der persönliche Geschmack des mexikanischen Malers und Bildhauers José Luis Cuevas (1934–2017) spiegelt.

Der schöne Patio wird von der massiven Bronzeplastik *La Giganta* beherrscht, die Cuevas genau für diesen Platz schuf. Eine Reihe kleinerer Bronzen des Künstlers sind im Erdgeschoss verstreut. In der Galerie findet man Bilder von Cuevas und anderen mexikanischen Malern, darunter einige Porträts von ihm und seiner Frau Bertha. In Wechselausstellungen werden auch Werke internationaler Künstler gezeigt.

Am Eingang eines Raums, der Cuevas' erotische Bilder

José Louis Cuevas' La Giganta (1991) im Museo José Luis Cuevas

zeigt, wird der Besucher augenzwinkernd auf die Gefahren hingewiesen, denen er sich hier aussetzt.

Die Pforten der benachbarten ehemaligen Klosterkirche Santa Inés sind mit Reliefs geschmückt, die Szenen aus dem Leben der Heiligen darstellen und die kniend ihr Gebet verrichtenden Klostergründer zeigen.

⓫ Museo de la Ciudad de México

📍 K4 📌 Pino Suárez 30, Ecke República del Salvador
📞 +52 55 55 22 99 36
Ⓜ Zócalo 🕐 Di – So 10 – 18

Der Palast der für ihre Prachtliebe bekannten Grafen von Santiago de Calimaya gilt als eines der schönsten Gebäude des 18. Jahrhunderts. Der 1776 entstandene Bau ist mit rotem Vulkanstein verkleidet. Das Barockportal und sein mit Schnitzarbeiten verziertes Holztor zeugen vom hohen sozialen Rang seiner früheren Bewohner. An der Südwestecke ist ein Schlangenkopf eingemauert. Er stammt aus einer Mauer mit ähnlichen Köpfen, die die Zeremonialstätte der Azteken umgab.

Im ersten Innenhof entdeckt man einen Brunnen mit einer Meerjungfrau mit Gitarre, sehenswert sind auch die Bogen an der Treppe und der verzierte Torbogen der Kapelle im oberen Stockwerk.

Anfang des 20. Jahrhunderts wohnte hier der bekannte Maler Joaquín Clausell (1866 – 1935). Die Wände seines Ateliers im zweiten Stock sind mit ungewöhnlichen, collageartigen Szenen bemalt. Hier wird der Einfluss der Impressionisten deutlich, die Clausell in Frankreich kennenlernte.

Der Bau dient seit den 1960er Jahren als städtisches Museum. Ausgestellt sind hier u. a. Möbel und Kutschen der gräflichen Familie, außerdem finden Wechselausstellungen statt.

⓬ Museo de Arte Popular

📍 H3 📌 Revillagigedo 11
📞 +52 55 55 10 22 01
Ⓜ Juárez 🕐 Di – So 10 – 18 (Mi bis 21) 🌐 map.cdmx.gob.mx

Das in einem Art-déco-Gebäude untergebrachte Museum für Volkskunst vereint traditionelle Werke aus ganz Mexiko. Seine Sammlung von mehr als 3000 Objekten umfasst zeitgenössische und traditionelle Stücke aus vielen verschiedenen Materialien wie Holz, Keramik, Glas, Metall, Papier und Textilien. Farbenfrohe indigene Trachten und religiöse Kunst sind besonders gut vertreten.

Restaurants

El Caguamo
Einer der berühmtesten Meeresfrüchte-Stände der Stadt.

📍 J4 📌 Ecke Ayuntamiento 18 und López
💲💲💲

Tortas Been
Der winzige Laden ist bekannt für seine fantastischen *Torta*-Sandwiches.

📍 L4 📌 nahe República del Salvador 152
📞 +52 55 55 22 46 18
💲💲💲

Tacos El Huequito
Hier gibt es hervorragende Tacos.

📍 J3 📌 Ayuntamiento 21
💲💲💲

→ *Ein Junge vor Exponaten der Volkskunst im Museo de Arte Popular*

⓭ Museo Mural Diego Rivera

📍 H3 🏠 Ecke Colón und Balderas ☎ +52 55 55 12 07 54 Ⓜ Hidalgo, Juárez 🕐 Di – So 10 – 18 🌐 museomuraldiegorivera.bellasartes.gob.mx

Die zweigeschossige Galerie umschließt eines von Riveras Meisterwerken, den *Traum eines Sonntagnachmittags im Park Alameda Central*. Das Gemälde entstand 1947 für den Speisesaal des Hotel del Prado und verbindet die Geschichte Mexikos mit den Träumen ihrer Protagonisten und den Erinnerungen Riveras. Der Künstler stellt sich zweimal selbst dar, einmal ist die Malerin Frida Kahlo (siehe S. 116f) zu sehen, mit der Rivera 25 Jahre lang verheiratet war.

Bei seiner Enthüllung erregte das Wandbild die Empörung christlicher Gruppen, vor allem wegen der Aufschrift »Gott existiert nicht«, die schließlich übermalt wurde.

Schon gewusst?
Eine der U-Bahn-Stationen im historischen Zentrum, Pino Suárez, enthält eine Pyramide.

⓮ Laboratorio Arte Alameda

📍 H3 🏠 Doctor Mora 7 ☎ +52 55 55 10 27 93 Ⓜ Hidalgo 🕐 Di – So 9 – 17 🌐 artealameda.bellasartes.gob.mx

Das Museum zeigt zeitgenössische Kunst in einem ehemaligen Kloster und in der Kirche San Diego de Alcalá aus dem 16. Jahrhundert. Zwischen 1964 und 1999 war hier die Pinacoteca Virreinal zu Hause, deren Sammlung sakraler Kunst heute im Museo Nacional de Arte zu sehen ist. Im Jahr 2000 eröffnete das Laboratorio Arte Alameda mit Werken mexikanischer und internationaler Künstler. Der Schwerpunkt der wechselnden Ausstellungen liegt auf interdisziplinären Kunstwerken. Die Events und Shows kombinieren oft zeitgenössische Kunst mit spektakulären Video- und Multimedia-Installationen.

⓯ Casa de los Azulejos

📍 J3 🏠 Francisco I. Madero 4 ☎ +52 55 55 12 13 31 Ⓜ Bellas Artes, Allende 🕐 tägl. 7 – 13

Das im 16. Jahrhundert erbaute »Haus der Fliesen« war der Palast der Grafen von Orizaba. Die weiß-blau gefliste Fassade entstand bei einem von der fünften Gräfin 1737 veranlassten Umbau. Sie hatte diesen Stil vermutlich aus ihrer Heimatstadt Puebla mitgebracht. Der liebevoll restaurierte Bau, der jetzt einen Sanborns und ein Restaurant beherbergt, hat viel von seinem Mudéjar-Stil bewahrt.

Die Haupttreppe ist mit Fliesen verkleidet. Auf dem ersten Treppenabsatz findet

Diego Riveras Traum eines Sonntagnachmittags im Park Almeda Central *(1947)* ↑

Das Restaurant in der Casa de los Azulejos, dem »Haus der Fliesen«

man ein Wandbild von José Clemente Orozco: *Allwissenheit* (1925). Im Obergeschoss kann man sich die mit Engeln und Cherubim verzierten Spiegel ansehen.

16
Museo Nacional de Arte

J3 Tacuba 8 +52 55 51 30 34 00 Allende
Di – So 11–17
munal.com.mx

Das 1982 gegründete Museum lohnt einen Besuch schon wegen des Gebäudes, eines imposanten klassizistischen Baus, der 1911 für das Ministerium für Transport und Öffentliche Arbeiten errichtet wurde. Die in Marmor und Bronze gehaltene Doppeltreppe wird von einem halbkreisförmigen, drei Geschosse hohen Fenster erhellt. Der Innenraum ist mit Kandelabern und komplizierten Schmiedearbeiten ausgestattet.

Das Museum zeigt mexikanische Kunst von der Mitte des 16. Jahrhunderts bis 1954, darunter Werbegrafik, politische Karikaturen und Volkskunst, sowie Werke der drei großen Muralisten Rivera, Siqueiros und Orozco. Sehenswert sind auch die Landschaftsbilder aus dem 19. Jahrhundert von José María Velasco. Ein Raum ist Porträts gewidmet, dazu gehört ein Bild des Kunstliebhabers María Asúnsolo von David Alfaro Siqueiros.

Das Museum liegt an der Plaza Manuel Tolsá, auf der eines der beliebtesten Denkmäler der Stadt steht: *El Caballito* (»Das Pferdchen«; 1803) ist ein Reiterstandbild von Karl IV. von Spanien aus der Werkstatt von Manuel Tolsá.

17
Palacio de Cultura Citibanamex

J3 Francisco I. Madero 17 Allende Mo – So 10 –19 fomentocultural banamex.org

Die prächtige Residenz aus dem 18. Jahrhundert war der Wohnsitz von Agustín de Iturbide während seiner Herrschaft als erster Kaiser von Mexiko (1821–1823). Die kunstvolle, churrigureske Fassade hatte schmiedeeiserne Balkone und Wehrtürme. Heute beherbergt der Bau ein Kulturzentrum mit einem Antiquitätenmuseum und einer Kunstgalerie, die im Innenhof Wechselausstellungen zeigt.

18
Museo de la Caricatura

K3 Donceles 99 +52 55 57 04 04 59 Zócalo
tägl. 10 –18
museodelacaricatura.org

Mit seiner gut erhaltenen, reich geschmückten Barockfassade ist der ehemalige Colegio de Cristo einer der schönsten Stadtpaläste des 18. Jahrhunderts. Das Gebäude wurde 1610 als Bildungsstätte für arme Studenten errichtet, in den 1740er Jahren umgebaut und später als Wohnhaus genutzt. Besonders reizvoll sind der Patio und die Treppe mit dem Bogengang.

Der Palast wurde 1980 restauriert und beherbergt die Sammlung der mexikanischen Karikaturisten-Gesellschaft. Neben zeitgenössischen Werken findet man auch Arbeiten von José Guadalupe Posada (1854 –1913), ein Kupferstecher und Karikaturist, der die Figur »La Catrina« schuf.

Bars

La Ópera Bar

Die historische Bar, in der es einige der besten Cocktails der Stadt gibt, versprüht den Charme der Alten Welt.

J3 Calle 5 de Mayo 10 +52 55 55 12 89 59

Café de Tacuba

Die Bar des eleganten Restaurants in einem wunderschönen Herrenhaus aus dem 16. Jahrhundert ist berühmt für den namensgebenden Cocktail.

J3 Calle de Tacuba 28 cafe detacuba.com.mx

Terraza Gran Hotel

Die Terrassenbar im fünften Stock des altehrwürdigen Hotels ist eine der vornehmsten Adressen der Hauptstadt und ideal für einen genussvollen Abend.

K3 Av. 16 de Septiembre 82
granhotelciudad demexico.com.mx

⑲ Museo Nacional de la Estampa

J3 Av. Hidalgo 39
+52 55 55 21 22 44
Bellas Artes Di – So 10 –
18 museonacionaldela
estampa.inba.gob.mx

Das Museum – auch bekannt als MUNAE – beherbergt eine Sammlung grafischer Kunst der präkolonialen Zeit bis heute, von der jeweils nur ein Teil gezeigt wird. Der bekannteste der hier vertretenen Künstler ist José Guadalupe Posada (1852 –1913). Sein einprägsames Bild *La Calavera Catrina* – ein schön gekleidetes Skelett – zählt zu den bekanntesten Darstellungen des Todes und der damit verbundenen Faszination. Posadas Zeichnungen wurden in den satirischen Blättern seiner Zeit abgedruckt.

In der Sala de Técnicas dokumentieren Exponate verschiedene Drucktechniken. Das bunte Deckenfenster des Museums schuf Salvador Pinoncelly 1986.

⑳ Torre Latinoamericana

J3 Ecke Eje Central Lázaro Cárdenas und Francisco I. Madero Bellas Artes Aussichtsplattform: Mo – Do 10 – 21, Fr – So 9 – 22; Restaurant: tägl. 10 – 22 torrelatino.com

Der 1956 fertiggestellte Wolkenkratzer bietet den besten Blick auf die Stadt – wenn das Wetter mitspielt. In 30 Sekunden bringen die Aufzüge Besucher in den 37. Stock. In der 38. Etage befindet sich eine Ausstellung über die Geschichte des Turms. Zwei Etagen tiefer widmet sich das Museo del Bicentenario der Geschichte Mexikos nach seiner Unabhängigkeit 1821. Ein zweiter Aufzug führt zu einer Aussichtsplattform im 44. Stock und einem Bar-Restaurant.

㉑ Plaza de Santo Domingo

K3 Allende

Die Plaza de Santo Domingo (südlich der Plaza 23 de Mayo), der zweitwichtigste Platz nach dem Zócalo *(siehe S. 94f)*, ist reich an Geschichte. 1527 erbauten die Dominikaner hier das erste Kloster Neuspaniens, von dem nur eine Kapelle, die Capilla de la Expiación, erhalten ist. Die anderen Bauten stammen größtenteils aus dem 18. Jahrhundert.

Die Kirche Santo Domingo mit ihrer strengen, zum Teil mit rotem Vulkanstein *(tezontle)* verkleideten Fassade wurde 1717 – 37 erbaut. Die pyramidenförmige Turmspitze ist mit Talavera-Ziegeln *(siehe S. 149)* gedeckt. Die Heiligenfiguren im Innenraum stammen vermutlich aus dem 16. Jahrhundert, ebenso die Ölgemälde von Juan Correa und Alonso López de Herrera. Besonders schön sind die alte Orgel und das Zedernholz-Chorgestühl mit Skulpturen von Heiligen.

Die ungleiche Absenkung des Bodens, der andere Kirchen zum Opfer fielen, ist auf diesem Platz gut sichtbar. Vom Portal aus wird die Wellung der toskanischen

←

Der Wolkenkratzer Torre Latinoamericana und seine Aussichtsplattform (Detail) *mit Blick über die Stadt*

Der ruhige Innenhof des Museo Franz Mayer, eines ehemaligen Krankenhauses

> **Expertentipp**
> **Mit dem Rad**
>
> Auf der Plaza de Santo Domingo finden Sie eine der kanpp 500 Stationen von EcoBici, dem öffentlichen Radverleihsystem. Es ist eine gute Möglichkeit, die Stadt zu erkunden (www.ecobici.cdmx.gob.mx).

portales an der Westseite des Platzes besonders deutlich. Unter diesen Arkaden sitzen Schreiber, die mit altmodischen Schreibmaschinen gegen eine geringe Gebühr Formulare ausfüllen.

22
Museo Franz Mayer

- H3
- Av. Hidalgo 45
- +52 55 55 18 22 66
- Hidalgo, Bellas Artes
- Di – So 11–17
- franzmayer.org.mx

Hier ist die umfassendste Sammlung angewandter Kunst in Mexico City zu sehen. Sie wurde vom deutschen Finanzier und Kunstsammler Franz Mayer (1882 – 1975) zusammengetragen und ist in einem ehemaligen Hospital aus dem 16. Jahrhundert untergebracht. Den Besucher erwartet der wohl schönste Innenhof des historischen Zentrums mit einem wunderbaren Brunnen.

Mit etwa 10 000 Objekten aus Europa, Fernost und dem kolonialen Mexiko bietet die Sammlung eine Vielfalt an Kunstgegenständen: Gobelins, Holzskulpturen, 20 000 Fliesen, Keramiken, über 1000 Silberarbeiten sowie Möbel. Zu den schönsten Stücken zählen mit Intarsien verzierte Truhen. Beeindruckend ist auch ein Paravent mit einer Darstellung der Eroberung Mexico Citys auf der Vorder- und einer Teilansicht der Kolonialstadt auf der Rückseite.

23
Palacio de la Escuela de Medicina

- K2
- Brasil 33
- +52 55 56 23 31 29
- Zócalo, Allende
- tägl. 9 – 18
- pem.facmed.unam.mx

Der ehemalige Palacio de la Inquisición, der heute das Medizinische Museum beherbergt, steht an der Stelle, an der die Inquisition gegen Ende des 16. Jahrhunderts ihre grausamen Befragungen durchführte.

Der heutige Bau stammt aus dem 18. Jahrhundert und wurde in den 1970er Jahren restauriert. Bemerkenswert sind die Barockfassade an der Ecke des Gebäudes und der schöne Haupthof mit seinen »hängenden« Bogen, deren Stützpfeiler in die Mauer versenkt sind.

Eine eher ungewöhnliche Sehenswürdigkeit ist eine Apotheke aus dem 19. Jahrhundert, die im Originalzustand aus Oaxaca *(siehe S. 234 – 237)* hierher gebracht wurde. Man findet darin Objekte zur Geschichte der Medizin aus der Zeit vor Kolumbus, etwa heilige Pflanzen oder Heilpflanzen sowie Erklärungen, bei welchen Krankheiten diese verwendet wurden.

> **Der Palacio de la Escuela de Medicina zeigt eine typische Apotheke des 19. Jahrhunderts aus Oaxaca.**

Spaziergang durch Alameda Central

Länge 2 km **Dauer** 15 Minuten **Metro** Bellas Artes

Die friedliche Oase inmitten des geschäftigen Treibens bietet schattige, von Jakaranda-Bäumen gesäumte Wege, dekorative Brunnen und Statuen sowie elegante Architektur – eine großartige Einführung in das Beste des historischen Zentrums. Die Alameda hat ihren Namen von den *álamos* (Pappeln), die hier Ende des 16. Jahrhunderts gepflanzt wurden. Die zahlreichen Statuen stammen hauptsächlich aus der Zeit um 1900, obwohl der zentrale Barockbrunnen bereits seit Mitte des 18. Jahrhunderts hier steht. Das imposanteste Bauwerk ist der Hemiciclo a Juárez, ein Marmordenkmal mit dorischen Säulen.

Das **Museo Franz Mayer** *(siehe S. 91)* beherbergt die wahrscheinlich schönste Sammlung angewandter Kunst Mexikos.

Die **Iglesia de San Juan de Dios** (18. Jh.) besitzt eine ungewöhnliche konkave Fassade.

Der **Palacio Postal** *(siehe S. 84)*, das Hauptpostamt, wirkt mit Marmor und Schmiedeeisen elegant. Der Bau beherbergt auch ein Postmuseum.

Das **Museo Nacional de la Estampa** *(siehe S. 90)* zeigt mexikanische Grafik und Design.

AVENIDA MIGUEL HIDALGO

LÁZARO CÁRDENAS

AVENIDA JUÁREZ

Der **Hemiciclo a Juárez** wurde 1910 zum 100. Jahrestag des mexikanischen Unabhängigkeitskampfes eingeweiht.

Alameda Central

Die Jugendstilfassade des **Palacio de Bellas Artes** *(siehe S. 78f)* umschließt Art-déco-Innenräume mit Wandbildern von einigen der größten mexikanischen Künstler des 20. Jahrhunderts.

Das Museo Nacional de Arte *(siehe S. 89)* zeigt moderne mexikanische Kunst. Der Bau wurde zwischen 1904 und 1911 errichtet.

Café Tacuba *(siehe S. 89)*

Zur Orientierung *Siehe Karte S. 74f*

Das **Museo del Ejército y Fuerza Aérea Mexicanos** zeigt in einer Klosterkapelle (17. Jh.) Waffen und Militaria von der *conquista* bis ins 21. Jahrhundert.

Der **Palacio de Minería** ist eines der schönsten klassizistischen Gebäude des 19. Jahrhunderts in Mexico City.

La Ópera Bar *(siehe S. 89)* ist ein traditionsreiches Restaurant an der 5 de Mayo. Der Einschuss in der Decke soll von Pancho Villa *(siehe S. 184)* stammen.

START

ZIEL

FRANCISCO I. MADERO

TACUBA

FILOMENO MATA

GANTE

Der **Palacio de Iturbide**, benannt nach Kaiser Agustín de Iturbide (reg. 1821–1823), ist ein großartiges Beispiel kolonialer Architektur.

0 Meter 100 N

Talavera-Fliesen bedecken die Fassade der **Casa de los Azulejos** *(siehe S. 88f)*. Innen ist ein Wandgemälde von José Clemente Orozco.

Einer der höchsten Wolkenkratzer Mexikos, **Torre Latinoamericana** *(siehe S. 90)* von 1956, hat seither schweren Erdbeben standgehalten

→ *Die blau gefliste Fassade der Casa de los Azulejos*

93

Spaziergang rund um den Zócalo

Länge 2 km **Dauer** 25 Minuten
Metro Zócalo

Die Plaza de la Constitución, eher bekannt als Zócalo, ist einer der größten Plätze der Welt. Bei einem Spaziergang über diese riesige Freifläche kann man die Geschichte nachempfinden, denn unter der spanischen Kolonialarchitektur sind die Überreste aztekischer Tempel zu sehen. Eine riesige Nationalflagge weht in der Mitte des Platzes, der von der Kathedrale und dem Palacio Nacional dominiert wird. Auf dem Platz stehen weitere öffentliche Gebäude, Restaurants, Läden und Hotels.

Ein vergoldetes Altarbild ist das Prunkstück des **Templo de la Enseñanza**, einer Ende des 18. Jahrhunderts als Klosterkirche erbauten Barockkirche.

Zu den Exponaten des **Museo de la Caricatura** *(siehe S. 89)* gehört eine Karikatur des Sängers David Bowie.

Der **Nacional Monte de Piedad** ist das staatliche Pfandhaus und befindet sich in einem Bau aus dem 16. Jahrhundert.

Trotz des Absackens des Bodens im Stadtzentrum ist die **Catedral Metropolitana** *(siehe S. 76f)* immer noch eines der größten religiösen Bauwerke Lateinamerikas.

Sagrario Metropolitano

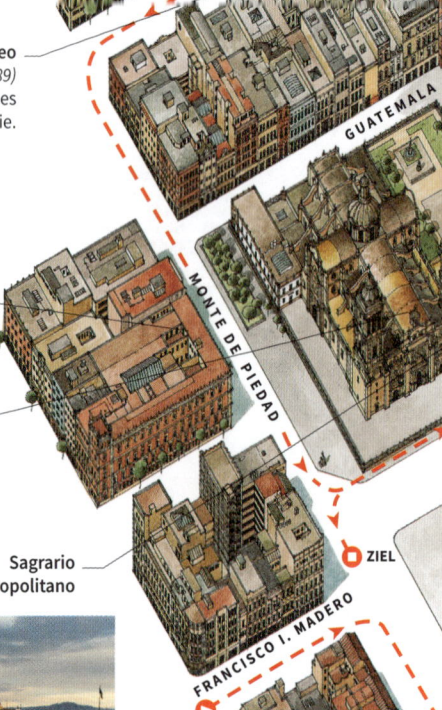

← *Weihnachtsmarkt auf dem Zócalo*

Das ehemalige Seminar **Antiguo Colegio de San Ildefonso** besitzt Wandbilder, Glasfenster und andere Kunstwerke.

Metallstege führen durch die in den 1970er Jahren freigelegten Überreste des Aztekentempels **Templo Mayor** *(siehe S. 80f)*.

Ehemaliger **erzbischöflicher Palast**

1539 stand hier die erste **Druckerpresse** Amerikas.

Zur Orientierung
Siehe Karte S. 74f

Schon gewusst?

Die Azteken glaubten, ihr ursprünglicher Hauptplatz sei das Zentrum des Universums.

Das **Museo Nacional de las Culturas** zeigt Exponate der großen Weltkulturen.

Der **Palacio Nacional** *(siehe S. 82f)* beherbergt die Büros des Präsidenten von Mexiko und Wandgemälde von Diego Rivera.

Oberster Gerichtshof

Auf dem Hauptplatz finden offizielle Feierlichkeiten und Militärparaden statt.

Ehemaliges **Rathaus**

↑ *Brunnen im Innenhof des Palacio Nacional*

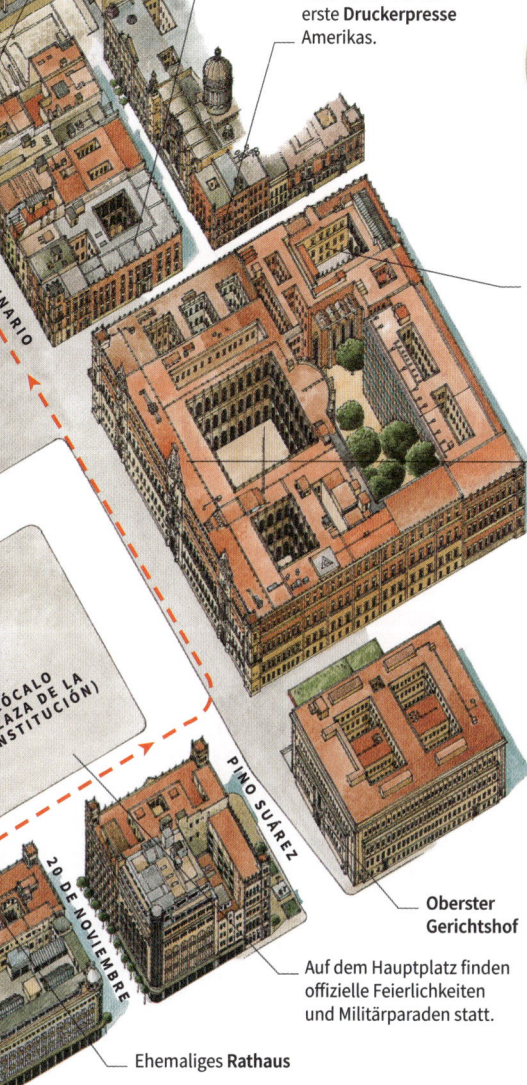

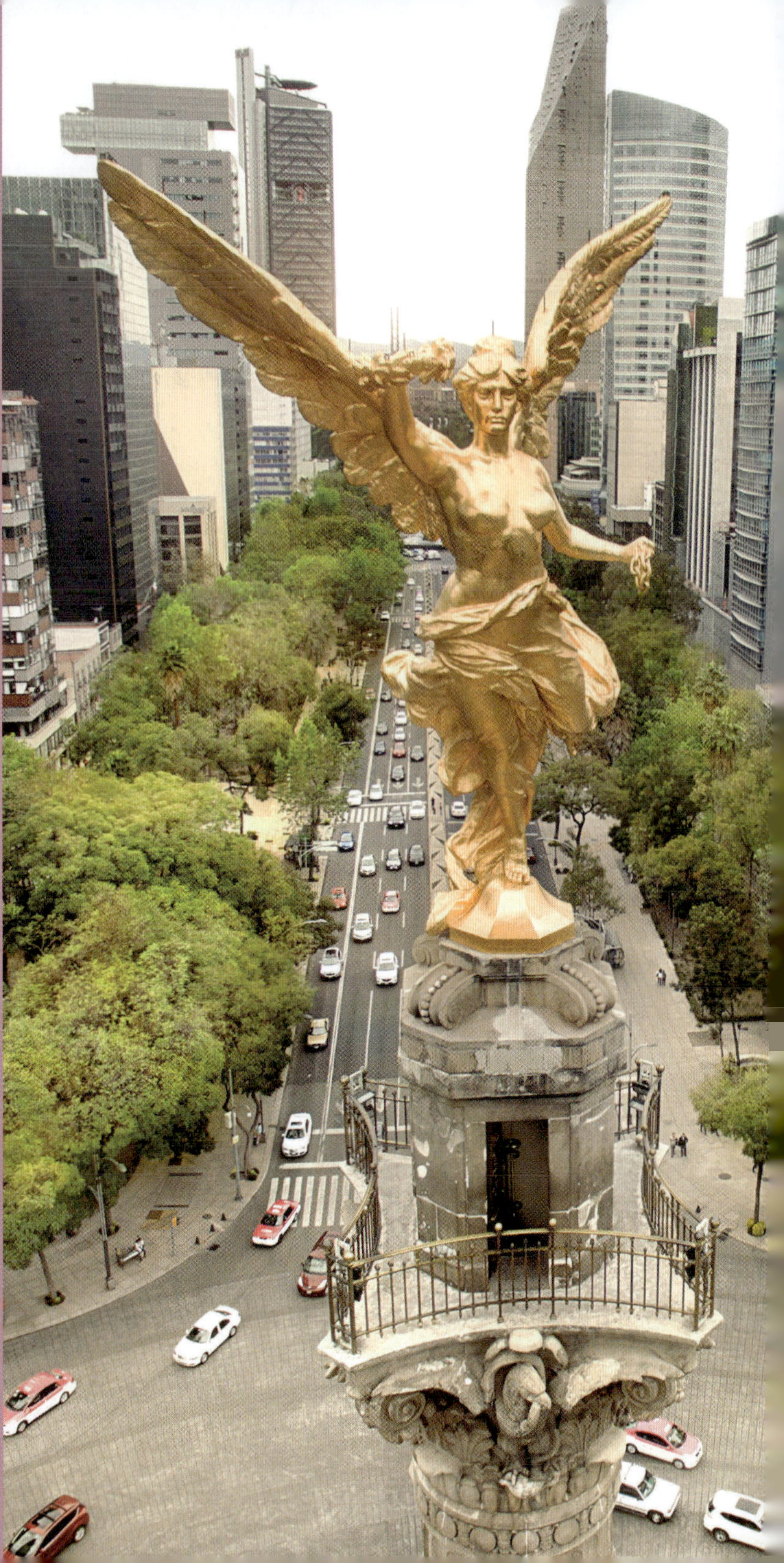

Der beeindruckende Goldene Engel der Unabhängigkeit

Paseo de la Reforma

Der Paseo de la Reforma wurde in den 1860er Jahren von Kaiser Maximilian in Auftrag gegeben und ist ein großer Boulevard, der das historische Zentrum mit dem Bosque de Chapultepec verbindet. Obwohl sie heute von hohen, modernen Bürogebäuden flankiert wird, schmücken noch immer monumentale Statuen und Brunnen die Allee, darunter der Goldene Engel der Unabhängigkeit, das Symbol von Mexico City.

Bis in die 1980er Jahre war der Paseo de la Reforma das Nobel-Einkaufsviertel der Stadt, aber die schicken Boutiquen sind inzwischen in das trendige Viertel Polanco am Nordrand des Bosque de Chapultepec abgewandert. Der Park selbst, einst die Residenz der aztekischen Kaiser, ist seit 1530 ein öffentlicher Park. Das Schloss auf der Spitze des Hügels an seinem nordöstlichen Ende war auch der Wohnsitz von Kaiser Maximilian.

Paseo de la Reforma

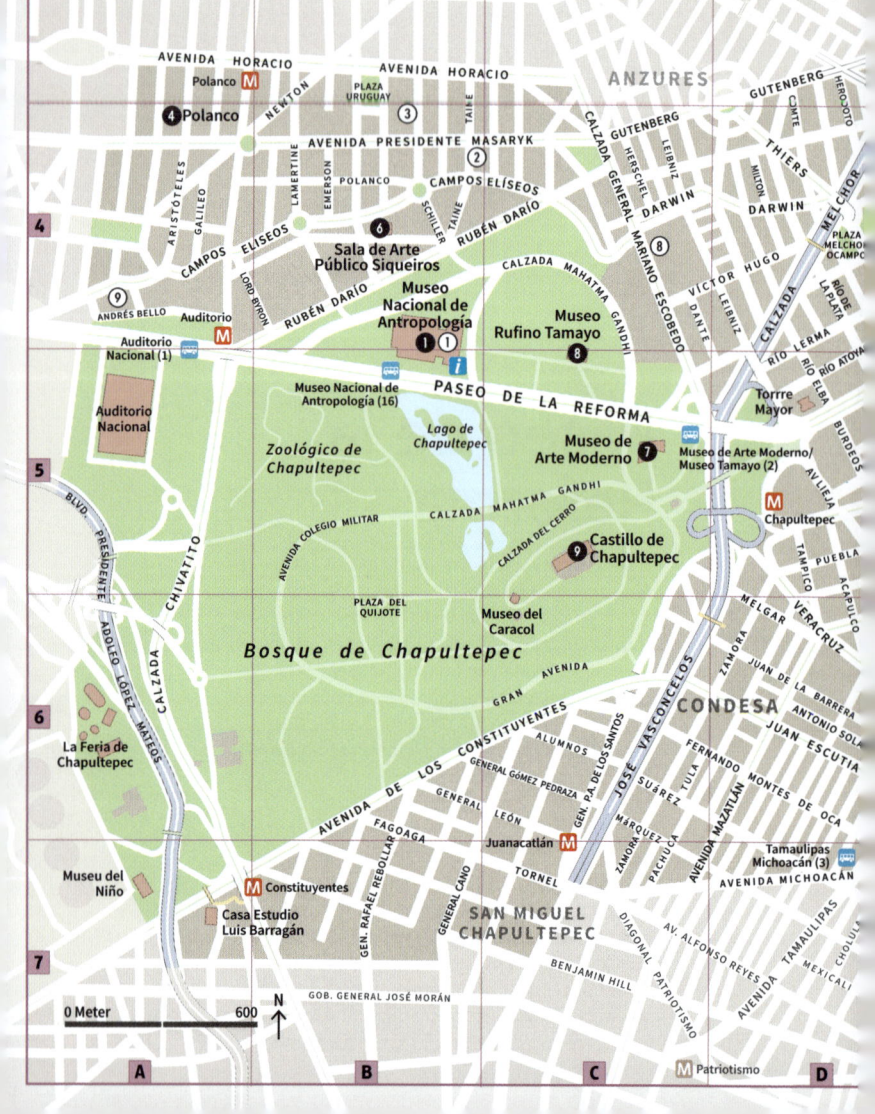

Highlight
1. Museo Nacional de Antropología

Sehenswürdigkeiten
2. Monumento und Museo de la Revolución
3. MUCHO
4. Polanco
5. Museo Nacional de San Carlos
6. Sala de Arte Público Siqueiros
7. Museo de Arte Moderno
8. Museo Rufino Tamayo
9. Castillo de Chapultepec

Restaurants
1. Sala Gastronómica
2. Lur
3. Raíz
4. Almara

Bars
5. Xaman
6. Bukowski's
7. El Almacén

Hotels
8. Camino Real Polanco
9. W Mexico City

Map: Mexico City — Paseo de la Reforma area

Grid references: E–H (columns), 1–7 (rows)

Neighborhoods / Districts
- TLAXPANA
- SANTA MARÍA LA RIBERA
- SAN RAFAEL
- CUAUHTÉMOC
- ZONA ROSA
- ROMA
- ROMA NORTE
- ROMA SUR
- HIPÓDROMO

Metro stations (M)
- Buenavista (G1)
- Normal (E1–2)
- San Cosme (F2)
- Revolución (F3)
- Balderas (H4)
- Cuauhtémoc (G4)
- Insurgentes (F5)
- Sevilla (E5)
- Niños Héroes (H5)
- Chilpancingo (E7)

Points of interest
- Museo de San Carlos (12A) (G2)
- Museo Nacional de San Carlos (G3)
- Monumento a la Revolución (12) (F3)
- Plaza de la República (F3)
- **2** Monumento und Museo de la Revolución (G3)
- Jardín del Arte (F3)
- Reforma-Insurgentes (13) (F4)
- Jardín Luis Pasteur (F4)
- Jardín Lic. J. Reyes (F4)
- Reforma Glorieta Colón (7) (G4)
- **3** MUCHO (F4)
- Monumento a la Independencia (6 & 14) (E4)
- Reforma-Río de la Plata (15) (E5)
- Mercado Insurgentes (F5)
- Glorieta de Insurgentes (F5)
- Museo de Cera y Ripleys (6B) (F5)
- Plaza Río de Janeiro (F5)
- Plaza Morelia (G5)
- Jardín Pushkin (G5)
- Plaza Madrid (4) (E5)
- Centro de Cultura Casa Lamm (5) (F5)
- Parque España (E6)
- Plaza Popocatéptl (E6)
- Parque México (E6)

Major avenues / streets
- Calz. México-Tacuba
- Calzada Melchor Ocampo
- José Antonio Alzate
- Calle Sor Juana Inés de la Cruz
- Avenida Ribera de San Cosme
- Puente de Alvarado
- Av. Parque Vía
- Maestro Antonio Caso
- Paseo de la Reforma
- Avenida Morelos
- Avenida Insurgentes Centro / Norte / Sur
- Avenida Chapultepec
- Bucareli
- Dr. Río de la Loza
- Álvaro Obregón
- Avenida Oaxaca
- Avenida Nuevo León
- Avenida Michoacán

Side streets (selection)
Patzcuaro, Nopaltzin, Cacanatzin, Quetzalcoatl, Izcoátl, Bahía Ascención, Ocampo, Virginia Fabregas, Joaquín Velázquez de León, Manuel María Contreras, Guillermo Prieto, Ignacio Altamirano, Gabino Barreda, Alfonso Herrera, Miguel E. Schultz, Rosas Moreno, Serapio Rendón, Sadi Carnot, Edison, Violeta, Mina, Aldama, Buenavista, Dr. Enrique GM, Ezequiel Montes, Ignacio Ramírez, París, Madrid, Atenas, Milán, General Prim, Abraham González, Barcelona, Versalles, Turín, Berlín, Dinamarca, Liverpool, Londres, Hamburgo, Havre, Niza, Génova, Ámberes, Varsovia, Florencia, Praga, Tokio, Sevilla, Hamburgo, Salamanca, Valladolid, Medellín, Monterrey, Orizaba, Jalapa, Puebla, Durango, Colima, Córdoba, Mérida, Tabasco, Frontera, Cuauhtémoc, Dr. Carmona y Valle, Dr. Claudio Bernard, Dr. Rafael Lucio, Dr. Juan Navarro, Dr. Jiménez, Dr. Martínez del Río, Chihuahua, Tonalá, Guanajuato, Zacatecas, Querétaro, San Luis Potosí, Dr. Balmis, Dr. Pasteur, Cozumel, Sonora, Amsterdam, Coahuila, Campeche, Aguascalientes, Tlacala, Jalapa, Río Tíber, Río Guadalquivir, Río Níger, Río Mississippi, Río Ebro, Río Danubio, Río Pánuco, Río Sena, Río Rhin, Río Lerma, Río Amazonas, Río Neva, Río Nazas, Río Balsas, Río Tigris, Plaza Grijalva

Reference boxes
- **Historisches Zentrum** — Seiten 72–95 (H3–4)
- **Paseo de la Reforma** (inset, G6–7)

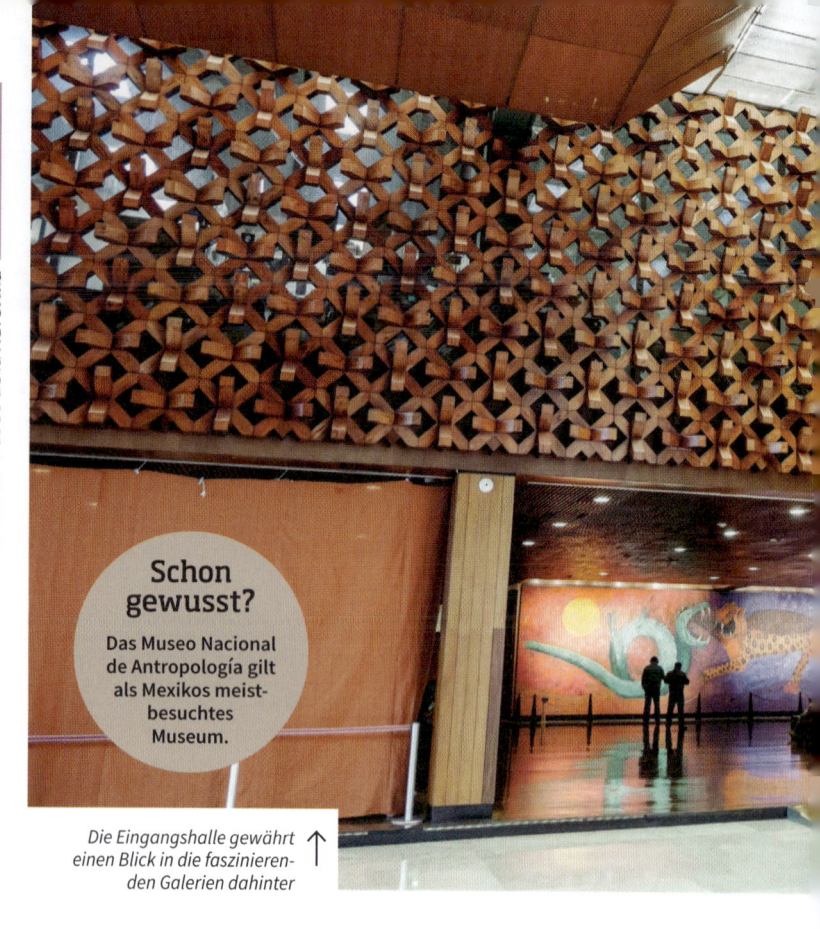

> **Schon gewusst?**
>
> Das Museo Nacional de Antropología gilt als Mexikos meistbesuchtes Museum.

Die Eingangshalle gewährt einen Blick in die faszinierenden Galerien dahinter ↑

Museo Nacional de Antropología

📍 B4 🏠 Ecke Gandhi und Paseo de la Reforma 📞 +52 55 40 40 53 00
Ⓜ Auditorio, Chapultepec 🕐 Di – So 10 –19 🌐 mna.inah.gob.mx

Die alten Zivilisationen Mexikos werden in einem der größten archäologischen Museen Amerikas zum Leben erweckt. Unter dem riesigen, schwebenden Baldachin werden die Besucher von einer Reihe unbezahlbarer Schätze empfangen, von der riesigen aztekischen Piedra del Sol bis hin zu einer Reproduktion von Moctezumas Federkopfschmuck.

Das 1964 eröffnete Nationalmuseum für Anthropologie wurde von Pedro Ramírez Vázquez entworfen. Der weitläufige Raum bietet einen angemessenen Rahmen für die weltberühmte Sammlung von Funden aus den vorspanischen Kulturen Mexikos. Der zentrale Innenhof ist fast vollständig von einem Baldachin überdacht, der auf einer mit Flachreliefs verzierten Säule ruht. Dieses Vordach gilt als die größte von einer einzigen Säule getragene Betonstruktur der Welt. In einem Raum der Eingangshalle finden Wechselausstellungen statt etwa zu Kunsttechniken der Maya oder Wüstenkulturen. Hier gibt es auch eine audiovisuelle Ausstellung, die nützliche Hintergrundinformationen über die alten mesoamerikanischen Epochen, Zivilisationen und Kulturen Mexikos liefert *(siehe S. 144)*.

Highlight

↑ Der Haupteingang des Museo Nacional de Antropología

📷 Fotomotiv
Nationalsymbol

Vor dem Eingang des Museums steht eine Skulptur des nationalen Symbols: ein Adler im Kampf mit einer Schlange. Der pinkfarbene Vogel und das lindgrüne Reptil sind ein perfekter Farbklecks für Instagram-Liebhaber.

Obergeschoss

▽ In den Galerien im Obergeschoss ist die ethnologische Sammlung untergebracht. Die Exponate sind grob nach Regionen gegliedert und zeigen die traditionelle Lebensweise der wichtigsten indigenen Gruppen Mexikos.

Kursführer

Erdgeschoss

△ Die zwölf Galerien im Erdgeschoss, die sich um einen Innenhof gruppieren, sind den archäologischen Funden aus dem alten Mexiko gewidmet. Jeder Raum befasst sich mit einer bestimmten Zivilisation oder Region.

Außenbereich

△ Auf dem Museumsgelände finden sich Nachbildungen etwa von Maya-Tempeln, ein Grab von Monte Albán und ein Trascan-Haus. Eine riesige Statue einer Regengottheit, entweder Chalchiuhtlicue oder Tláloc, steht in der Nähe des Museumseingangs.

Archäologische Sammlung

Vorklassische Epoche
Beginnend mit den frühesten Bauerndörfern im Zentralen Hochland aus der Zeit um 1700 v. Chr. illustriert der präklassische Saal den Aufstieg höherer Kulturen insbesondere anhand der Entwicklung der Töpferkunst. Sehenswert sind die Figuren, an denen der Einfluss der am Golf von Mexiko siedelnden Olmeken *(siehe S. 273)* deutlich wird, darunter der in Tlapacoya (Bundesstaat Mexiko) gefundene »Jaguarjunge«.

Teotihuacán
Die Kultur von Teotihuacán *(siehe S. 140–143)* zählt zu den bedeutendsten Kulturen der mesoamerikanischen Klassik. Der aztekische Name der Stadt Teotihuacán bedeutet »Ort, an dem der Mensch zu Gott wird«. Der Saal wird dominiert von der riesigen Steinfigur der Wassergöttin Chalchiuhtlicue. An einer Wand des Raums wurde die Fassade des Tempels von Quetzalcóatl in den originalen Rot- und Blautönen rekonstruiert. Farbige Wandgemälde dokumentieren das Leben in Teotihuacán. Zu den Ausstellungsstücken gehören auch Gefäße für den Haushalt wie Korn- und Wasserbehälter. Figurinen und Totenmasken zeigen die außergewöhnliche Fertigkeit im Umgang mit den Werkstoffen Stein und Obsidian.

Tolteken
Mit dem Niedergang Teotihuacáns gewannen andere Städte des Hochlands an Macht und Ansehen, insbesondere Tula *(siehe S. 154)*. Gründer dieser Stadt waren die Chichimeken aus dem Norden, die sich den Namen Tolteken (»Künstler«) gaben. Sie erwarben Ruhm als Experten der Kriegskunst. Das bedeutendste Exponat ist ein für die Tolteken-Kultur typischer Atlant, die riesige Steinfigur eines Kriegers. Diese Figuren dienten als tragende Tempelsäulen.

Im Tolteken-Saal sind auch Exponate aus anderen Städten der nachklassischen Epoche ausgestellt, darunter solche aus Xochicalco in Morelos. Besonders sehenswert sind hier Steinskulpturen des Gottes Quetzalcóatl und ein stilisierter Papageienkopf, der wohl als Markierung beim Ballspiel diente. Die berühmteste und beeindruckendste Sehenswürdigkeit Xochicalcos, der Schlangenfries am Quetzalcóatl-Tempel, ist auf einer großen Fotowand dargestellt.

Oaxaca
Dieser auf die Aztekenhalle folgende Saal ist als erster einer bestimmten Region gewidmet. Gezeigt werden Artefakte der beiden großen Völker Oaxacas, der Zapoteken, die die Bergstadt Monte Albán erbauten, und der Mixteken, ihrer Nachbarn und Nachfolger, die das für seine Steinfriese bekannte Mitla errichteten. Zu sehen sind polychrome Keramikstücke aus beiden Kulturen.

> **Schon gewusst?**
> Die Einwohner von Teotihuacán waren Experten in der Herstellung von Obsidianmessern.

←
Skulptur der aztekischen Wassergöttin Chalchiuhtlicue

Highlight

Eine Familie betrachtet die lebendigen Fresken von Cacaxtla

Golf von Mexiko

Zu den spektakulärsten Stücken des Museums zählen die Kolossalköpfe der vorklassischen Olmeken-Kultur, deren Blütezeit von 1200 bis 400 v. Chr. andauerte. Die Olmeken stellten auch kleinere, aber nicht minder interessante Köpfe und Figuren aus verschiedenen Steinarten her. Charakteristisch dafür sind die breiten Gesichter, platten Nasen und wulstigen Lippen.

Die Olmeken teilen sich den Saal mit den Totonaken aus Zentral-Veracruz und den Huasteken (auch Huaxteken) der nördlichen Golfküste.

Maya

Die Maya beschäftigen die Fantasie jedes Mexiko-Besuchers, sei es wegen ihrer grandiosen Tempelanlagen – etwa Palenque in Chiapas *(siehe S. 244 – 247)* – oder wegen des Geheimnisses, das ihren Untergang noch vor der Ankunft der Spanier umgibt.

Zu den Highlights der Abteilung zählen Reliefsäulen wie die Stele aus Yaxchilán, Fensterstürze der klassischen Epoche und der Kopf eines Mannes, eine sehr schöne Skulptur aus Palenque.

Im Untergeschoss befindet sich die Rekonstruktion des Grabs von König Pakal, das in Palenque unter dem Tempel der Inschriften gefunden wurde. Ausgestellt sind auch andere Funde aus Palenque, etwa kunstvoll gefertigte Stuckköpfe.

Nord- und Westmexiko

Die dünn besiedelten Wüsten Nordmexikos brachten nie eine der großen, für Süd- und Zentralmexiko typischen Kulturen hervor. Trotzdem zeichnet sich die Töpferkunst von Paquimé *(siehe S. 178f)* – die wichtigste der sogenannten Oasenkulturen – mit ihren geometrischen Formen, glatten Oberflächen und Kupfer- oder Türkisverzierungen durch eine eigene Eleganz aus. Der Saal enthält auch Metallarbeiten und Modelle der mehrstöckigen Adobe-(Lehmziegel-)Häuser von Casas Grandes. Auf dem Höhepunkt der Herrschaft der Azteken (Mexica) bewahrten sich die Tarasken (Purépecha) ihre Unabhängigkeit und eine eigene künstlerische Tradition. Der Saal vermittelt einen Eindruck ihrer kunstvollen Keramik- und Metallarbeiten (sie zählen zu den Ersten, die Gold, Silber und Kupfer zu Schmuck und Geräten verarbeiteten).

Interessant sind auch die polierten Tongefäße aus der klassischen Colima-Zeit und die Cloisonné-Keramiken aus verschiedenfarbigem Ton, die wahrscheinlich in dieser Region ihren Ursprung haben.

Das Museum erkunden

Die Galerien im Erdgeschoss sind alle vom zentralen Innenhof aus zugänglich, sodass der Rundgang überall beginnen kann. Die ersten sieben Galerien sind chronologisch geordnet und behandeln die Geschichte der zentralen Hochebene, darunter eine, die der großen Zivilisation der Maya gewidmet ist. Die nächsten fünf befassen sich mit den verschiedenen Regionen Mexikos. Das Obergeschoss zeigt Trachten, Häuser und Artefakte der 68 überlebenden indigenen Kulturen Mexikos.

Der kunstvoll geschnitzte Sonnenstein, ein Highlight des Azteken-Saals

Azteken-Saal

Azteken
Die größte Galerie zeigt die Schätze der Mexica-Kultur – besser bekannt als Azteken. Als Hernán Cortés und seine Konquistadoren 1519 eintrafen, beherrschten die Azteken direkt oder indirekt den größten Teil des heutigen Mexiko. Die Galerie vermittelt einen Eindruck von der Alltagskultur der Azteken, der Macht und dem Reichtum ihrer theokratischen Herrscher und ihrem Appetit nach Blut, Opfern, Krieg und Eroberung.

Großskulpturen
Am Eingang und im Mittelteil des Saals sieht man faszinierende große Steinskulpturen.

> **Fotomotiv**
> **»Regenschirm«**
> Vergessen Sie nicht, ein Foto des zentralen Innenhofs zu machen, der von José Chávez Morados *El Paraguas* (»Der Regenschirm«), einem umgedrehten Brunnen, beherrscht wird. Sein Baldachin balanciert auf einer elf Meter hohen Bronzesäule.

Beim Eingang befindet sich die 94 Zentimeter hohe Ocelotl-Cuauhxicalli, ein Gefäß in Form eines Jaguar-Adlers. Es diente als Behälter für die Herzen der Geopferten.

Eine Statue der Coatlicue, der Mutter von Coyolxauhqui und Huitzilopochtli, ist eine der wenigen erhaltenen Darstellungen dieser Göttin in der aztekischen Kunst. Sie hat Adlerklauen, ein Schlangenkleid und eine Halskette aus Herzen und Händen. Sie wurde enthauptet, aus ihrem Hals kommen zwei Schlangen als Symbol des Bluts. Auch finden sich hier die Göttinnen Coyolxauhqui und Cihuateteo.

Zu den Exponaten zählen auch Modelle eines *teocalli* (Tempel) und eines *tzompantli* (Schädelwand im Templo Mayor). An der Wand gegenüber der Tür sieht man den Sonnenstein, die monolithische Skulptur aus dem alten Haupttempel.

Riesenskulptur der Göttin Coyolxauhqui

Geschichte und Leben der Azteken
Der Bereich rechts vom Eingang veranschaulicht Geschichte und Leben der Azteken. Das auffälligste Stück ist der sogenannte Tizoc-Stein, eine Trachyt-Skulptur, die an die Siege Tizocs (1481–86), des siebten Aztekenherrschers, erinnert. Der Stein wurde auf dem Zócalo ausgegraben. Interessant ist auch der realistisch wirkende Kopf mit den eingesetzten Augen und Zähnen, der wahrscheinlich einen Mann aus dem Volk zeigt. Neben weiteren Darstellungen von einfachen Leuten gibt es auch einen seinem Rang entsprechend gekleideten Adligen.

In diesem Teil des Museums wird ein Modell der Tempelanlage präsentiert, die das

Zentrum von Tenochtitlán bildete. Im Herzen dieser von einer Mauer geschützten Anlage stand der mit Zwillingstempeln bekrönte Templo Mayor. Der Rundtempel davor war dem Schöpfergott Quetzalcóatl geweiht.

Sakrale Gegenstände

Die Schaukästen links vom Eingang zeigen sakrale Objekte der Azteken. Eines der interessantesten Stücke ist eine Vase in Form einer trächtigen Äffin aus Obsidian. Die Vase symbolisiert den mit schwarzen Regenwolken beladenen Wind, der Wachstum und Fruchtbarkeit bringt. Weitere Ausstellungsstücke sind ein Steinaltar, auf den man die Geopferten legte, um ihnen das Herz herauszuschneiden.

Weitere Exponate

Aspekte des täglichen Lebens werden in anderen Teilen des Saals beschrieben. Zu den bemerkenswerten Sammlungen gehören dekorative Keramiken, Schmuck aus Knochen, Gold, Holz, Kristall und Muscheln sowie Kleidung aus Tierhäuten und Federn. Die Musikalität wird durch eine Reihe von Instrumenten, wie Flöten und Pfeifen, veranschaulicht. An der Rückwand befinden sich Dokumente und Zeichnungen, die das Tributsystem erklären.

Restaurant

Sala Gastronómica
Die Speisekarte des modernen Restaurants ist von den Regionen Mexikos inspiriert. Probieren Sie zum Frühstück Eier nach Veracruz-Art oder zum Mittagessen die klassische *mole negro* (dunkle Sauce).
 Mo
 $$$

Highlight

Ethnologische Sammlung

Zeitgenössische Kulturen

Die zehn Galerien im obersten Stockwerk des Museums sind allen Aspekten der verschiedenen indigenen Kulturen Mexikos gewidmet und umfassen Ausstellungen zu Wohnhäusern, Trachten, religiösen Artefakten, sozialen Strukturen und Festen. Die Exponate konzentrieren sich auf die Zeit nach der Kolonialzeit *(siehe S. 58)* und zeigen, wie die Dutzenden von verschiedenen indigenen Kulturen in Mexiko ihre Traditionen im Lauf der Jahrhunderte sowohl bewahrt als auch weiterentwickelt haben.

Nach einer Einführungsgalerie im Nordflügel sind die Räume grob nach Regionen unterteilt, beginnend mit Gran Nayar. Dies umfasst die Kulturen der Náayerite (auch Cora), Huichol (Wixáritari), Tepehuán, Nahua und Mestizen aus den Bundesstaaten Nayarit, Jalisco und Zacatecas.

Ein weiteres Highlight ist die Oaxaca-Ausstellung im Südflügel mit mixtekischem und zapotekischem Kunsthandwerk von Korbwaren und Keramik bis zu Textilien und Schmuck. In der Galerie »Der Nordwesten: Sierras, Wüsten und Täler« werden landwirtschaftliche Rituale und der Hirschtanz von Gruppen wie den Comcáac (Seri), Cochimí, Yaqui (Yoeme), Rarámuri (Tarahumara) und Tepehuán gezeigt.

68

indigene Sprachen werden in Mexiko noch gesprochen.

↑ *Eine Ausstellung von Festtagstrachten aus der ethnologischen Sammlung*

SEHENSWÜRDIGKEITEN

❷ 🚶🏽‍♀️🚇🛍️♿
Monumento und Museo de la Revolución

📍 G3 🏛️ Plaza de la República 📞 +52 55 55 92 20 38 Ⓜ️ Revolución 🕐 Mo–Sa 12–20 (Fr, Sa bis 21), So 11–20 🌐 mrm.mx

Der imposante überkuppelte Würfel des Revolutionsdenkmals wurde unter Porfirio Díaz als Teil eines neuen Parlamentsgebäudes begonnen. Aufgrund von Problemen mit dem sumpfigen Untergrund wurde der Bau jedoch nie vollendet. 1933 schlug der Architekt Carlos Obregón Santacilia vor, ihn nicht abzureißen, sondern zu einem Denkmal der Revolution von 1910 umzugestalten, die dem *porfiriato* ein Ende setzte.

Die Fassade wurde mit Steinplatten verkleidet und mit Skulpturen verziert, am Fuß der Säulen bestattete man die Überreste von Revolutionshelden. Die Strenge des Art-déco-Stils wird durch Bronzeverzierungen gemildert. Die Statuen von Oliverio Martínez de Hoyos gehen auf die Unabhängigkeit, die liberale Reform des 19. Jahrhunderts und die postrevolutionären Gesetze ein.

Am Fuß des Denkmals ist ein Museum eingerichtet, das die Zeit zwischen der Gründung der liberalen Bundesverfassung der Vereinigten Mexikanischen Staaten 1857 bis zur Einsetzung der postrevolutionären Regierung 1920 abdeckt. Ausgestellt sind u. a. Fotos, Dokumente und Reproduktionen von zeitgenössischen Zeitungen, aber auch Kutschen und Kleidungsstücke.

❸ 🚶🏽‍♀️🚇💻🛍️
MUCHO

📍 G4 🏛️ Calle Milán 45 Ⓜ️ Cuauhtémoc 🕐 tägl. 11–17 🌐 mucho.org.mx

Das in einem restaurierten Wohnhaus aus dem 20. Jahrhundert untergebrachte Museum ist der Schokolade gewidmet. Seine Sammlung enthält Artefakte aus Amerika, Europa und Asien, und der Produktionsprozess wird vom Anbau des Kakaos bis zur Herstellung der Schokolade erklärt.

Wechselausstellungen decken ein breites Spektrum ab, etwa kakaoliebende Insekten und die aphrodisierenden Eigenschaften von Schokolade. Es werden auch Workshops und Kurse angeboten, der Laden bietet Kostproben.

> **Schon gewusst?**
>
> Die Azteken hielten Schokolade für ein Geschenk der Götter.

❹
Polanco

📍 A4

Polanco wurde in den 1940er und 1950er Jahren als Wohnviertel für die wohlhabende Mittelschicht entwickelt, die dem geschäftigen Zentrum entfliehen wollte, und ist heute eine der schicksten Gegenden von Mexico City. Seine Straßen sind gesäumt von Cocktailbars, Clubs, Hotels und berühmten Gourmet-Restaurants, während die Avenida Presidente Masaryk die höchste Konzentration von Luxusläden in ganz Mexiko aufweist.

❺ Museo Nacional de San Carlos

📍 G2 📌 Av. México-Tenochtitlán 50 📞 +52 55 55 66 83 42 Ⓜ Hidalgo, Revolución 🕒 Di – So 11–17 🌐 mnsancarlos.inba.gob.mx

In einem imposanten klassizistischen Bau beherbergt das Museum Mexikos größte Sammlung europäischer Kunst. Der Großteil der Sammlung besteht aus Bildern vom 14. bis zum frühen 20. Jahrhundert, darunter bedeutende Gemälde der flämischen, französischen, italienischen und spanischen Schulen. Zu den Highlights zählen Werke von Rubens und Skulpturen von Rodin.

Im Obergeschoss ist die Dauerausstellung untergebracht. Einen Sonderplatz am Eingang nimmt *La Encarnación* ein, ein vergoldetes Altarbild von Pere Espallargues aus dem Jahr 1456.

Einst beherbergte das Gebäude ein »Museum für seltsame Gegenstände«, das später in das nahe gelegene **Museo Universitario del Chopo** (Universitätsmuseum Chopo) verlegt wurde. Dieses fabelhafte zweitürmige Jugendstilgebäude, das den Spitznamen »Kristallpalast« trägt, konzentriert sich auf zeitgenössische mexikanische Kunst und darstellende Künste.

←

Fontänen vor dem Monumento a la Revolución auf der Plaza de la República

↑ *Besucher bewundern die im Museo Nacional de San Carlos ausgestellten Werke*

Museo Universitario del Chopo

📌 Calle Dr. Enrique González Martínez 10 🕒 Mi – So 11:30 –19 🌐 chopo.unam.mx

❻ Sala de Arte Público Siqueiros

📍 B4 📌 Tres Picos 29 Ⓜ Auditorio, Polanco 🕒 Di – So 11–17 🌐 saps-latallera.org

Der gefeierte Muralist David Alfaro Siqueiros (1896 –1974) vermachte sein Haus dem mexikanischen Staat. Man findet sowohl Bilder als auch Zeichnungen, Entwürfe, Modelle und Fotomontagen von zahlreichen Wandbildern Siqueiros'. Ausgestellt sind auch Dokumente und Fotos, die sein Leben illustrieren. So verbüßte der Künstler zwei Haftstrafen, eine wegen Beteiligung am Komplott zur Ermordung von Leo Trotzki *(siehe S. 121)*.

In der Galerie im Erdgeschoss ist das Bild *Maternidad* (1970) zu sehen. Eine Rampe führt zum Obergeschoss mit Bildern von Siqueiros. Die Ausstellungsräume im zweiten Stock sind zeitgenössischen mexikanischen und internationalen Künstlern vorbehalten.

Bars

Xaman
Diese gemütliche Cocktailbar mit ungewöhnlichem Dekor, das an Schamanen erinnert, ist ein idealer Ort für einen ruhigen Drink.

📍 F4 📌 Copenhague 6 🚫 Mo, So 🌐 xaman.bar

Bukowski's
Die Bohème-Bar, benannt nach dem notorisch alkoholisierten US-Schriftsteller, befindet sich passenderweise über einer Buchhandlung.

📍 E4 📌 Hamburgo 126 🌐 pendulo.com/especial/bukowski-bar

El Almacén
Eine der ältesten LGBTQ+ freundlichen Bars der Stadt. Der Club ist berühmt für seine guten Drag-Shows.

📍 E5 📌 Florencia 37-B 📞 +52 55 48 57 03 59 🚫 Mo

Eine Besucherin fotografiert Frida Kahlos Die zwei Fridas *im Museo de Arte Moderno*

⑦
Museo de Arte Moderno

📍 C5 🏠 Ecke Paseo de la Reforma und Gandhi 📞 +52 55 55 53 62 33 Ⓜ Chapultepec 🕐 Di – So 10:15 –17:30 🌐 mam.inba.gob.mx

Das Museum der modernen Kunst zeigt Bilder und Skulpturen des 20. Jahrhunderts. Man findet Arbeiten von Rufino Tamayo, Diego Rivera, David Alfaro Siqueiros und Frida Kahlo, aber auch von Künstlern, die nicht der von den Muralisten und anderen nach der Revolution begründeten Hauptströmung angehören, sowie Werke ausländischer in Mexiko tätiger Künstler.

Das Museum besitzt eine Reihe Ölbilder von Tamayo und Francisco Toledo, beide aus Oaxaca. Weitere Highlights sind Frida Kahlos *Die zwei Fridas*, Riveras Porträt von Lupe Marín und *Die Soldatinnen* von José Clemente Orozco. Von den zeitgenössischen Malern sind Alberto Castro Leñero, Irma Palacios und Emilio Ortiz vertreten.

Die Skulpturen sind im Park ausgestellt, in der angrenzenden Rundgalerie finden Sonderausstellungen moderner mexikanischer und internationaler Kunst statt.

> **Entdeckertipp**
> **Casa Estudio Luis Barragán**
>
> An der südwestlichen Ecke des Bosque de Chapultepec steht das Haus des Pritzker-Preisträgers Luis Barragán (1902 –1988), für das Sie eine Führung buchen können (www.casaluisbarragan.org).

⑧
Museo Rufino Tamayo

📍 C5 🏠 Ecke Paseo de la Reforma und Gandhi 📞 +52 55 52 86 65 19 Ⓜ Chapultepec 🕐 Di – So 10 –18 🌐 museotamayo.org

In einem futuristischen Gebäude aus Beton und Glas inmitten des Bosque de Chapultepec *(siehe S. 110f)* ist eine außergewöhnliche Sammlung moderner Malerei und Skulptur untergebracht, die der Künstler Rufino Tamayo und seine Frau Olga zusammengetragen haben. Der Bau wurde nach Entwürfen der Architekten Teodoro González de León und Abraham Zabludovsky errichtet und erhielt bei seiner Fertigstellung 1982 den Staatspreis für Architektur.

Das Museum präsentiert in einer ständigen Ausstellung rund 800 Bilder, Zeichnungen, Grafiken und Skulpturen, darunter auch viele Bilder von Rufino Tamayo selbst. Zu den anderen hier vertretenen Künstlern zählen Willem de Kooning, Andy Warhol, Salvador Dalí und René Magritte.

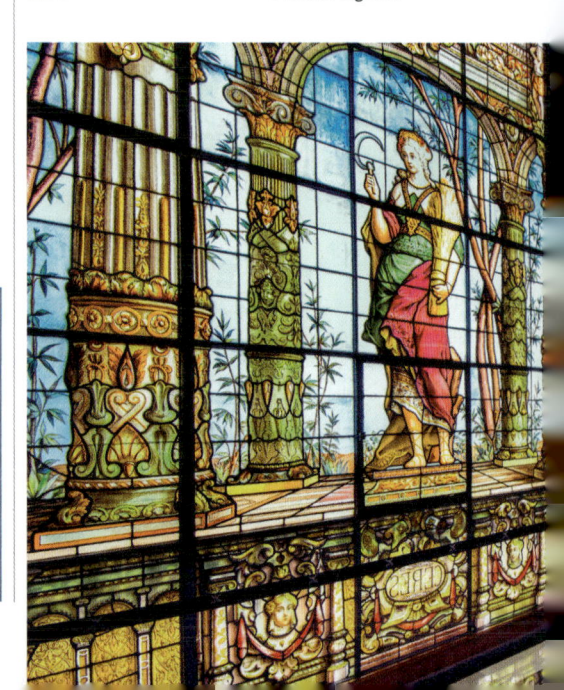

Castillo de Chapultepec
📍 C5 🏛 Bosque de Chapultepec Ⓜ Chapultepec

Der höchste Hügel des Bosque de Chapultepec erhob sich einst gegenüber von Tenochtitlán. Das Schloss ganz oben stammt von 1864.

1847 fand hier ein entscheidendes Gefecht im Mexikanisch-Amerikanischen Krieg statt: Kadetten gaben ihr Leben im Kampf gegen US-Soldaten. Nach 1860 wurde das Schloss die Residenz von Kaiser Maximilian. Danach diente es den Präsidenten als Amtssitz.

Heute ist in dem Schloss das **Museo Nacional de Historia** beheimatet, dessen Exponate die Geschichte von der *conquista* bis zur Revolution dokumentieren. Man sieht zeitgenössische Objekte und Gemälde sowie Erinnerungsstücke, etwa den Frack von Francisco I. Madero, die Brille von Benito Juárez und die Gewehre, die bei der Exekution Kaiser Maximilians eingesetzt wurden. Die Wände sind mit Historienbildern bemalt, u. a. mit Siqueiros' Wandgemälde *Vom Porfiriato zur Revolution*.

Unterhalb des Schlosses befindet sich die Galería de Historia, die aufgrund ihrer Form Museo del Caracol (»Schneckenmuseum«) genannt wird. Hier kann man sich Dioramen mit Szenen vom Unabhängigkeitskampf bis zur Verfassung 1917 ansehen.

Museo Nacional de Historia
🏛 Bosque de Chapultepec ⏰ Di–So 9–17
🌐 mnh.inah.gob.mx

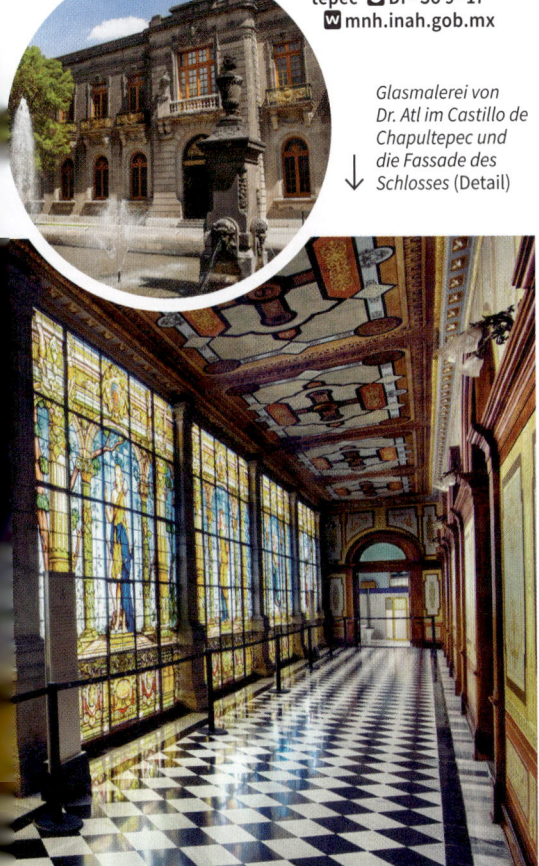

Glasmalerei von Dr. Atl im Castillo de Chapultepec und die Fassade des Schlosses (Detail) ↓

Restaurants

Lur
Dieses stilvolle Restaurant ist auf baskische Küche spezialisiert und verbindet alte und neue Einflüsse.

📍 B4 🏛 Presidente Masaryk 86
🌐 restaurantelur.mx

$$$

Raíz
Das Raíz ist eines der führenden Gourmet-Restaurants der Stadt und bietet zeitgemäße mexikanische Küche.

📍 B4 🏛 Schiller 331
🌐 restauranteraiz.com

$$$

Almara
Das Restaurant vereint die mediterrane und die moderne mexikanische Küche. Umfangreiche Weinkarte.

📍 E4 🏛 Ecke Varsovia und Hamburgo
🌐 almara.rest

$$$

Hotels

Camino Real Polanco
Schickes, farbenfrohes Hotel gegenüber dem Bosque de Chapultepec.

📍 C4 🏛 Calz. General Mariano Escobedo 700
🌐 caminoreal.com

$$$

W Mexico City
Ultramodernes, luxuriöses Hotel.

📍 A4 🏛 Campos Elíseos 252
🌐 marriott.com

$$$

Spaziergang im Bosque de Chapultepec

Länge 9 km **Dauer** 15 Minuten **Tram** Chapultepec
Terrain Einfacher Spaziergang auf guten Wegen

Der größte Park der Stadt bietet zahlreiche Spazierwege und schattige Rasenflächen, auf denen Sie dem Verkehrslärm und der Hektik der Stadt entkommen können. Chapultepec ist seit dem 16. Jahrhundert ein öffentlicher Park und ein beliebter Wochenendausflugsort für die Einwohner Mexico Citys. Zu den Attraktionen gehören ein Zoo, ein See, eine Reihe von Museen und Galerien sowie gelegentlich Live-Unterhaltung unter freiem Himmel. Der Aufstieg zur Schlossterrasse, von der aus man einen atemberaubenden Blick über die Stadt hat, lohnt sich auf jeden Fall.

Das **Auditorio Nacional** gilt als eines der besten Konzertgebäude der Welt.

↑ *Diego Riveras Brunnen Fuente de Tláloc in der westlichen Parkhälfte*

Der Entwurf für den Brunnen **Fuente de Tláloc** stammt von Diego Rivera. Tláloc war der Regengott Zentralmexikos *(siehe S. 287)* und eine bedeutende Figur der indianischen Götterwelt.

Das »**Papalote**« **Museo del Niño** (Kindermuseum) umfasst über 400 interaktive Exponate aus fünf Themenkreisen: Körper, Ausdruck, Welt, Wissenschaft und Kommunikation. Auf einem riesigen Videoscreen werden Lehrfilme gezeigt.

0 Meter 600   N↑

Paseo de la Reforma
Bosque de Chapultepec

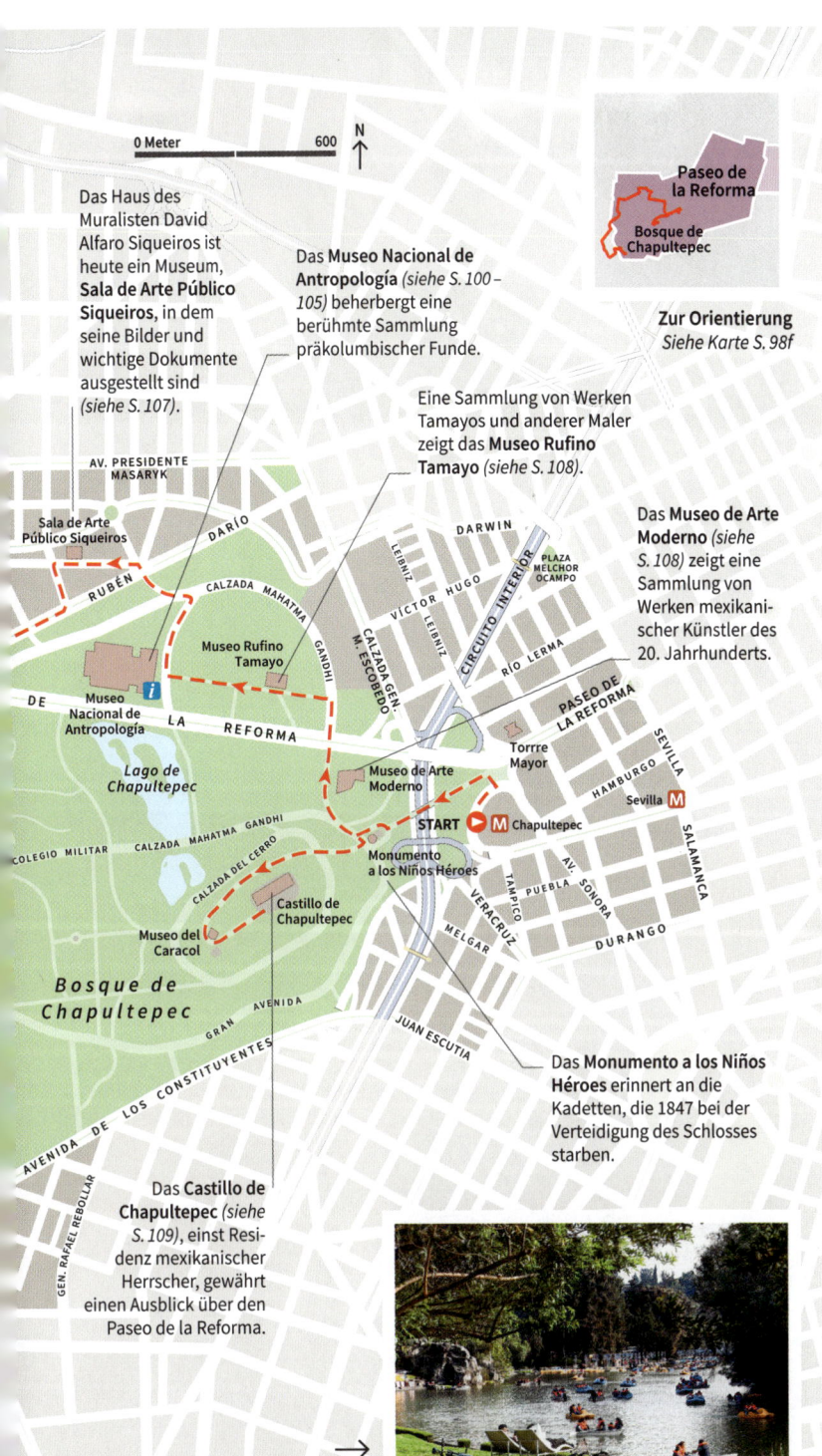

Zur Orientierung
Siehe Karte S. 98f

Das Haus des Muralisten David Alfaro Siqueiros ist heute ein Museum, **Sala de Arte Público Siqueiros**, in dem seine Bilder und wichtige Dokumente ausgestellt sind *(siehe S. 107)*.

Das **Museo Nacional de Antropología** *(siehe S. 100–105)* beherbergt eine berühmte Sammlung präkolumbischer Funde.

Eine Sammlung von Werken Tamayos und anderer Maler zeigt das **Museo Rufino Tamayo** *(siehe S. 108)*.

Das **Museo de Arte Moderno** *(siehe S. 108)* zeigt eine Sammlung von Werken mexikanischer Künstler des 20. Jahrhunderts.

Das **Monumento a los Niños Héroes** erinnert an die Kadetten, die 1847 bei der Verteidigung des Schlosses starben.

Das **Castillo de Chapultepec** *(siehe S. 109)*, einst Residenz mexikanischer Herrscher, gewährt einen Ausblick über den Paseo de la Reforma.

→ *Besucher des Bosque de Chapultepec in Liegestühlen oder in Booten auf dem See*

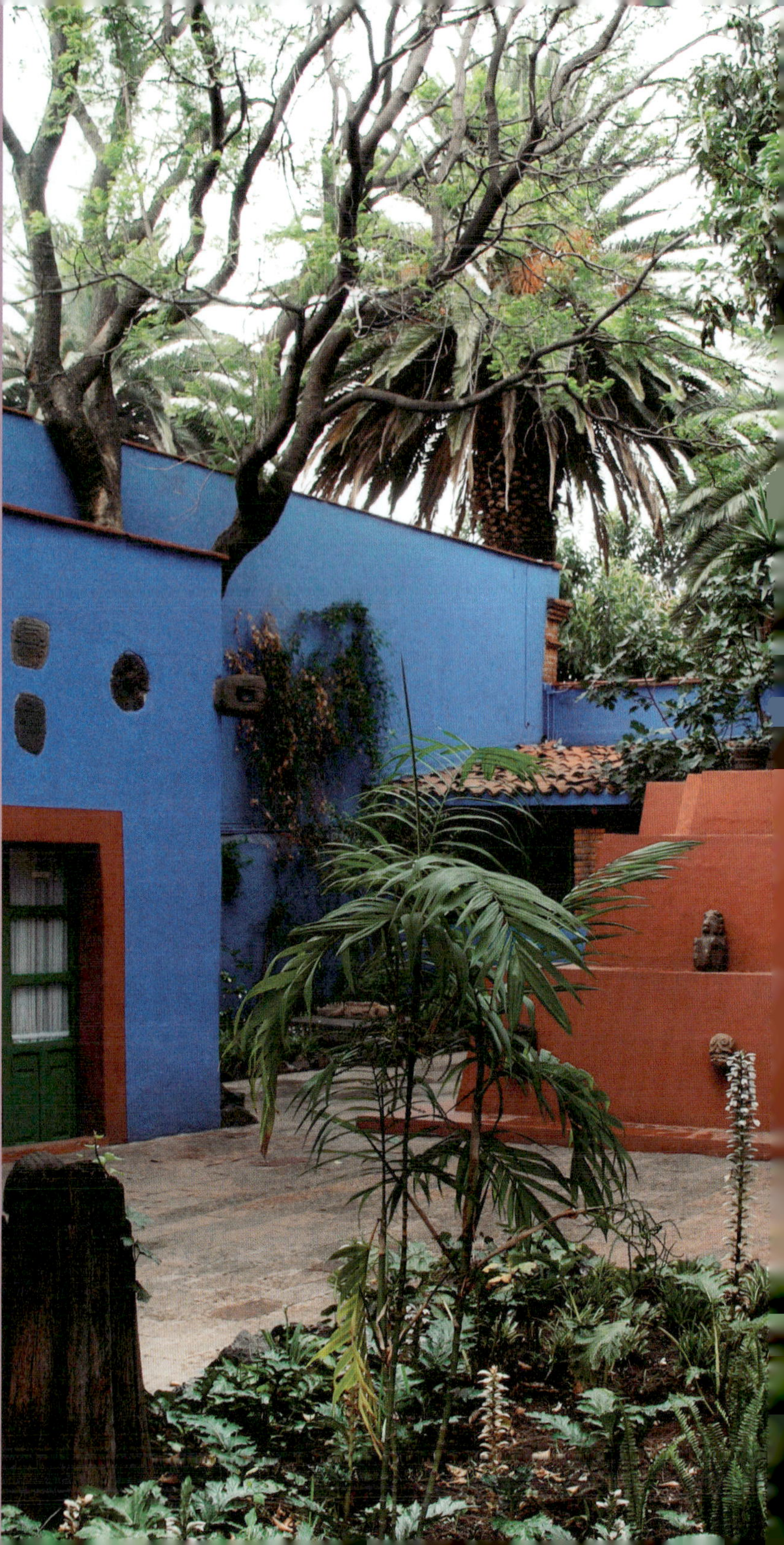

Das Museo Frida Kahlo, auch bekannt als Casa Azul, das blaue Haus (siehe S. 116f)

San Ángel und Coyoacán

Zur Zeit der spanischen Eroberung war Coyoacán eine kleine Stadt am Ufer des Texcoco-Sees. Hernán Cortés richtete hier 1521 sein Hauptquartier ein, während in der Nähe die ehemalige aztekische Hauptstadt Tenochtitlán wiederaufgebaut wurde. Das nahe gelegene San Ángel war damals ein Dorf namens Tenanitla – es wurde im 17. Jahrhundert, nach der Gründung der Klosterschule San Ángelo Mártir, umbenannt.

Bis ins 20. Jahrhundert hinein waren sowohl San Ángel als auch Coyoacán ländliche Gemeinden außerhalb von Mexico City. Seitdem hat das Wachstum der Metropole sie verschluckt, aber beide haben ihre Architektur aus der spanischen Kolonialzeit weitgehend bewahrt. Die Gegend ist bei Künstlern und Schriftstellern sehr beliebt und war die Heimat mehrerer berühmter Persönlichkeiten, darunter Diego Rivera, Frida Kahlo und der russische Revolutionär Leo Trotzki.

San Ángel und Coyoacán

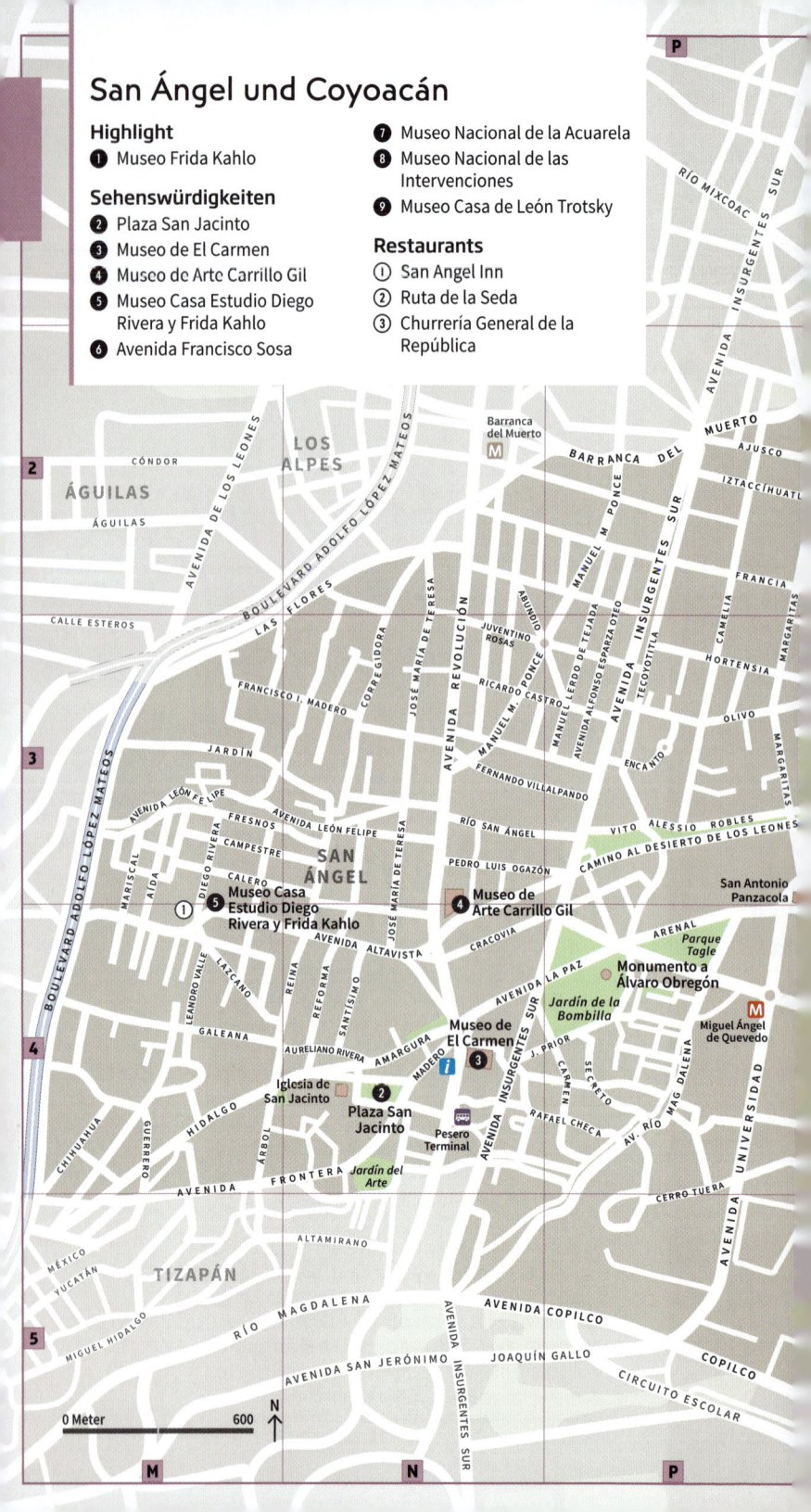

Highlight
1. Museo Frida Kahlo

Sehenswürdigkeiten
2. Plaza San Jacinto
3. Museo de El Carmen
4. Museo de Arte Carrillo Gil
5. Museo Casa Estudio Diego Rivera y Frida Kahlo
6. Avenida Francisco Sosa
7. Museo Nacional de la Acuarela
8. Museo Nacional de las Intervenciones
9. Museo Casa de León Trotsky

Restaurants
① San Angel Inn
② Ruta de la Seda
③ Churrería General de la República

Map labels

Grid references: Q, R, S (top and bottom); 1–5 (right side)

Streets and avenues
- FÉLIX CUEVAS
- OSO
- PARROQUIA
- MORAS
- ADOLFO PRIETO
- COYOACÁN
- GABRIEL MANCERA
- AVENIDA UNIVERSIDAD
- AVENIDA MÉXICO-COYOACÁN
- AVENIDA CUAUHTÉMOC
- AVENIDA GENERAL EMILIANO ZAPATA
- AVENIDA MUNICIPIO LIBRE
- UXMAL
- JOSÉ MARÍA RICO
- RODRÍGUEZ SARO
- AVENIDA POPOCATÉPETL
- PINO
- MARGARITAS
- AMORES
- REAL MAYORAZGO
- CARRILLO PUERTO
- BRUNO TRAVEN
- CIRCUITO INTERIOR
- AVENIDA RÍO CHURUBUSCO
- MINERVA
- LA ROSA
- PROVIDENCIA
- INDUSTRIA
- MADRID
- MATAMOROS
- BRUSELAS
- FCO. JAVIER MINA
- ALDAMA
- VIENA
- ABASOLO
- BERLIN
- GÓMEZ FARÍAS
- AV. PROGRESO
- ING. G. PÉREZ VALENZUELA
- MELCHOR OCAMPO
- AVENIDA MÉXICO
- LONDRES
- PARIS
- CENTENARIO
- ALLENDE
- XICOTÉNCATL
- MALINTZIN
- MORELOS
- CUAUHTÉMOC
- MOCTEZUMA
- BELISARIO DOMÍNGUEZ
- AYUNTAMIENTO
- AGUAYO
- AVENIDA HIDALGO
- HIGUERA
- FERNANDEZ LEAL
- AVENIDA FRANCISCO SOSA
- SALVADOR NOVO
- ZARAGOZA
- TATA VASCO
- DULCE OLIVA
- PINO
- ESCONDIDA
- ARTES
- AURORA
- VENUSTIANO CARRANZA
- ORTEGA
- KOCHICALTITLA
- ALBERTO ZAMORA
- PACÍFICO
- BUENAVISTA
- MIGUEL ÁNGEL DE QUEVEDO
- ETA
- EPSILON
- DELTA
- GAMMA
- BETA
- ALFA
- PROF. AYUNTAMIENTO
- MOCTEZUMA
- OMEGA
- CERRO DE LOS DOS CONEJOS
- CERRO DEL TIGRE
- CERRO DEL HOMBRE
- CERRO DEL AGUA
- PROLONGACIÓN MELCHOR OCAMPO
- PEDRO ENRÍQUEZ UREÑA
- COYAMEL

Neighbourhoods
- COL DEL VALLE SUR
- ACACIAS
- XOCO
- COYOACÁN
- SAN FRANCISCO

Metro stations
- Zapata M
- Parque de los Venados M
- Coyoacán M
- Viveros M
- Copilco M

Points of interest
- Viveros de Coyoacán
- Museo Frida Kahlo ①
- Museo Casa de León Trotsky ⑨
- Museo de las Intervenciones 1 km ⑧ →
- Mercado de Coyoacán
- Italienisches Kultur-institut
- Jardín del Centenario ③
- Plaza Hidalgo
- Plaza Santa Catarina
- Casa de la Campana
- Avenida Francisco Sosa ⑥
- Museo Nacional de la Acuarela ⑦
- Casa de la Cultura Jesús Reyes Heroles ②
- Plaza de la Conchita
- Iglesia de la Conchita

Inset
San Ángel und Coyoacán

Museo Frida Kahlo

📍 S3 🏠 Londres 247 📞 +52 55 55 54 59 99 Ⓜ Coyoacán
🕐 Di–So 10–18 (Mi ab 11) 🌐 museofridakahlo.org.mx

Das Haus der wohl berühmtesten Künstlerin Mexikos ist eine beliebte Besucherattraktion. Ein Rundgang durch das Museum bietet einen intimen Einblick in Kahlos komplexes Leben, wobei viele ihrer persönlichen Gegenstände ausgestellt sind.

In dem Haus, das man auch als Casa Azul kennt, wurde die Malerin Frida Kahlo 1907 geboren. Sie verbrachte hier einen Großteil ihres Lebens und schuf einige ihrer großen Werke unter dem Eindruck der von ihrer Wirbelsäulenverletzung verursachten Schmerzen. Das Haus ist eine Fundgrube für Gemälde und Artefakte aus ihrem Leben und dem ihres Mannes Diego Rivera. Zu sehen sind Briefe und Tagebücher sowie Keramiken und andere Alltagsgegenstände. Fridas Rollstuhl und eines der Korsetts, die sie tragen musste, sind ebenfalls ausgestellt. Reservieren Sie im Voraus, da es lange Warteschlangen gibt.

TOP 3 Wichtige Werke

Porträt meines Vaters (1952)
Kahlo malte es mit Brauntönen, um an die sepiafarbenen Bilder zu erinnern, die ihr Vater, ein Fotograf, machte.

Meine Familie (1949)
Frida Kahlos unvollendeter Familienstammbaum.

Viva la Vida (1954)
Kahlos letztes vollendetes Werk, das sie nur wenige Tage vor ihrem Tod malte, ist voller Leben und Freude in den Formen und Farben von Wassermelonen.

Der farbenfrohe Speisesaal mit den persönlichen Gegenständen von Frida Kahlo ↑

Das ikonische blaue Äußere des Museums, von dem das Gebäude seinen Namen hat

Eine Ausstellung über die Garderobe der Künstlerin in der Casa Azul

Ihr Leben

6. Juli 1907
▷ Frida wird als Magdalena Carmen Frieda Kahlo Calderón in der Casa Azul geboren. Sie erzählte oft, sie sei 1910 geboren, im Jahr der Revolution.

17. September 1925
Fridas Rücken wird bei einem Unfall gebrochen. Während ihrer Rekonvaleszenz beginnt sie ernsthaft zu malen.

21. Aug. 1929
▷ Frida heiratet Diego Rivera. Es ist Riveras dritte Ehe; er ist 20 Jahre älter als seine Braut.

1929–1930
Kahlo beginnt, traditionelle Kleidung zu tragen, insbesondere die der matriarchalischen indigenen Kulturen, als Ausdruck ihrer antikolonialen und feministischen Überzeugungen.

1931–1934
Frida und Rivera leben in den USA.

November 1938
◁ Fridas erste Einzelausstellung in New York City. Sie wird wegen ihres einzigartigen Aussehens und ihrer Kunst zu einer Sensation.

November 1939
Frida und Rivera lassen sich scheiden, um ein Jahr später erneut zu heiraten.

1940er Jahre
▷ Fridas Gesundheitsprobleme verschlimmern sich, aber sie malt weiter und ist politisch aktiv.

April 1953
Fridas erste Einzelausstellung in Mexiko. Ihr Gesundheitszustand ist so schlecht, dass sie in einem Bett getragen wird.

13. Juli 1954
Frida stirbt in der Casa Azul. Ihr Leichnam wird im Palacio de Bellas Artes aufgebahrt.

117

↑ *Markt für Kunst und Kunsthandwerk auf der Plaza San Jacinto*

SEHENSWÜRDIGKEITEN

❷ Plaza San Jacinto
📍 N4 🏠 San Ángel
Ⓜ Miguel Ángel de Quevedo

Allen, die mexikanisches Kunsthandwerk schätzen, bietet dieser Platz im Herzen von San Ángel samstags ideale Möglichkeiten zum Stöbern – entweder an den Ständen im Freien oder in El Bazar Sábado, der in einem Haus aus dem 16. Jahrhundert an der Nordwestecke der Plaza untergebracht ist.

Die Iglesia de San Jacinto aus dem 16. Jahrhundert gehörte ursprünglich zu einem Dominikanerkloster gleichen Namens. Sie hat eine schöne Kuppel, sehenswert sind auch die Holzschnitzarbeiten im Innenraum und das Onyx-Taufbecken im Mittelschiff.

Das beeindruckendste Gebäude auf der Nordseite des Platzes ist die Casa del Risco (auch Casa del Mirador), die im 18. Jahrhundert für den Marqués de San Miguel de Aguayo erbaut und 1963 dem Staat geschenkt wurde. Im Innenhof steht ein Brunnen. Die Räume sind mit edlem Mobiliar aus der Kolonialzeit ausgestattet.

> **Fotomotiv**
> **Blühendes San Ángel**
>
> Nördlich der Plaza San Jacinto liegt der Mercado de las Flores de San Ángel (Blumenmarkt). Abends sind die Stände beleuchtet, eine wunderbare Gelegenheit, die schönen Blumen zu fotografieren.

❸ Museo de El Carmen
📍 N4 🏠 Av. Revolución 4–6
📞 +52 55 56 16 28 16
Ⓜ Miguel Ángel de Quevedo
🕐 Mi–Fr 12–14, Sa, So 11–14 🌐 elcarmen.inah.gob.mx

Das Stadtviertel San Ángel verdankt seinen Namen der 1615 von Karmelitern erbauten Klosterschule San Angelo Mártir. Später wurden Kloster und Kirche als El Carmen bekannt. Ihre mit farbigen Dachziegeln gedeckten Kuppeln sind heute das Wahrzeichen des Bezirks.

In den Gebäuden befindet sich ein Museum für Einrichtung, Gemälde und andere Kunstobjekte aus der Kolonialzeit. Ein Großteil der Innenausstattung ist im Originalzustand erhalten, auch die Mönchszellen. In der Krypta sind in Särgen Mumien zu sehen, die Soldaten während der Revolution ausgruben. Die Kapelle im ersten Stock birgt einen vergoldeten Altaraufsatz aus dem 18. Jahrhundert, der mit Ölgemälden von Heiligen geschmückt ist.

❹ Museo de Arte Carrillo Gil
📍 N3 🏠 Av. Revolución 1608
Ⓜ Miguel Ángel de Quevedo
🕐 Di–So 11–17 🌐 museodeartecarrillogil.com

Das Museum in dem dreistöckigen Bau zeigt neben Wechselausstellungen auch

Werke der größten mexikanischen Künstler des 20. Jahrhunderts. Die Sammlung wurde von Dr. Álvar Carrillo und seiner Frau zusammengetragen. Ausgestellt sind Arbeiten von Diego Rivera, José Clemente Orozco und David Alfaro Siqueiros. Unter den Rivera-Bildern sind einige aus der Kubismus-Phase. Nicht weniger interessant sind eher unbekannte Werke des Österreichers Wolfgang Paalen (1905–1959) und des ungarisch-deutschen Gunther Gerzso (1915–2000).

Alvar Carrillo, der in Paris Medizin studiert hatte, malte selbst und war ein enger Freund Orozcos.

⑤ Museo Casa Estudio Diego Rivera y Frida Kahlo

M3 Ecke Calle Diego Rivera und Altavista
Viveros, Barranca del Muerto Di–So 11–17
inba.gob.mx/recinto/51

Juan O'Gorman, einer der größten mexikanischen Architekten des 20. Jahrhunderts, errichtete diesen Zwillingsbau 1931/32 für zwei der berühmtesten Maler des Landes, Diego Rivera und Frida Kahlo. Die von einer Kakteenhecke umgebenen Häuser sind durch eine Dachbrücke verbunden, über die Frida Diego das Essen brachte. Hier entstanden *Die zwei Fridas* und andere bekannte Werke. Hinter Frida Kahlos Haus befindet sich ein Gebäude, das ihr Vater als Fotostudio nutzte.

Der Wohnraum in Riveras Haus enthält viele persönliche Gegenstände, von Pinseln bis hin zu riesigen Pappmaschee-Skeletten und präkolumbischen Keramiken. In anderen Räumen finden Wechselausstellungen statt.

Im Inneren des Museo Casa Estudio Diego Rivera y Frida Kahlo und die farbenfrohe Fassade (Detail)

Restaurants

San Ángel Inn

Das elegante Restaurant in einer Hacienda aus dem 17. Jahrhundert ist für seine mexikanische Küche und Livemusik bekannt.

M4 Calle Diego Rivera 50 san angelinn.com
$$$

Ruta de la Seda

Café-Patisserie mit wunderschön präsentierten Kuchen. Der Schwerpunkt liegt auf biologischen und fair gehandelten Produkten.

R4 Aurora 1
caferutadelaseda.com
$$$

Churrería General de la República

Das belebte Café bietet Dutzende von Churros-Variationen, gefüllt mit allerlei süßen Leckereien oder mit Gewürzen bestreut, die alle frisch auf Bestellung zubereitet werden.

R3 Francisco Sosa 1
chgr.com.mx
$$$

❻ Avenida Francisco Sosa

📍 Q3 🏠 zwischen San Ángel und Coyoacán
Ⓜ Miguel Ángel de Quevedo

Die reizvollste Straße von Coyoacán ist zugleich eine der ältesten Straßen Lateinamerikas. Etwa 1,5 Kilometer lang und von schönen Herrenhäusern gesäumt, verläuft sie zwischen der Avenida Universidad und dem Jardín Centenario *(siehe S. 122)*.

Die Avenida Francisco Sosa beginnt an der malerischen Kapelle San Antonio Panzacola. Es folgen eine Reihe schöner Herrensitze wie die Casa de la Campana (Nr. 303) und das Haus Nr. 319 mit seiner Atlanten-Replik *(siehe S. 154)*. Ein schöner Kolonialbau ist auch Nr. 383, der im 18. Jahrhundert vermutlich von Pedro de Alvarado errichtet wurde, dem Eroberer Mexikos und Guatemalas. Das Nachbarhaus gehörte seinem Sohn.

Etwa auf halber Strecke erreicht man die Plaza Santa Catarina mit der gleichnamigen Kirche und der Casa de la Cultura Jesús Reyes Heroles, einem Gebäude aus der Kolonialzeit mit Innenhöfen und gepflegten Gärten. Es beherbergt ein Kulturzentrum für Kunst- und Literaturveranstaltungen. Kurz danach kommt das Kulturzentrum der italienischen Botschaft (Nr. 77).

❼ Museo Nacional de la Acuarela

📍 Q4 🏠 Salvador Novo 88
📞 +52 55 55 54 18 01
Ⓜ Miguel Ángel de Quevedo
🕐 tägl. 11–16
🌐 acuarela.org.mx

Das Museum mit Werken mexikanischer Aquarellkünstler aus dem 19. Jahrhundert ist in einem kleinen zweistöckigen Haus in einem schönen Garten untergebracht.

Beim Großteil der Bilder handelt es sich um Werke zeitgenössischer Künstler. Viele davon sind Preisträger des jährlich stattfindenden Salón Nacional de la Acuarela. Die verschiedenartigen Stile und Themen werden vor allem jene Besucher überraschen, die mit Aquarellbildern hauptsächlich zarte Landschaften verbinden. Sehenswert sind insbesondere die Werke *La Carrera del Fuego* (»Der Weg des Feuers«) und *Jazz* von Ángel Mauro Rodríguez, die im Erdgeschoss hängen.

Es gibt auch einen internationalen Raum, in dem Werke von Künstlern aus Nord- und Südamerika sowie aus Spanien und Italien zu sehen sind, darunter Robert Wade und Janet Walsh (USA). Im Gartenpavillon finden Sonderausstellungen statt.

Der Innenhof des Museo Casa de León Trotsky ↑

❽ Museo Nacional de las Intervenciones

📍 S3 🏠 Calle 20 de Agosto
📞 +52 55 56 04 06 99
Ⓜ General Anaya 🕐 Di–Sa 10–18 🌐 intervenciones.inah.gob.mx

Die Einschüsse in der Mauer des ehemaligen Klosters erinnern noch an die Kämpfe zwischen amerikanischen und mexikanischen Truppen im Jahr 1847. Heute ist in dem Bau ein Museum untergebracht, das sich den Invasionen Mexikos seit der Unabhängigkeit 1821 wid-

←

Die Casa de la Cultura Jesús Reyes Heroles in der Avenida Francisco Sosa

met. Gezeigt werden Flaggen, Waffen und andere historische Objekte, darunter Thron und Säbel von Agustín de Iturbide, die Totenmaske Kaiser Maximilians *(siehe S. 61)*, Gemälde, Karten und Modelle.

Neben dem Museum befindet sich die ehemalige Klosterkirche mit vergoldeten Altären und Sakralbildern, die aus dem 16. bis 18. Jahrhundert stammen, darunter *La Asunción* von Luis Juárez und *La Virgen y San Ildefonso* von Manuel de Echave.

Museo Casa de León Trotsky

S2 Av. Río Churubusco 410 +52 55 55 54 06 87 Coyoacán Di – So 10 – 17 museotrotsky.com

Der russische Revolutionär Leo Trotzki, der zuerst bei Diego Rivera und Frida Kahlo *(siehe S. 116f)* gewohnt hatte, lebte von 1939 bis zu seiner Ermordung 1940 in diesem Haus.

Um sich gegen Anschläge zu schützen, versah Trotzki die Türen mit Panzerplatten, erhöhte die Gartenmauer und verrammelte die Fenster zur Straße. Damit gelang es, ein Attentat zu vereiteln: In der Außenmauer sind heute noch etwa 80 Einschüsse zu sehen.

Gegen Ramón Mercader, der das Vertrauen seines Opfers besaß und im Haus aus- und einging, erwiesen sich diese Vorkehrungen jedoch als nutzlos. Der Raum, in dem der Mörder, ein Agent der sowjetischen Geheimpolizei, Platz nahm, ist unverändert erhalten geblieben. Man sieht noch den Tisch und den Stuhl, auf dem Trotzki saß, ehe er starb.

Trotzkis Schreibmaschine, Bücher und andere seiner Besitztümer stehen noch immer an ihrem Platz. Eines der Fotos zeigt Trotzki bei der Ankunft in Mexiko 1937 auf dem Kai in Tampico mit seiner Frau Natalja Sedowa und Frida Kahlo.

Die Ermordung Leo Trotzkis

Leo Trotzki kam 1879 als Lew Dawidowitsch Bronstein in Russland zur Welt. 1917 spielte er eine führende Rolle bei der Machtergreifung der Bolschewisten und der Aufstellung der Roten Armee, die 1918 – 20 im Bürgerkrieg kämpfte. Lenins Tod 1924 führte zu Machtkämpfen, 1927 wurde Trotzki von Josef Stalin gezwungen, ins Exil zu gehen. Mexiko gewährte ihm 1937 Asyl. Auch jenseits des Atlantiks setzte Trotzki den Kampf gegen Stalin fort, und auch hier war er vor dessen Säuberungen nicht sicher. Am 20. August 1940 griff der Sowjetagent Ramón Mercader Trotzki mit einem Eispickel an und verletzte ihn schwer. Einen Tag später starb Trotzki.

Spaziergang durch Coyoacán

Länge 2 km **Dauer** 25 Minuten **Tram** Coyoacán

Der hübsche Vorort Coyoacán war ein beliebtes Viertel für viele berühmte Mexikaner, von Hernán Cortés bis Frida Kahlo. Die Gegend ist ideal für einen Spaziergang mit vielen Cafés und Restaurants. Die Calle Felipe Carrillo Puerto, die vom Platz aus nach Süden führt, ist ein guter Ort zum Einkaufen von Souvenirs. Coyoacán ist in Mexico City auch für sein köstliches Speiseeis bekannt. Am Wochenende findet auf den beiden Hauptplätzen Jardín Centenario und Plaza Hidalgo ein lebhafter Markt für Kunsthandwerk statt.

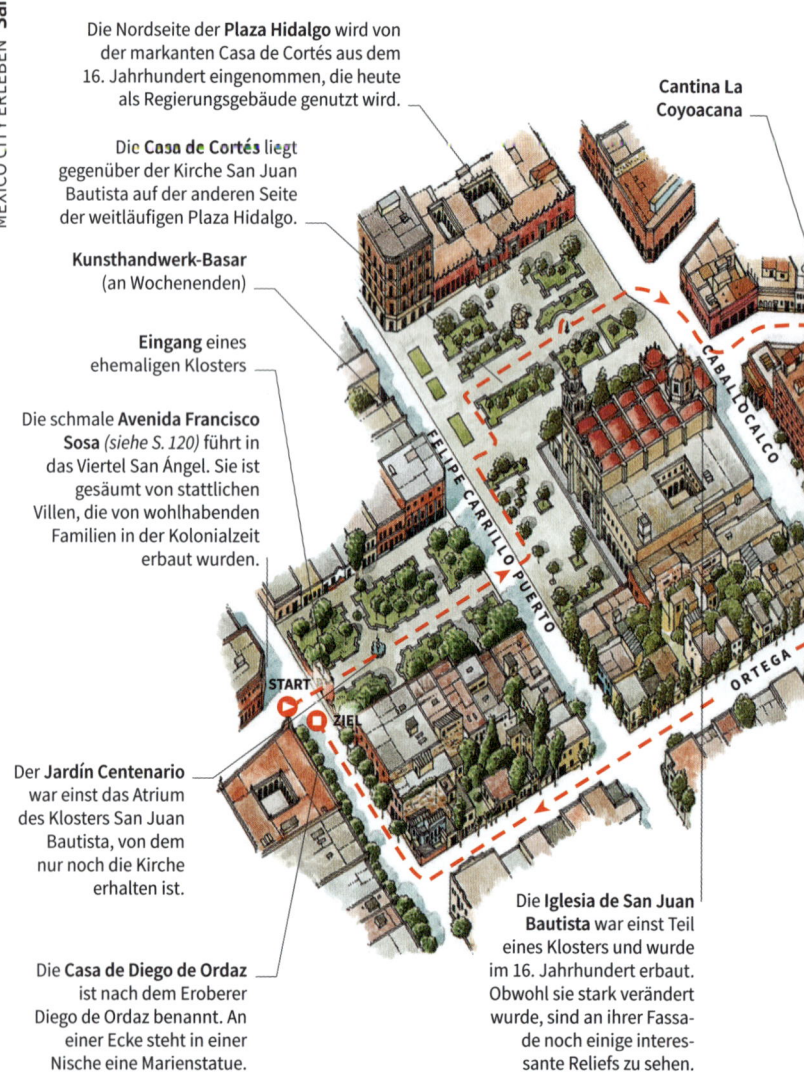

Die Nordseite der **Plaza Hidalgo** wird von der markanten Casa de Cortés aus dem 16. Jahrhundert eingenommen, die heute als Regierungsgebäude genutzt wird.

Die **Casa de Cortés** liegt gegenüber der Kirche San Juan Bautista auf der anderen Seite der weitläufigen Plaza Hidalgo.

Kunsthandwerk-Basar (an Wochenenden)

Eingang eines ehemaligen Klosters

Die schmale **Avenida Francisco Sosa** *(siehe S. 120)* führt in das Viertel San Ángel. Sie ist gesäumt von stattlichen Villen, die von wohlhabenden Familien in der Kolonialzeit erbaut wurden.

Cantina La Coyoacana

Der **Jardín Centenario** war einst das Atrium des Klosters San Juan Bautista, von dem nur noch die Kirche erhalten ist.

Die **Casa de Diego de Ordaz** ist nach dem Eroberer Diego de Ordaz benannt. An einer Ecke steht in einer Nische eine Marienstatue.

Die **Iglesia de San Juan Bautista** war einst Teil eines Klosters und wurde im 16. Jahrhundert erbaut. Obwohl sie stark verändert wurde, sind an ihrer Fassade noch einige interessante Reliefs zu sehen.

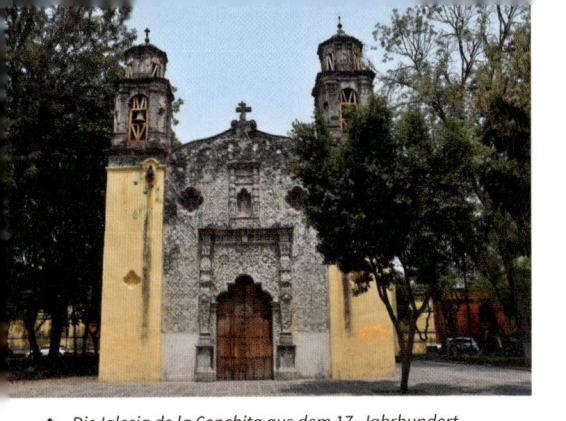

Die Iglesia de la Conchita aus dem 17. Jahrhundert ist ein nationales und kulturhistorisches Denkmal

Zur Orientierung
Siehe Karte S. 114f

Die kleine **Iglesia de la Conchita** hat eine Fassade im Mudéjar-Stil.

Die stille, baumbestandene **Plaza de la Conchita** mit einem Steinkreuz in der Mitte ist der schönste Ort in ganz Coyoacán.

Casa del Teatro

Monumento el Monje, die Statue eines Mönchs

In der **Casa de la Malinche** (16. Jh.) wohnte Hernán Cortés' Übersetzerin und Geliebte »La Malinche«.

→ *Kunstvolle Innenausstattung der Kirche San Juan Bautista*

Spaziergang von San Ángel nach Coyoacán

Länge 4 km **Dauer** 50 Minuten **Metro** Miguel Ángel de Quevedo
Terrain Einfacher Spaziergang auf guten Wegen

Nur wenige Stadtviertel können so gut erhaltene Bauten aus der Kolonialzeit und der Zeit vor der Revolution aufweisen wie Coyoacán und San Ángel. Start und Ziel dieses Bummels sind die für ihre Wochenendmärkte bekannten Hauptplätze der beiden Bezirke. Die Route folgt oft von Bäumen gesäumten, kopfsteingepflasterten Straßen. Man kommt an Kirchen, Museen, Ausstellungen und Monumenten vorbei, aber auch an einladenden Cafés und Restaurants.

Neben San Antonio Panzacola gibt es eine alte Steinbrücke über einen Nebenfluss des Río Magdalena. Wenn man sie überquert, kommt man zu einer der schönsten Straßen der Stadt, der **Avenida Francisco Sosa** *(siehe S. 120)*.

Wenn Sie die Avenida Insurgentes überqueren, gelangen Sie zum **Parque de la Bombilla**, einem kleinen, bewaldeten Park, der das Denkmal von General Álvaro Obregón *(siehe S. 62)* umgibt, der im Juli 1928 in der Nähe ermordet wurde.

Verlassen Sie die Plaza San Jacinto *(siehe S. 118)* über die Calle Madero. Am Ende der Straße liegt rechts das **Centro Cultural San Ángel**.

In der Avenida Revolución können Sie das **Museo de El Carmen** besuchen, das einige schöne religiöse Gemälde und Möbel aus der Kolonialzeit beherbergt. Danach geht es weiter zur kopfsteingepflasterten Avenida La Paz, in der es einige gute Restaurants gibt.

Die **Plaza Frederico Gamboa** und der **Parque Tagle** sind grüne Oasen.

Schon gewusst?

Der Arm von General Obregón wurde früher im Denkmal im Parque de la Bombilla aufbewahrt.

San Ángel und Coyoacán
Von San Ángel nach Coyoacán

Cafés und Läden am Rand der Plaza del Centenario

Zur Orientierung
Siehe Karte S. 114f

Auf halber Strecke der Francisco Sosa erreichen Sie die bezaubernde **Plaza Santa Catarina**, wo sich sonntags zur Mittagszeit Geschichtenerzähler versammeln.

Machen Sie einen Abstecher zum **Museo Nacional de la Acuarela** in der Calle Salvador Novo.

Am Ende der Francisco Sosa erreichen Sie die Zwillingsbogen, die einst das Tor zum Kloster San Juan Bautista bildeten. Von hier aus gelangt man auf den schönen Platz des **Jardín Centenario** im Herzen von Coyoacán *(siehe S. 122f)*.

Die charmante Iglesia de Santa Catarina auf dem gleichnamigen Platz

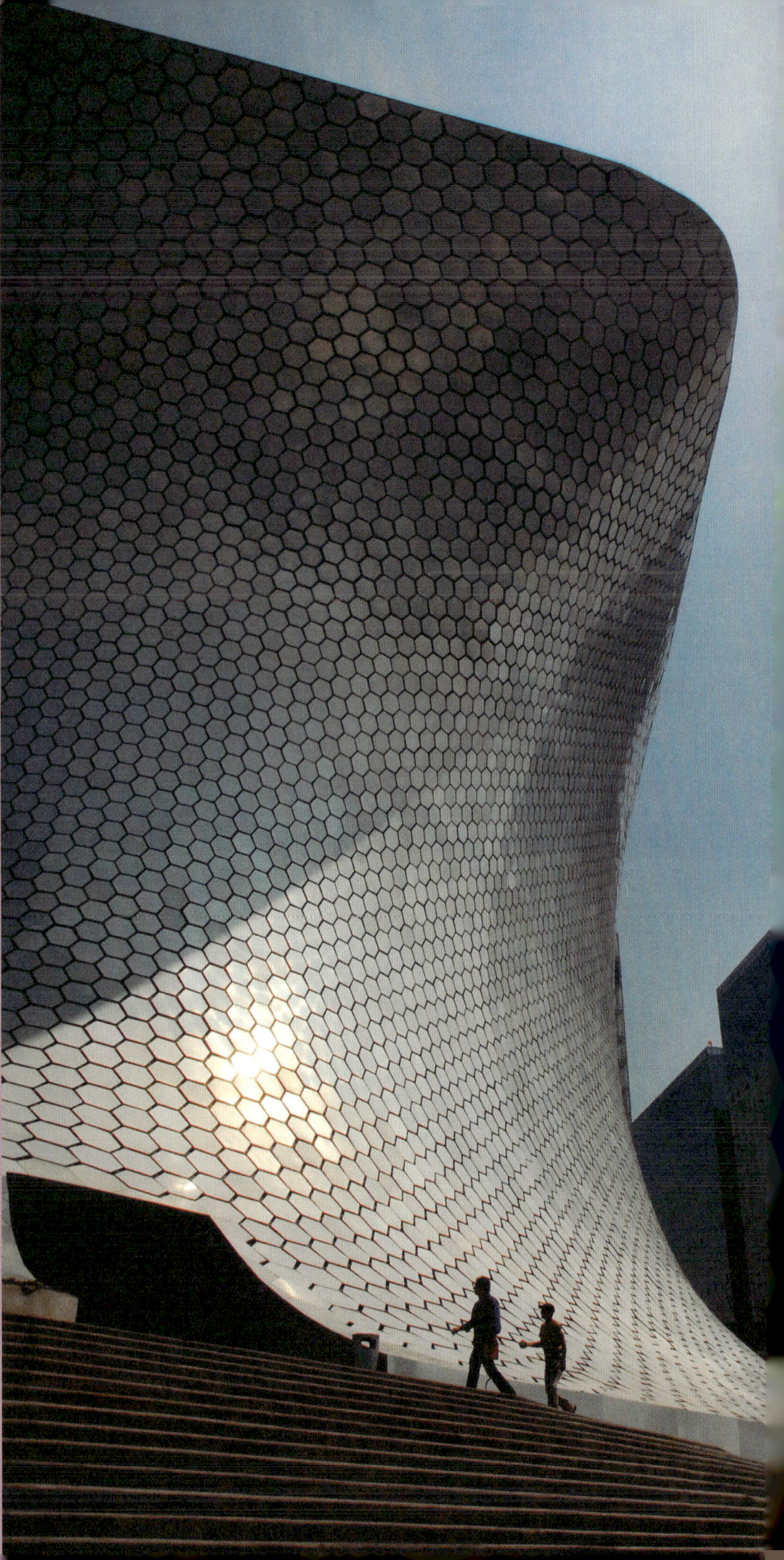

Highlight
1. Xochimilco

Sehenswürdigkeiten
2. Avenida Insurgentes Sur
3. Basílica de Santa María de Guadalupe
4. Tlatelolco und Plaza de las Tres Culturas
5. Mercado de La Merced
6. Universidad Nacional Autónoma de México (UNAM)
7. Museo Anahuacalli
8. Museo Soumaya
9. Pirámide de Cuicuilco
10. Tlalpan

Abstecher

In den 1870er Jahren leitete Porfirio Díaz einen massiven Ausbau der städtischen Infrastruktur ein, und das rasante Wachstum hielt bis ins 20. Jahrhundert hinein an. Während die Außenbezirke der Stadt aus Elendsvierteln und Vorstädten bestehen, gibt es dazwischen versteckt eine Reihe von Perlen wie die »Schwimmenden Gärten« von Xochimilco und die herrlichen Wandmalereien rund um den Universitätscampus. Es ist einfach, mit Bus und Taxi zwischen den Vierteln hin- und herzufahren, also verpassen Sie nicht die Gelegenheit, die weniger bekannten Highlights zu erkunden.

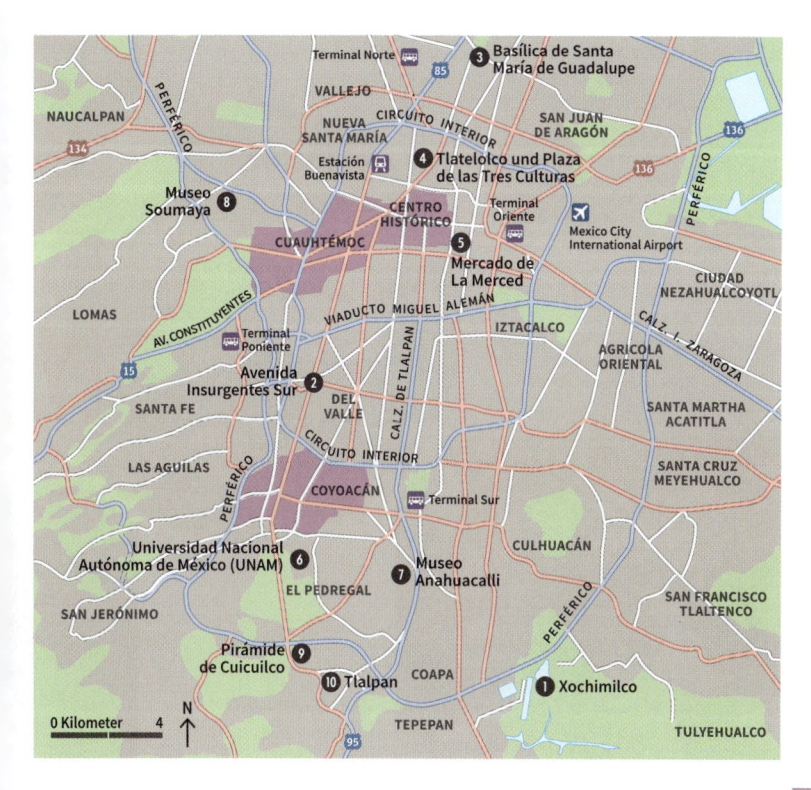

Xochimilco

i Av. Guadalupe I. Ramírez s/n, San Juan **M** Xochimilco

Dieses Netz von Kanälen und Gemüsefeldern wurde von den Azteken angelegt und auch heute noch genutzt. Sonntags strömen Familien hierher und mieten Boote, um die Wasserwege zu erkunden, begleitet von *Mariachi*-Bands, die eine einzigartige mexikanische Partyatmosphäre schaffen.

Geschichte Xochimilcos

Xochimilco, in Nahuatl, der Sprache der Azteken, der »Ort der Blumenfelder«, war einst ein Dorf am See, das durch einen Damm mit der Aztekenstadt Tenochtitlán verbunden war. Heute ist Xochimilco der einzige Teil von Mexico City, in dem noch die von den Azteken angelegten Kanäle und halb schwimmenden Blumen- und Gemüsegärten, die *chinampas*, erhalten sind. Sie wurden ursprünglich auf einer Basis von Wasserwurzeln angelegt, die dann mit Erde bedeckt wurden. Sie sind auch heute noch eine wichtige Quelle für Blumen und Gemüse in Mexico City.

Xochimilco heute

Eine beliebte Wochenendbeschäftigung – sowohl für Besucher als auch für Einheimische – ist es, eines der vielen bunt geschmückten *trajineras* zu mieten, die überdacht sind und in der Mitte einen Tisch haben. Ein einheimischer Bootsführer steuert den Kahn am von Weiden beschatteten Ufer entlang. Auf dem Wasser sorgen *Mariachi*-Bands für Unterhaltung, während auf kleineren Booten typisch mexikanische Snacks und Getränke verkauft werden, etwa Pulque, ein leicht saures Getränk aus vergorenem Saft, das oft mit Früchten und Nüssen aromatisiert wird.

Der nördliche Teil des Feuchtgebiets von Xochimilco wurde als Parque Ecológico de Xochimilco erhalten und dient als wichtiger Lebensraum für Vögel wie Störche, Kolibris, Adler und Reiher. Seit 2019 wird der Park zwar saniert, aber der Pflanzenmarkt Cuemanco ist immer noch einen Besuch wert (tägl. 9–18). Er liegt am Rand des Parks, und seine Gassen sind voller Blumen- und Pflanzenstände.

→
Mexikanische Gerichte werden Besuchern von einem kleineren Boot (trajinera) *aus serviert*

←
Eine Mariachi-*Band sorgt für musikalische Unterhaltung*

> **Highlight**

> 💬 **Expertentipp**
> **Trajinera-Tour**
>
> Mieten Sie eine *trajinera*, um die Kanäle zu erkunden. Die Preise liegen bei einem Standardtarif von etwa 25 Dollar pro Stunde. Die Kähne haben ein Dach zum Schutz vor den Elementen.

↑ *Reihen von farbenfrohen* trajineras *auf den Kanälen von Xochimilco*

SEHENSWÜRDIGKEITEN

❷
Avenida Insurgentes Sur
🅐 südl. und nördl. der Glorieta de Insurgentes
Ⓜ Insurgentes, Insurgentes Sur, Chilpancingo

Die mehr als 30 Kilometer lange Avenida Insurgentes Sur verläuft von der Stadtgrenze im Norden bis zum Beginn der Autobahn nach Cuernavaca im Süden. Der südliche Abschnitt hat einige lohnenswerte Sehenswürdigkeiten zu bieten.

Einige Blocks südlich der Kreuzung Insurgentes und Viaducto Miguel Alemán erhebt sich das World Trade Center, ehemals Hotel de México, eines der bekanntesten Bauwerke an der Avenida. Der Glasturm trägt einen Aufsatz mit Drehplattform.

Unmittelbar daneben steht eines der kühnsten Zeugnisse moderner Architektur von Mexico City, das Polyforum Siqueiros. Über dem Obergeschoss, in das

Das Polyforum Siqueiros an der Avenida Insurgentes Sur ist eines der kühnsten Zeugnisse moderner Architektur von Mexico City.

man über eine doppelte Rundtreppe gelangt, wölbt sich eine achteckige Kuppel, die mit einer Arbeit von David Alfaro Siqueiros ausgeschmückt ist, dem *Weg der Menschheit*. Es ist eines der weltweit größten Wandgemälde.

An der Kreuzung Eje 6 Sur und Insurgentes liegt die Ciudad de los Deportes mit einem Fußballstadion und der Plaza México, der größten Stierkampfarena der Welt. Sie bietet 50 000 Zuschauern Platz. Ringsherum erheben sich die Statuen von Stierkämpfern wie Manuel Rodríguez (»Manolete«), der bei der Eröffnung der Arena im Jahr 1946 auftrat.

Vor der Querstraße Barranca del Muerto liegt das Anfang der 1950er Jahre vom Architekten Alejandro Prieto erbaute Teatro de los Insurgentes. Seine Fassade ist mit einem allegorischen Bild geschmückt, das Diego Rivera 1953 vollendete. Thema ist das mexikanische Theater: Im Zentrum halten zwei riesige Hände eine Maske, ringsherum sind Helden des Unabhängigkeitskriegs und der Revolution zu sehen.

❸
Basílica de Santa María de Guadalupe
🅐 Plaza de las Américas 1
Ⓜ La Villa 🕐 tägl. 7–19
🆆 virgendeguadalupe.org.mx

Das meistbesuchte katholische Heiligtum Amerikas ist ein Komplex am Fuß des Cerro del Tepeyac. Der Legende nach erschien hier Juan Diego 1531 eine dunkelhäutige Maria, die später nach der Jungfrau von Guadalupe in der spanischen Extremadura benannt wurde.

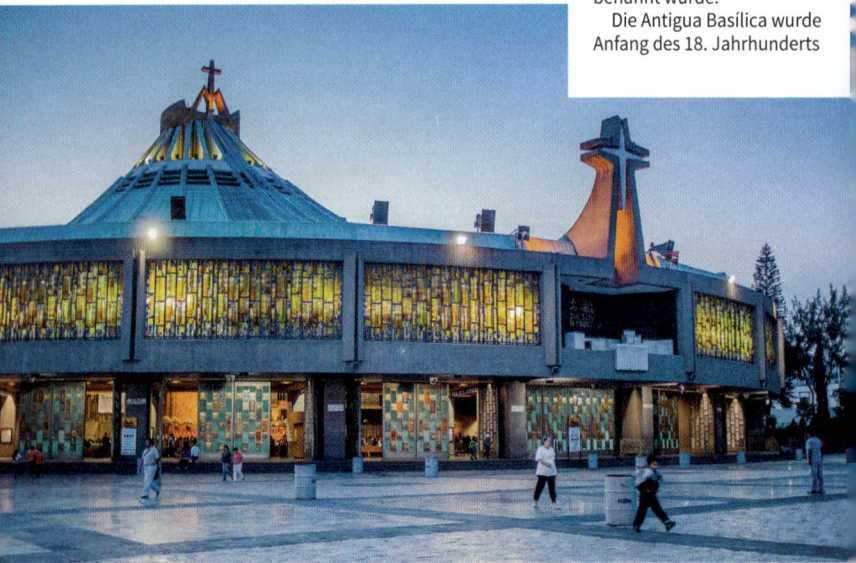

Die Antigua Basílica wurde Anfang des 18. Jahrhunderts

Die Jungfrau von Guadalupe

Jährlich am 12. Dezember pilgern Hunderttausende zur Basílica de Santa María de Guadalupe, um der Erscheinung der Schutzpatronin Mexikos am Cerro de Tepeyac zu gedenken. Bei Tagesanbruch singt man *mañanitas* (Geburtstagslieder), dann folgen Gottesdienste sowie Musik und Tanz auf öffentlichen Plätzen. Wie so oft hat sich eine katholische mit einer präkolumbischen Tradition vermischt: Die Verehrung der Jungfrau von Guadalupe gleicht in mancher Hinsicht dem Kult um die mesoamerikanische Muttergottheit Tonantzin.

---

erbaut. Ihre Barockfassade mit Reliefs aus dem Leben Mariens wird von Zwillingstürmen flankiert. Die Basilika wird heute von der benachbarten Rundkirche überragt, einem modernen Bau mit 10 000 Sitzplätzen. Im Innenraum ist Juan Diegos Umhang ausgestellt. Auf dem Stoff ist das Bildnis Mariens sichtbar.

Ein weiterer interessanter Bau ist die Capilla del Pocito, die als ein Höhepunkt der mexikanischen Barockarchitektur gilt. Sie wurde an der Stelle errichtet, wo die Jungfrau ein viertes Mal erschienen sein soll. Der Grundriss ist elliptisch, das Kuppeldach mit weiß-blauen Talavera-Ziegeln gedeckt.

Neben einer weiteren Kapelle, der Capilla de Indios, steht das Haus, in dem Juan Diego nach der ersten Erscheinung der Jungfrau bis zu seinem Tod im Jahr 1548 gewohnt haben soll.

←

Das moderne Gebäude der Basílica de Santa María de Guadalupe

④ Tlatelolco und Plaza de las Tres Culturas

Eje Central und Ricardo Flores Magón Tlatelolco, Garibaldi tägl. 8–18
tlatelolco.inah.gob.mx

Die Überreste des Zeremonialzentrums von Tlatelolco nehmen einen großen Teil der Plaza de las Tres Culturas ein. Der Platz hat seinen Namen von der Mischung aus moderner, kolonialer und präkolumbischer Architektur, die hier entstanden ist. Ein Erdbeben im Jahr 2017 hat zwar einige Schäden verursacht, aber dennoch steht diese jahrhundertealte Stätte immer noch.

Tlatelolco, die Zwillingsstadt der Aztekenhauptstadt Tenochtitlán *(siehe S. 80f)*, war das bedeutendste Handelszentrum jener Zeit. Es gibt auch hier einen Templo Mayor, der dem von Tenochtitlán vergleichbar ist, des Weiteren kleinere Tempel, etwa ein dem Windgott geweihter »Kalender-Tempel«. Er verdankt seinen Namen den Glyphen an drei seiner Seiten, die Daten des aztekischen Ritualkalenders darstellen. In der Nordwestecke der archäologischen Stätte sind noch die Reste der »Schlangenmauer« zu sehen.

Die Spanier erbauten an dieser Stelle ihre eigenen »Tempel«, insbesondere den Templo de Santiago, eine katholische Kirche im strengen, fast militärischen Stil. Vor dem Templo de Santiago ist auf einer Gedenktafel zu lesen: »Am 13. August 1521 fiel Tlatelolco, heldenhaft verteidigt von Cuauhtémoc, in die Hände von Cortés. Es war weder ein Triumph noch eine Niederlage, sondern die schmerzhafte Geburt der mestizischen Nation, die heute Mexiko ist.«

Die Moderne wird durch mehrere Gebäude repräsentiert, insbesondere durch den Turm des Außenministeriums aus Beton und Glas. Auf dem Platz sind Skulpturen von Federico Silva zu sehen. Zwischen dem Kloster und einem Hochhaus befindet sich das Wandgemälde *Cuauhtémoc gegen den Mythos* von David Alfaro Siqueiros aus dem Jahr 1944. Cuauhtémoc, der letzte Aztekenkaiser, wurde von den Spaniern getötet.

Restaurant

Bellini
Genießen Sie die atemberaubende Aussicht auf Mexico City von diesem Drehrestaurant im 45. Stock des World Trade Center, während Sie die mexikanische und internationale Küche genießen.

Torre WTC, 45. Stock, Montecito 38, Nápoles
bellini.com.mx
$$$

❺ 🍴 ♿
Mercado de La Merced
🏠 Anillo de Circunvalación und Calle Callejón de Carretones Ⓜ Merced 🕐 tägl. 6–19

Der Mercado de La Merced befindet sich dort, wo schon die Azteken ihren Markt hatten. Er soll mit über 5000 Ständen einer der größten Märkte ganz Amerikas sein.

La Merced ist in sieben Bereiche unterteilt, von denen sechs auf verschiedene Arten von Waren spezialisiert sind, während der letzte ein traditioneller Markt ist.

Das Mercado-Viertel ist für Sexarbeit bekannt und kann nachts gefährlich sein.

❻ 🖼
Universidad Nacional Autónoma de México (UNAM)
🏠 Ciudad Universitaria Ⓜ Universidad, Ciudad Universitaria 🕐 tägl. 7–21:30 🌐 unam.mx

Auf einem riesigen Campus im Süden der Stadt liegt die größte Universität Mittel- und Südamerikas, eine UNESCO-Welterbestätte. Viele der interessantesten Bauten sind mit Wandgemälden geschmückt. Über dem Haupteingang des für die

↑ *Der bunte Lebensmittelmarkt des Mercado de La Merced*

Sommerspiele 1968 erbauten Olympischen Stadions ist ein Reliefgemälde Riveras zu sehen. Am Rektoratsbau sind Wandbilder von David Alfaro Siqueiros. Nicht weit davon liegt die Biblioteca Central, deren Turm mit Mosaiken von Juan O'Gorman bedeckt ist. Jede Front stellt eine Epoche der Geschichte Mexikos und ihre wissenschaftlichen Leistungen dar.

Weiter südlich an der Insurgentes liegt ein Komplex mit einem bedeutenden Zentrum darstellender Kunst, der Sala Nezahualcóyotl (www.musica.unam.mx).

Das **Museo Universitario de Arte Contemporáneo** ist in einem modernen lichtdurchfluteten Gebäude untergebracht. Hier sieht man die größte Sammlung zeitgenössischer Kunst Mexikos.

Nicht weit vom Olympiastadion erstreckt sich der **Jardín Botánico**. Neben einer Kakteensammlung gibt es hier eine Baumschule und einen Bereich mit Dschungelpflanzen.

Museo Universitario de Arte Contemporáneo
🖼 🍴 🏠 Insurgentes 3000 🕐 Fr–So 11–17 🌐 muac.unam.mx

Jardín Botánico
🏠 Cto. Zona Deportiva s/n 🕐 tägl. 9–15, 16–17 🌐 ib.unam.mx

❼ 🖼 🍴 ♿
Museo Anahuacalli
🏠 Museo 150 🕐 Di–So 11–17:30 🌐 museoanahuacalli.org.mx

Das Museum wurde von dem Muralisten Diego Rivera für seine Sammlung präkolumbischer Kunst errichtet und nach seinem Tod von den Architekten Juan O'Gorman und Heriberto Pagelson sowie von Riveras Tochter Ruth vervollständigt. Es erinnert an eine Pyramide aus schwarzem Vulkanstein. Die Sammlung umfasst 2000 Objekte, die einen Großteil der indianischen Kulturen Mexikos repräsentieren. Gezeigt werden u. a. Masken und Urnen sowie Skulpturen aus der antiken Stadt Teotihuacán. Mit Riveras Materialien und unvollendeten Bildern wurde auch ein Atelier des Malers eingerichtet, das er allerdings niemals benutzte. Neben dem Museum befindet sich eine kleine Galerie mit Pappmaschee-Figuren, die an die Tradition des Tages der Toten *(siehe S. 221)* erinnern.

8 Museo Soumaya
📍 Blvd. Miguel de Cervantes Saavedra und Presa Falcón ⏰ tägl. 10:30–18:30 🌐 soumaya.com.mx

Das geschwungene, moderne Gebäude vom mexikanischen Architekten Fernando Romero beherbergt eine der bedeutendsten Sammlungen europäischer, mexikanischer und präkolumbischer Kunst des Landes. Die Galerie besitzt mehr als 65 000 Werke aus drei Jahrtausenden, darunter europäische Meisterwerke von da Vinci, Rodin und Rubens.

Die mexikanische Sammlung umfasst Wandgemälde von Rivera, Tamayo und Siqueiros sowie prähispanische Artefakte und Ikonen.

9 Pirámide de Cuicuilco
📍 Av. Insurgentes Sur und Periférico 📞 +52 55 56 06 97 58 ⏰ Mi–Fr 10–16

Die Pyramide ist ein Zeugnis der um 700 v. Chr. entstandenen Stadtkultur im Tal von Mexiko. Die Siedlung zählte in ihrer Blütezeit vermutlich 20 000 Einwohner. Erhalten blieb ein 25 Meter hoher Kegelstumpf mit 100 Meter Durchmesser. Um das Jahr 100 n. Chr. wurden die Einwohner durch den Ausbruch des Vulkans Xitle gezwungen, die Stadt zu verlassen. Das bis zu acht Meter tiefe Lavagestein macht Ausgrabungen äußerst schwierig. Im Museum auf dem Gelände sind Funde wie Keramiken, Werkzeuge und Speerspitzen zu sehen.

10 Tlalpan
📍 Mex 95, 25 km südl. des Zentrums

Zur Zeit der spanischen Vizekönige war Tlalpan ein beliebter Erholungsort für Bürger und Adlige, was dazu führte, dass ab Beginn des 18. Jahrhunderts eine Reihe eleganter Häuser und Haciendas entstanden.

Heute genießt der Besucher der Altstadt, Zentrum der größten *delegación* (Vorort) von Mexico City, die engen Straßen und die reizvolle Architektur, die hier vom 17. bis zum 20. Jahrhundert entstand. Besonders sehenswert sind die Casa Chata aus dem 18. Jahrhundert, die Casa del Marqués de Vivanco und die Casa del Conde de Regla.

> **Expertentipp**
> **Tooooor!**
> Besuchen Sie ein Fußballspiel im Estadio Azteca (www.estadio azteca.com.mx). Höhepunkt der Saison ist der Súper Clásico zwischen den Vereinen Chivas de Guadalajara und Club América.

Auf der Plaza de la Constitución mit einem Musikpavillon aus dem *porfiriato* und Büsten von Nationalhelden steht die Capilla del Rosario, eine Barockkapelle aus dem 17. Jahrhundert, und unweit davon die Dominikanerkirche San Agustín aus dem 16. Jahrhundert mit einem großen Innenhof. Auf der Plaza ist auch noch der Baum zu sehen, an dem im Jahr 1866 elf Patrioten gehenkt wurden, weil sie gegen die französische Besatzung und Kaiser Maximilian gekämpft hatten.

Das ehemalige Landhaus von General Antonio López de Santa Anna (1794–1876), dem Helden der Schlacht von Alamo *(siehe S. 60)*, steht an der Ecke San Fernando und Madero. Er war insgesamt elf Mal mexikanischer Präsident.

←

Die beeindruckende Architektur des Museo Soumaya und Besucher, die ausgestellte Kunstwerke studieren (Detail)

MEXIKO
ERLEBEN

Bootsfahrt auf dem Fluss im Cañón del Sumidero

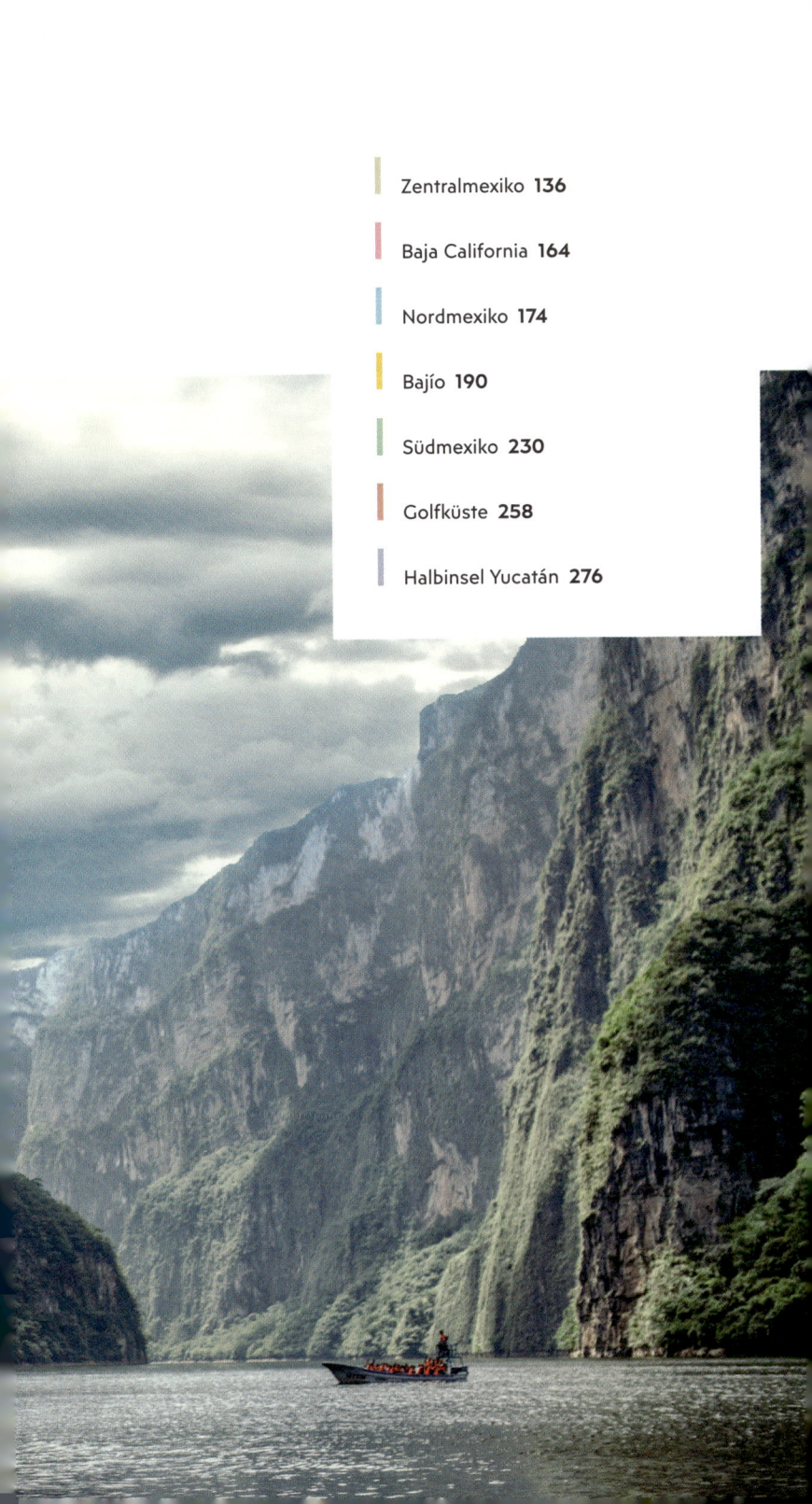

Zentralmexiko **136**

Baja California **164**

Nordmexiko **174**

Bajío **190**

Südmexiko **230**

Golfküste **258**

Halbinsel Yucatán **276**

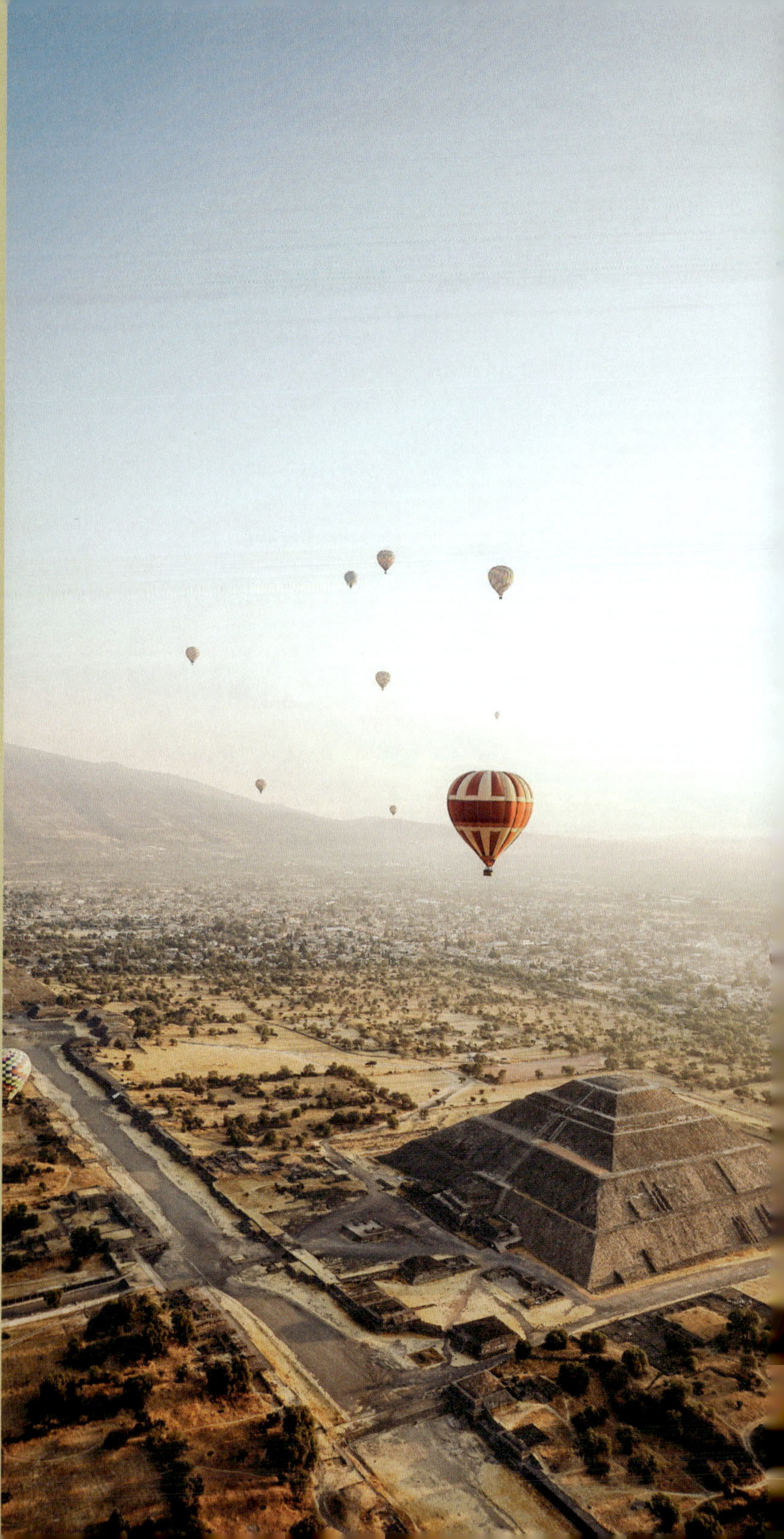

Heißluftballon über der alten Stadt Teotihuacán (siehe S. 140–143)

Zentralmexiko

Schneebedeckte Vulkane überragen die zentrale Hochebene des Landes – eine Reihe von weiten Ebenen und breiten Tälern. Große Zivilisationen blühten hier auf und bauten ausgedehnte Städte und beeindruckende Zeremonialstätten wie Tula und Teotihuacán. Nach der Ankunft der Spanier im frühen 16. Jahrhundert machten sich Missionare von hier auf, die riesigen Gebiete zu erkunden und zu erobern, die später als Neuspanien zusammengefasst wurden. Währenddessen errichteten sie in der Region festungsartige Klöster und prächtige Kirchen. In der Zwischenzeit löste die Entdeckung von Edelmetallen die Entwicklung von Bergbaustädten aus, und der reiche vulkanische Boden führte zu endlosen Getreidefeldern, die zu riesigen Ländereien gehörten, die von imposanten Haciendas aus betrieben wurden.

Heute führen viel befahrene Autobahnen von Mexico City zu den aufstrebenden Städten in den Nachbarstaaten. Bislang hat das Eindringen des modernen Mexiko in die Region jedoch die natürliche Schönheit des Gebiets, das zum Teil durch eine Reihe von Nationalparks geschützt wird, nicht wesentlich beeinträchtigt.

Zentralmexiko

Highlights
1. Teotihuacán
2. Museo Nacional del Virreinato
3. Puebla

Sehenswürdigkeiten
4. Pachuca
5. San Agustín Acolman
6. Huasca
7. Mineral del Monte
8. Tula
9. Cholula
10. Valle de Bravo
11. Xochicalco
12. Cuernavaca
13. Malinalco
14. Tepoztlán
15. Popocatépetl und Iztaccihuatl
16. Cacaxtla und Xochitécatl
17. Tlaxcala
18. Toluca
19. Cantona
20. Convento de San Nicolás de Tolentino de Actopan
21. Taxco

Zentralmexiko

Blick auf die Ausgrabungsstätte von Teotihuacán und ein gefiederter Schlangenkopf am Tempel von Quetzalcóatl (Detail)

Teotihuacán

B6 Mex 132D, 47 km nordöstl. von Mexico City, México +52 594 956 00 52
tägl. 9–15; Museum: tägl. 8–17 teotihuacan.inah.gob.mx

Ein Spaziergang auf der Straße der Toten in Teotihuacán mit einer riesigen Pyramide vor und einer anderen hinter sich ist eines der beeindruckendsten Erlebnisse auf dem amerikanischen Kontinent. Die prächtigen Monumente dieser alten Stätte zeugen von einer geheimnisvollen Kultur, die die Region fünf Jahrhunderte lang beherrschte.

Teotihuacán, der »Ort, wo der Mensch zum Gott wird«, ist eine der imposantesten antiken Städte Mexikos. Sie wurde in vorchristlicher Zeit gegründet und zählte bei einer Fläche von mehr als 20 Quadratkilometern bis zu 125 000 Einwohner. 500 Jahre lang beherrschte sie die gesamte Region, bis sie im Jahr 650 verlassen und – möglicherweise von ihren Bewohnern – zerstört wurde. Den Azteken war die Stätte heilig. Sie glaubten, Riesen hätten sie errichtet. Das Kultzentrum mit seinen Tempeln, Palästen und Pyramiden zeugt vom Glanz der Stadt, verrät aber kaum etwas über ihre Erbauer und Bewohner, ihre Herkunft, Lebensweise und ihren Untergang. Teotihuacán ist immer noch eine aktive archäologische Stätte.

Die bemerkenswerten Ruinen, mit der Pyramide der Sonne im Hintergrund

Highlight

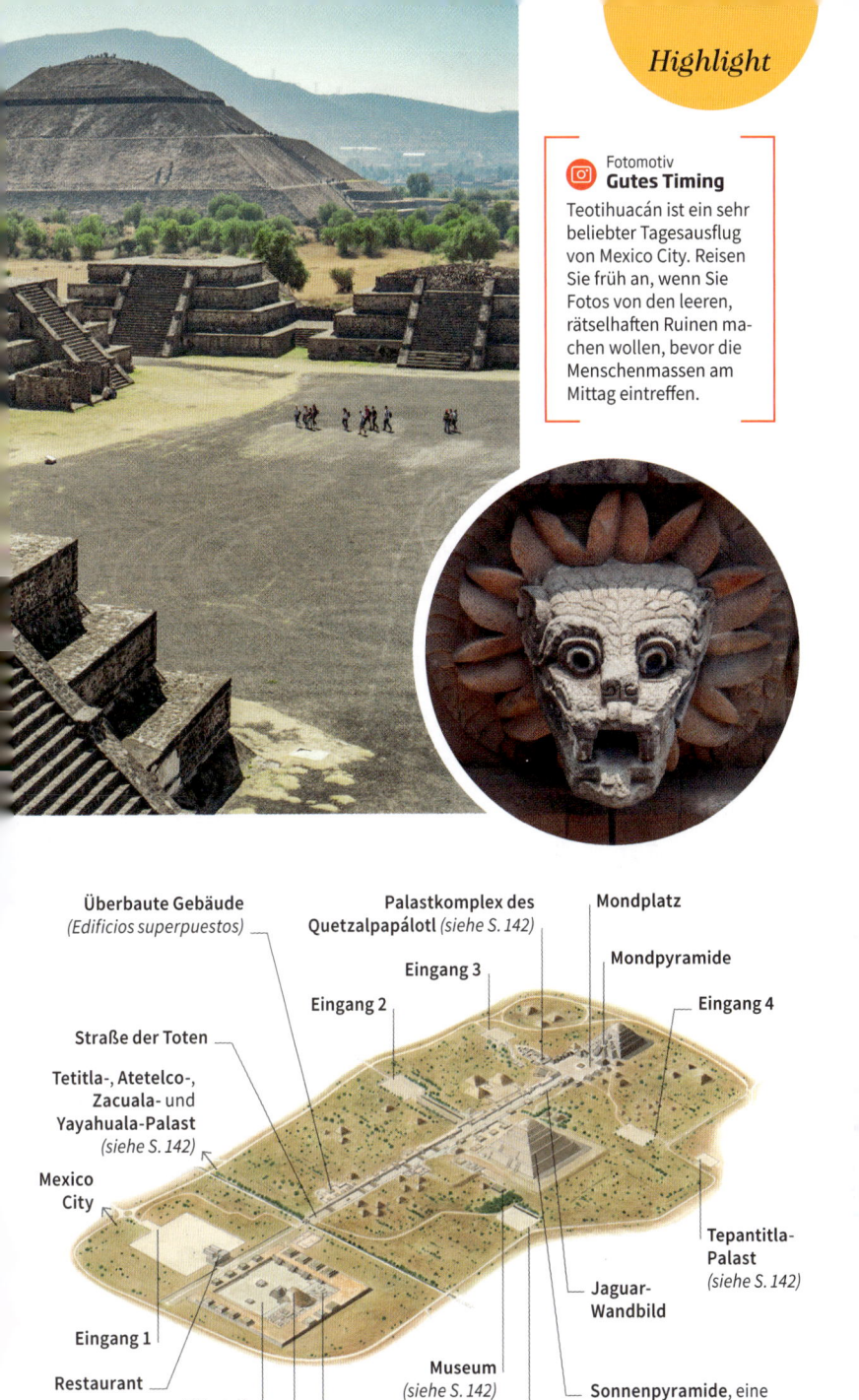

Fotomotiv
Gutes Timing

Teotihuacán ist ein sehr beliebter Tagesausflug von Mexico City. Reisen Sie früh an, wenn Sie Fotos von den leeren, rätselhaften Ruinen machen wollen, bevor die Menschenmassen am Mittag eintreffen.

- **Überbaute Gebäude** (Edificios superpuestos)
- **Palastkomplex des Quetzalpapálotl** (siehe S. 142)
- **Mondplatz**
- **Mondpyramide**
- **Eingang 3**
- **Eingang 2**
- **Eingang 4**
- **Straße der Toten**
- **Tetitla-, Atetelco-, Zacuala- und Yayahuala-Palast** (siehe S. 142)
- **Mexico City**
- **Tepantitla-Palast** (siehe S. 142)
- **Eingang 1**
- **Jaguar-Wandbild**
- **Restaurant**
- **Museum** (siehe S. 142)
- **Zitadelle**
- **Sonnenpyramide**, eine der größten Pyramiden der Welt
- **Eingang 5**
- **Tempel des Quetzalcóatl** mit Masken des gefiederten Schlangengottes Quetzalcóatl
- **Wohngebäude der Oberschicht**

↑ *Grundriss der archäologischen Stätte Teotihuacán*

Teotihuacán erkunden

Wer die Ausgrabungsstätte in vollem Umfang erfassen will, muss sich auf eine lange Wanderung über unebenes Gelände und steile Treppen gefasst machen – in einer Höhe von 2300 Metern keine Kleinigkeit. Bequeme Schuhe, Hut und Sonnenschutzmittel sind unabdingbar, im Sommer auch Regenschutz.

Museum

Südlich der Sonnenpyramide liegt das Museum mit Funden aus Teotihuacán, Übersichtskarten und Diagrammen. Ein Modell der Stadt befindet sich unter dem Glasboden der Haupthalle. Der schattige Garten des Museums bietet sich für eine Rast an. Man findet darin heimische Pflanzen und eine originale, teils restaurierte Wandmalerei, die gefiederte Teotihuacán-Skulpturen darstellt.

Paläste außerhalb des Zentrums

Einige antike Wohngebäude befinden sich außerhalb der eingezäunten Anlage. Östlich der Sonnenpyramide liegt der Tepantitla-Palast, wo man die größten und schönsten bisher entdeckten Wandbilder bewundern kann. Sie zeigen reich gekleidete Priester und den Regengott Tláloc in seinem sorgenfreien Tlalocán, in dem sich winzige Menschen in paradiesischer Umgebung vergnügen.

Westlich der Stätte und am besten mit dem Auto zu erreichen befinden sich vier weitere Paläste – Tetitla, Atetelco, Zacuala und Yayahuala – mit großartigen Fresken und Wandgemälden.

Palastkomplex des Quetzalpapálotl

Dieses Labyrinth aus Wohn- und Tempelbauten wuchs über mehrere Jahrhunderte. Der letzte Teil, der gebaut wurde, war wahrscheinlich der elegante Palast von Quetzalpapálotl, der 1962 freigelegt und mit den meisten Originalmaterialien rekonstruiert wurde. Er befindet sich auf dem heute verschütteten Tempel der gefiederten Muscheln (2.–3. Jahrhundert n. Chr.). Der westlich gelegene Jaguarpalast hat einen großen Innenhof mit einem Säulengang und einem gestuften Tempelsockel.

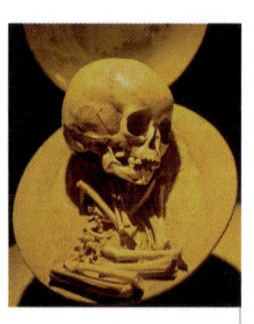

Wandbilder im **Jaguarpalast** zeigen gefiederte Jaguare, die auf Instrumenten spielen.

Eingang zur unteren Ebene

Freilegung von Teotihuacán

Über 1000 Jahre lagen die zerfallenen Ruinen von Teotihuacán unter einer Erd- und Vegetationsschicht. Im späten 19. Jahrhundert gab es Plünderungen, offizielle Ausgrabungen begannen erst 1906. Unterirdische Tunnel und Kammern (sowie Statuen, Jade und sogar Muschelschalen) wurden ausgegraben, aber eine Sache haben die Archäologen noch nicht entdeckt: eine Grabstätte.

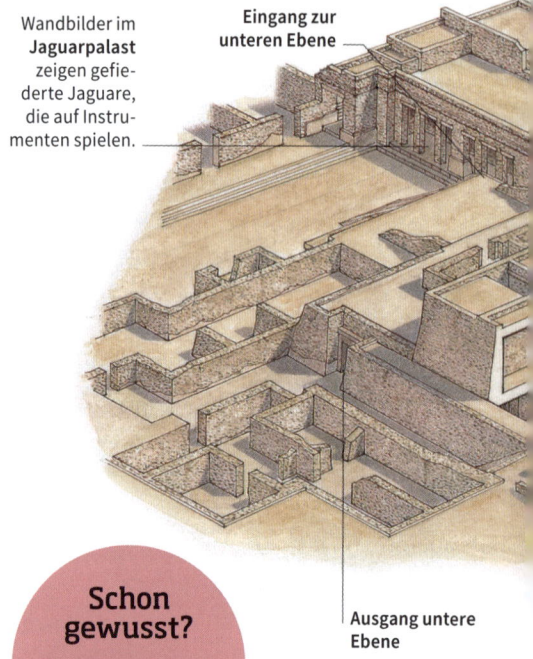

Schon gewusst?

Die Sonnenpyramide ist halb so hoch wie die Große Pyramide von Ägypten.

Ausgang untere Ebene

Illustration des Palastkomplexes des Quetzalpapálotl ↑

Highlight

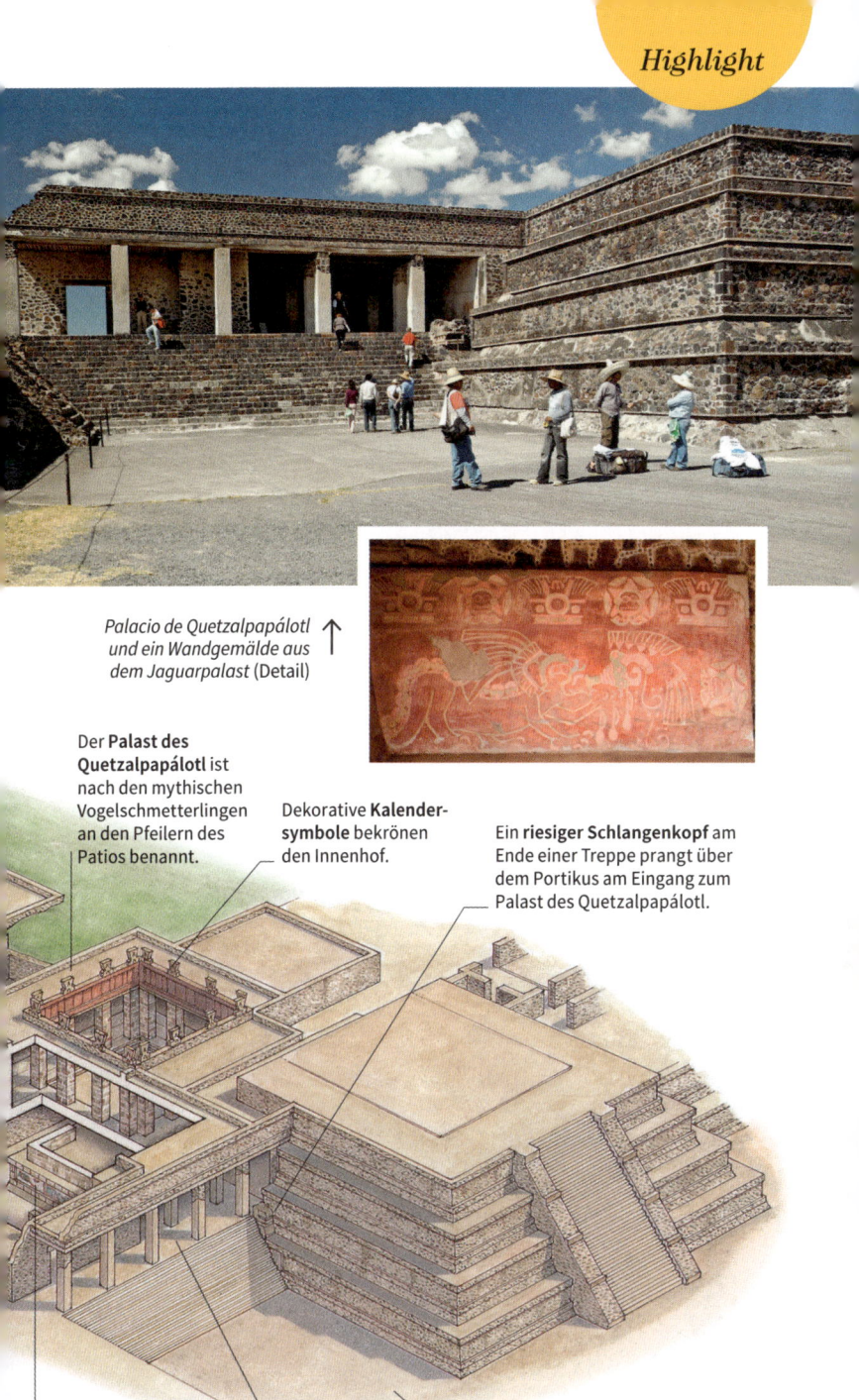

Palacio de Quetzalpapálotl und ein Wandgemälde aus dem Jaguarpalast (Detail) ↑

Der **Palast des Quetzalpapálotl** ist nach den mythischen Vogelschmetterlingen an den Pfeilern des Patios benannt.

Dekorative **Kalendersymbole** bekrönen den Innenhof.

Ein **riesiger Schlangenkopf** am Ende einer Treppe prangt über dem Portikus am Eingang zum Palast des Quetzalpapálotl.

Der **Tempel der gefiederten Meerschnecken** ist ein älterer Bau unter dem Palast des Quetzalpapálotl.

Eingang zum Palast des Quetzalpapálotl

Mondplatz

143

Mesoamerika

Mexiko ist übersät mit vielen unglaublichen Zeugnissen der mesoamerikanischen Zivilisationen, die hier einst lebten. Der Begriff Mesoamerika bezieht sich auf eine geografische Region, deren Völker vor der Ankunft der Spanier eine weitgehend ähnliche Kultur besaßen. Sie umfasst das heutige Zentral- und Südmexiko sowie Teile Mittelamerikas.

Alte Zivilisationen

Die Zivilisationen Mesoamerikas werden normalerweise in »Hochland« und »Tiefland«, wie die Maya auf der Halbinsel Yucatán, unterteilt. Trotz der großen Entfernungen zwischen ihnen hatten sie viele Gemeinsamkeiten, darunter Götter, einen Kalender und Baupraktiken, aber unterschiedliche Sprachen und Bräuche.

Einige Kulturen existierten parallel zueinander, aber oft – wie im Fall der Mixteken und der Zapoteken – übernahm eine Gruppe die Gebiete ihrer Vorgänger. In einigen Fällen ist das Entstehen und Vergehen von Kulturen – wie bei der in Teotihuacán – bis heute ein Rätsel.

↑ *Tonpuppe der Olmeken*

Vorklassische und klassische Periode

Die erste Epoche Mesoamerikas, die Vorklassik, dauerte von etwa 1500 v. Chr. bis 0 n. Chr. Ihre bedeutendste Kultur ist die der Olmeken (1200–400 v. Chr.), die wegen ihres Einflusses auf spätere Zivilisationen oft als *cultura madre* (Mutterkultur) bezeichnet wird. Ihre wichtigsten Stätten, San Lorenzo und La Venta, übten politische, wirtschaftliche und religiöse Autorität über eine große Bevölkerung aus – dennoch geriet die Zivilisation schließlich in Vergessenheit.

Die Maya *(siehe S. 298f)* waren die am längsten überlebende mesoamerikanische Zivilisation (ca. 1000 v. Chr. bis 1500 n. Chr.), und ihre

Nachfahren leben noch heute in Mexiko. Das mächtige Maya-Reich breitete sich von Südmexiko bis nach Mittelamerika aus und errichtete ausgedehnte zeremonielle Zentren.

Die Zapoteken waren eine weitere langlebige Kultur, die um 500 v. Chr. zu großer Bedeutung gelangte. Sie schufen einige der frühesten Schriftformen im alten Mexiko. Die zapotekische Zivilisation endete um 900 n. Chr., zeitgleich mit dem Ende der klassischen Periode, auch ihre Kultur lebt im heutigen Mexiko fort.

Postklassische Ära

In dieser Periode (900–1500 n. Chr.) entstanden mehrere Kulturen, die gleichzeitig existierten. Die militarisierten und künstlerischen Tolteken (900–1200) hatten ihren Sitz in Tula *(siehe S. 154)*. Die Mixteken (1100–1450), Nachfolger der Zapoteken, errichteten das zeremonielle Zentrum Mitla *(siehe S. 252f)* und fertigten detaillierte Kodizes und Bildgeschichten an. Die Tarasker (1350–1529) bildeten ein gewaltiges Reich in Zentralmexiko und rivalisierten mit den Azteken (1300–1520), deren riesiges Reich von den Spaniern gestürzt wurde. Ab den 1520er Jahren eroberten die Spanier Mexiko und zerstörten systematisch die verbliebenen Zivilisationen, sodass im 17. Jahrhundert nur noch Ruinen übrig blieben.

↑ *Ruinen einer Pyramide in Mayapán, einer Maya-Stätte auf der Halbinsel Yucatán*

Mesoamerikanische Relikte

Chacmool
Die geschnitzten Figuren sind an vielen archäologischen Stätten zu sehen. Man nimmt an, dass die Steinschalen auf ihren Mägen Opfergaben enthielten.

Pyramiden
Die mesoamerikanischen Pyramiden – gestuft und mit einem Tempel gekrönt – hatten in den verschiedenen Kulturen unterschiedliche Verwendungszwecke.

Lebensmittel
Viele Lebensmittel, die heute überall gegessen werden, haben ihren Ursprung in Mesoamerika, etwa Tomaten, Chili und Mais.

Rad
Obwohl das Rad bekannt war, wurde es nur für nicht funktionale Gegenstände wie Spielzeug verwendet. Die meisten Lasten transportieren Träger oder Kanus.

Jade
Der grüne Stein war in Mesoamerika wertvoller als Gold. Er wurde für Kunst und Schmuck verwendet und war ein wichtiges Material für religiöse Gegenstände.

Obsidian
Obsidian, ein harter, glasartiger Stein, wurde anstelle von Metallen verwendet, die erst im 6. Jahrhundert zum Einsatz kamen.

Museo Nacional del Virreinato

A6 Plaza Hidalgo 99, Tepotzotlán, 44 km nördl. von Mexico City, México +52 555 876 27 70 Di–So 9–16:45
virreinato.inah.gob.mx

In der Iglesia de San Francisco Javier, den Kreuzgängen, Schulräumen und Gärten lassen Kunstwerke, Möbel und Schreine das Leben des ehemaligen Jesuitenkollegs wieder aufleben.

Mexikos vollständigste Sammlung kolonialer Kunst, eine seiner schönsten Barockkirchen und ein herrliches Jesuitenkolleg aus dem 17. und 18. Jahrhundert bilden dieses fantastische Museum des Vizekönigreichs. Kirche und Kollegkomplex mit Höfen und Gärten im malerischen Dorf Tepotzotlán waren fast vollendet, als die Jesuiten 1767 Neuspanien verlassen mussten. Nach umfassenden Restaurierungsarbeiten wurden die Bauten 1964 zu einem Museum zusammengefasst. Zu sehen sind sowohl eigene als auch aus anderen Landesteilen stammende Kunstschätze.

Iglesia de San Francisco Javier

Die majestätische Barockkirche vom Anfang des 17. Jahrhunderts ist wegen der Ergänzungen aus dem 18. Jahrhundert berühmt: Fassade und Turm, die prunkvollen, vergoldeten Altäre, ein Trio ungewöhnlicher Kapellen und die Fresken Miguel Cabreras in den Gewölben. Fassade und Innenraum sind Musterbeispiele des Hochbarock. Sie bilden ein harmonisches Ganzes, dem nur Santa Prisca in Taxco *(siehe S. 161)* und San Cayetano bei Guanajuato *(siehe S. 199)* gleichkommen.

Der **Hauptaltar** ist dem Schutzpatron des Jesuitenkollegs, San Francisco Javier, geweiht.

Eingang vom Museum

Der **Altar der Jungfrau von Guadalupe** weist Miguel Cabreras Darstellung der Schutzpatronin Mexikos auf.

Die reich geschmückte **Camarín de la Virgen** diente früher als Ankleideraum der Jungfrau von Loreto – Kleidung und Juwelen der Statue wurden regelmäßig gewechselt.

↑ *Die Capilla de los Novicios wurde früher von Studenten genutzt und ist heute Teil des Museums*

Highlight

Der **Altar des heiligen Stanislaus Kostka** ehrt den polnischen Jesuiten, der den Zöglingen und Novizen als Vorbild diente.

Die **Kuppel** über der Vierung überblickt man am besten von einem Aussichtspunkt im Museum.

Kurzführer
Der größte Teil der Sammlung befindet sich auf der Eingangsebene des ehemaligen Kollegs. Im Obergeschoss sind Exponate zu Handwerkszünften, Klosterwerkstätten und Nonnenorden ausgestellt, im Untergeschoss finden sich die alte Küche, Steinskulpturen, Wechselausstellungen und der Museumsshop.

Der **Altar des heiligen Ignatius von Loyola** zeigt den Gründer des Jesuitenordens mit einem emblemverzierten Buch.

Im **Glockenturm** hängen 13 Glocken auf drei Ebenen unter einer ziegelgedeckten Kuppel mit Eisenkreuz.

Kanzel

Der **Altar der Virgen de la Luz** mit einem Bild der Jungfrau mit dem Kind ist von Engeln und Cherubim umgeben.

Stil und Darstellungen am **Frontispiz** entsprechen den Altären, die prächtigen Kalksteinskulpturen sollen Besucher auf den prunkvollen Innenraum einstimmen.

Die Vertikalen der Altäre werden durch *Estípite*-**Pilaster** betont. Dem menschlichen Körper gleich verjüngen sie sich nach unten hin. Viele sind mit Gesichtern geschmückt.

Korridor

Der Schrein **Relicario de San José** birgt von den Jesuiten verehrte Reliquien.

Die **Casa de Loreto** soll eine Kopie des Hauses von Maria in Nazareth sein, das Engel ins italienische Loreto brachten, als die Muslime das Heilige Land besetzten.

↑ *Illustration der Iglesia de San Francisco Javier, Teil des Museo Nacional del Virreinato*

❸ Puebla

🅰 C7 🏙 1,5 Mio. 🏠 Puebla ✈ 🚌 ℹ Av. Palafox y Mendoza; +52 222 404 50 47 🎪 Feria de Puebla (23.–25. Mai) 🌐 turismopuebla.gob.mx

Das 1531 gegründete Puebla verbindet spanische Kolonialarchitektur mit dem pulsierenden Leben einer kosmopolitischen Stadt. Das reiche spanische Erbe ist noch heute in der gut erhaltenen Altstadt mit ihren prächtigen Palästen, Kirchen und Museen zu sehen.

① Estrella de Puebla

🏠 Osa Mayor 2520 🕐 Mo–Fr 15:30–22, Sa, So 11–22 🌐 estrelladepuebla.com

Das Riesenrad von Puebla steht hoch oben im Stadtteil Angelópolis und ist eine der beliebtesten modernen Attraktionen der Stadt. Von der Spitze, die sich über 80 Meter über dem Boden befindet, werden die Fahrgäste mit einem atemberaubenden Blick über die Stadt belohnt und können an klaren Tagen sogar die Vulkane Popocatépetl und Iztaccíhuatl *(siehe S. 158)* westlich der Stadt sehen.

② Catedral de Puebla

🏠 5 Oriente und 16 de Septiembre 🌐 arquidiocesisdepuebla.mx

Die zweitgrößte Kathedrale Mexikos ist eine Mischung von Renaissance und Barock. Die Pfeiler um das Atrium – die Plaza vor der Kirche – sind mit Engeln bekrönt, ein Symbol der Stadt, deren voller Name »Puebla de los Ángeles« (»Volk der Engel«) ist. Die Kirche hat fünf Schiffe und 14 Seitenkapellen.

Der als *ciprés* bekannte Hauptaltar wurde 1797 von Manuel Tolsá entworfen. Er ruht auf einer achteckigen Basis und besteht aus zwei übereinandergesetzten, von acht korinthischen Doppelsäulen getragenen »Tempeln«, die von einer Kuppel überwölbt sind, einer Nachahmung der Kuppel des Petersdoms in Rom. Hinter dem *ciprés* steht der Altar de los Reyes, dessen Kuppel Cristóbal de Villalpando 1688 ausmalte.

③ Teleférico de Puebla

🏠 Calzada Ignacio Zaragoza 🕐 Mo 14–22, Di–So 10–22 🌐 visitpuebla.mx

Die 2016 eröffnete Seilbahn hat sich schnell zu einer der

> **Entdeckertipp**
> **Froschgasse**
>
> In der Nähe des Zócalo liegt der Callejón de los Sapos im Künstlerviertel, in dem sonntagmorgens ein Kunsthandwerksmarkt stattfindet. Ihr Name stammt von Überschwemmungen, die viele Frösche anlockten.

←

Das beeindruckende Rathaus auf dem Zócalo, dem Hauptplatz von Puebla

Top-Attraktionen der Stadt entwickelt. Die zweiminütige Fahrt durch den Stadtteil Xanenetla bietet die Möglichkeit, das größte städtische Wandgemälde der Welt zu bewundern und den Blick auf die Stadt und die Vulkane zu genießen.

④ 🏛 Ⓜ
Geheime Tunnel
🏠 Bulevar 5 de Mayo 208, Barrio de Xanenetla
🕐 Di – So 10 – 16
🌐 pueblacity.com

Das 2015 entdeckte, zehn Kilometer lange Tunnelnetz verläuft unter dem Stadtzentrum von Puebla und wurde vermutlich vor 500 Jahren angelegt. Einige der Tunnel sind immer noch baufällig und nicht leicht zu finden. Am besten erkundet man den Pasaje Histórico 5 de Mayo, der gut beleuchtet ist und in dem historische Artefakte ausgestellt sind.

⑤ 🏛 Ⓜ
Museo de los Hermanos
🏠 6 Oriente 206 📞 +52 222 242 10 76 🕐 Di – So 10 – 18

Das Museum für revolutionäre Erinnerungsstücke ist in demselben Gebäude untergebracht, in dem das Ereignis stattfand, das als Auslöser der mexikanischen Revolution *(siehe S. 62)* gilt. Am 19. November 1910 widersetzte sich Aquiles Serdán, ein Schuhmacher und politischer Aktivist, der Verhaftung wegen seiner revolutionären Aktivitäten und wurde mit seiner Familie von der Polizei getötet.

⑥ 🏛 Ⓜ 🎫 ♿
Taller Uriarte Talavera
🏠 4 Poniente 911 📞 +52 222 232 15 98 🕐 Mo – Fr 10 – 15
🌐 uriartetalavera.com.mx

Wer an Talavera-Töpferei interessiert ist, kann bei Führungen den Herstellungsvorgang verfolgen – von der Tonreinigung bis zum Bemalen, Glasieren und Brennen.

Highlight

TOP 4 Museen für Kunst

Museo Internacional del Barroco
🏠 Atlixcáyotl 2501
📞 +52 222 326 71 30
Fantasievolle Ausstellungen über Pueblas barockes Erbe.

Museo Amparo
🏠 2 Sur 708
🌐 museoamparo.com
Sammlung mesoamerikanischer, kolonialer und moderner Kunst.

Centro Cultural Ex-Convento de Santa Rosa
🏠 3 Norte 1210
📞 +52 222 232 77 92
In Puebla hergestelltes Kunsthandwerk.

Museo de Arte Religioso de Santa Mónica
🏠 18 Poniente 103
📞 +52 222 232 01 78
Kirchliche Artefakte, Kunst und Skulpturen.

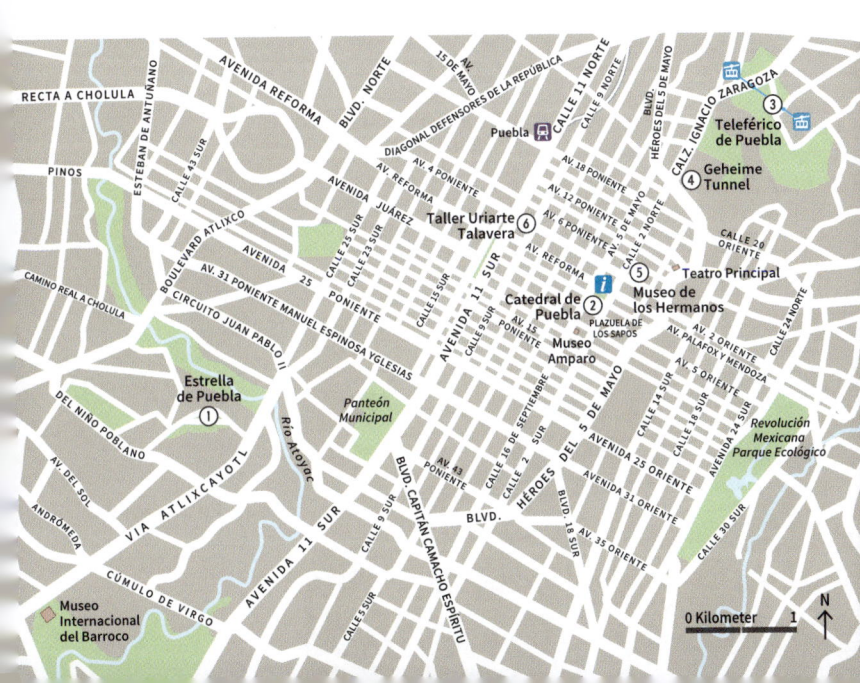

Spaziergang durch Puebla

Länge 2,5 km **Dauer** 30 Minuten
Bus 8 Poniente – 2 Norte

Puebla ist bekannt durch die Talavera-Fliesen, die hier Mauern, Kuppeln und Innenwände schmücken, durch die zum Nationalgericht erhobene *mole poblano*, durch die Schlacht vom 5. Mai 1862 *(siehe S. 61)* und durch das Volkswagen-Werk. Im Zentrum sind die Straßen von Kirchen und Herrenhäusern gesäumt. Sie eignen sich bestens zum Bummeln.

Der im 17. Jahrhundert als Teil eines Waisenhauses erbaute **Templo de San Cristóbal** beherbergt eine Sammlung kolonialzeitlicher Skulpturen.

Die **Calle 6 Oriente** ist für ihre Läden mit traditionell hergestellten Süßwaren und *rompope* bekannt.

Angeblich begann die Revolution von 1910 in diesem Haus, heute das **Museo de los Hermanos** *(siehe S. 149)*.

START
ZIEL

Iglesia de Santa Clara

Die **Casa del Alfeñique** verdankt ihren Namen dem Stuckwerk, das wie *alfeñique*, eine Masse aus Zucker und Mandeln, wirkt.

Das **Restaurant VIPS** befindet sich in diesem Gebäude von 1910.

Die Fassade der **Casa de los Muñecos** – heute ein Restaurant – ist mit roten Fliesen verkleidet.

Teatro Principal

Rathaus

Plaza Principal (Zócalo)

Restaurant in der Arkade gegenüber der begrünten Plaza Principal

Barrio del Artista, das »Künstlerviertel«, ist ein interessanter Stadtteil.

Puebla

Zur Orientierung
Siehe Karte S. 149

Farbenfrohe Kunstwerke im Barrio del Artista, dem Künstlerviertel von Puebla

El Parián

Schon gewusst?

Kunsthandwerk wird auf dem kleinen Markt El Parián verkauft.

Casa de las Bóvedas

Templo de la Compañía

Hotel Colonial

An der **Plazuela de los Sapos** findet am Sonntagvormittag ein Flohmarkt statt.

Das Herz der **Kathedrale** *(siehe S. 148)* ist der Altar von Manuel Tolsá. Von einem der Glockentürme kann man den Blick über die Stadt und die nahen Vulkane *(siehe S. 158)* genießen.

Unter den 50 000 Bänden der **Biblioteca Palafoxiana** sind eine seltene Bibelausgabe und ein Atlas aus dem 16. Jahrhundert.

Touristeninformation

0 Meter 100   N

SEHENSWÜRDIGKEITEN

❹ Pachuca

C4 Hidalgo 256 000
Camino Real de La Plata 340; +52 771 718 44 09
Feria Regional de Pachuca (Okt)

Die Hauptstadt des Bundesstaats Hidalgo liegt im Herzen eines der reichsten Bergbaugebiete Mexikos. Im Zentrum mit seinen engen, steilen Straßen und kleinen Plätzen sind noch einige Bauten aus den Blütezeiten des Bergbaus im 16. und 18. Jahrhundert erhalten.

Der 40 Meter hohe Turm auf der Plaza de la Independencia hat ein Glockenspiel mit acht Glocken, das von den Schöpfern des Big Ben in London hergestellt wurde.

Das bedeutendste koloniale Bauwerk ist der Ex-Convento de San Francisco (Ende 16. Jh.) mit angrenzender Kirche, in der die Überreste des heiligen Columba aufbewahrt werden, eines Märtyrers des 3. Jahrhunderts. In einem Trakt des Klosterbaus sind die **Fototeca Nacional** und das **Museo de la Fotografía** untergebracht. In Letzterem findet man eine Ausstellung zur Geschichte der Fotografie und eine Auswahl aus einer Million archivierten Fotos. Ein anderer Bereich ist dem Casasola-Archiv gewidmet, einer Chronik der Revolution und des Alltags in der postrevolutionären Zeit. Sehenswert sind auch die Fotos und Gerätschaften im **Archivo Histórico y Museo de Minería**.

Am südlichen Stadtrand befindet sich der Parque David Ben Gurión mit einem riesigen Mosaik aus rund sieben Millionen Fliesen des in Hidalgo geborenen Künstlers Byron Gálvez Avilés. Der Park wurde 2005 von der jüdischen Gemeinde der Stadt zu Ehren von David Ben Gurion, dem ersten Premierminister Israels, angelegt.

Auf der anderen Seite der Stadt bietet der Hügel Santa Apolonia einen tollen Blick.

Fototeca Nacional und Museo de la Fotografía
Casasola +52 771 714 36 53 Di–So 10–18

Der imposante Reloj Monumental an der Plaza de la Independencia und die bunten Häuser am Hang von Pachuca (Detail)

> **Entdeckertipp**
> **Fußballclub Pachuca**
>
> Die fußballbegeisterte Stadt Pachuca beherbergt den ältesten Verein Mexikos sowie das Centro Interactivo Mundo Fútbol, ein interaktives Fußballmuseum (www.mundofutbol.com).

Archivo Histórico y Museo de Minería
Javier Mina 110
+52 771 715 09 76
Di–So 10–18

❺ San Agustín Acolman

B6 Calzada de Los Agustinos, Acolman, México
tägl. 9–17:30 inah.gob.mx/paseos/exacolman

San Agustín Acolman, eines der ältesten Klöster Mexikos, wurde 1539 von Augustinermönchen für die Missionsarbeit gegründet. Bemerkenswert ist das Atrium, eine christliche Version des präkolumbischen Kultplatzes. Hier versammelten sich die Indios, denen von einem Balkon aus die neue Religion gepredigt wurde. Der festungsartige Bau beherbergt Kunstwerke aus der Kolonialzeit.

Eine Brücke über die Schlucht Prismas Basálticos bei Huasca

Die strenge Außenfront des Klosters wird durch die Plateresken-Fassade der angrenzenden Kirche gemildert, die mit italienischen Renaissancesäulen und reich dekoriertem Torbogen aufwarten kann. Das Chorfenster der Kirche ist eine Replik des Portals. Im nüchternen Innenraum ist die Apsis mit gotischem Strebegewölbe und reichem Freskenschmuck sehenswert.

❻ Huasca

C4   Hidalgo   600
Plaza Principal; +52 771 792 07 47   San Sebastián (20. Jan)

Das malerische Dorf ist durch seine *haciendas de beneficio* bekannt, in denen man Golderz aufbereitete. Eine der meistbesuchten Anlagen ist San Miguel Regla drei Kilometer nordöstlich. Sie ist jetzt ein Hotel. Beeindruckender ist die nahe **Hacienda Santa María Regla** mit ihren Kellergewölben und Patios mit Maschinen und Schmelzöfen.

Hier beginnt auch der spektakuläre, 15 Kilometer lange Canyon Prismas Basálticos mit seinen roten und ockerfarbenen Basaltformationen.

Hacienda Santa María Regla
7 km nordöstl. von Huasca   tägl.   haciendaderegla.com.mx

❼ Mineral del Monte

C4   Hidalgo   14 000
Rubén Licona Ruiz 1; +52 771 797 05 10

In der auch Real del Monte genannten Bergwerksstadt grub man schon vor der *conquista* (siehe S. 57) nach Gold und Silber. Die Minen wurden später stillgelegt, aber um 1740 von den Spaniern wieder in Betrieb genommen.

Die steilen Straßen, die Treppen und engen Plätze der Stadt werden von kleinen Häusern gesäumt. Die Häuser mit hohen Dächern und Schornsteinen verraten Einflüsse aus Cornwall. Grund dafür waren 350 Bergleute, die für die britische Gesellschaft arbeiteten, die diese Minen von 1824 bis 1848 betrieb. Auf sie gehen die *pastes* zurück, eine Spezialität, die auf den aus Cornwall stammenden *Cornish pasties* basiert. Die Bergleute führten auch das Fußballspiel in Mexiko ein. Das Museo Casa Grande, Museo de Sitio Mina de Acosta und **Museo del Paste** widmen sich dem britischen Erbe.

Museo del Paste
Av. Juárez 114
+52 771 797 15 48
Mi – Mo 10 –17

Restaurants

Die britischen Bergleute, die in Mineral del Monte arbeiteten, sind für die beliebten Pasten der Region verantwortlich. In Pachuca kann man sie vielerorts probieren.

Pastes Kiko's
C4   Guanajuato und Blvd. del Minero, Pachuca
+52 771 380 74 45
$$$

Pastes El Billar
C4   Av. Revolución 507-A, Pachuca
+52 771 713 37 38
$$$

Restaurante La Blanca
C4   Calle Mariano Matamoros 201, Pachuca
+52 771 715 18 96
$$$

Die riesigen Atlanten in der Tolteken-Stätte von Tula

⑧ Tula

🅰 C4 🏠 nahe Mex 57, 85 km nördl. von Mexico City, Hidalgo ☎ +52 773 100 36 54 🕘 tägl. 9–17

Tula, die bedeutendste Tolteken-Stätte Mexikos, erlebte ihre Blüte von 900 bis 1100 nach dem Verfall Teotihuacáns *(siehe S. 140–143)* und vor dem Aufstieg Tenochtitláns *(siehe S. 80f)*. Auf dem Höhepunkt seiner Macht hatte Tula eine Ausdehnung von 16 Quadratkilometern und ca. 30 000 Einwohner. Interne Konflikte, Invasionen und Brände zerstörten das Toltekenreich und seine Hauptstadt. Auf dem Hügel über Tula de Allende sind von den Palästen, Tempeln und Ballspielplätzen nur noch Reste erhalten.

Berühmt ist die Stätte vor allem durch ihre riesigen Steinfiguren, die Atlanten. Vier 4,6 Meter hohe Krieger in Rüstung bekrönen die Pyramide des Tlahuizcalpantecuhtli (Morgenstern). Mit einer Schlange und Pfeilern trugen sie wahrscheinlich ein verziertes Dach.

Stilelemente Tulas – der mit Säulen bestandene Palacio Quemado (Verbrannter Palast), die *Chacmool*-Skulpturen und der Ballspielplatz 2 – lassen eine Ähnlichkeit der Stätte mit dem Maya-Zentrum Chichén Itzá *(siehe S. 294–297)* feststellen. Der Sage nach flüchtete der aus Tula vertriebene Tolteken-König Topiltzín auf die Halbinsel Yucatán und brachte seine Kultur mit. Neueren Theorien zufolge sind die Ähnlichkeiten dem Einfluss der Maya-Kultur auf Tula zu verdanken, nicht umgekehrt.

⑨ Cholula

🅰 C7 🏠 Puebla 👥 120 000 🚌 ℹ Portal Guerrero 3, 4 Norte; +52 222 261 23 93 🎭 Karneval (Feb/März), Virgen de los Remedios (Anf. Sep) 🌐 vivecholula.com

Bevor Cortés in Cholula eines der grausamsten Massaker der *conquista* anrichtete, beschrieb er es als »die schönste Stadt außerhalb Spaniens«. In der präkolumbischen Epoche war die Stadt Wallfahrtsort und Handelszentrum.

In den Arkaden an der Westseite des Hauptplatzes findet man Restaurants und Cafés. Gegenüber liegt der befestigte **Convento de San Gabriel** der Franziskaner. Die Hauptkirche wurde 1528 an der Stelle eines Quetzalcóatl-Tempels errichtet. Der einschiffige Bau ist mit Kreuzrippengewölben und gotischem Maßwerk versehen. Links vom Atrium steht die Capilla Real, die für einheimische Konvertiten gebaut wurde. Ihre 49 moscheeartigen Kuppeln sind eine Ergänzung des 18. Jahrhunderts.

Die **Zona Arqueológica** wird von den Ruinen der 65 Meter hohen, einst größ-

---

> **TOP 5 Regionale Feste**
>
> **Chalma-Wallfahrten**
> Wallfahrer pilgern an Ostern zum Heiligtum des Señor de Chalma.
>
> **Fiesta de los Tiznados**
> Am 21. Januar wird in Tepoztlán des Tepoztekenkönigs gedacht.
>
> **El Día de la Batalla de Puebla**
> Paraden am 5. Mai zum Sieg über die Franzosen im Jahr 1862.
>
> **Fiesta de la Virgen de la Caridad**
> Mitte August wird das Bild der Jungfrau fünf Kilometer durch Huamantla getragen.
>
> **Reto al Tepozteco**
> Anfang September laufen die Bewohner von Tepoztlán auf den Berg Tepozteco.

> ### Tolteken
> Die Tolteken ließen sich um 900 n. Chr. in Zentralmexiko nieder. Bei Ausgrabungen in ihrer Hauptstadt Tula wurden Krieger- und Opfersteine entdeckt, die auf eine Gesellschaft hinweisen, die auf militärischer Macht und rituellen Opfern beruhte. Die Tolteken waren auch hervorragende Künstler und beeinflussten andere mesoamerikanische Kulturen, darunter die Azteken. Als Tula um 1100 gestürzt wurde, zogen einige Tolteken auf die Halbinsel Yucatán, wo einer ihrer Anführer Quetzalcóatl gewesen sein könnte, der sich angeblich in einen Gott verwandelte.

→

Die schöne, mit Fliesen bedeckte Kirche von San Francisco Acatepec

ten Pyramide Mesoamerikas beherrscht. Seit den 1930ern hat man acht Kilometer lange Tunnel gebohrt und dabei mindestens vier Bauphasen aus der Zeit von 200 v. Chr. bis 800 n. Chr. identifiziert.

Gegenüber dem Tunneleingang befindet sich ein Museum mit Funden und einem großen Modell, das die Pyramide im Schnitt zeigt. Auf der Pyramide steht die Kirche Nuestra Señora de los Remedios (16. Jh.). Vom Atrium hat man einen schönen Blick auf Puebla *(siehe S. 148–151)*, die Vulkane und die zahlreichen anderen Kirchen Cholulas.

Umgebung: Fünf Kilometer südlich liegt Santa María Tonantzintla, eine Kirche im Barockstil, mit Heiligen und Cherubim ausgeschmückt. 200 Jahre benötigten die indianischen Kunsthandwerker, um den im 16. Jahrhundert begonnenen Bau zu vollenden. 1,5 Kilometer südlich ist die Fassade der Kirche San Francisco Acatepec vollkommen mit Talavera-Fliesen verkleidet.

Convento de San Gabriel
Ecke Calle 2 Norte und Av. Morelos tägl. 9–17

Zona Arqueológica
Av. Morelos
+52 222 247 90 81
Di–Sa 10–17

↑ Blick über das Valle de Bravo und seinen See, ein beliebter Ort für Drachenflieger

10
Valle de Bravo

C5 México 25 000
Rincón de San Vicente
Santa Cruz (3. Mai), San Francisco (4. Okt) turismo valledebravo.gob.mx

Die hübsche Stadt inmitten von kiefernbewachsenen Vulkanbergen wurde in den 1950ern durch einen künstlichen See populär. Die gute Erreichbarkeit von Mexico City macht sie zu einem beliebten Wochenendziel für die Elite der Hauptstadt, unter der Woche kehrt wieder Ruhe in die gepflasterten Straßen ein.

Attraktionen wie die Wasserfälle von Cascadas Velo de Novia, das Schmetterlingsreservat **Santuario Piedra Herrada** und der friedliche Tempel **Carmel Maranathá** machen das Beste aus der schönen Naturlandschaft. Die Gegend ist auch ein beliebter Ort für Aktivitäten, mit vielen Möglichkeiten zum Drachenfliegen, Wandern, Reiten und Wasserskifahren.

Santuario Piedra Herrada
San Mateo Almomoloa tägl. 9–16

Carmel Maranathá
Carretera México Valle de Bravo Mo–Fr 10–14, 16–19 carmelmaranatha.wixsite.com/ocd-en-valle

⑪ Xochicalco

🅰 A7 📍 nahe Mex 95, 40 km südwestl. von Cuernavaca
🕘 tägl. 9–18 (Museum bis 17) 🌐 inah.gob.mx

Die Ruinen von Xochicalco und ein Flachrelief am Tempel der gefiederten Schlange (Detail)

Die Ruinen von Xochicalco, einem bedeutenden Stadtstaat der präkolumbischen Zeit, liegen über ein Plateau verstreut, das eine herrliche Aussicht bietet. Die Stadt entwickelte sich nach dem Niedergang Teotihuacáns *(siehe S. 140–143)* und verlor später durch den Aufstieg der Tolteken *(siehe S. 154)* an Bedeutung.

Freigelegt und restauriert wurde bisher ein Drittel der Anlagen, darunter drei Ballspielplätze und die Reste mehrerer Pyramiden. Im Museum sind Keramiken und Skulpturen ausgestellt. Der auf einem Plateau gelegene Ort bietet eine unglaubliche Aussicht auf die Umgebung.

Die Pyramide des Quetzalcóatl gilt mit ihren gut erhaltenen Flachreliefs von Schlangen, Glyphen und Figuren im Maya-Stil als eines der schönsten Monumente Mexikos.

⑫ Cuernavaca

🅰 A7 📍 Morelos 👥 365 000
ℹ Av. Motolinía 2 🎭 Feria de la Flor (Ostern), Feria de Tlaltenango (Ende Aug–Anfang Sep) 🌐 cuernavaca.gob.mx

Das schon 1200 v. Chr. bewohnte Cuernavaca ist eine der ältesten Städte Mexikos und ein beliebtes Ziel für Ausflüge. Den **Palacio de Cortés** erbauten die Spanier an der Stelle der von ihnen zerstörten aztekischen Pyramiden. Er diente Cortés vor seiner Rückkehr nach Spanien 1541 als Residenz. Bekannt ist er durch Wandbilder Riveras, die die Geschichte Mexikos darstellen, aber auch durch das Museo Regional Cuauhnáhuac und seine Sammlung archäologischer Objekte.

Die Catedral de la Asunción wurde nach 1520 erbaut. Ihre Wandbilder weisen fernöstliche Einflüsse auf und stammen vermutlich von Künstlern, die in der Frühzeit des spanischen Welthandels aus China oder von den Philippinen hierherkamen. Im **Museo Robert Brady** im ehemaligen Kreuzgang ist die Kunstsammlung

> Die Pyramide des Quetzalcóatl innerhalb der Ruinen von Xochicalco gilt als eines der schönsten Monumente Mexikos.

des amerikanischen Künstlers untergebracht.

Weiter östlich widmet sich **La Tallera** im ehemaligen Atelier dem Werk des Muralisten David Alfaro Siqueiros.

Nur wenige Blocks vom Hauptplatz entfernt zeigt das **Museo de Arte Indígena Contemporáneo** Werke zeitgenössischer indigener Künstler.

Palacio de Cortés
Av. Leyva 100
+52 777 312 69 96
Di – So 9 – 18

Museo Robert Brady
Netzahualcóyotl 4
Di – So 10 – 18
museorobertbrady.com

La Tallera
Venus 52, Jardines de Cuernavaca
Di – So 10 – 18
saps-latallera.org

Museo de Arte Indígena Contemporáneo
Av. Morelos 275
+52 777 310 57 00
Di – So 10 – 17

⓭
Malinalco
A7 México 6500
Rincón de San Vicente
malinalco.gob.mx

Die hübsche Kleinstadt liegt in einem Tal mitten zwischen steilen Vulkanen. Eine aztekische Kultstätte befindet sich auf einer Felsbank, die man in 20 Minuten erreicht.

Der Hauptbau, das Adlerhaus, und die breite Treppe davor sind aus dem Felsen gehauen. Vermutlich fanden hier Rituale zur Initiation aztekischer Ritter statt. Dahinter stehen die Reste des Sonnentempels und der Tzinacalli-Bau, wo gefallene Ritter zu Göttern erhoben wurden.

Eine Nachbildung der Tempelfassade und der inneren Kammer ist im **Museo Universitario Dr. Luis Mario Schneider** zu sehen.

Museo Universitario Dr. Luis Mario Schneider
Calle Amajac
+52 714 147 12 88
Di – So 10 – 18

⓮
Tepoztlán
A6 Morelos 36 000
22 Av. Revolución de 1910 Los Tiznados (20./21. Jan), Karneval (Feb/März), Reto al Tepozteco (8. Sep) infotepoz.com

Inmitten einer üppigen grünen Tallandschaft vor dem Hintergrund spektakulärer vulkanischer Felsformationen liegt Tepoztlán. Die Stadt selbst wird von dem aus dem 16. Jahrhundert stammenden Ex-Convento Dominico de la Natividad beherrscht, auch wenn die

↑ Besucher erkunden die aztekischen Ruinen oberhalb von Malinalco

Restaurant

Tepoznieves
Das ist die ursprüngliche Filiale einer lokalen Kette, die mehr als 100 köstliche Eissorten und Sorbets anbietet.
A6 Av. 5 de Mayo 21, Tepoztlán
nieves-tepoznieves.com
$$$

Hotel

Hostería Las Quintas
Geräumige Zimmer in einem von botanischen Gärten umgebenen Hotel.
C5 Blvd. Gustavo Díaz Ordaz 9, Cuernavaca
hosterialasquintas.com.mx
$$$

Klostergebäude in schlechtem Zustand sind. Der Markt auf der Plaza Santo Domingo ist ein guter Ort zum Stöbern. Hier finden Sie alles von Obst bis zu mexikanischem Kunsthandwerk.

Ein anstrengender, aber lohnender Aufstieg führt zum Santuario del Cerro Tepozteco, einem Heiligtum, das Tepoztecatl, dem Gott des alkoholhaltigen Agavengetränks Pulque, geweiht ist.

Für Liebhaber präkolumbischer Kunst hält das **Museo Carlos Pellicer** eine kleine, interessante Sammlung bereit, die der Dichter und Anthropologe Carlos Pellicer zusammentrug.

Museo Carlos Pellicer
González
+52 739 395 10 98
Di – So 10 – 18

157

15 Popocatépetl und Iztaccíhuatl
B7 México

Die schneebedeckten Vulkane Popocatépetl (»Rauchender Berg«) und Iztacíhuatl (»Schlafende Frau«) sind der zweit- und der dritthöchste Berg Mexikos. An klaren Tagen sind die beiden Gipfel in ihrer ganzen Größe sichtbar.

Der Sage nach verliebte sich der Krieger Popocatépetl in die aztekische Prinzessin Iztaccíhuatl. Um ihre Hand zu gewinnen, besiegte er einen mächtigen Rivalen. Die Prinzessin glaubte, er sei tot, und starb an gebrochenem Herzen. Popocatépetl verwandelte in seinem Schmerz sich und die Prinzessin in die Berge. Die Konturen des Iztaccíhuatl gleichen tatsächlich den Umrissen einer schlafenden Frau.

Ein Sattel zwischen den beiden Gipfeln, der Paso de Cortés, ist mit dem Auto erreichbar und bildet den Ausgangspunkt für Wanderungen am Iztaccíhuatl. Die Gipfelbesteigung selbst ist jedoch schwierig und nur mit Führer möglich. Der Aufstieg auf den Popocatépetl ist wegen möglicher Aktivitäten des Vulkans nicht gestattet. Wenn Sie eine Wanderung planen, informieren Sie sich über die angebrachten Warnungen und wenden Sie sich an Ihre Botschaft oder an SECTUR (Secretaría de Turismo) für aktuelle Infos.

16 Cacaxtla und Xochitécatl
C7 nahe Mex 119, 30 km nordwestl. von Puebla, Tlaxcala +52 246 416 00 00 tägl. 9–17:30

Cacaxtla war die Hauptstadt der Olmeca-Xicalanca, eines Stamms an der Golfküste, der dieses Gebiet vom 7. bis 10. Jahrhundert beherrschte. 1975 entdeckte man hier gut erhaltene Wandbilder, die wohl von Maya-Künstlern geschaffen wurden.

Der 22 Meter lange, 48 Figuren und dazwischengesetzte Glyphen umfassende *Mural de la Batalla* stellt den Kampf zwischen Jaguar- und Adlerkriegern dar. Zwei außergewöhnliche Wandbilder findet man im Edificio A: *Hombre-jaguar* stellt einen mit einem Jaguarfell bedeckten Adligen dar, der von Meereswesen umgeben ist. *Hombre-ave* ist ein in Schwarz gemalter Vogelmensch mit Adlerkopfschmuck und Schlangenstab. Er steht auf einer gefiederten Schlange. Den Rand säumen Maiskolben mit Menschengesichtern.

Nur zwei Kilometer entfernt befindet sich auf einem benachbarten Gipfel eine weitere Olmeca-Xicalanca-Stätte, Xochitécatl. Man nimmt an, dass Xochitécatl als Zeremonialzentrum in Verbindung mit Cacaxtla genutzt wurde. Die Pyramiden und anderen Gebäude stammen etwa von 800 v. Chr.

Bar

La Vista Café Bar
Schlürfen Sie einen Cocktail auf der Dachterrasse der beliebten Café-Bar, von der aus Sie einen tollen Blick über die Dächer der Stadt haben. Es gibt auch Spielzimmer und eine gute Speisekarte mit Snacks.

D5 San Gabriel 22, Tlaxcala +52 246 466 62 60

Das prächtige Äußere der Basílica de Ocotlán oberhalb von Tlaxcala

🔟 Tlaxcala

D5 Tlaxcala 90 000
Ecke Av. Juárez und Lardizábal; +52 246 465 09 00 Karneval (Feb/März), Virgen de Ocotlán (3. Mo im Mai) turismotlaxcala.com

Tlaxcala ist eine kolonialzeitliche Schatzkammer. Seine Abgeschiedenheit geht zum Teil auf die traditionelle Autonomie der einheimischen Stämme zurück. Während der *conquista* verbündeten sich die Tlaxcalteken mit Cortés gegen ihre Erbfeinde, die Azteken, und nahmen an der Eroberung Tenochtitláns teil.

In der »Ciudad Roja« (Rote Stadt) dominieren die Farbtöne Terrakotta und Ocker. Im Zentrum liegt der baumbestandene Zócalo. Die mit Fliesen und Stuck verzierte Fassade der Parroquia de San José beherrscht die Nordwestecke des Platzes. Am Eingang der Kirche stehen zwei Taufbecken, auf deren Sockel Camaxtli, der tlaxcaltekische Gott des Krieges und der Jagd, und das spanische kaiserliche Wappen dargestellt sind.

Jenseits der südlich gelegenen Plaza Xicohténcatl führt ein Weg zur Kathedrale. Man findet hier ein Taufbecken, an dem die vier mit Cortés verbündeten Häuptlinge getauft wurden. Das **Museo Regional** im benachbarten Kloster zeigt präspanische Funde, darunter eine Steinfigur des Kriegsgottes Camaxtli, und kolonialzeitliche Kunst.

Im **Museo Vivo de Artes y Tradiciones Populares** kann man Kunsthandwerkern bei ihrer Arbeit zusehen.

Das beeindruckende **Museo de Arte de Tlaxcala** ist in einem ehemaligen Krankenhaus und zeigt einige der frühen Werke Frida Kahlos. Gleich um die Ecke befindet sich das **Museo de la Memoria de Tlaxcala**, das sich mit der Geschichte der Stadt beschäftigt.

Die Basílica de Ocotlán auf einem Hügel über der Stadt ist eine der prächtigsten churriguereskeren Kirchen Mexikos. Die Fassade (18. Jh.)

← *Ein Wanderer erklimmt den schneebedeckten Gipfel des Vulkans Popocatépetl*

> **Entdeckertipp**
> **Puppenspiel**
>
> Die Stadt Huamantla östlich von Tlaxcala ist berühmt für ihr Puppenspiel, hier wurde 1850 die Truppe Rosete Aranda gegründet. Erfahren Sie mehr im Puppenspielmuseum (Parque Juárez 50).

ist eine Kombination aus sechseckigen Ziegeln und weißem Stuck, das Innere ist voller barocker Goldschmiedearbeiten.

Museo Regional
Ex-Convento de San Francisco, nahe Plaza Xicoténcatl +52 246 462 02 62 Di–So 10–18

Museo Vivo de Artes y Tradiciones Populares de Tlaxcala
Blvd. Emilio Sánchez Piedras 1 +52 246 462 57 04 Di–So 10–18

Museo de Arte de Tlaxcala
Plaza de la Constitución 21 +52 246 466 03 52 Di–So 10–18

Museo de la Memoria de Tlaxcala
Av. Independencia 3 +52 246 466 07 92 tägl. 10–17

Beeindruckende Glasmalerei von Leopoldo Flores im Cosmovitral Jardín Botánico in Toluca

⑱ Toluca

🅰 A7 🏠 México ⛰ 820 000
✈ 🚌 ℹ Plaza Fray Andrés de Castro ⛪ Virgen del Carmen (16. Juli)
🌐 toluca.gob.mx

Toluca liegt 2660 Meter über dem Meeresspiegel und ist damit die höchstgelegene Hauptstadt eines Bundesstaats. Toluca, das Ende des 17. Jahrhunderts von den Spaniern gegründet wurde, besitzt viele schöne Bauten.

Unweit der zentralen Plaza de los Mártires findet man den Templo de la Santa Veracruz und die Portales, Arkaden mit Cafés und Läden, nördlich das **Museo de Bellas Artes** mit mexikanischer Kunst der letzten vier Jahrhunderte. Unweit davon liegt im alten Markt unter einem Dach aus farbigem Glas der **Cosmovitral Jardín Botánico**. Der Central de Abastos ist der wichtigste Lebensmittelmarkt der Stadt und mit rund 2000 Ständen auch einer der größten in Mexiko.

Im südöstlichen Vorort Metepec kann man handgefertigte, bunte *árboles de la vida* (Lebensbaum-Keramiken) kaufen.

Umgebung: Acht Kilometer westlich liegt das **Centro Cultural Mexiquense**, ein großer Museumskomplex, der sich moderner Kunst, lokaler Geschichte und regionaler Volkskunst widmet.

Der erloschene, schneebedeckte Vulkan Nevado de Toluca, mit 4690 Metern Mexikos vierthöchster Berg, ragt 45 Kilometer südwestlich auf. Fast bis zum Gipfel führt eine unbefestigte Straße, man kann auch in den Krater hinabsteigen.

Auf einem Berg 25 Kilometer südlich von Toluca liegt die Kultstätte Teotenango. Sie stammt aus dem Jahr 900 und weist restaurierte Pyramiden, einen Ballspielplatz und ein Museum auf.

Museo de Bellas Artes
👁 🏠 Santos Degollado 102, Poniente 📞 +52 722 215 53 29 🕐 Di–So 10–18

Cosmovitral Jardín Botánico
👁 👁 ♿ 🏠 Juárez und Lerdo s/n 📞 +52 722 214 67 85 🕐 Di–So 10–18

Central de Abastos
🏠 José López Portillo, km 4 📞 +52 722 210 26 29 🕐 tägl. 7–20:30

Centro Cultural Mexiquense
🏠 Blvd. Jesús Reyes Heroles 302 📞 +52 722 274 12 00 🕐 Di–So 10–18 (So bis 15)

📷 Fotomotiv
Runde Pyramide
Ein Foto der runden Pyramide von Calixtlahuaca nördlich von Toluca bildet einen tollen Kontrast zu anderen Ruinen Mexikos. Sie wurde im 7. Jahrhundert v. Chr. als Pilgerstätte für die Otomí erbaut.

---

500 000

Glasmalereien befinden sich im Cosmovitral Jardín Botánico in Toluca.

⑲ Cantona

D5 📍 30 km nordöstl. von Oriental, Puebla ⏰ tägl. 9–18 🌐 inah.gob.mx

Über ein hügeliges Gelände verstreut liegen die Überreste der einst bedeutenden Stadt. Über die Geschichte Cantonas ist wenig bekannt, Menschen lebten hier von 700 bis 950. Als einer der am dichtesten bebauten Orte Mesoamerikas hatte es rund 80 000 Einwohner.

Für eine Besichtigung muss man zwei Stunden rechnen. Am Parkplatz beginnt ein markierter Rundweg auf einer der *calzadas* (gepflasterte Straßen), die die einzelnen Teile Cantonas verbinden. Diese führt zwischen Ruinen von Häusern und Patios zur Acrópolis hinauf, einer Gruppe öffentlicher Bauten, die das Zentrum bilden. Bald erreicht man den ersten von 27 freigelegten Ballspielplätzen, von denen zwölf ungewöhnlich sind: Sie bilden jeweils mit einer Pyramide einen Komplex.

⑳ Convento de San Nicolás de Tolentino de Actopan

C4 📍 Lerdo de Tejada, Actopan, Hidalgo ☎ +52 772 728 35 80 ⏰ Di–So 9–17

Der Convento de San Nicolás de Tolentino ist eine der besterhaltenen Klosterburgen aus dem 16. Jahrhundert. Neben der Plateresken-Fassade der Kirche, dem maurischen Turm und dem offenen Gewölbe der Kapelle beeindrucken die Fresken, die als die schönsten dieser Epoche gelten. Sehenswert sind die Heiligendarstellungen an der Haupttreppe sowie die den Stil aztekischer Kodizes nachahmenden Bilder von Eremiten.

㉑ Taxco

C5 📍 Guerrero 🗺 52 000 ℹ️ Av. de los Plateros 126; +52 762 622 07 98 🎉 Santa Prisca y San Sebastián (Jan), Feria Nacional de la Plata (Nov/Dez)

Taxco liegt an einem zerklüfteten Berghang und ist eine der intaktesten Städte aus der Kolonialzeit in Mexiko. Ihre Geschichte ist untrennbar mit dem Silberboom verbunden, heute konzentrieren sich viele ihrer Attraktionen auf diese Industrie. Das **Museo de la Platería** gewährt einen Einblick in den Prozess der Silberherstellung. Die **Mina Prehispánica de Taxco** bietet Führungen durch historische Schächte an. Auf dem Mercado de Plata kann man günstig Silber kaufen. Der Silberboom hat in der Stadt seine Spuren hinterlassen, etwa die große Iglesia de Santa Prisca, ein fantastisches Beispiel für den churrigueresken Stil der mexikanischen Architektur.

Museo de la Platería

📍 Patio de las Artesanías, Plaza Borda 1 ☎ +52 762 622 06 58 ⏰ Di–So 10–18

Mina Prehispánica de Taxco

📍 Cerro de la Misión 32 ☎ +52 762 622 82 86 ⏰ tägl. 9–18

Mercado de Plata

📍 Calle de Fundiciones y de Mora ☎ +52 762 625 86 70 ⏰ Sa 9–16

Iglesia de Santa Prisca

📍 Plaza Borda 1 ☎ +52 762 622 01 83 ⏰ Mo–Sa 9–19, So 10–20:15

↑ *Die Kolonialstadt Taxco ist berühmt für ihren Silberbergbau*

MEXIKO ERLEBEN | Zentralmexiko

Spaziergang durch Taxco

Länge 1 km **Dauer** 15 Minuten
Bus Central de Autobuses Estrella Blanca

Die Erkundung Taxcos führt durch steile Kopfsteinpflasterstraßen und enge Gassen, die von gemütlichen Cafés und Restaurants gesäumt sind. Im historischen Zentrum befindet sich die prächtige, barocke Iglesia de Santa Prisca, ein Zeugnis des Reichtums, der während des Silberbooms in die Stadt gebracht wurde. Mit der Ankunft William Spratlings 1929, der Taxco als Zentrum für Silberschmiede etablierte, erlebte die Stadt einen neuen Aufschwung.

Die **Casa Borda** am Hauptplatz wurde 1759 von der Familie Borda für den Pfarrherrn erbaut. Heute stellen hier einheimische Künstler ihre Arbeiten aus.

Die belebte **Plaza Borda** ist von charmanten alten Gebäuden gesäumt. In der Nähe gibt es viele Restaurants und Bars sowie Silberläden, in denen hochwertigen Stücke angeboten werden, für die die Silberschmiede Taxcos berühmt sind.

Die **Casa de Figueroa** wurde für den Grafen von Cadena erbaut. Ihre dunkle Geschichte ist von Betrug und Mord geprägt.

← *Die Türme der Kathedrale erheben sich über die Gebäude der Altstadt von Taxco*

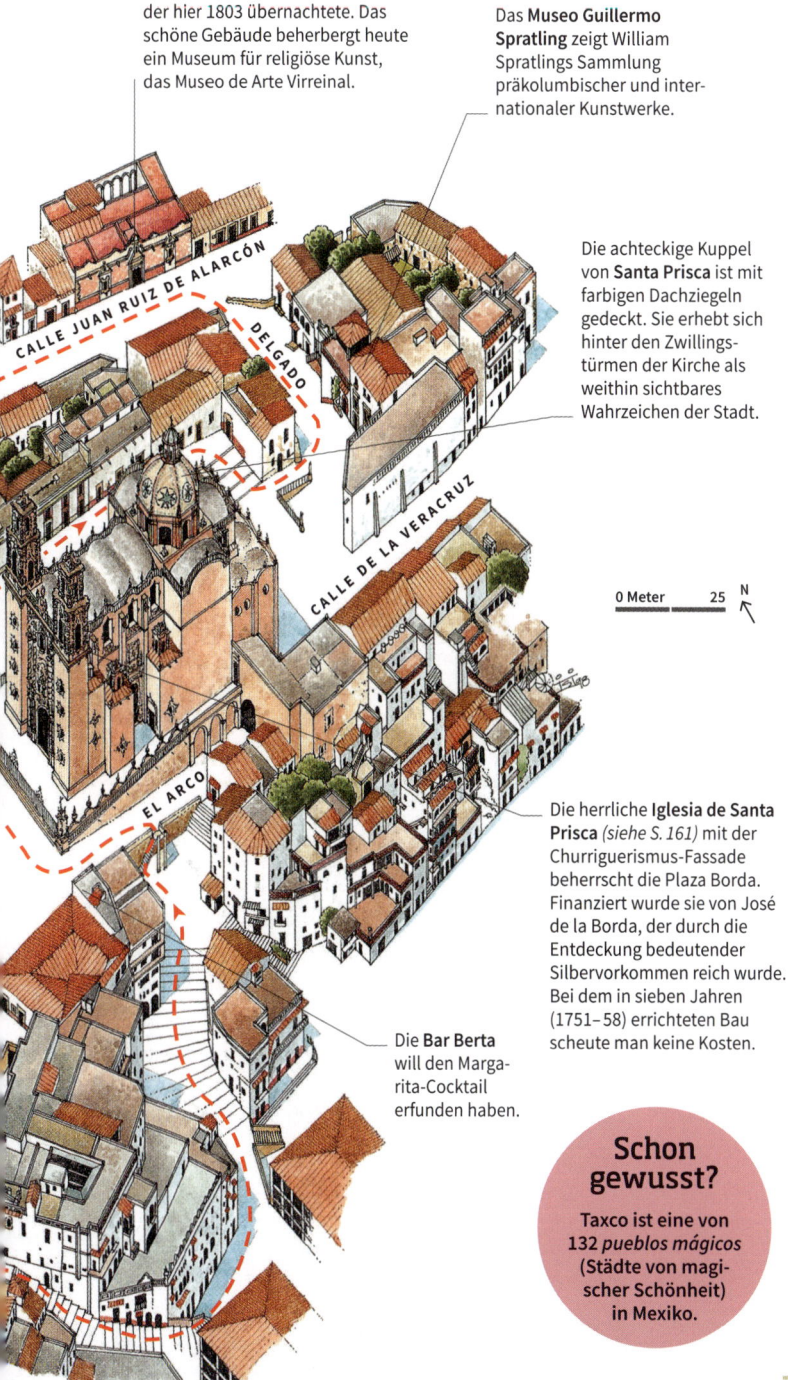

Die **Casa Humboldt** ist nach Alexander von Humboldt benannt, der hier 1803 übernachtete. Das schöne Gebäude beherbergt heute ein Museum für religiöse Kunst, das Museo de Arte Virreinal.

Das **Museo Guillermo Spratling** zeigt William Spratlings Sammlung präkolumbischer und internationaler Kunstwerke.

Die achteckige Kuppel von **Santa Prisca** ist mit farbigen Dachziegeln gedeckt. Sie erhebt sich hinter den Zwillingstürmen der Kirche als weithin sichtbares Wahrzeichen der Stadt.

CALLE JUAN RUIZ DE ALARCÓN
DELGADO
CALLE DE LA VERACRUZ
EL ARCO

0 Meter 25 N

Die herrliche **Iglesia de Santa Prisca** *(siehe S. 161)* mit der Churriguerismus-Fassade beherrscht die Plaza Borda. Finanziert wurde sie von José de la Borda, der durch die Entdeckung bedeutender Silbervorkommen reich wurde. Bei dem in sieben Jahren (1751–58) errichteten Bau scheute man keine Kosten.

Die **Bar Berta** will den Margarita-Cocktail erfunden haben.

Schon gewusst?

Taxco ist eine von 132 *pueblos mágicos* (Städte von magischer Schönheit) in Mexiko.

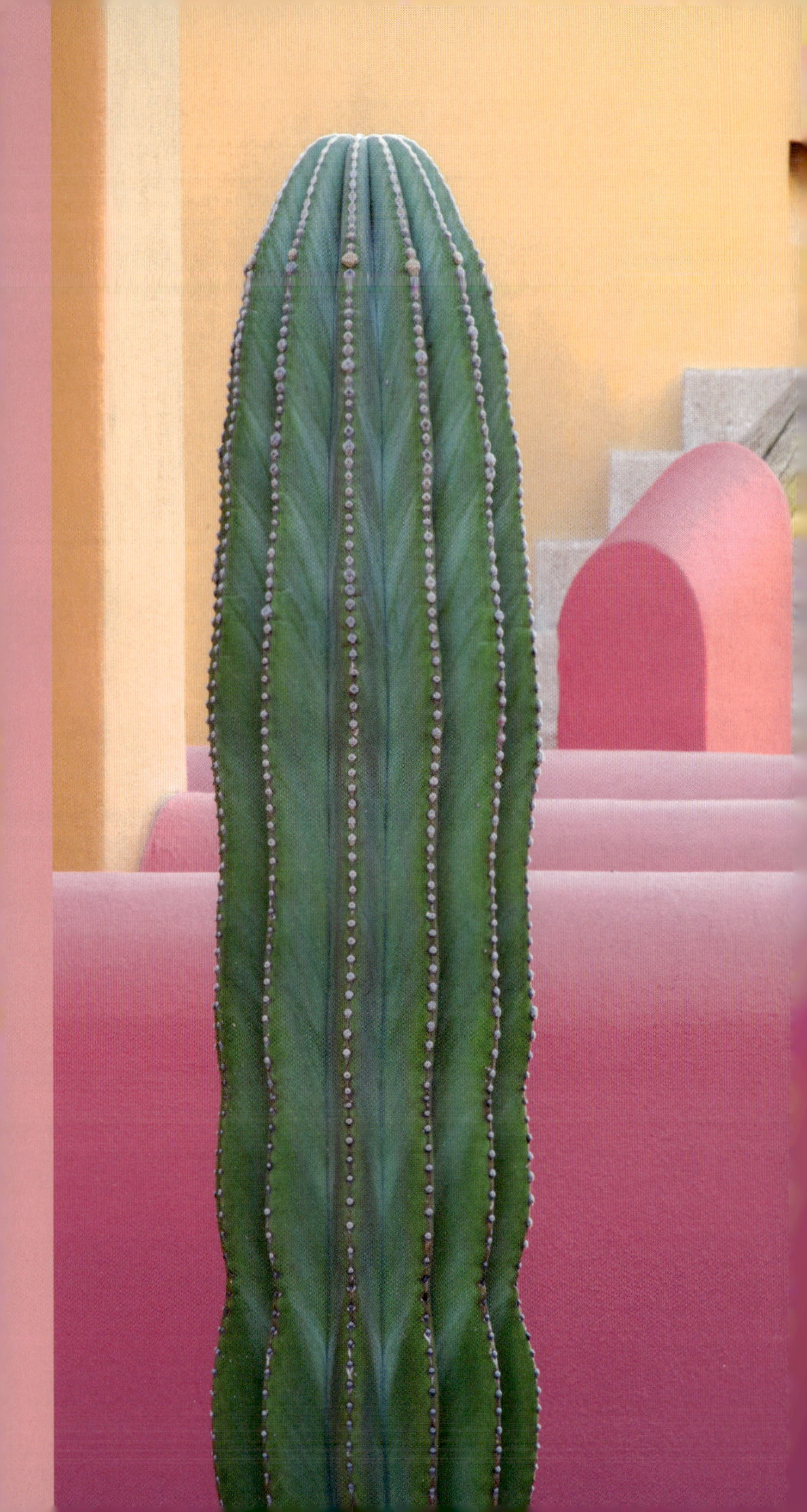

Der Kaktus ist ein Symbol der Baja California

Baja California

Indigene Völker wie die Cochimí, Kiliwa, Kumeyaay und Guaycura bewohnen die Halbinsel Baja seit über 10 000 Jahren. Bis 1697, als Jesuitenmissionare begannen, vereinzelte Kirchen auf der Halbinsel zu errichten, wurde Baja von europäischen Entdeckern praktisch ignoriert. Die Europäer brachten Krankheiten in das Gebiet, die sich zu Epidemien auswuchsen und die Bevölkerung der Region dezimierten – Anfang des 19. Jahrhunderts war die indigene Bevölkerung praktisch ausgerottet, und Baja blieb bis weit ins 20. Jahrhundert hinein eine trostlose Region. Die Grenzstadt Tijuana begann erst zu florieren, als die US-Prohibition in den 1920er Jahren sie zu einer Partystadt für die Bürger des benachbarten Kalifornien gemacht hatte – ein Ruf, den sie bis heute beibehalten hat. 1930 wurde die Halbinsel in zwei Regionen geteilt: Baja California im Norden und Baja California Sur im Süden. Obwohl die Halbinsel bei US-amerikanischen Fischern und Abenteurern wie John Steinbeck sehr beliebt wurde, verlief das Wachstum im Rest der Baja bis zur Fertigstellung des Transpeninsular Highway im Jahr 1973 eher schleppend.

Heute ist die Baja California ein beliebtes Urlaubsziel, insbesondere die südlichen Ferienorte wie Cabo San Lucas. Aber auch die Teile der Halbinsel, die nach wie vor in einsamer Wüste liegen oder von kargen Gebirgsketten durchzogen sind, üben einen besonderen Reiz auf abenteuerlustige Reisende aus, die auf der Suche nach einem einzigartigen Roadtrip sind.

0 Kilometer 150
N

San Diego
Tijuana International Airport
Tijuana ❹
Rosarito
Mexicali International Airport
Mexicali
Valle de Guadalupe ❶
Ensenada ❷
Santo Tomás
El Chinero
Colonet
San Felipe
Camalú
Parque Natural San Pedro Mártir

BAJA CALIFORNIA NORTE

El Rosarito
San Fernando
Cataviña
Parque Natural del Desierto Central

Pazifischer Ozean

Isla Cedros
Bahía Sebastíar Vizcaíno
Isla Natividad
Bahía Tortugas

Salton-see

Baja California

Sehenswürdigkeiten
❶ Valle de Guadalupe
❷ Ensenada
❸ Bahía de los Ángeles
❹ Tijuana
❺ Misión San Ignacio de Kadakaamán
❻ Mulegé
❼ Santa Rosalía
❽ Loreto
❾ La Paz
❿ Cabo San Lucas
⓫ Todos Santos
⓬ San José del Cabo

Phoenix
Globe
Gila Bend
Yuma
USA
Tucson
El Golfo de Santa Clara
Sonoyta
Puerto Peñasco
Nogales
Cananea
Caborca
Fronteras
Janos
Santa Ana
Nuevo Casas Grandes
Nordmexiko
Seiten 174–189
La Libertad
SONORA
Buenaventura
Moctezuma
Zaragoza
Isla Ángel de la Guarda
Pesqueira
Mazocahui
Madera
Hermosillo
Sahuaripa
3 Bahía de los Ángeles
Rosarito
La Colorada
Isla Tiburón
Parque Natural del Desierto Central
Guerrero Negro
Laguna Ojo de Liebre
Cuauhtémoc
Guaymas
Vizcaíno
Volcán las 3 Virgenes 1920 m
Creel
Biosphären-reservat Vizcaíno
Ciudad Obregón
CHIHUAHUA
7 Santa Rosalía
5 Misión San Ignacio de Kadakaamán
Navojoa
6 Mulegé
Laguna San Ignacio
Batopilas
Sierra de la Giganta
Rosarito
San Juanico
El Fuerte
8 Loreto
Guadalupe y Calvo
BAJA CALIFORNIA SUR
Loreto International Airport
Liguí
Los Mochis
SINALOA
Villa Insurgentes
Golfo de California
Villa Constitución
Isla Magdalena
Porto San Calos
Santa Rita
Punta Coyote
Culiacán
Isla Espíritu Santo
Isla Santa Margarita
Isla Cerralvo
9 La Paz
La Paz International Airport
La Cruz
La Ribera
Todos Santos 11
Santiago
El Pescadero
Los Cabos International Airport
12 San José del Cabo
Cabo San Lucas 10
Baja California

SEHENSWÜRDIGKEITEN

❶ Valle de Guadalupe

🅐 D1 🅑 Baja California
🅘 Paseo de los Héroes 10289, Tijuana 🅦 bajacalifornia.travel

Die Weinberge im Valle de Guadalupe sind international anerkannt. Die Dörfer Francisco Zarco im Norden und San Antonio de las Minas im Süden sind die Ankerpunkte der über 100 Weinberge. Das **Museo de la Vid y el Vino** gibt eine Einführung in die Region, die meisten Weinkellereien bieten Führungen und Verkostungen.

Museo de la Vid y el Vino
🅑 Carretera Federal Tecate-Ensenada, km 81,33
📞 +52 646 156 81 65
🕒 Di – So 9 – 17

❷ Ensenada

🅐 D1 🅑 Baja California
🅜 466 000 ✈ 🚌 🅘 Blvd. Lázaro Cárdenas 609; +52 646 178 85 88 🎉 Vendimia-Weinfest (Aug) 🅦 bajacalifornia.trave

Der geschäftige Hafen ist bei Sportfischern, Surfern und Tauchern ebenso beliebt wie bei Feinschmeckern, die wegen der berühmten Fisch-Tacos in die Stadt kommen.

Zu den Wahrzeichen der Stadt gehören die zweitürmige Kirche Nuestra Señora de Guadalupe und die Kolossalköpfe der drei Nationalhelden Juárez, Hidalgo und Carranza auf der Plaza Cívica.

Mehrere alte Gebäude wurden umgewidmet und dienen nun der Bewahrung der lokalen Geschichte. Das **Museo Histórico Regional de Ensenada** wurde 1886 als Kaserne erbaut und beherbergt heute Galerien, in denen die Geschichte der Stadt dargestellt wird. Das **Riviera de Ensenada**, in der Nähe der Uferpromenade, war in den 1930er Jahren ein Hotel und beheimatet heute ein Geschichtsmuseum. Das 3-D-Wandbild in der Lobby stellt die Missionen der Jesuiten in Baja California dar.

Der Komplex gegenüber der Riviera ist das Caracol (Museo de Ciencas), ein interaktives Wissenschaftsmuseum, das Geologie und Umwelt der Baja California zeigt.

Die **Bodegas de Santo Tomás** stellen einige der besten Weine von Baja aus Trauben her, die in Weinbergen in der Nähe der Stadt angebaut werden. Täglich gibt es Touren und Weinproben.

Ensenadas »Ausgehzone« liegt um die Hussong's Cantina in der Avenida Ruiz. Die Bar wurde im 19. Jahrhundert von der deutschen Familie Hussong gegründet.

Museo Histórico Regional de Ensenada
🅑 Gastélum 56 📞 +52 646 178 36 92 🕒 Di – So 9 – 17

Riviera de Ensenada
🅑 Blvd. Lázaro Cárdenas 1421 📞 +52 646 176 43 10
🕒 tägl. 8 – 22

Bodegas de Santo Tomás
🅑 Av. Miramar 666 📞 +52 646 178 33 33
🕒 tägl. 🅦 santo-tomas.com

❸ Bahía de los Ángeles

🅐 E2 🅑 Baja California
🅜 450 🅦 bajacalifornia.travel

Der Ort liegt an der gleichnamigen Bucht und ist von der Mex 1 über eine 68 Kilometer lange Stichstraße erreichbar.

TOP 3 Regionale Feste

Karneval
Einer der besten findet in La Paz statt.

Vendimia-Weinfest
Im August stellen Winzer und Produzenten in Ensenada ihre Erzeugnisse aus.

Baja 1000
Anstrengendes Offroad-Rennen von Ensenada nach La Paz, das mehrere Tage dauert, im November.

↑ *Eine Besucherin fotografiert einen Weinberg im Valle de Guadalupe*

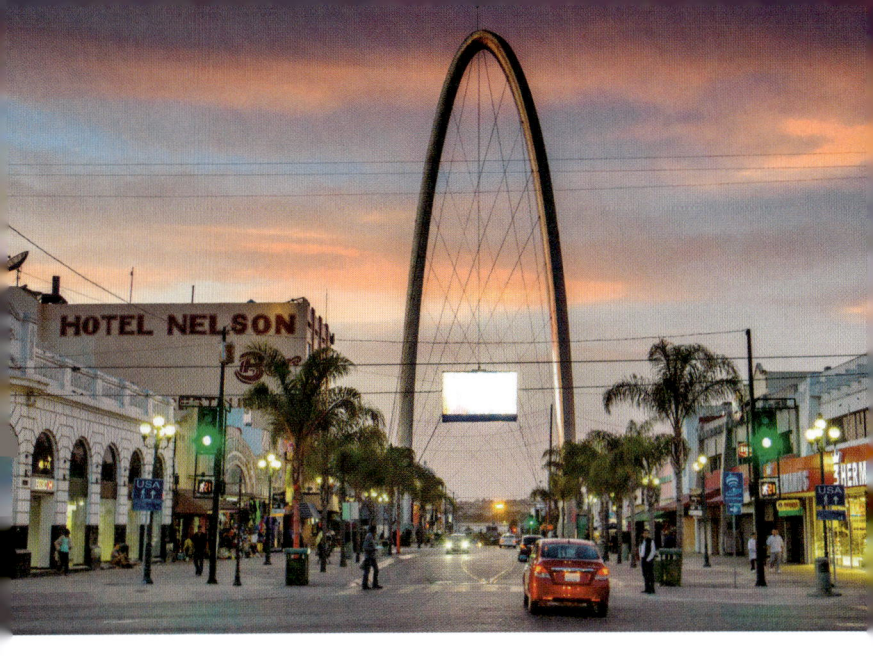

Der Millennial Arch in der Avenida Revolución in Tijuana

④ Tijuana

D1 Baja California 1,7 Mio. ✈ 🚌 ℹ HSBC Centro, Av. Revolución 791 🎉 Aniversario de Tijuana (Juli) 🌐 tijuana.gob.mx

Die bekannte Partystadt Tijuana ist eine der belebtesten Grenzstädte der Welt und nur 32 Kilometer von der US-Stadt San Diego entfernt.

Neben Wolkenkratzern und riesigen Einkaufszentren finden sich im Zentrum in der Avenida Revolución viele Bars, Clubs und Souvenirstände. Doch selbst im Vergnügungsviertel finden Sie Geschichte ganz in der Nähe – westlich der Revolución steht die elegante Catedral de Nuestra Señora de Guadalupe, die 1909 erbaut und 1964 zur Kathedrale ernannt wurde.

Tijuana verfügt auch über einige kulturelle Attraktionen, allen voran das **Centro Cultural Tijuana**, in dem Konzerte und Ausstellungen stattfinden, oder das **Museo de las Californias** zur Geschichte der Baja California.

Centro Cultural Tijuana
♿ Paseo de los Héroes 9350 🕐 tägl. 10–19 🌐 cecut.gob.mx

Museo de las Californias
Paseo de los Héroes 9350 📞 +52 664 687 96 35 🕐 Mi–So 12–19

Selbst für örtliche Verhältnisse ist es ein stilles Plätzchen, doch die vielen Inseln bieten Sportfischern, Tauchern und Kajakfahrern ideale Möglichkeiten. Eine Attraktion ist das Meeresschildkröten-Reservat, außerdem kann man prähistorische Felsmalereien (siehe S. 170) und die Misión San Borja besuchen.

Mit Booten kann man die vorgelagerten Inseln besuchen, dafür braucht man aber eine Genehmigung vom Reservatsbüro.

> **Schon gewusst?**
>
> Der Caesar Salad wurde von Caesar Cardini im Hotel Caesars in Tijuana erfunden.

> **Grenze zwischen den USA und Mexiko**
>
> Die USA und Mexiko sind durch eine schwer bewachte, 3144 Kilometer lange Grenze getrennt. Allein in Tijuana überqueren sie jedes Jahr rund 50 Millionen Menschen. Beim Übergang von den USA nach Mexiko gibt es keine Zollkontrollen, nur gelegentliche Kontrollen von Fußgängern. Im Migración-Büro bekommen Sie ein mexikanisches Einreiseformular (FMT). Stellen Sie sich bei der Einreise in die USA auf eine lange Schlange ein – der Grenzübertritt in Tijuana kann bis zu drei Stunden dauern. Benutzen Sie für den Flughafen Tijuana die CBX-Skybridge, die eine Verbindung zur San-Diego-Seite herstellt (www.crossborderxpress.com).

❺ Misión San Ignacio de Kadakaamán

🅰 E2 🏠 Hidalgo 1916, Juan Batista, San Ignacio, Baja California Sur

Diese zwischen Dattelpalmen stehende Kirche ist eine der am besten erhaltenen und schönsten in Baja California. Obwohl ursprünglich 1728 von Jesuiten gegründet, wurde die heutige Kirche 1786 von Dominikanern erbaut. Ihre Barockfassade mit Details aus rötlichem Lavastein weist vier polygonale Fenster und vier Nischen mit Heiligenfiguren auf. Im Inneren sind Altarbilder und eine schöner Hauptaltar.

In den Schluchten in der Nähe der Stadt San Ignacio befinden sich einige alte Höhlenmalereien. Um sie zu besichtigen, müssen Sie in Begleitung eines Führers sein, den Sie im Voraus bei einer Gruppe wie Adventure Unbound (www.unbound.travel) oder INAH (Tel. +52 615 122 73 89) buchen müssen. Das **Museo de las Pinturas Rupestres de San Ignacio** zeigt Ausstellungen zu den Malereien.

Die jesuitische Misión San Ignacio de Kadakaamán

Museo de las Pinturas Rupestres de San Ignacio
🏠 Prof. Gilberto Valdivia Péña 📞 +52 615 154 02 22
🕒 Di – Sa 8 –17

❻ Mulegé

🅰 E2 🏠 Baja California Sur 👥 4000 🚌 🎉 Santa Rosalía (4. Sep)

Das hübsche Städtchen hat eine von Jesuiten im Jahr 1705 erbaute Kirche. Sie steht auf einem Felsblock und bietet einen grandiosen Blick auf den Fluss Santa Rosalía. Unweit davon zeigt das **Museo Mulegé** Exponate zur Geschichte der Stadt. Es ist in einem weiß gekalkten ehemaligen Gefängnis mit winzigen Zinnentürmchen untergebracht.

Mulegé ist bei Sporttauchern beliebt, die schönsten Strände liegen jedoch südlich der Stadt hinter der Bahía Concepción. Die Farbe

→

Der Fluss Santa Rosalía in der Nähe der gleichnamigen Stadt

Höhlenmalereien

Das genaue Alter der Höhlenmalereien in Baja ist nicht bekannt, aber einige könnten aus der Zeit um 1200 v. Chr. stammen. Die am besten erhaltenen befinden sich in der Cueva de las Flechas und der Cueva Pintada. Der Besuch dieser Stätten in der San-Pablo-Schlucht erfordert einen zwei- oder dreitägigen Campingausflug mit Maultieren. Die Touren müssen 48 Stunden im Voraus im INAH-Büro in San Ignacio organisiert werden.

> Santa Rosalías Iglesia de Santa Bárbara ist eine von Gustave Eiffel, dem Erbauer des Eiffelturms, vorgefertigte Kirche.

des Wassers changiert von Tiefblau bis Grün.

Museo Mulegé
Cananea +52 613 132 73 04 Mo–Fr 8–15

❼ Santa Rosalía
E2 Baja California Sur 10 500 Carretera Transpeninsular, km 220; +52 615 152 23 11 Santa Rosalía (4. Sep)

Die kleine Stadt wurde in den 1880er Jahren von einer französischen Kupferminengesellschaft gegründet. Als das Unternehmen weiterzog, hinterließ es einige Minenanlagen, die noch heute zu sehen sind. Nach einer Investition von 1,6 Milliarden Dollar wurde der Bergbau 2015 wieder aufgenommen. Im **Museo de Historia de la Minería de Santa Rosalía** mit Blick auf die Stadt erfährt man mehr darüber.

Zu den Sehenswürdigkeiten gehören die vielen zweistöckigen Holzhäuser mit Veranden, die der Stadt ein karibisches Flair verleihen. Eine weitere Attraktion ist die Iglesia de Santa Bárbara, eine von Gustave Eiffel, dem Erbauer des Eiffelturms, vorgefertigte Kirche.

Museo de Historia de la Minería de Santa Rosalía
 Jean-Michel Cousteau 1 +52 615 152 29 99
 Mo–Sa 8–15

❽ Loreto
E2 Baja California Sur 15 000 Ecke Francisco Madero und Salvatierra; +52 613 13 50 411 Virgen de Loreto (8. Sep), San Javier (3. Dez)

Loreto ist vor allem bei Sportfischern bekannt. Rund um die Inseln Isla del Carmen und Coronado gibt es auch gute Tauch-, Kajak- und Schnorchelmöglichkeiten.

Das Herz der Stadt ist die Gegend um die Plaza Cívica und die Misión Nuestra Señora de Loreto, die erste in Kalifornien, in der Jesuiten eine Kampagne zur Evangelisierung der indigenen Bevölkerung starteten. Das **Museo de las Misiones** erklärt, wie dies geschah, und zeigt Artefakte aus dieser Zeit.

Etwa 36 Kilometer südwestlich von Loreto befindet sich die **Misión San Francisco Javier de Viggé-Biaundó**, die 1758 fertiggestellt wurde und eine der abgelegensten Kirchen der Baja ist.

Museo de las Misiones
 Salvatierra 16
 +52 613 135 04 41
 tel. erkundigen

Misión San Francisco Javier de Viggé-Biaundó
 23893 San Javier
 tägl. 8–17

TOP 3 Strände in Baja

Playa El Requesón
Schillernde Sandbank in der Bahía Concepción bei Mulegé.

Bahía Chileno
Die besten Strände zwischen Cabo und San José *(siehe S. 173)*.

Playa Los Cerritos
Herrlicher, weißer Strand südlich von Todos Santos *(siehe S. 173)*.

Restaurants

Taquería Hermanos González

La Paz ist berühmt für seine Taco-Stände, und dieser ist eine lokale Legende. Hier werden leckere gebratene Fisch- und Garnelen-Tacos mit hausgemachter Salsa serviert.

E3 Santos Degollado 110, La Paz
+52 612 152 05 27
$$$

Rancho Viejo

Eines der besten Taco-Lokale in La Paz. Zu den typischen Gerichten gehören Arrachera-Tacos (Steak) und mit Käse, Pilzen und mariniertem Schweinefleisch gefüllte Kartoffeln.

E3 Márquez de León 228, La Paz
+52 612 128 46 47
$$$

9 La Paz

E3 Baja California Sur
215 000
Carretera Transpeninsular, km 5,5; +52 612 121 68 70
Karneval (Feb/März), Fundación de La Paz (Anf. Mai) lapaz.gob.mx

Die Hauptstadt des Bundesstaats Baja California Sur liegt an der größten Bucht des Mar de Cortés am Anfang einer Halbinsel, die über herrliche Strände verfügt. Der fünf Kilometer lange *malecón* (Uferpromenade) wird von Hotels, Restaurants und Palmen gesäumt und ist ideal für den Bummel.

La Paz wurde aufgrund der reichen Perlenvorkommen in den umliegenden Gewässern gegründet. Das Schicksal der Stadt war eng mit dem der Perlenindustrie verknüpft. Heute lebt die Stadt vor allem vom Tourismus und ihrem Ruf als internationales Zentrum der Sportfischerei.

Im **Museo Regional de Antropología e Historia** findet man Exponate zu Felsmalereien und anderen Aspekten des indigenen Erbes, aber auch zum Freiheitskampf. Das **Centro Cultural La Paz** im Palacio Municipal zeigt Ausstellungen zur Baja.

Zwischen La Paz und dem Hafen von Pichilingue liegen schöne Strände. Der unberührteste ist die Playa de Balandra, die Playa de Tecolote zieht am Wochenende Einheimische an.

Die nahen Inseln mit Riffen, Höhlen und Wracks sind bei Tauchern beliebt. Auf der Isla Espíritu Santo bieten sich gute Möglichkeiten zum Segeln und zum Schwimmen mit Seelöwen. Zwischen November und März sieht man oft Finnwale und Walhaie. Baja Outdoor Activities (www.kayactivities.com) in La Paz bietet Touren an.

Museo Regional de Antropología e Historia

Ecke 5 de Mayo und Altamirano +52 612 122 01 62 tägl. 9–18

Centro Cultural La Paz

16 de Septiembre 120
+52 612 122 00 65
Mo – Fr 9:30 –15

10 Cabo San Lucas

F3 Baja California Sur
68 000 Día de San Lucas (18. Okt) visita loscabos.travel

In Cabo San Lucas hört man fast ausschließlich Amerika-

> **Schon gewusst?**
>
> Cabo San Lucas' Bar Cabo Wabo wurde 1990 von Sammy Hagar von Van Halen gegründet.

nisch, besonders bekannt ist die romantische Playa del Amor. Der nur auf dem Wasserweg erreichbare Strand liegt zwischen den zerklüfteten Felsen Los Frailes (»Die Mönche«), die die Spitze der Halbinsel bilden. Der Strand erstreckt sich an einem Felsenbogen, in dem der Pazifische Ozean mit dem Golfo de California zusammentrifft.

Die Stadt, ein Zentrum der Sportfischerei, hat einen Jachthafen und eine Promenade mit vielen Bars, Clubs und Restaurants. Landeinwärts liegt die Altstadt.

Zentrum des Strandlebens ist die Playa El Médano, wo man gefahrlos schwimmen und Jet-Skis leihen kann. Los Frailes mit einem riesigen Unterwasser-Canyon bieten ideale Tauchmöglichkeiten.

Zwischen Cabo San Lucas und San José del Cabo findet man mehrere Golfplätze und herrliche Strände.

⓫ Todos Santos

🅰 E3 🏠 Baja California Sur ℹ Plaza San José, San José del Cabo 🌐 todossantos.com

In der wunderbar erhaltenen Altstadt von Todos Santos gibt es viele Cafés und Galerien. An der Hauptstraße liegt das Hotel California aus den 1950er Jahren im mexikanischen und Mudéjar-Stil – Behauptungen, es handle sich um das Hotel aus dem berühmten Song der Eagles, wurden jedoch dementiert.

Die Plaza Todos Santos bildet das Herz der Stadt und beherbergt die schöne Misión de Nuestra Señora del Pilar de la Paz de Airapí. Obwohl die Kirche größtenteils in den 1960ern wieder aufgebaut wurde, geht man davon aus, dass das verehrte Marienbild im Inneren aus den 1730er Jahren stammt.

An den nahen Stränden können Besucher die Freilassung von Schildkröten durch Tortugueros Las Playitas (www.todostortugueros.org) beobachten, die ein Programm zur Rettung von Meeresschildkröten durchführen. Kommen Sie den Tieren nicht zu nahe, das schadet diesen nur.

⓬ San José del Cabo

🅰 F3 🏠 Baja California Sur 🏙 70 000 ℹ Plaza San José; +52 624 142 33 10 📅 San José (13.–21. März) 🌐 loscabos.gob.mx

Das Zentrum der Stadt ist die schattige Plaza Mijares, auf der am Wochenende ein Kunsthandwerksmarkt stattfindet. Im Süden fallen die Straßen zum Strandboulevard mit modernen Touristenhotels, Eigentumswohnungen und Ferienanlagen hin ab. An der Ostseite der Stadt befindet sich eine palmengesäumte Flussmündung, in der über 200 Vogelarten leben. Im Osten liegt das Dorf Pueblo la Playa mit schönen, oft menschenleeren weißen Sandstränden.

Von Oktober bis Juni findet donnerstags um 17 Uhr ein wöchentlicher Kunstspaziergang statt, der eine gute Einführung in die Kunstszene der Stadt bietet. Die örtlichen Galerien haben bis spät in die Nacht geöffnet, darunter die viel gelobte Frank Arnold Gallery (Comonfort 1137).

> **Walbeobachtung**
>
> Vor den Küsten von Baja leben zwei Dutzend Walarten, vom kleinen Vaquita bis zum Blauwal. Diese prächtigen Säugetiere können mit einem Fernglas von Aussichtspunkten entlang der Küste von Guerrero Negro oder in den Walschutzgebieten des Biosphärenreservats Vizcaíno beobachtet werden. Sie können auch an einer organisierten Walbeobachtungstour teilnehmen, aber achten Sie darauf, ein seriöses Unternehmen zu wählen, das den Tieren nicht zu nah kommt (siehe S. 39).

← Dramatischen Felsformationen an der Playa del Amor in Cabo San Lucas

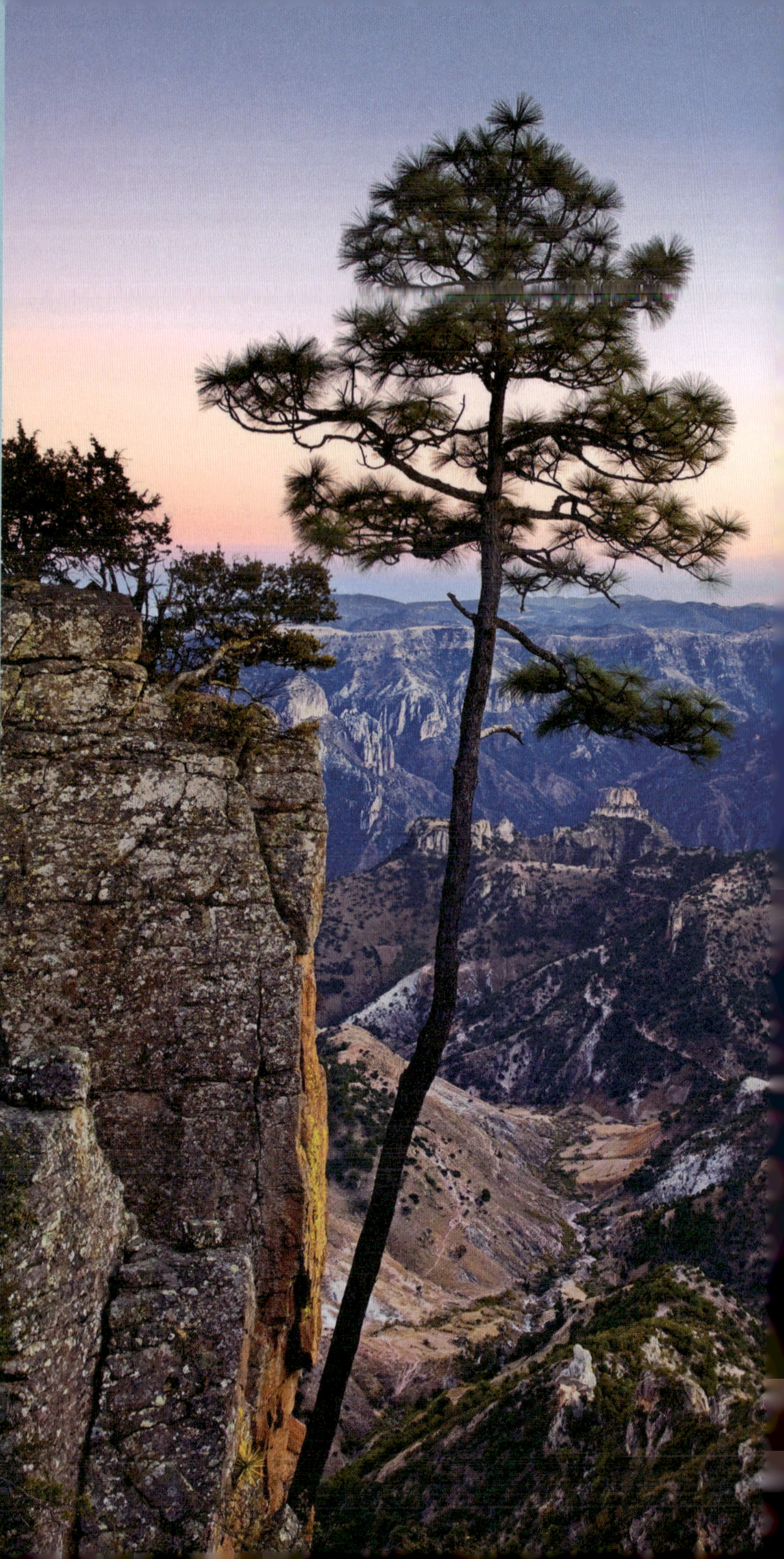

Abenddämmerung über dem Cañón del Cobre (siehe S. 180–183)

Nordmexiko

Mit seinen kahlen Bergen und trockenen Ebenen, riesigen Kakteen und reitenden Männern entspricht der Norden dem Bilderbuch-Mexiko. Zwei Gebirgszüge – die östliche und die westliche Sierra Madre – durchziehen dieses große Gebiet, dazwischen liegt die Chihuahua-Wüste, die größte Nordamerikas. Im Norden verläuft die 3140 Kilometer lange Grenze zu den Vereinigten Staaten. Die Grenzregion – fast ein Drittel des Landes – wird von den Kulturen auf beiden Seiten der Grenze beeinflusst und zeichnet sich durch eine einzigartige Mischung aus Sprachen, Musik und Speisen aus.

Obwohl sich in dieser Region nie eine große vorspanische Zivilisation entwickelt hat, halten heutige indigene Gemeinschaften wie die Rarámuri an einer traditionellen Lebensweise fest, die sich von der modernen mexikanischen Gesellschaft stark unterscheidet. Und obwohl das Land dünn besiedelt und oft karg ist, verbergen sich in den Bergen Nordmexikos wunderschöne Orte mit kühlen Kiefernwäldern, stillen Seen und tosenden Wasserfällen. Der unglaubliche Cañón del Cobre (Kupfer-Canyon) wird von einer der spektakulärsten Eisenbahnstrecken der Welt durchquert, die auch als El Chepe bekannt ist.

Nordmexiko

Highlights
1. Paquimé
2. Cañón del Cobre

Sehenswürdigkeiten
3. Chihuahua
4. Hermosillo
5. Mazatlán
6. Monterrey
7. Álamos
8. Durango
9. Saltillo
10. Hidalgo del Parral

Nordmexiko

Bajío
Seiten 190–229

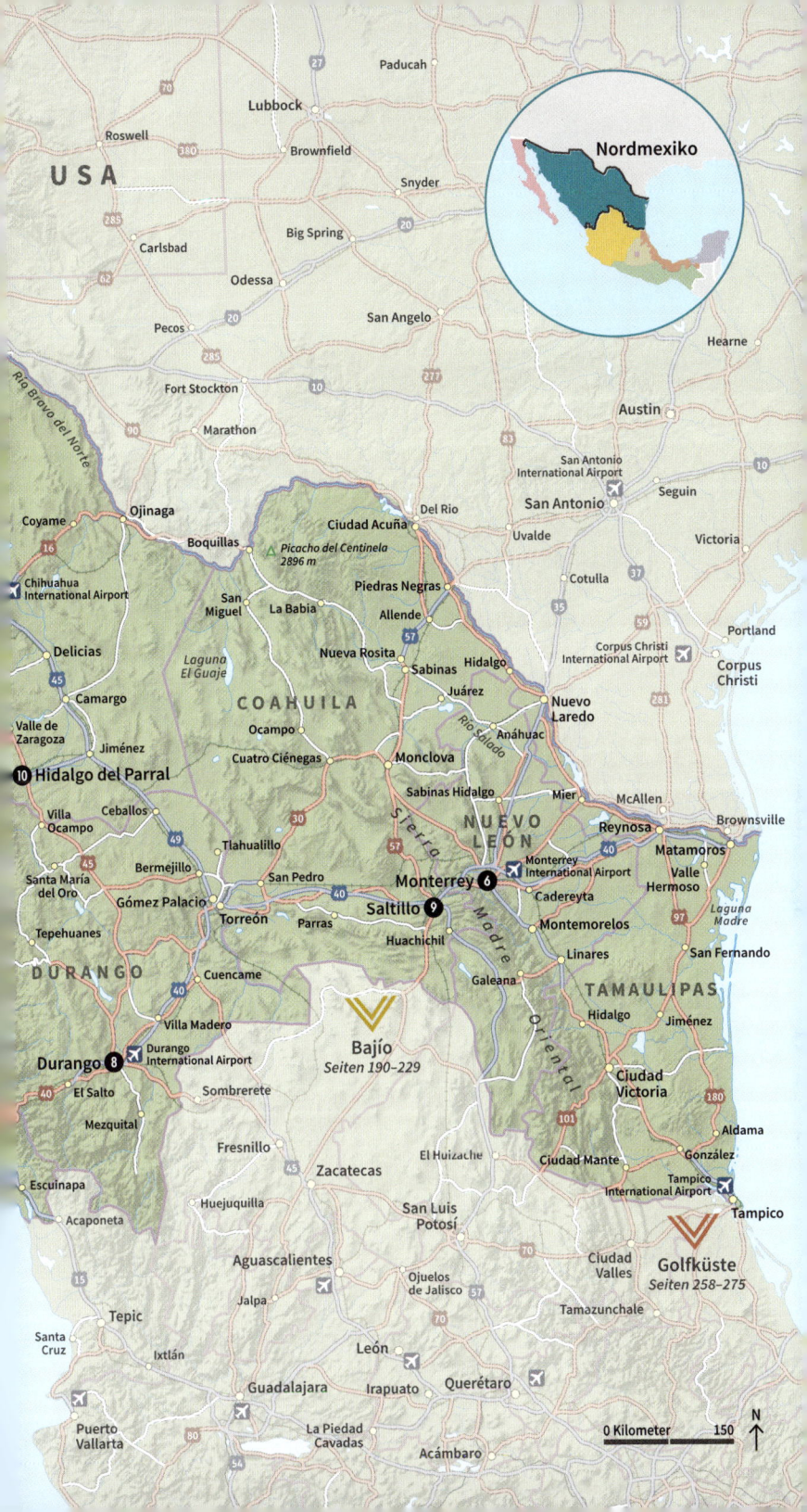

Golfküste
Seiten 258–275

Paquimé

F1 🏛 8 km südwestl. von Casas Grandes, Chihuahua
📞 +52 555 512 25 93 🕐 Di – So 9 –17

Die rätselhafte archäologische Stätte beherbergt die bedeutendsten Überreste einer hoch entwickelten Zivilisation im Norden Mexikos. Die schwer zugängliche Stätte ist oft menschenleer; ihre Lehmhäuser, Ballspielplätze und Plazas, die von trockenen Hügeln umgeben sind, bieten ein eindringliches Erlebnis.

Dieser außergewöhnliche Komplex von Lehmziegelgebäuden, der auf einem Plateau über dem Fluss Casas Grandes liegt, unterscheidet sich von anderen mittel- und südmexikanischen Stätten. Paquimé erlebte seine Blütezeit zwischen dem 10. und 14. Jahrhundert. Die teilweise Zerstörung durch ein Feuer um 1340 und das Verschwinden der Bewohner vor Ankunft der Spanier sind noch nicht vollständig geklärt.

Am Eingang befindet sich das Museo de las Culturas del Norte, das den Ruinen der Verteidigungstürme nachempfunden ist, die hier einst standen. Es enthält Originalkeramik sowie ein Modell der Stadt, wie sie zur Blütezeit ausgesehen haben könnte.

Zu den charakteristischen Merkmalen der Anlage gehören bis zu 1,5 Meter dicke Mauern, eine labyrinthartige Konstruktion und bis zu fünf Stockwerke hohe »Wohnhäuser« mit Innentreppen. Die Häuser enthalten auch Heizöfen und Betten in Nischen. Niedrige Tore in Form eines dicken T dienten möglicherweise zum Teil der Verteidigung. Ein beeindruckendes Netz von Kanälen führte Quellwasser aus einer Entfernung von acht Kilometern in die Stadt, das dann gefiltert und in Tiefbrunnen gespeichert wurde. Von hier wurde es zu den häuslichen und landwirtschaftlichen Nutzern geleitet, während ein weiteres Kanalsystem die Abwässer ableitete. Die Bewohner von Paquimé züchteten Aras für zeremonielle Zwecke. Die niedrigen, aus Lehm errichteten Ställe mit runden Eingängen, in denen die Vögel gehalten wurden, sind noch erhalten.

← *Topf aus Paquimé*

Highlight

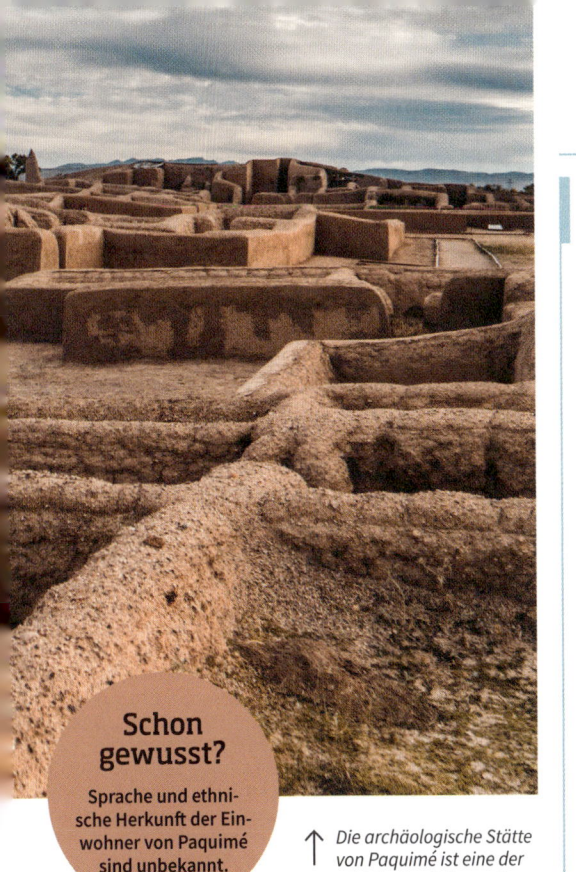

Feine Keramik aus Paquimé

Einzigartig in Paquimé ist eine besonders feine Art von Keramik, die sich durch einen hohen Glanz und geometrische oder anthropomorphe Muster auszeichnet. Typische Farben sind Schwarz und Rotbraun auf einem chamoisfarbenen Hintergrund. Zahlreiche Exemplare wurden in der archäologischen Stätte entdeckt und sind im Museum ausgestellt. Heute wird dieser Stil von lokalen Töpfern wiederbelebt. In Viejo Casas Grandes kann man Exemplare kaufen. Die Töpfe werden in Handarbeit nach der Pinching-Methode hergestellt, bei der eine Tonkugel in eine flache Form gequetscht und dann in eine Schüsselform gepresst wird.

Schon gewusst?

Sprache und ethnische Herkunft der Einwohner von Paquimé sind unbekannt.

↑ *Die archäologische Stätte von Paquimé ist eine der wichtigsten Sehenswürdigkeiten der Region*

1 *Besucher können die alten Lehmbauten in Paquimé oft völlig ungestört erkunden.*

2 *Die schiere Größe der alten Lehmmauern kann man nur dann richtig einschätzen, wenn man danebensteht.*

3 *Das Museum bietet Ausstellungen, die einen Einblick in die hoch entwickelte Zivilisation geben.*

❷ Cañón del Cobre

🅰 F2 🏛 Chihuahua 🚆 🚌 🌐 visitmexico.com

Die zerklüfteten Berge der Sierra Tarahumara bergen ein System von faszinierenden Canyons. Die Hauptschluchten, die unter dem Namen Cañón del Cobre bekannt sind, haben eine Tiefe von über 2000 Metern. Die Fahrt mit dem El Chepe bringt Sie von den schwülen Ebenen zu den kühlen, von Kiefern bewachsenen Bergen. Versteckt in den Tälern gibt es sprudelnde Wasserfälle, historische Missionen und Dörfer, die sich seit Jahrzehnten nicht verändert haben.

① Creel

🏛 Chihuahua 👥 4000 ℹ Artesanías Misión, Av. Tarahumara, Centro; +52 635 429 33 20 🎭 Karneval (Feb/März)

Die Holzhaus-Siedlung Creel, in der es nach Bergluft und Wald riecht, ist für Autos und Eisenbahn das Tor zur weitgehend unberührten Sierra Tarahumara und dem Cañón del Cobre (Kupfer-Canyon). Der Ort bietet sich an, um El Chepe *(siehe S. 182)*, den spektakulären Zug von Chihuahua zum Pazifik, zu besteigen oder um die Fahrt für einige Tage zu unterbrechen und durch die Bergwälder zu wandern. Abenteuerlustige Reisende sollten jedoch beachten, dass die Winter in Creel extrem kalt sein können, da die Stadt auf 2300 Meter Höhe liegt.

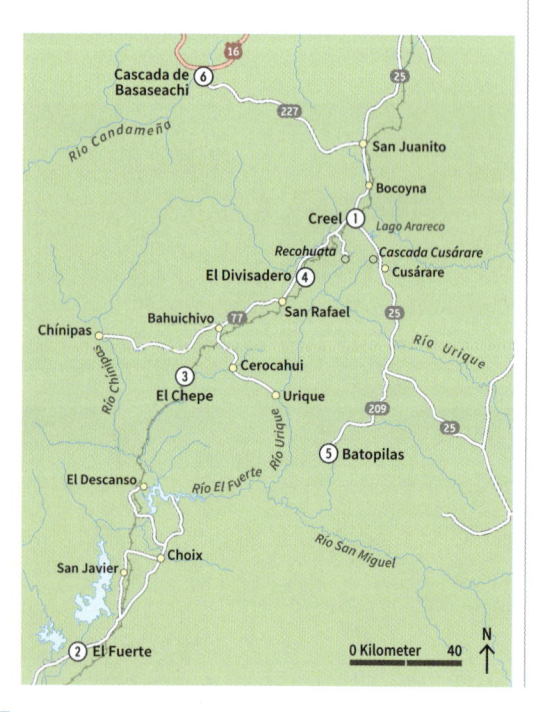

Unweit vom Bahnhof liegen die Hauptstraße, Calle López Mateos, und der Hauptplatz der Stadt. Hier gibt es zwei Kirchen und den Laden Artesanías Misión, in dem Besucher Tipps, Bücher über die Sierra und Handwerksarbeiten der indigenen Rarámuri (auch Tarahumara) bekommen.

Jenseits der Gleise befindet sich die **Casa de las Artesanías**, ein Museum und Kunsthandwerksladen. Er informiert über das Leben des Eisenbahnmagnaten Enrique Creel, nach dem die Stadt benannt ist, die zahlreichen Jesuitenmissionen der Region und die Kultur der Rarámuri. In einem Glaskasten sind Mumien zu sehen, die man in den umliegenden Bergen entdeckte.

Der ideale Ort für Wanderungen und Picknicks ist der Lago Arareco, fünf Kilometer südlich von Creel. Der See liegt in einem duftenden Kiefernwald mit bizarren Felsformationen.

Einige Kilometer weiter an derselben Straße beginnt ein vier Kilometer langer Pfad, der durch einen Canyon zur Cascada Cusárare

↑ *Die zerklüfteten Berggipfel des spektakulären Kupfer-Canyons*

Highlight

TOP 3 Wege zur Erkundung

Pferderücken
🏠 Tara Aventuras
Chihuahua, Chihuahua
🌐 tara-aventuras.com
Erkunden Sie die Canyons auf traditionelle Weise auf dem Rücken eines Pferdes.

Mountainbike
🏠 3 Amigos Adventures, 46 Av. López Mateos, Creel, Chihuahua
🌐 amigos3.com
Viele Attraktionen erreicht man von Creel mit dem Mountainbike.

Zug
Mit dem Zug El Chepe *(siehe S. 182)* fährt man malerisch durch die Canyons.

---

führt, einem 30 Meter hohen Wasserfall.

Weitere von Creel aus leicht erreichbare Sehenswürdigkeiten sind die heißen Quellen in Recohuata zwölf Kilometer südlich, die seltsamen pilzförmigen Felsformationen des Valle de los Hongos (»Tal der Pilze«) und El Divisadero *(siehe S. 182)*, ein Aussichtspunkt über dem atemberaubenden Cañón del Cobre (Kupfer-Canyon).

Touren zu verschiedenen Sehenswürdigkeiten, auch Hubschrauberflüge über die Canyons, werden in der Stadt angeboten.

Casa de las Artesanías
🏠 Av. Ferrocarril 178
📞 +52 635 456 00 80
🕐 tägl. 9–18 (So bis 13)

② El Fuerte
🏠 Sinaloa ℹ️ Plaza de Armas; +52 698 893 0349

El Fuerte wurde im 16. Jahrhundert gegründet und ist eine bezaubernde Stadt, durch die ein Fluss fließt. Sie ist ein weitaus attraktiverer Ausgangspunkt für die Fahrt mit dem El Chepe als Los Mochis. Das Zentrum mit vielen bunten Häusern ist gut zu Fuß zu erkunden. An der eleganten Plaza de Armas stehen der große Palacio Municipal, die bescheidene Iglesia Sagrado de Corazón und das Fort *(fuerte)* aus dem 17. Jahrhundert. Das Museo Fuerte Mirador ist eine Nachbildung des ursprünglichen spanischen Außenpostens und enthält historische Artefakte, alte Fotos und Kunsthandwerk der Yoreme.

Zu den vielen Geschichten, die mit El Fuerte in Verbindung gebracht werden, gehört die Legende des maskierten Banditen El Zorro, die durch die Filme populär wurde. Es wird angenommen, dass Don Diego de la Vega (El Zorro) in dieser Stadt geboren wurde und einige Jahre dort lebte.

Rarámuri

Die Rarámuri, die auch Tarahumara genannt werden, zogen im 16. Jahrhundert in die Berge der Sierra Madre Occidental, um den spanischen Missionaren zu entgehen. Seitdem haben sie sich stark vom Rest Mexikos abgegrenzt und ziehen es vor, in kleinen, autarken Bauerngemeinschaften zu leben. Der Name bedeutet »Läufer«, und die Kultur ist für ihren traditionellen Sport *rarajipari* bekannt, bei dem Läuferteams eine Holzkugel über große Entfernungen über schroffe Berghänge schießen. Die Teilnehmer tragen Sandalen an den Füßen, und die Wettkämpfe können mehrere Tage dauern.

↑ *Ein Zug bahnt sich den Weg durch den Kupfer-Canyon, während die Gäste die Fahrt genießen* (Detail)

③
El Chepe
- viele Stationen
- siehe Website
- chepe.mx

Der Bau der Strecke Chihuahua al Pacifico (kurz El Chepe) dauerte fast ein Jahrhundert. Das Wunderwerk der Technik mit 86 Tunneln und 37 Brücken wurde geplant, als der Panamakanal noch keine schnelle Verbindung über den Kontinent darstellte. Für die 670 Kilometer von Chihuahua nach Los Mochis an der Pazifikküste benötigt man 13 Stunden. Die spektakulärste Landschaft liegt zwischen Creel und El Fuerte.

Die meisten Besucher erkunden die Gegend um den Cañón del Cobre mit dem Zug. Der Chepe Express ist ein luxuriöser Touristenzug zwischen Los Mochis und Creel (mit Halt nur in El Fuerte und Divisadero). Der Chepe Regional, billiger, aber noch komfortabel, fährt die gesamte Strecke zwischen Los Mochis und Chihuahua. Jeder Zug in jeder Richtung verkehrt nur an drei Tagen in der Woche (siehe Website).

④
El Divisadero
- Chihuahua, 131 km südl. von Creel

Der El Chepe hält 15 Minuten lang, damit die Zuggäste den atemberaubenden Blick in die steilen Schluchten von El Divisadero, einem winzigen Bahnhof hoch in den Bergen, bewundern können. Zwar ist Divisadero im Grunde nur eine Haltestelle, aber es gibt einige Essens- und Souvenirstände und neben dem Aussichtspunkt ein Restaurant sowie ein Hotel für diejenigen, die das herrliche Panorama länger betrachten möchten. Es können auch Minibus-Touren zum Aussichtspunkt organisiert werden.

> **Entdeckertipp**
> **Verlassene Mission**
>
> Die Misión de San Miguel de Satevó steht in einer Landschaft mit Kakteen und Gestrüpp. Als Zeugnis des Eifers der Jesuitenmissionare, die in den 1600er Jahren hierher kamen, war sie jahrzehntelang verlassen, bevor sie in den 1990er Jahren restauriert wurde.

⑤ Batopilas
🏠 Chihuahua 🚌

Kaum mehr als eine Straße breit klebt Batopilas an einem Fluss in einem 1,5 Kilometer tiefen Canyon. Der Ort gehört zu Mexikos verborgenen Schätzen. Ein Schatz war auch das Silber, das die Spanier und später den US-Politiker Alexander Shepherd hierherlockte. Batopilas entstand zu einer Zeit, als der einzige Zugang Maultierpfade waren. Auch heute kann es drei Stunden dauern, bis man die 60 Kilometer lange Schotterstraße geschafft hat, die Batopilas mit der Autostraße Creel – Guachochi verbindet. Zum Ort führen Kehren über 2100 Meter die Canyonwand hinab.

Eine Gedenktafel und eine Büste erinnern daran, dass in Batopilas Manuel Gómez Morín geboren wurde, der Gründer der Partei PAN (Partido Acción Nacional), der wichtigsten Opposition gegen die Langzeit-Regierungspartei PRI.

Alexander Shepherd, einem anderen Bürger von Batopilas, sind zahlreiche Monumente gewidmet. Er gründete um 1890 die Bergbaugesellschaft Batopilas. Die Ruinen seines Hauses, der Hacienda San Miguel, die heute mit wilden Feigen und Bougainvilleen überwuchert ist, liegen gegenüber der Ortseinfahrt am anderen Flussufer. Der von Shepherd erbaute Aquädukt ist zum großen Teil intakt. Auch sein Kraftwerk, das Batopilas zum zweiten Ort Mexikos mit elektrischem Strom machte, ist noch immer in Betrieb.

Sehenswert ist auch die Hacienda Batopilas mit ihren ausgefallenen Kuppeln und Bogen, heute ein gehobenes Hotel.

⑥ Cascada de Basaseachí
🏠 Chihuahua, 200 km nördl. von Creel 🕐 tägl. 5 – 22

Eine dreistündige Fahrt nordwestlich von Creel liegt der dramatische Basaseachí-Wasserfall. Mit einer Höhe von fast 300 Metern ist er der dritthöchste Wasserfall Nordamerikas. Die hoch aufragenden Fälle sind von einem riesigen Nationalpark umgeben, in dem es ausgezeichnete Wanderwege und Campingplätze sowie weitere Wasserfälle gibt. Besuchen Sie den Park in der Regenzeit (Mitte Juni – August), wenn die Wasserfälle am vollsten sind (der Mai ist der trockenste Monat).

→

Die wunderschöne Cascada de Basaseachí stürzt von der Felswand in ein Becken hinab

---

Highlight

Hotel

The Lodge at Creel
In Bezug auf Preis, Komfort und Bequemlichkeit ist dies eine der besten Unterkünfte im Cañón del Cobre. Umgeben von einem schönen Gelände bietet sie gemütliche Zimmer im Holzhüttenstil mit Gaskaminen, ein Spa, ein Restaurant und eine Bar und hilft bei der Organisation von Ausflügen.

🏠 López Mateos 61, Creel, Chihuahua
🌐 thelodgeatcreel.com
💲💲💲

SEHENSWÜRDIGKEITEN

❸ Chihuahua

F2 Chihuahua
820 000
Palacio de Gobierno,
+52 614 429 33 00   Santa Rita (22. Mai) chihuahua.gob.mx

Pancho Villa (um 1878–1923)

Francisco »Pancho« Villa, der als junger Mann einer Banditengruppe angehörte, wurde zu einem einflussreichen Revolutionsführer, nachdem er sich 1910 an der Kampagne zur Absetzung von Porfirio Díaz beteiligt hatte. Seine militärischen Strategien und seine charismatischen Führungsqualitäten sorgten für große Loyalität in seiner División del Norte, insbesondere in der Gegend um Chihuahua, wo er sein Hauptquartier hatte. 1920 übernahm Álvaro Obregón die Macht und ermutigte Villa, sich auf eine Hacienda in Canutillo (Durango) zurückzuziehen. Drei Jahre später wurde er ermordet.

Durch die Straßen Chihuahuas scheinen die Geister der beiden Nationalhelden Pancho Villa und Miguel Hidalgo (siehe S. 59) zu wandeln. Die von einer Halbwüste mit zerklüfteten Felsen umgebene Stadt verdankt ihre Gründung den Silberadern, die hier während der Kolonialzeit entdeckt wurden. Auch der Aquädukt stammt aus dieser Zeit. Der am besten erhaltene Teil befindet sich an der Kreuzung Calle 56 und Calle Allende.

Die Plaza de Armas wird von der Kathedrale beherrscht. Der mit Zwillingstürmen versehene Bau aus rötlichem Stein stammt aus dem 18. Jahrhundert. Der Altar aus italienischem Marmor wurde in den 1920er Jahren gefertigt. In einer Seitenkapelle befindet sich ein Museum sakraler Kunst.

Im Innenhof des Palacio de Gobierno an der Plaza Hidalgo findet man Wandbilder von Aarón Piña Mora mit Episoden der Geschichte Chihuahuas. Hier brennt auch ein Ewiges Feuer zum Gedenken an Miguel Hidalgo, der hier 1811 als Führer des Aufstands gegen die Spanier erschossen wurde.

Zwei Straßen weiter, in der Avenida Juárez, steht der Palacio Federal. In seinen Mauern sind noch die Reste des Kirchturms zu sehen, in dem Hidalgo inhaftiert war. Man findet hier ergreifende Zeugnisse der Gefangenschaft des Priesters und seines Endes.

Der berühmteste Einwohner Chihuahuas war Francisco »Pancho« Villa. Im **Museo Histórico de la Revolución** ist der von Kugeln durchsiebte Dodge zu sehen, in dem er 1923 den Tod fand. Das Museum ist in seinem Haus untergebracht, ein Großteil der Originaleinrichtung ist erhalten. Die Galerien erzählen die Geschichte der Revolution.

Das wohl schönste Haus der Stadt ist Quinta Gameros südöstlich der Plaza de Armas, das das **Centro Cultural Universitario Quinta Gameros** beherbergt. Allein schon wegen des Speisezimmers mit dem Schnitzwerk lohnt sich der Besuch des Jugendstilbaus. Im Obergeschoss ist eine Dauerausstellung mit Gemälden und Skulpturen von Luis Y. Aragón (* 1939), der auch Wandbilder schuf, zu sehen.

Die Ausstellungen im **Museo Casa de Juárez** befassen sich hauptsächlich mit Benito Juárez und den drei Jahren, die er während der französischen Intervention hier verbrachte.

Museo Histórico de la Revolución
Calle 10a 3010
+52 614 416 29 58   Di–Sa 9–13, 15–19, So 9–17

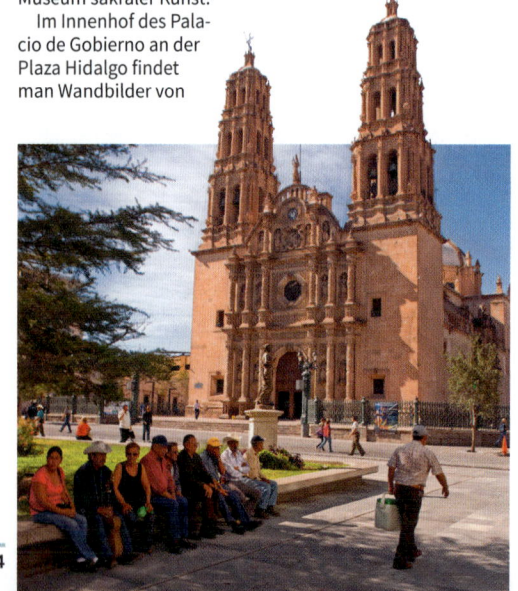

←

Menschen entspannen vor der attraktiven rosafarbenen Kathedrale von Chihuahua

Der mit Fresken bemalte neoklassizistischen Palacio de Gobierno in Hermosillo

Centro Cultural Universitario Quinta Gameros
🏛 Paseo Bolívar 401
📞 +52 614 238 20 05
🕐 Di – So 11 – 19

Museo Casa de Juárez
🏛 Juárez 321 📞 +52 614 410 42 58 🕐 Di – So 9 – 18

❹ Hermosillo

🗺 E2 📍 Sonora
👥 785 000 ℹ Calle Comonfort; +52 662 289 30 00
🎉 Weinfest (Juni), San Francisco (4. Okt) 🌐 isc.gob.mx

Sonoras Hauptstadt ist zwar ein betriebsames Zentrum, in dem Viehzüchter und Fabrikarbeiter aufeinandertreffen, sie hat aber auch ruhigere Bereiche. An der Plaza Zaragoza mit ihrem filigranen Musikpavillon steht die Kathedrale aus dem 19. Jahrhundert mit Zwillingstürmen und einer hellgelben Kuppel. Die strahlend weiße Fassade ist eine vom Klassizismus dominierte Mischung verschiedener Architekturstile, deren Vollendung mehr als 100 Jahre in Anspruch nahm.

Gegenüber findet man im klassizistischen **Palacio de Gobierno** moderne Fresken aus den 1980er Jahren, die von indianischen Mythen und der mexikanischen Revolution inspiriert sind.

Einen halben Kilometer weiter östlich informiert im restaurierten Gebäude des ehemaligen Staatsgefängnisses das **Museo de Sonora** über Geologie und Ökologie Sonoras sowie seine Entwicklung von der Frühzeit bis heute.

Das Stadtzentrum wird vom Cerro de la Campana (Glockenberg) beherrscht. Er wird von Funkmasten gekrönt und ist nachts beleuchtet. Sie können den Berg zu Fuß erklimmen oder mit dem Taxi hinauffahren, um den Panoramablick über die Stadt zu genießen.

Schon gewusst?
Chihuahuas stammen wahrscheinlich von Hunden ab, die von den Tolteken gezüchtet wurden.

Palacio de Gobierno
🏛 Calle Comonfort
📞 +52 662 213 11 70
🕐 Mo – Sa

Museo de Sonora
🏛 Jesús García Final
🕐 Mi – Sa 9 – 14, So 9 – 16

TOP 4 Regionale Feste

Ostern
Die Rarámuri-Osterzeremonie in Cusárare und Norogachi ist eine Nachstellung der Kreuzigungsgeschichte.

Fiesta de las Flores
Auf dem Frühlingsfest in Nogales werden Blumen und Kampfmotive gezeigt.

Día de la Marina
Nachgestellte Seeschlachten in Guaymas zu Ehren der Marine.

Nuestra Señora del Refugio
Männer in Tierfelltuniken führen am 4. Juli in Durango den Tanz der Matachines auf.

↑ *Sonnenhungrige am sandigen Ufer von Mazatlán*

5
Mazatlán

🅰 F3 🏞 Sinaloa 👥 400 000
✈ 🚌 🚢 ℹ Av. del Mar 882, Tellería 🎭 Karneval (Feb/März) 🌐 gomazatlan.com

Mazatlán gehört zu den nördlichsten Seebädern Mexikos. Das warme Klima und ein nahezu 20 Kilometer langer Strand haben ihm zu großer Beliebtheit verholfen. Eine Attraktion ist hier auch der Karneval, der angeblich drittgrößte der Welt nach Rio de Janeiro und New Orleans.

Die Altstadt mit ihren engen Straßen und Häusern aus dem 19. Jahrhundert und die teuren Strandhotels der Zona Dorada (Goldene Zone) sind durch eine Uferstraße verbunden. Die vorgelagerten Inseln Venados, Lobos und Pájaros bieten einsame Strände und sind mit Booten leicht erreichbar. Die für ihre Sandstrände und Kokospalmen bekannte Isla de la Piedra ist eigentlich eine Halbinsel auf der anderen Seite der Bucht. Hier wurde Estrella de Mar errichtet, eine der größten touristischen Anlagen Mexikos.

Ein Besuch der Altstadt lohnt sich wegen des liebevoll restaurierten italianisierenden Teatro Ángela Peralta, das nach einer aus Mazatlán stammenden Opernsängerin benannt ist, und der Kathedrale mit neogotischer Fassade, barockem Innenraum und vergoldetem Hochaltar. Beide Gebäude stammen aus dem 19. Jahrhundert. Die älteste Kirche ist allerdings die Iglesia de San José, die 1842 am Cerro de la Nevería (Eisschrankberg) erbaut wurde. Dieser Berg, der einen herrlichen Ausblick auf die Stadt bietet, hat seinen Namen von der im 19. Jahrhundert geübten Praxis, importiertes Eis in einem Bergstollen zu lagern.

Für einen tollen Blick über Mazatlán lohnt sich eine Wanderung auf den Cerro de Crestón am südlichen Stadtrand, der von einem Leuchtturm gekrönt wird.

Beachten Sie, dass es für den Bundesstaat Sinaloa seit 2020 eine Reisewarnung der USA gibt, da die Kriminalität in der Region sehr hoch ist. Wenn Sie Mazatlán besuchen, sollten Sie sich bei Ihren Erkundungen auf die Zona Dorada und das historische Stadtzentrum beschränken.

> **Die Altstadt von Mazatlán und die teuren Strandhotels der Zona Dorada (Goldene Zone) sind durch eine Uferstraße verbunden.**

Schöne Aussicht
Sky Room

Genießen Sie am Abend einen Drink in der Panoramabar des Hotels Posada Freeman (Olas Altas 79), von wo aus Sie einen atemberaubenden Blick auf die Altstadt von Mazatlán haben.

⑥ Monterrey

🅰 C2 🏛 Nuevo León
🗺 1,17 Mio. ✈ 🚂
ℹ Washington 2000 Oriente
🎭 Virgen de Guadalupe
(12. Dez) 🌐 nl.gob.mx

Monterrey, eine der größten Städte Mexikos, ist ein blühendes Handelszentrum, das von zerklüfteten Berggipfeln umgeben ist. Hier stehen einige beeindruckende Wolkenkratzer, darunter T.Op Torre 1, das höchste Gebäude Lateinamerikas (305 m).

Auf der Gran Plaza zeigt das **MARCO** (Museo de Arte Contemporáneo) moderne lateinamerikanische Kunst. Die Catedral Metropolitana, ebenfalls auf dem Platz, beherbergt lebendige Wandmalereien des mexikanischen Malers Ángel Zárraga aus den 1940ern. Das Museo del Palacio im **Palacio de Gobierno** zeigt Exponate zur Geschichte des Staats. Es hat zwei Schwestermuseen: das Museo de Historia Mexicana für nationale Geschichte und das Museo del Noreste für die Geschichte des Nordostens von Mexiko.

Hauptattraktion des Parque Fundidora ist das **Museo del Acero Horno 3**, das aus den Resten eines Stahlwerks errichtet wurde und die Geschichte der Stahlindustrie Monterreys nachzeichnet.

Östlich der Gran Plaza liegt das Barrio Antiguo, der älteste Teil der Innenstadt, mit bemalten Lehmhäusern, Galerien, Bars und Clubs. Der alte Bischofspalast **Obispado** (1787) mit dem Museo Regional de Nuevo León steht auf einem Hügel im Westen.

In Monterrey befindet sich auch die im Jahr 1890 gegründete Brauerei Cervecería Cuauhtémoc Moctezuma.

MARCO
♿🅿🅟⏰♿ 🏛 Ecke Zuazua und Jardón 🕐 Di–So 10–18 🌐 marco.org.mx

Palacio de Gobierno
🏛 5 de Mayo s/n 🕐 Di, So 10–20, Mi–Sa 10–18
🌐 3museos.com

Museo del Acero Horno 3
♿ 🏛 Parque Fundidora
🕐 Di–So 12–19
🌐 horno3.org

Obispado
🏛 Calle Rafael J. Vergel 1730 📞 +52 818 346 04 04

⑦ Álamos

🅰 F2 🏛 Sonora 🗺 26 000
🚌 ℹ Guadalupe Victoria 5;
+52 647 428 04 50 🎭 Virgen de Concepción (1. So im Dez)
🌐 alamosmexico.com

Álamos, ein Juwel aus der Kolonialzeit am westlichen Rand der Sierra Madre Occidental, verdankt seinen Reichtum dem Silber, das hier im 17. Jahrhundert entdeckt wurde.

Das Flair der Stadt machen die restaurierten Sonora-Herrenhäuser mit Innenhöfen und großen Fenstern mit Gittern aus. Jeden Samstag finden Führungen durch einige dieser Häuser statt.

Zu den weiteren Highlights gehört die barocke Parroquia de la Purísima Concepción. In ihrem Glockenturm sind Porzellanteller eingelassen, die angeblich von Frauen gespendet wurden. Leider wurden die meisten während der Revolution zerbrochen. Das nahe gelegene **Museo Costumbrista** zeigt lokale Geschichte, das **Museo María Félix** eine kleine Hommage an die hier geborene Schauspielerin María Félix (1914–2002), die in fast 50 Filmen mitwirkte.

Museo Costumbrista
♿🅿🅟⏰♿ 🏛 Guadalupe Victoria 1 📞 +52 647 428 00 53 🕐 Mi–So 9–18

Museo María Félix
♿ 🏛 Francisco I. Madero 310 🕐 Mi–So 10–16

Hotel

Hacienda de los Santos

Das Boutique-Hotel vereint drei spanische Herrenhäuser und eine Zuckermühle aus dem 17. Jahrhundert mit ruhigen Gärten und erstklassigen Restaurants.

🅰 F2 🏛 Molina 8, Álamos 🌐 haciendadelossantos.com

💲💲💲

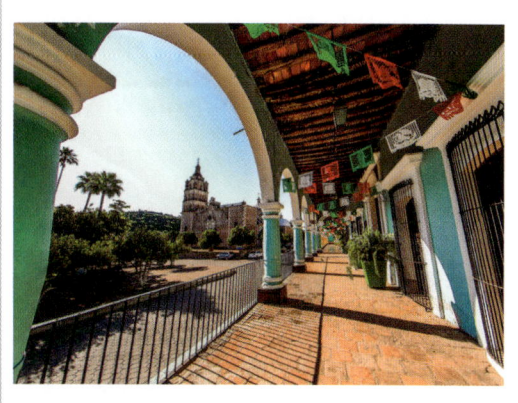

↑ *Die barocke Parroquia de la Purísima Concepción in Álamos*

8 Durango

G3 Durango
582 000 ✈ 🚌 *i* Florida 1106, Barrio del Calvario; +52 618 811 11 07 Feria Nacional (8. Juli)
visitdurango.mx

1898
In diesem Jahr diente Durango das erste Mal als Filmlocation.

Durango kennt man hauptsächlich wegen der Verbindung mit der Filmindustrie. Vor allem Western wurden hier gedreht. Viele Themen-Restaurants und Läden leben von der Cowboyfilm-Vergangenheit.

Zu den Sehenswürdigkeiten zählt die barocke Kathedrale an der Nordseite der Plaza de Armas. Westlich der Plaza liegt der Palacio de Gobierno mit Wandgemälden des 20. Jahrhunderts. In der Casa de Cultural Banamex östlich der Plaza, einem Herrenhaus vom Ende des 18. Jahrhunderts, ist noch die alte Innenausstattung erhalten. Der Jugendstilbau des Teatro Ricardo Castro aus der Zeit um 1900 ist mit dem größten, aus einem Block geschnitzten Holzrelief Mexikos ausgeschmückt.

Das **Museo General Francisco Villa** im Palacio de Zambrano (18. Jh.) zeigt die Geschichte der Region seit der Revolution. Das **Museo de Arte Guillermo Ceniceros** bewahrt das Vermächtnis des gleichnamigen Wandmalers, während der **Paseo Túnel de Minería** das Erbe des Bergbaus in der Stadt feiert.

Außerhalb kann man Western-Drehorte besichtigen, vor allem **Villa del Oeste**.

Hollywood in Mexiko

Der blaue Himmel und die zauberhafte Halbwüstenlandschaft machten Durango über viele Jahre hinweg zu einem beliebten Drehort für die Filmindustrie, vor allem für Western. Die Stars, die hier gedreht haben, reichen von John Wayne und Kirk Douglas bis zu Anthony Quinn und Jack Nicholson. Zu den bekanntesten Filmen, die hier produziert wurden, gehören John Hustons *Denen man nicht vergibt* sowie Sam Peckinpahs *The Wild Bunch* und *Pat Garrett jagt Billy the Kid*. Einige Hollywood-Drehorte können besichtigt werden, etwa die Villa del Oeste.

Museo General Francisco Villa
5 de Febrero 800
+52 618 811 47 93
Di – Fr 10 –18, Sa, So 11–18

Museo de Arte Guillermo Ceniceros
Serdán 1225
Di – Fr 10 –19, Sa, So 11–18
guillermoceniceros.com

Paseo Túnel de Minería
Calle Lic. Benito Juárez 313 Di – So 10 – 22

Villa del Oeste
Mex 45, 12 km nördl. von Durango +52 618 137 43 86 Di – So

9 Saltillo

B2 Coahuila
725 000 ✈ 🚌 *i* Calle Ignacio Allende 124
saltillo.gob.mx

Nicht nur als »Stadt der Säulen«, wie sie wegen der vielen klassizistischen Kolonnaden genannt wird, ist Saltillo bekannt, sondern auch wegen der Kathedrale, die zu den schönsten im nordöstlichen Mexiko zählt. Die Churriguerismus-Fassade der Catedral de Santiago de Saltillo wird durch sechs mit Skulpturen verzierte Säulen gegliedert. Die Silberarbeiten des Taufbeckens sind so fein, dass das Stück oft anderswo ausgestellt und in der Kathedrale durch eine Fotografie ersetzt wird.

Gegenüber erhebt sich der Palacio de Gobierno, Sitz der Bundesstaatsregierung, mit einem Wandbild zur Geschichte Coahuilas. Der Templo de San Esteban ist durch seine Kuppel, aber auch durch seine Geschichte berühmt. Die Kirche wurde während der US-Invasion *(siehe S. 60)* als Lazarett für Soldaten genutzt.

Saltillo hat eine Reihe von Museen. Das **Museo de las Aves de México** ist den Vögeln Mexikos gewidmet und enthält eine Sammlung ausgestopfter Vögel, die über 670 verschiedene Arten umfasst. Das **Museo del Desierto** hat sich zum Ziel gesetzt, ein besseres Verständnis für die biologische Vielfalt der

Die Catedral de Santiago de Saltillo erhebt sich über die Dächer von Saltillo

Wüstenökologie zu fördern. Das **Museo de la Revolución Mexicana** informiert über die Revolution von 1910, und das **Museo de los Presidentes Coahuilenses** ehrt mexikanische Präsidenten, die aus Coahuila stammten.

Museo de las Aves de México
🚫🚫♿ 🏛 Calle Hidalgo 151 🕒 Di–Sa 10–18, So 11–18 🌐 musave.org

Museo del Desierto
♿ 🏛 Carlos Abedrop Dávila 3745 🕒 Di–So 10–17 🌐 museodeldesierto.org

Museo de la Revolución Mexicana
🏛 Hidalgo Sur 167
📞 +52 844 410 47 94
🕒 Di–So 10–18

Museo de los Presidentes Coahuilenses
🏛 Nicolás Bravo Sur 264
🕒 Do–So 11–17 🌐 museopresidentes.org.mx

⑩ Hidalgo del Parral
🅰 F2 🏛 Chihuahua
👥 105 000 🚌 ℹ Mina La Prieta; +52 627 525 44 00
🎉 Francisco Villa (20. Juli)

Parral ist vor allem als Ort der Ermordung von Pancho Villa bekannt. Die Stadt verdankt ihren früheren Reichtum der Existenz von Gold- und Silberminen. Die Kirchen sind bekannt für die Erzbrocken, die für ihren Bau verwendet wurden.

An der Ecke Calle Primo de Verdad und Riva Palacio befindet sich die prächtige **Casa de Alvarado** von Anfang des 20. Jahrhunderts. Beachten Sie das schmerzverzerrte Gesicht über der Tür, das das eines örtlichen Minenarbeiters sein soll.

Casa de Alvarado
♿ 🏛 Calle Riva Palacio 2
📞 +52 627 522 02 90
🕒 tägl. 10–17

> Nicht nur als »Stadt der Säulen«, wie sie wegen der vielen klassizistischen Kolonnaden genannt wird, ist Saltillo bekannt, sondern auch wegen der schönen Kathedrale.

Shopping

Mena Pan de Pulque
Saltillo ist bekannt für sein *pan de pulque* – ein traditionelles Brot aus Weizen, Ei, Zimt und *pulque* (vergorener Agavensaft). Die 1925 gegründete Bäckerei stellt auch heute noch Brote und Brötchen her.

🅰 B2 🏛 Madero 1350, Saltillo
📞 +52 844 412 16 71

El Sarape de Saltillo
Nur wenige Dinge sind so typisch mexikanisch wie die *sarapes* (bunte Wollschals), für die Saltillo berühmt ist. In diesem Laden werden die Schals noch vor Ort hergestellt.

🅰 B2 🏛 Hidalgo Sur 305, Saltillo
📞 +52 844 414 96 34

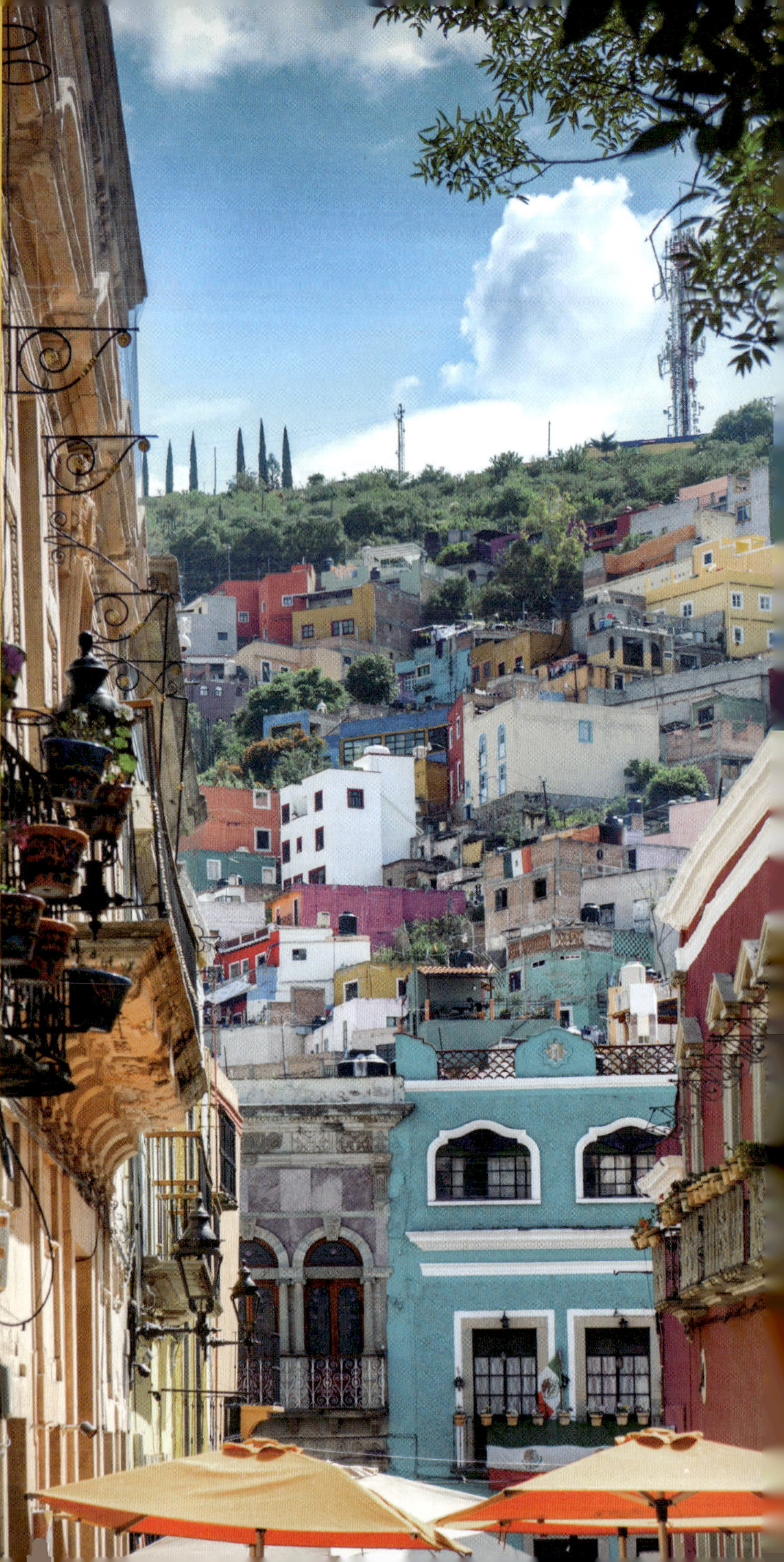

Die engen, steilen Straßen von Guanajuato (siehe S. 196 – 201)

Bajío

Nach dem Sieg über das Aztekenreich 1521 zogen spanische Soldaten durch Zentralmexiko, um die Gebiete der nomadischen Eingeborenenstämme zu erobern, darunter die Otomí, Guachichile, Guamares und Pames. Es folgten ihnen Missionare, um das Christentum zu verbreiten, und Abenteurer, die ihr Glück suchten. Der Eifer der Kolonisatoren, Minen (vor allem Silber) zu errichten, führte zur Zerstörung der Umwelt und zum Eindringen in das Land der indigenen Völker, was in der zweiten Hälfte des 16. Jahrhunderts zu jahrzehntelangen Kriegen führte. Bald wurden in der Region opulente Städte gegründet, von denen einige zu den Hauptlieferanten von Silber und Gold für die Königsfamilie wurden. Anfang des 19. Jahrhunderts begann hier die allgemeine Unzufriedenheit mit der spanischen Herrschaft zu brodeln, und der erste bewaffnete Aufstand brachte der Region den Titel »Wiege der Unabhängigkeit« ein. In Guanajuato und Morelia wurden erbitterte Kämpfe ausgetragen, bis Mexiko 1821 seine Unabhängigkeit von Spanien erklärte.

Das mexikanische Kernland – bekannt als Bajío – besteht aus den Bundesstaaten Aguascalientes, Jalisco (Centro-Los Altos), Guanajuato und Querétaro und ist nach wie vor eine relativ wohlhabende Region, die sich durch große landwirtschaftliche Flächen, eine florierende Industrie und zunehmend beliebte Touristenattraktionen auszeichnet. Charmante, gut erhaltene Städte aus der Kolonialzeit prägen die Bundesstaaten, in denen sonnenverwöhnte Küsten und feuchte Dschungel an kaktusbewachsene Hochebenen und schneebedeckte Vulkane grenzen.

Bajío

Highlights
1. Guadalajara
2. Guanajuato
3. Zacatecas
4. Querétaro
5. Morelia

Sehenswürdigkeiten
6. Tlaquepaque
7. Cañada de la Virgen
8. Cuyutlán
9. Manzanillo
10. Paricutín
11. Sierra Gorda
12. Santuario El Rosario
13. Tepic
14. Tequisquiapan
15. Colima
16. Mexcaltitán
17. Mineral de Pozos
18. Uruapan
19. San Juan de los Lagos
20. Tequila
21. Las Pozas
22. La Quemada
23. Lagos de Moreno
24. Ribera
25. Dolores Hidalgo
26. Pátzcuaro
27. San Luis Potosí
28. Real de Catorce
29. San Miguel de Allende
30. Aguascalientes
31. Puerto Vallarta

Bajío

Nordmexiko
Seiten 174–189

Golfküste
Seiten 258–275

Zentralmexiko
Seiten 136–163

Südmexiko
Seiten 230–257

Orte und Sehenswürdigkeiten

- 1 Guadalajara
- 2 Guanajuato
- 3 Zacatecas
- 4 Querétaro
- 5 Morelia
- 6 Tlaquepaque
- 7 Cañada de la Virgen
- 10 Paricutín
- 11 Sierra Gorda
- 12 Santuario El Rosario
- 14 Tequisquiapan
- 17 Mineral de Pozos
- 18 Uruapan
- 19 San Juan de los Lagos
- 21 Las Pozas
- 22 La Quemada
- 23 Lagos de Moreno
- 24 Ribera
- 25 Dolores Hidalgo
- 26 Pátzcuaro
- 27 San Luis Potosí
- 28 Real de Catorce
- 29 San Miguel de Allende
- 30 Aguascalientes

Guadalajara

B4 **Jalisco** **1,6 Mio.** **Morelos 102;
+52 33 3668 16 00** **Virgen de Zapopan (12. Okt)**

Im 20. Jahrhundert wurde aus der Provinzstadt Guadalajara eine moderne Metropole. Ein breiter Industriegürtel und viele Vorstädte säumen heute das Zentrum, aber die Innenstadt rund um die Kathedrale, die Plätze und Gärten scheinen seit dem 16. Jahrhundert unverändert.

①
Mercado Libertad
Dionisio Rodríguez 52
tägl. 8–20

Der auch als Mercado San Juan de Dios bekannte Markt ist der größte überdachte Lateinamerikas. Hier wird so ziemlich alles verkauft, was man sich vorstellen kann, von Souvenirs bis hin zu getrockneten Leguanen – auf jeden Fall sollte man handeln.

②
Catedral Basílica
Plaza de Armas

Der Bau der monumentalen Kathedrale begann kurz nach der Stadtgründung 1542. Sie wurde jedoch erst Anfang des 18. Jahrhunderts vollendet, was zu einer Stilmischung führte. 1750 und 1818 zerstörten Erdbeben die ursprüngliche Fassade und die Türme. Letztere wurden Mitte des 19. Jahrhunderts durch die mit gelben Fliesen verkleideten Spitztürme ersetzt.

③
Museo Regional de Guadalajara
Calle Liceo 60 **+52 33 613 27 03** **Di – So 9–16:30**

Ein ehemaliges Priesterseminar von 1699 beherbergt das Museo Regional de Guadalajara. Das Erdgeschoss widmet sich der Paläontologie, Frühgeschichte und Archäologie. Zu den Exponaten zählen ein Mammutskelett und die Replik eines Schachtgrabs. Im Obergeschoss erfährt man mehr über indigene Völker und sieht Gemälde von kolonialzeitlichen und zeitgenössischen Künstlern aus Jalisco.

④
Palacio de Gobierno
Ecke Moreno und Av. Corona **+52 33 366 818 02** **Mo – Fr 9–18**

Der barocke Palacio de Gobierno ist Sitz der Bundesstaatsregierung. Die Haupttreppe, die Kuppel der Kapelle und die Tagungsräume im Obergeschoss sind mit Wandbildern von José Clemente Orozco geschmückt. Sie feiern den Freiheitskämpfer Miguel Hidalgo, der hier 1810 die Abschaffung der Sklaverei verkündete.

⑤
Museo Cabañas
Cabañas 8 **tägl. 11–17**
museocabanas.jalisco.gob.mx

Das 1805 von Bischof Juan Cruz Ruiz de Cabañas gegründete Hospiz ist mit sei-

Die imposante Kathedrale von Guadalajara an der Plaza de Armas

ner Zentralkuppel und den 22 Innenhöfen das größte kolonialzeitliche Gebäude Amerikas, eines der schönsten klassizistischen Bauwerke Mexikos und UNESCO-Welterbestätte. Der Bau wurde von Manuel Tolsá entworfen. Bis 1979 diente er als Waisenhaus für bis zu 3000 Kinder. Nach einer Restaurierung wurde er zu einem Zentrum für Ausstellungen und einer Schule für darstellende und schöne Künste. Der Innenraum der früheren Kapelle ist mit Fresken von José Clemente Orozco aus den späten 1930er Jahren ausgeschmückt. Die Bilder haben die *conquista*, politischen Terror und die Enthumanisierung des Menschen zum Thema.

Mit der Plaza Tapatía vor dem Gebäude endet die an der Kathedrale beginnende Fußgängerzone. Der Mercado Libertad, einer der größten überdachten Märkte Lateinamerikas, ist in der Nähe.

Mariachi-Musik

Die moderne *Mariachi*-Musik entstand im 19. Jahrhundert in Jalisco – verlassen Sie Guadalajara nicht, ohne sie auf der Plaza de los Mariachis live gehört zu haben. *Mariachi*-Bands schlendern zwischen den Bars dieser kurzen Fußgängerzone umher. Freitag- und Samstagabende sind die beste Zeit für einen Besuch.

⑥ Basílica de Zapopan
Calle Eva Briseño 152, Zapopan, 7 km nordwestl. des Zentrums +52 33 3633 66 14 tägl. 7–21 während Messen

Die vom Anfang des 18. Jahrhunderts stammende Basílica de Zapopan birgt eine der meistverehrten Marienfiguren Mexikos, die Jungfrau von Zapopan. Die kleine Statue aus Maisbrei wurde den Indios im 16. Jahrhundert von einem Franziskanermönch geschenkt.

⑦ Museo Huichol Wixárika de Zapopan
Calle Eva Briseño 152 +52 33 3636 44 30 Mo–Sa 10–14, 15–18, So 10–14

Das kleine Museum neben der Basilika zeigt traditionelle Kleidung und Artefakte der Huichol (Wixáritari). Außerdem werden hier Kunsthandwerk, darunter schamanische Garnmalereien *(cuadros de estambre)*, sowie handgefertigte Gegenstände wie Masken und Schmuck verkauft.

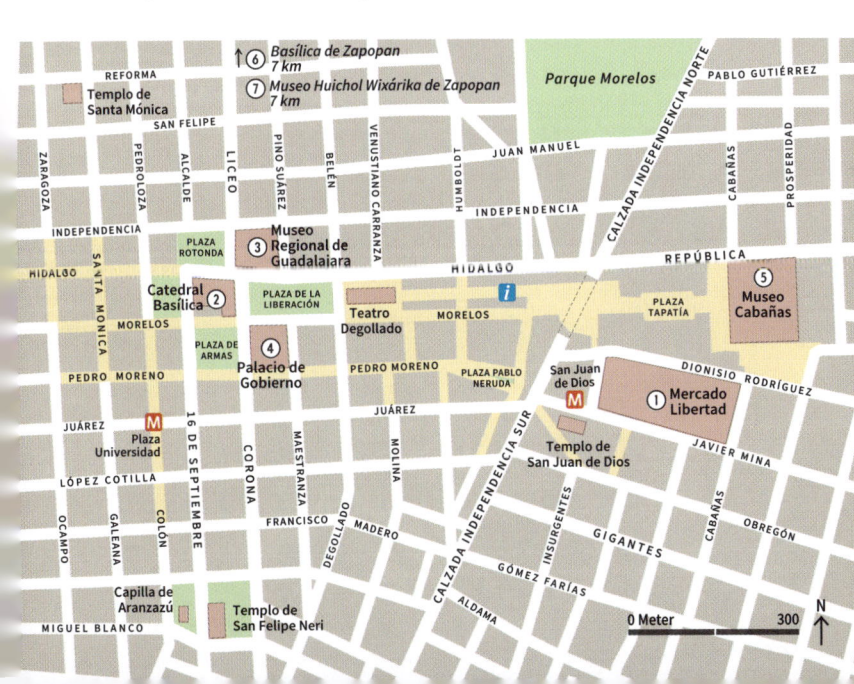

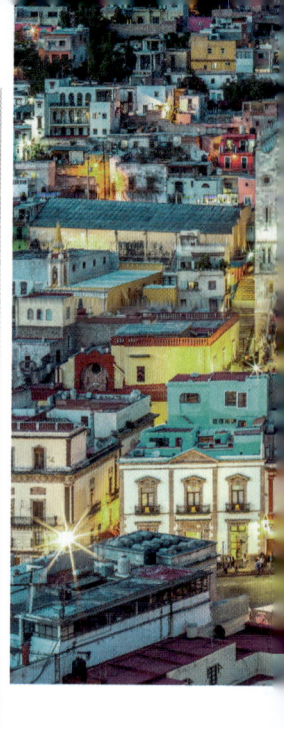

Guanajuato

B4 **Guanajuato** **72 000** **Plaza de la Paz 14; +52 473 732 24 64** **San Juan y Presa de la Olla (Juni), Festival Cervantino (Okt)**

Eine der schönsten Städte Mexikos aus dem 16. Jahrhundert erhebt sich aus einer Schlucht auf Hügel, die einst ein Viertel der Silberproduktion Neuspaniens lieferten. Ihre glanzvolle Vergangenheit als reiche Bergbaustadt lässt sich leicht an den Gebäuden im Labyrinth der Straßen und Gassen des historischen Zentrums erkennen.

① Teatro Juárez

De Sopena s/n **+52 473 732 25 21** **Di – So 10 –18**

Statuen der Musen krönen die Fassade des neoklassizistischen Theaters. Darunter führt eine breite Treppe mit Bronzelöwen zum Foyer und zum Zuschauerraum im maurischen Stil. Das Theater ist Hauptspielort für das im Oktober stattfindende Festival Cervantino. Musik-, Tanz- und Theatergruppen aus der ganzen Welt treffen sich in Guanajuato zu diesem kulturellen Höhepunkt, der Miguel Cervantes gewidmet ist. Die Gebäude der Stadt im spanischen Kolonialstil bilden die Kulisse für die Aufführungen mit historischen Kostümen und Pferden.

② Museo de las Momias

Explanada del Panteón **Mo – Do 9 –18, Fr – So 9 –18:30** **momias deguanajuato.gob.mx**

Südwestlich des Zentrums befindet sich dieses makabre Museum, das seine Beliebtheit der mexikanischen Todesobsession verdankt. In höhlenartigen Räumen kann man 100 Mumien mit hageren und entstellten Gesichtern aus einem nahe gelegenen Friedhof besichtigen.

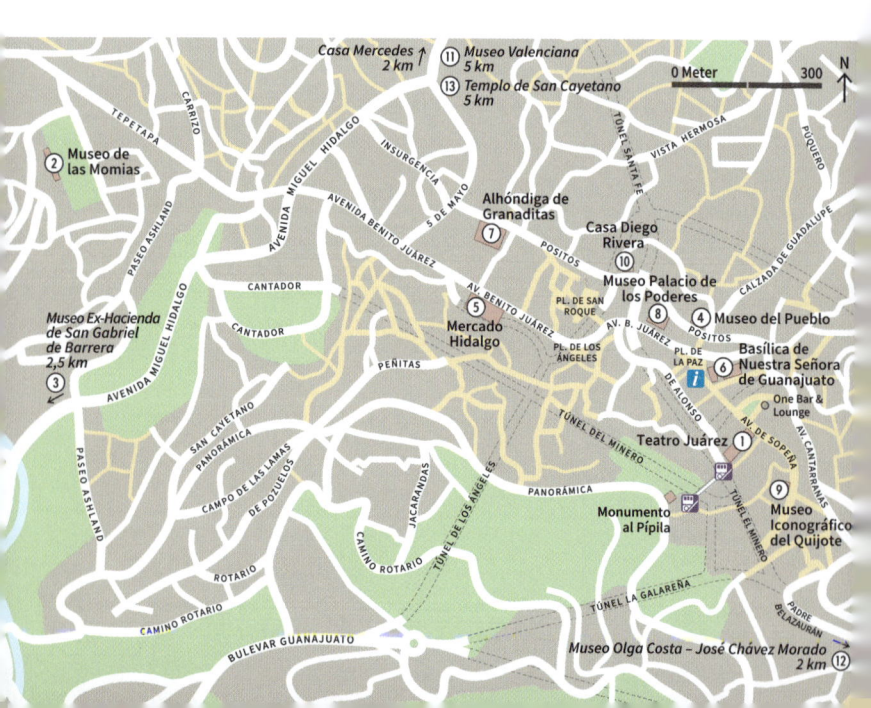

Highlight

Guanajuatos Wirrwarr aus engen Gassen und imposanten Gebäuden ist bei Nacht beleuchtet

③
Museo Ex-Hacienda de San Gabriel de la Barrera
Marfil, 2,5 km südwestl. des Zentrums | +52 473 732 06 19 | tägl. 9–18

Die restaurierte Hacienda wurde Ende des 17. Jahrhunderts für die reiche Familie Barrera gebaut. Heute ist sie ein Museum mit europäischen Möbeln aus dem 17. bis 19. Jahrhundert. Auf dem Gelände wurden 17 Gärten unterschiedlicher Stilrichtung angelegt, darunter englisch, italienisch, römisch, arabisch und mexikanisch.

> **Schöne Aussicht**
> **El Pípila**
> Einen atemberaubenden Blick auf die Stadt haben Sie, wenn Sie mit der Standseilbahn hinter dem Teatro Juárez zum Monument al Pípila fahren. Bei Sonnenuntergang ist die Aussicht magisch.

④
Museo del Pueblo
Positos 7 | +52 473 732 29 90 | Di–Sa 10–19, So 10–15

In einem der schönsten Herrenhäuser der Stadt ist Kunst aus der präkolumbischen Zeit bis heute ausgestellt. Den Schwerpunkt bilden religiöse Objekte aus der Kolonialzeit.

⑤
Mercado Hidalgo
Juárez, bei Mendizábal | tägl. 8–21

Die wichtigste Markthalle der Stadt ist eine riesige Eisenkonstruktion von 1910. Wenn sie an viktorianische Bahnhöfe erinnert, dann deshalb, weil sie ursprünglich einer sein sollte (das Eisenbahnprojekt wurde nie beendet). Heute ist der Markt vollgepackt mit allen möglichen Produkten und ein großartiger Ort zum Essen, mit vielen Ständen, die mexikanisches Street-Food anbieten.

⑥
Basílica de Nuestra Señora de Guanajuato
Calle Ponciano Aguilar 7 | +52 473 732 03 14

Die im 17. Jahrhundert erbaute Kirche birgt eine Statue der Jungfrau Maria, ein Geschenk von Karl I. und Philipp II. von Spanien an die Stadt. Die Statue stammt aus dem 7. Jahrhundert und ist das älteste christliche Kunstwerk Mexikos. Besonders schön ist die von venezianischen Lüstern erhellte Kirche abends.

Die Skulptur der Jungfrau Maria in der Basilika

Wandgemälde von José Chávez Morado, ein Highlight der Alhóndiga de Ganaditas, und der Innenhof (Detail)

⑨ Museo Iconográfico del Quijote

Manuel Doblado 2
Di – Sa 10 – 17, So 12 – 17
museoiconografico.guanajuato.gob.mx

Das Museum zeigt Hunderte von Darstellungen Don Quijotes, von Briefmarken bis zu Wandbildern. Die Sammlung umfasst Werke von Dalí, Picasso und Daumier.

⑦ Alhóndiga de Granaditas

Mendizábal 6 +52 473 732 11 12 Di – Sa 10 – 17:30, So 10 – 14:30

Der ehemalige Kornspeicher (Ende 18. Jh.) war Schauplatz des ersten Siegs der Freiheitskämpfer. 1810 steckten sie die Tore in Brand und töteten die meisten Regierungssoldaten, die im Gebäude waren. An der Fassade sind noch die Geschossspuren und die vier Haken zu sehen, an denen später die Köpfe der vier Rebellenführer Hidalgo, Allende, Jiménez und Aldama hingen.

Der riesige Bau beherbergt nun ein Regionalmuseum mit Kunstwerken, ethnografischen und archäologischen Objekten. Die Wandbilder im Treppenhaus stammen von José Chávez Morado (1909 – 2002) und zeigen Szenen der Stadtgeschichte.

⑧ Museo Palacio de los Poderes

Juárez 75 +52 473 102 27 00 Di – So 10 – 19

Dieses fesselnde Geschichtsmuseum befindet sich im Palacio Legislativo, der 1903 nach einem Entwurf des Architekten Louis Long fertiggestellt wurde. Die Besucher können die gut erhaltenen Säle wie den Salón del Pleno (Plenarsaal) und den Salón Verde (Grüner Saal) mit kunstvollem Dekor und Originalmöbeln besichtigen.

⑩ Casa Diego Rivera

Positos 47 +52 473 732 11 97 Di – Sa 10 – 19, So 10 – 15

Das Geburtshaus von Diego Rivera ist seinem Leben gewidmet. Seine Kunst füllt die Räume im Obergeschoss, im Erdgeschoss sind Möbel aus dem 19. Jahrhundert.

Guanajuatos Hintergassen

Eine unterhaltsame Art, die Gassen von Guanajuato zu erkunden, ist die Teilnahme an einer *Callejóneadas*-Tour. Als Minnesänger verkleidete Studenten spielen Melodien und schlendern mit dem Publikum durch die Seitenstraßen. Die meisten beginnen um 20:30 Uhr – für Getränke ist eine Eintrittskarte erforderlich. Das Spektakel macht Spaß, aber Sie sollten Spanisch sprechen.

⑪ Museo Valenciana

📍 Privada Cerro del Erizo, Valenciana 36230, 5 km nördl. des Zentrums
🕐 Fr, Sa 10–18, So 10–17
🌐 valenciana1791.webnode.es

Mitte des 16. Jahrhunderts begann hier der Abbau von Gold und Silber. 200 Jahre später entdeckte man eine weitere reiche Ader. Die Bocamina de Valenciana, der 1557 angelegte Schacht, ist 100 Meter tief in den Felsen gegraben. Über steile Treppen kann man bis zur halben Höhe hinabsteigen. Die Bergleute trugen hier auf ihren Rücken erzhaltiges Gestein nach oben. Das Minenmuseum erzählt aus dieser Zeit.

⑫ Museo Olga Costa-José Chávez Morado

📍 Pastita 158, Torre del Arco ☎ +52 473 731 09 77
🕐 Do–Sa 9:30–17, So 9:30–16

Der mexikanische Wandmaler José Chávez Morado (1909–2002) und seine Frau, die deutsche Malerin Olga Costa, lebten einst in der Hacienda de Guadalupe, die heute ein Museum zu ihren Ehren beherbergt. Das Haus zeigt schöne Majolika-Keramiken und Glaswaren (18. Jh.), französische Möbel (17. Jh.) und persische Wandbehänge, aber es gibt nur wenige Werke des Paares zu sehen. Morados skurrile Buntglasfenster sind jedoch erhalten geblieben.

⑬ Templo de San Cayetano

📍 Calle San José s/n, Mineral, km 1,5, Valenciana
☎ +52 473 732 35 96

Die spektakulärste Kirche der Stadt, auch »La Valenciana« genannt, errichtete 1765–88 der Graf von Valenciana, Besitzer der nahe gelegenen Mine. Ihre Fassade besteht aus rotem Kalkstein und wird von Churriguerismus-Pilastern gegliedert. Im barocken Innenraum findet man drei vergoldete polychrome Altäre und eine mit Elfenbein verzierte Kanzel.

Highlight

Restaurant

Casa Mercedes
Mit Kerzen beleuchteter Speisesaal unter der Leitung von Jesús Cárdenas. Auf der Speisekarte mit mexikanischer Gourmetküche stehen Gerichte wie Enten-Tacos und Hühnchen in Pistazien-*mole* (Sauce).

📍 Arriba 6, San Javier
🌐 casamercedes.com.mx
$$$

Bar

One Bar & Lounge
Die Rooftop-Bar bietet einen bezaubernden Blick über die Stadt. Freuen Sie sich auf ein minimalistisches Dekor, exquisite Cocktails und DJs an Wochenenden.

📍 Jardín de la Unión 7
☎ +52 473 732 27 95

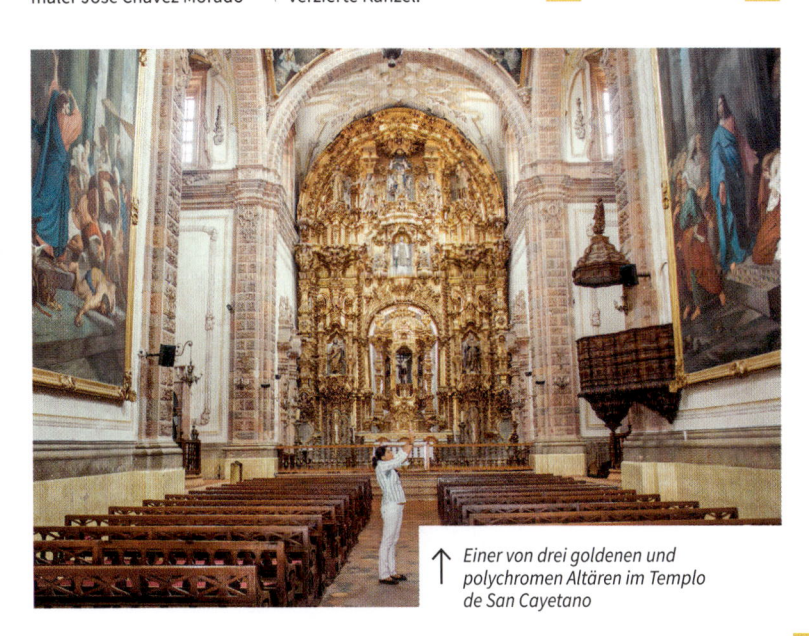

↑ *Einer von drei goldenen und polychromen Altären im Templo de San Cayetano*

Spaziergang durch Guanajuato

Länge 1,5 km **Dauer** 15 Minuten
Bus Guanajuato

Die meisten der Hauptsehenswürdigkeiten Guanajuatos befinden sich in der Nähe des Stadtzentrums, und es ist ein Vergnügen, dieses historische Juwel zu besuchen und zu Fuß durch die verwinkelten Gassen zu schlendern und dabei die kunstvolle Architektur zu bewundern. Reiche Minenbesitzer schmückten die gewundenen Straßen mit stattlichen Herrenhäusern im spanischen Kolonialstil und imposanten Kirchen. Das einzigartige Ergebnis ist ein Zentrum ohne Ampeln und Leuchtreklamen, das 1988 zum UNESCO-Weltkulturerbe erklärt wurde.

Die **Casa Diego Rivera** *(siehe S. 198)*, in der Rivera 1886 geboren wurde, ist heute ein Museum, das über 100 seiner Werke zeigt.

Die 1965 in einem Flussbett zwecks Milderung der Verkehrsprobleme angelegte **Calle Hidalgo** verläuft unter dem Zentrum.

Die **Plaza de los Ángeles** ist ein beliebter Studententreff.

Der **Callejón del Beso** (Kussgasse) ist stellenweise nur 69 Zentimeter breit.

Die **Casa Rul y Valenciana**, ein Herrenhaus (Ende 18. Jh.), ist heute Gerichtsgebäude.

Schon gewusst?

Der Callejón del Beso soll nach zwei Liebenden benannt sein, die sich heimlich küssten.

0 Meter 50

Die beeindruckende Basílica de Nuestra Señora de Guanajuato

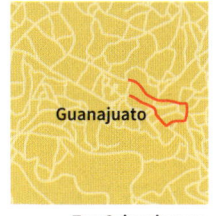

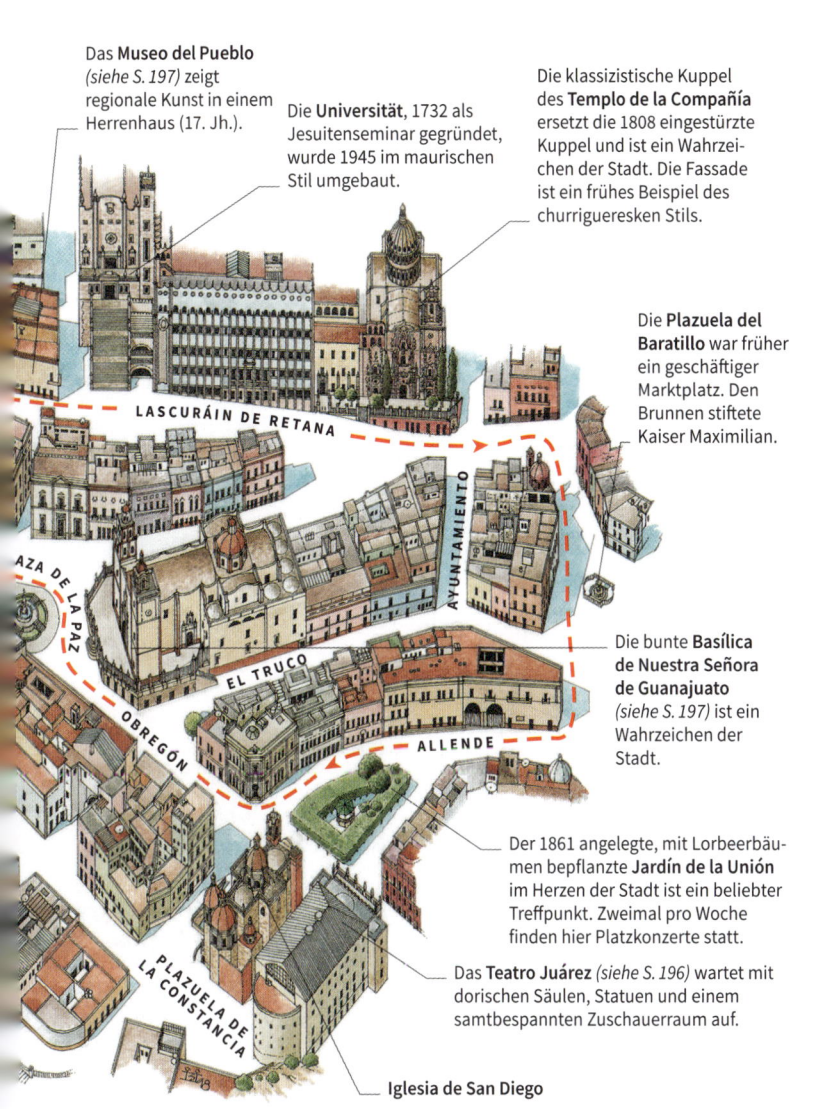

Zur Orientierung
Siehe Karte S. 196

Das **Museo del Pueblo** *(siehe S. 197)* zeigt regionale Kunst in einem Herrenhaus (17. Jh.).

Die **Universität**, 1732 als Jesuitenseminar gegründet, wurde 1945 im maurischen Stil umgebaut.

Die klassizistische Kuppel des **Templo de la Compañía** ersetzt die 1808 eingestürzte Kuppel und ist ein Wahrzeichen der Stadt. Die Fassade ist ein frühes Beispiel des churriguereskenb Stils.

Die **Plazuela del Baratillo** war früher ein geschäftiger Marktplatz. Den Brunnen stiftete Kaiser Maximilian.

Die bunte **Basílica de Nuestra Señora de Guanajuato** *(siehe S. 197)* ist ein Wahrzeichen der Stadt.

Der 1861 angelegte, mit Lorbeerbäumen bepflanzte **Jardín de la Unión** im Herzen der Stadt ist ein beliebter Treffpunkt. Zweimal pro Woche finden hier Platzkonzerte statt.

Das **Teatro Juárez** *(siehe S. 196)* wartet mit dorischen Säulen, Statuen und einem samtbespannten Zuschauerraum auf.

Iglesia de San Diego

201

Zacatecas

B3 Zacatecas 129 000 Av. Hidalgo 403; +52 492 922 34 26 La Morisma (Aug), Feria de Zacatecas (erste zwei Wochen im Sep) zacatecas.gob.mx

Zacatecas strotzt nur so vor spanischer Kolonialarchitektur. Gegründet 1546, kurz nach der Entdeckung von Metallvorkommen in der Gegend, lieferte Zacatecas schon bald Silber an die spanische Krone. Die Stadt ist bemerkenswert für ihre barocken Kalksteinbauten, die in einem engen Tal zwischen steilen, trockenen Hügeln stehen.

Adlige bauten in Zacatecas stattliche Herrenhäuser, Klöster und Kirchen. Die rosafarbenen Bruchsteinbauten und eleganten Straßen wirken wie aus dem klassischen Spanien entsprungen. Der beste Weg, diese Schätze zu bewundern, ist eine Fahrt mit der Seilbahn über die Dächer der Stadt. Das Silber finanzierte den Aufstieg der Stadt, und die Minen sind heute vor allem Touristenattraktionen, doch das Erbe aus der Kolonialzeit ist nun der eigentliche Reiz: eine prächtige Kathedrale, herrliche Herrenhäuser und Museen für bildende Kunst. Ein Markt, gute Restaurants und Wandermöglichkeiten machen die Stadt noch attraktiver.

① Kathedrale
Av. Hidalgo 617

Der üppige Schmuck an der dreiteiligen Fassade der Kathedrale gilt als das bedeutendste Beispiel für Churriguerismus *(siehe S. 43)* in Mexiko. Heilige, Apostel, Engel, Blumen und Früchte schmücken die Pfeiler, Postamente, Säulen und Nischen. Der Reichtum steht in einem seltsamen Kontrast zum Innenraum, dessen Schätze in den Wirren der Reformzeit *(siehe S. 61)* und der Revolution *(siehe S. 62)* verloren gingen. Der Großteil des Baus wurde 1730–75 errichtet, der Nordturm hingegen erst 1904 vollendet. Die Seitenfassaden wirken nüchtern, und nur ein gekreuzigter Christus schmückt die Nordfront.

② Museo Rafael Coronel
Ecke Abasolo und Matamoros +52 492 922 81 16
Do–Di 10–17

Im restaurierten Teil der Ruinen des Ex-Convento de San Francisco ist die riesige Maskensammlung des Surrealisten Rafael Coronel untergebracht. Der Künstler sammelte 10 000 Ritual- und

↑ *Rituelle Maske, Teil einer Sammlung im Museo Rafael Coronel*

Zacatecas' farbenfrohe Gebäude und die große churrigereske Kathedrale

Tanzmasken aus ganz Mexiko, von denen etwa 3000 ausgestellt sind. Zu sehen sind auch präkolumbische und kolonialzeitliche Keramik, Kunsthandwerk sowie Architekturzeichnungen und Skizzen von Rafael Coronels Schwiegervater Diego Rivera.

③
Museo Francisco Goitia
- Enrique Estrada 102
- +52 492 922 02 11
- Di–So 11–17

In einer klassizistischen Villa sind Bilder, Paravents und Skulpturen der Brüder Coronel und anderer örtlicher Künstler ausgestellt. Auf zwei Etagen, die durch eine atemberaubende Marmortreppe miteinander verbunden sind, fällt das erstaunliche Werk von Francisco Goitia ins Auge. Bis 1962 war das Haus Amtssitz des Gouverneurs von Zacatecas. Der Garten geht über in den Parque Enrique Estrada, der zu den Überresten eines Aquädukts aus dem 18. Jahrhundert und zum Hotel Quinta Real hin abfällt. Das Hotel ist rund um die alte Stierarena gebaut.

④
Museo Pedro Coronel
- Plaza de Santo Domingo
- +52 492 922 80 21
- Di–So 10–17

Der Maler und Bildhauer Pedro Coronel aus Zacatecas ist für diese einzigartige Kunstsammlung verantwortlich, die mehrere Zivilisationen und Kontinente umfasst, von ägyptischen Mumien bis hin zu Werken von Goya und Hogarth. All dies ist in den oberen Stockwerken eines ehemaligen Jesuitenseminars untergebracht. Außerdem gibt es eine Bibliothek mit 25 000 Bänden aus dem 16. bis 19. Jahrhundert.

Neben dem Museum steht der Templo de Santo Domingo. Hinter seiner nüchternen Fassade verbirgt sich ein reich ausgestatteter Innenraum mit acht Altarbildern aus mit Goldfolie vergoldetem Holz. In der achteckigen Sakristei zeigen acht Gemälde des Malers und Vergolders Francisco Martínez aus dem 18. Jahrhundert die dramatischsten Szenen des Kreuzwegs.

Highlight

Schon gewusst?
Mexiko ist der weltweit führende Silberproduzent, was auf Zacatecas zurückzuführen ist.

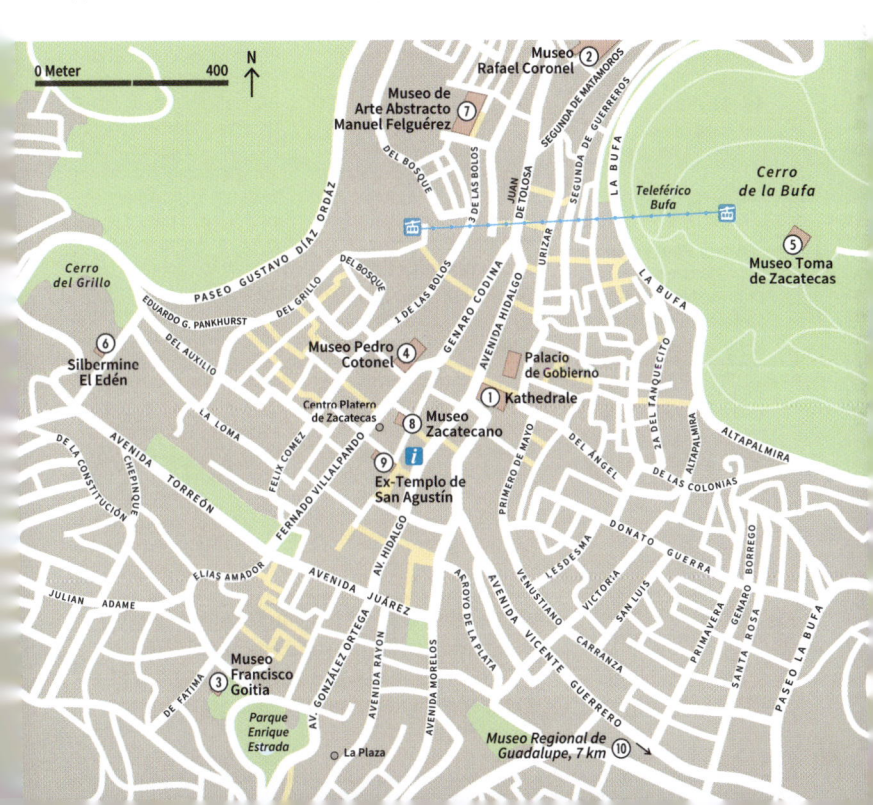

Atemberaubende Aussicht vom Cerro de la Bufa und eine Seilbahn, die den Berg hinauffährt (Detail)

Restaurant

La Plaza
Die unglaubliche Kulisse macht das Essen in dem Hotelrestaurant mit Blick auf die Stierkampfarena zu einem Erlebnis. Es ist bekannt für seinen *zacatecano* – ein Gericht mit Chilis und Sahne.

 Hotel Quinta Real, Ignacio Rayón 434
 +52 492 922 91 04
$$$

Shopping

Centro Platero de Zacatecas
Der beste Ort, um Silber zu kaufen, befindet sich in dieser ehemaligen Hacienda im Süden von Zacatecas. Studenten und Absolventen der Silberschmiedeschule vor Ort entwerfen originelle Silberarbeiten, die hier verkauft werden.

 Ex-Hacienda de Bernardez, Lomas de Bernardez, Guadalupe
 centroplatero dezacatecas.com.mx

⑤
Museo Toma de Zacatecas
 Cerro de la Bufa
 +52 492 922 80 66
 tägl. 10–16:30

Der Hügel nordöstlich des Zentrums, Cerro de la Bufa, war 1914 Schauplatz einer Revolutionsschlacht. Im Museo Toma de Zacatecas auf dem Gipfel sind Gegenstände aus der Schlacht ausgestellt, die Francisco »Pancho« Villa gewann *(siehe S. 184)*.

Der Hügel bietet eine großartige Aussicht vom Teleférico (Seilbahn), der sich von hier bis zum Cerro del Grillo auf etwa 650 Meter erstreckt.

⑥
Silbermine El Edén
 Antonio Dovalí Jaime s/n
 +52 492 922 30 02
 tägl. 10–18

Die Hauptattraktion des Hügels Cerro del Grillo ist die Besichtigung von drei der sieben Ebenen der legendären Silbermine El Edén, einschließlich einer Fahrt in einem Minenzug durch 600 Meter lange Stollen.

⑦
Museo de Arte Abstracto Manuel Felguérez
 Colón, beim Seminario
 Mi – Mo 10–17
 maamf.com.mx

Die Galerie für moderne Kunst befindet sich in einem ehemaligen Priesterseminar. Die meisten der ausgestellten Werke sind von Manuel Felguérez (1928–2020), der aus Zacatecas stammt und zu den angesehensten abstrakten Künstlern Brasiliens zählt. Zu den bemerkenswerten Werken gehören *El Arco del Día* und *Retablo de los Mártires*, ein monumentales abstraktes Gemälde.

⑧
Museo Zacatecano
 Dr. Hierro 307 +52 492 922 65 80 Mi – Mo 10–17

Die alte Münzanstalt war bis 1842 in Betrieb und wurde

> Die alte Münzanstalt von Zacatecas war bis 1842 in Betrieb und wurde seitdem in ein regionales Geschichtsmuseum, das Museo Zacatecano, umgewandelt.

man hier ein Hotel mit Casino einrichtete. Die Kirche wurde um 1880 von presbyterianischen Missionaren aus den USA gekauft. Sie entfernten die katholischen Verzierungen, rissen den Turm nieder und zerstörten den Schmuck der Hauptfassade. Verschont blieb lediglich das platereske Seitenportal. Die Zierelemente der Außenfront liegen nun wie aufgestapelte Holzscheite im Innenraum.

Die Kirche dient heute in erster Linie als Ausstellungs- und Tagungsraum, das ehemalige Kloster ist der Sitz der Diözese von Zacatecas.

⑩ Museo Regional de Guadalupe

Jardín Juárez Oriente, Guadalupe +52 492 923 20 89 Di – So 9–18

Nur zehn Kilometer östlich des Zentrums liegt der Ort Guadalupe, dessen Franziskanerkirche und ehemaliges Seminar ein Museum kolonialer Sakralkunst beherbergen, das zweitgrößte nach dem von Tepotzotlán *(siehe S. 146f)*. Ausgestellt sind Werke von Miguel Cabrera, Rodríguez Juárez, Cristóbal Villalpando und Juan Correa. Die Treppe ist ein Beispiel für barocke Pracht und beherbergt große Gemälde von Miguel Cabrera.

Neben der Kirche steht die Capilla de Nápoles aus dem 19. Jahrhundert, die als Musterbeispiel für den mexikanischen Neoklassizismus gilt.

> **Expertentipp**
> **Folklorefestival**
> Im August findet in Zacatecas das Internationale Folklorefestival statt, das Gruppen aus der ganzen Welt anzieht, die ihre Kultur und Geschichte durch Tanz und traditionelle Kleidung präsentieren.

seitdem in ein regionales Geschichtsmuseum umgewandelt. Wandbilder von Antonio Pintor Rodríguez schmücken das Treppenhaus, Videos, historische Dokumente, Dioramen der Silberminen und Silberarbeiten erzählen die Geschichte Zacatecas' seit prähistorischen Zeiten. Neben Altarbildern und indianischen Stickereien ist auch lokale Kunst ausgestellt.

⑨ Ex-Templo de San Agustín

Plazuela de Miguel Auza
+52 492 922 80 63
Di – So 10–17

Die Augustinerkirche mit angrenzendem Kloster wurde in den Jahren der Reformen *(siehe S. 61)* geplündert. Die barocke Pracht litt auch, als

→ Die Verkündigung *von Cristóbal de Villalpando, Museo Regional de Guadalupe*

Die Kuppeln des Klosters San Francisco, ein Wahrzeichen Querétaros

❹ Querétaro

C4 · Querétaro · 626 000 · Luis Pasteur Norte 4; +52 442 238 50 67 · Fundación de Querétaro (25. Juli), Fiestas de Diciembre (Dez)

Obwohl Querétaro eine reiche Handelsstadt ist, verfügt sie über einen schönen historischen Kern mit opulenten Herrenhäusern und Kirchen. Das Zentrum aus der Kolonialzeit ist besonders an Wochenenden reizvoll, wenn Straßenverkäufer und Musiker die Plätze mit Cafés und Bars bevölkern.

① Cerro de las Campanas

Centro Universitario

Der Hügel, auf dem Kaiser Maximilian und zwei seiner Generäle am 19. Juni 1867 exekutiert wurden, ist jetzt ein von Bäumen beschatteter Stadtpark. Eine Treppe führt zur neogotischen Kapelle, die die Familie des Kaisers anlässlich der Wiederaufnahme der Beziehungen zwischen Mexiko und der österreichisch-ungarischen Monarchie 1900 stiftete. Im Innenraum markieren drei Marmorplatten die Stelle, an der die Verurteilten standen. Der Hügel wird überragt von der Statue Benito Juárez', Maximilians Gegenspieler *(siehe S. 61)*.

← *Denkmal für Benito Juárez, Cerro de las Campanas*

② Museo Regional

Corregidora Sur 3
+52 442 212 48 88
Di – So 9 –18

Das staatliche Regionalmuseum ist im früheren Kloster San Francisco untergebracht. Im Erdgeschoss befindet sich die ethnografische, archäologische und kolonialzeitliche Sammlung, im Obergeschoss sieht man Waffen, Möbel und Fotografien, die die Schlüsselrolle Querétaros in der Geschichte Mexikos dokumentieren.

Der Bau des Klosters und seiner Kirche, Templo de San Francisco, wurden 1540 von Franziskanern begonnen, aber erst 1727 vollendet. Die Kirche besitzt den höchsten Turm der Stadt und schöne Trompe-l'Œil-Malereien.

③ Plaza de Armas

Mit seinem Brunnen im Kolonialstil und den Herrenhäusern wirkt dieser kleine Platz aus dem 18. Jahrhundert wie ein nach Mexiko verpflanztes Stück Spanien. Die meisten der früheren Residenzen an der Plaza, so auch die reich verzierte Casa de Ecala, beherbergen nun öffentliche Institutionen wie den Kongress und das Bundesstaatsgericht.

Die einzige weiße Fassade mit dem einfachen Schmuck und den strengen Balkonen gehört zur Casa de la Corregidora, die 1700 für die Repräsentanten der Krone erbaut wurde. Sie wurde 1981 komplett restauriert und ist nun der Sitz der Bundesstaatsregierung. Im Hof sind Gefängniszellen erhalten. Die Bronzestatue auf dem Brunnen der Plaza zeigt den Marqués de la Villa de Villar, den Förderer der Stadt zu Beginn des 18. Jahrhunderts.

④ Museo de Arte
🏠 Allende Sur 14 🕐 Di–So 12–20 🌐 culturaqueretaro.gob.mx

Eine umfangreiche Sammlung mexikanischer Malerei vom 17. bis 19. Jahrhundert wird neben Sonderausstellungen sowie zeitgenössischen Gemälden und Fotos im Ex-Convento de San Agustín (18. Jh.) gezeigt, dessen Kirche durch ihre Plateresken-Fassade und ihre achteckige, mit blauen und weißen Fliesen gedeckte Kuppel besticht.

Das Highlight ist der barocke Kreuzgang, der als der schönste seiner Art in ganz Amerika gilt. Zum reichen Dekor gehören auch Karyatiden und andere symbolische Elemente.

⑤ Convento de la Santa Cruz
🏠 Ecke Independencia und Felipe Luna 📞 +52 442 212 02 35 🕐 tägl. 9:30–14, 15:30–18

Das Kloster wurde 1531 als Eremitage auf dem Schauplatz der letzten Schlacht zwischen Chichimeken und Spaniern erbaut. Über dem Hauptaltar ist eine 450 Jahre alte Replik des Kreuzes zu sehen, das damals angeblich am Himmel erschien und die Indios bewog, sich zu ergeben. 1683 eröffnete hier das erste Missionskolleg des amerikanischen Kontinents. 1848 schlugen US-Truppen im Kloster ihr Hauptquartier auf. Eine Zelle war das Gefängnis Kaiser Maximilians, bevor er hingerichtet wurde.

> **»La Corregidora«**
> María Josefa Ortiz de Domínguez wurde für ihre Rolle im Unabhängigkeitskampf gefeiert und nach ihrem Ehemann, dem Gouverneur (Corregidor), »La Corregidora« genannt. Als ihr Mann 1810 erfuhr, dass sie Versammlungen zur Unabhängigkeit abgehalten hatte, sperrte er sie ein. Dennoch gelang es ihr, eine Nachricht an die Rebellen zu übermitteln, die daraufhin aus der Stadt flohen.

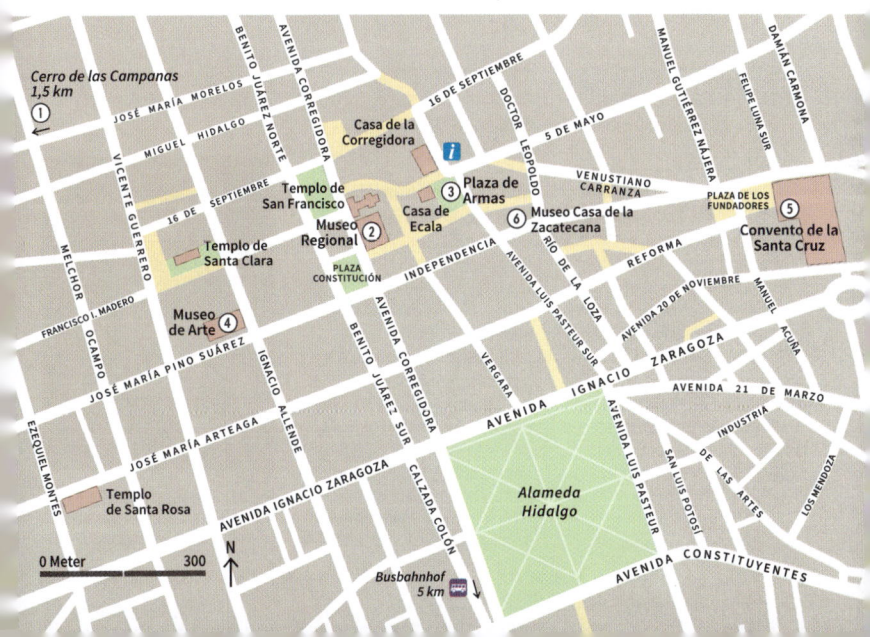

⑥ Museo Casa de la Zacatecana
🏠 Independencia 59 🕐 tägl. 10–18 🌐 museolazacatecana.com

Das Herrenhaus aus dem 18. Jahrhundert wurde in ein faszinierendes Museum umgewandelt, das mit Kunst und Möbeln gefüllt ist, die den Lebensstil der Wohlhabenden jener Zeit beleuchten. Die Sala de los Relójes ist vollgestopft mit antiken Uhren, die Sala de los Cristos zeigt 53 historische Kruzifixe. Am bekanntesten ist das Haus jedoch für die schaurige Legende von der Frau aus Zacatecas, die hier einst lebte und ihren Mann ermordet haben soll.

Morelia

B5 Michoacán 945 000 Av. Francisco I. Madero Pte 488 Aniversario de la Fundación de Morelia (18. Mai) michoacan.gob.mx

Die ersten Siedler, spanischer Adel und religiöse Orden, errichteten eine Stadt mit prächtigen Palästen, Klöstern und Kirchen. Das Zentrum hat seinen spanischen Charakter bewahrt, und sogar einige moderne Gebäude weisen Fassaden im spanischen Kolonialstil auf.

① Palacio Clavijero

Nigromante 79 Mi–Sa 10–15 ccclavijero.mx

Die Dimensionen und barocken Formen des früheren Jesuitenkollegs Colegio de San Francisco Javier (17. Jh.) überblickt man am besten im Haupthof. Elegante Arkaden im Erdgeschoss kontrastieren mit einem Kreuzgang im ersten Stock, wo 28 Fenster die Bogen ersetzen. Geometrische Muster im Pflaster ahmen die Struktur des Parks nach, der einst den achteckigen Brunnen umgab. Heute beherbergt der Bau Behörden, darunter das staatliche Tourismusamt.

② Museo Regional Michoacano

Allende 305 +52 443 312 04 07 Di–So 9–17

Seit über 100 Jahren sammelt das Regionalmuseum Dokumente zur Ökologie und Geschichte des Staats von der präkolumbischen Zeit bis heute. Ein Fünftel davon ist in dem Barockbau ausgestellt. Zur Sammlung zählen indianische Kodizes, eine dreisprachige Bibel (16. Jh.) und das Gemälde *Traslado de las Monjas* (Der Umzug der Nonnen; 18. Jh.), eine der wenigen realistischen Darstellungen der Kolonialgesellschaft.

③ Palacio de Gobierno

Av. Francisco I. Madero 63 +52 443 313 07 07 tägl. 24 Std.

Der Palast der spanischen Kolonialregierung wurde 1770 als Sitz des Tridentinischen Seminars eröffnet, das von wichtigen Persönlichkeiten der Unabhängigkeits- und Reformbewegung besucht wurde. Später wurde er Sitz der Staatsregierung. In den 1950ern wurden die Treppe und der erste Stock mit wunderschönen Wandmalereien geschmückt.

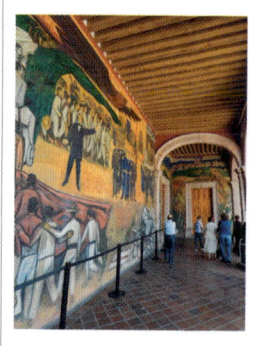

↑ Wandgemälde von Alfredo Zalce im ersten Stock des Palacio de Gobierno

← *Die Zwillingstürme der Kathedrale von Morelia aus rosafarbenem Trachytgestein*

④ Casa de las Artesanías

🏠 Fray Juan de San Miguel 129 🕘 tägl. 9–18 🌐 arte sanias-michoacan.com

Der im 16. Jahrhundert erbaute und um 1970 restaurierte Convento de San Buenaventura ist ein Schaufenster der Volkskunsttradition Michoacáns. In den Arkadengängen des Innenhofs gibt es Artikel wie Töpferwaren, Textilien und Lackarbeiten zu kaufen, im Obergeschoss kann man bei ihrer Herstellung zusehen.

⑤ Aquädukt und Calzada Fray Antonio de San Miguel

🏠 Av. Acueducto

Über diesen im 18. Jahrhundert erbauten Aquädukt floss von einer acht Kilometer entfernten Quelle Wasser zu 30 Stadtbrunnen und 150 privaten Nutzern. Der letzte Abschnitt besteht aus 253 bis zu zehn Meter hohen Bogen.

Den Bau des Aquädukts veranlasste Bischof Fray Antonio de San Miguel, der auch die nach ihm benannte *calzada* anlegen ließ. Dieser Boulevard führt vom stadtseitigen Ende des Aquädukts zum Santuario de Guadalupe. Mit ihren Eschen, Barockbänken und Herrenhäusern erinnert sie an eine längst vergangene Zeit.

⑥ Museo del Estado

🏠 Guillermo Prieto 176
📞 +52 443 313 06 29
🕘 Mo–Fr 9–15, 16–20, Sa, So 10–18

Das Museum in einem Herrenhaus bietet Ausstellungen von hoher Qualität. Es gibt auch archäologische Dauerausstellungen, Galerien zur Kolonialgeschichte, einige seltene Tarasken-Schmuckstücke und ethnologische Exponate zu den wichtigsten indigenen Kulturen Michoacáns, vor allem zu den Tarasken (Purépecha).

Highlight

Restaurants

Cielo Cocina Fusión
Erlesene Speisen, die mexikanischen Gerichten eine moderne Note verleihen, machen diesen Ort eine Taxifahrt vom Zentrum wert.

🏠 Blvd. García de León 700
📞 +52 443 427 03 23
$$$

Dulces Morelianos Calle Real
In der berühmten, 1840 gegründeten Konditorei können Sie Morelias *dulces* (Süßigkeiten aus kandierten Früchten oder eingedampfter Milch) probieren. Noch mehr Süßes gibt es im Café El Patio de Atrás.

🏠 Madero Ote 440
🌐 callereal.mx
$$$

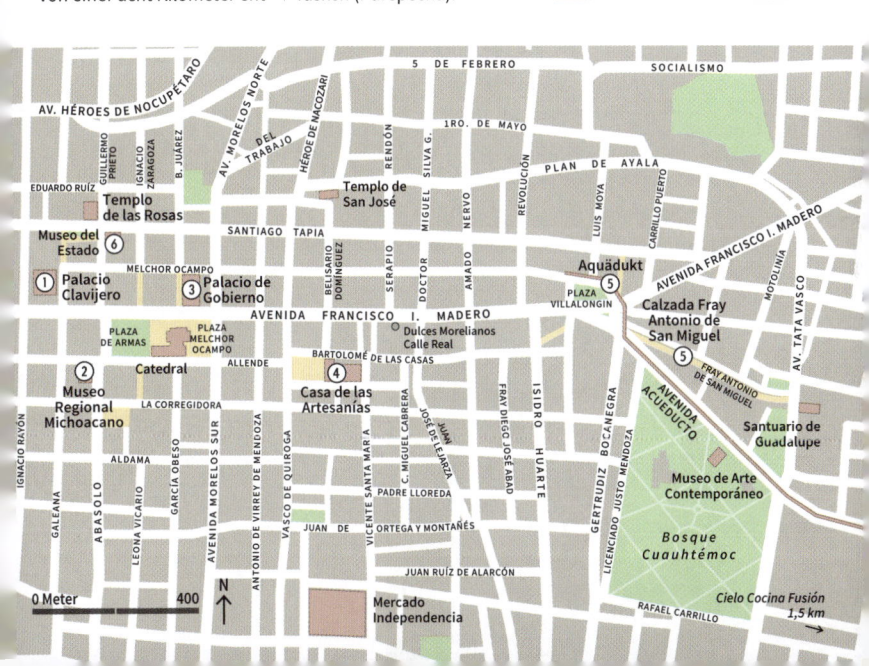

Spaziergang durch Morelia

Länge 1,5 km **Dauer** 20 Minuten
Bus Morelia

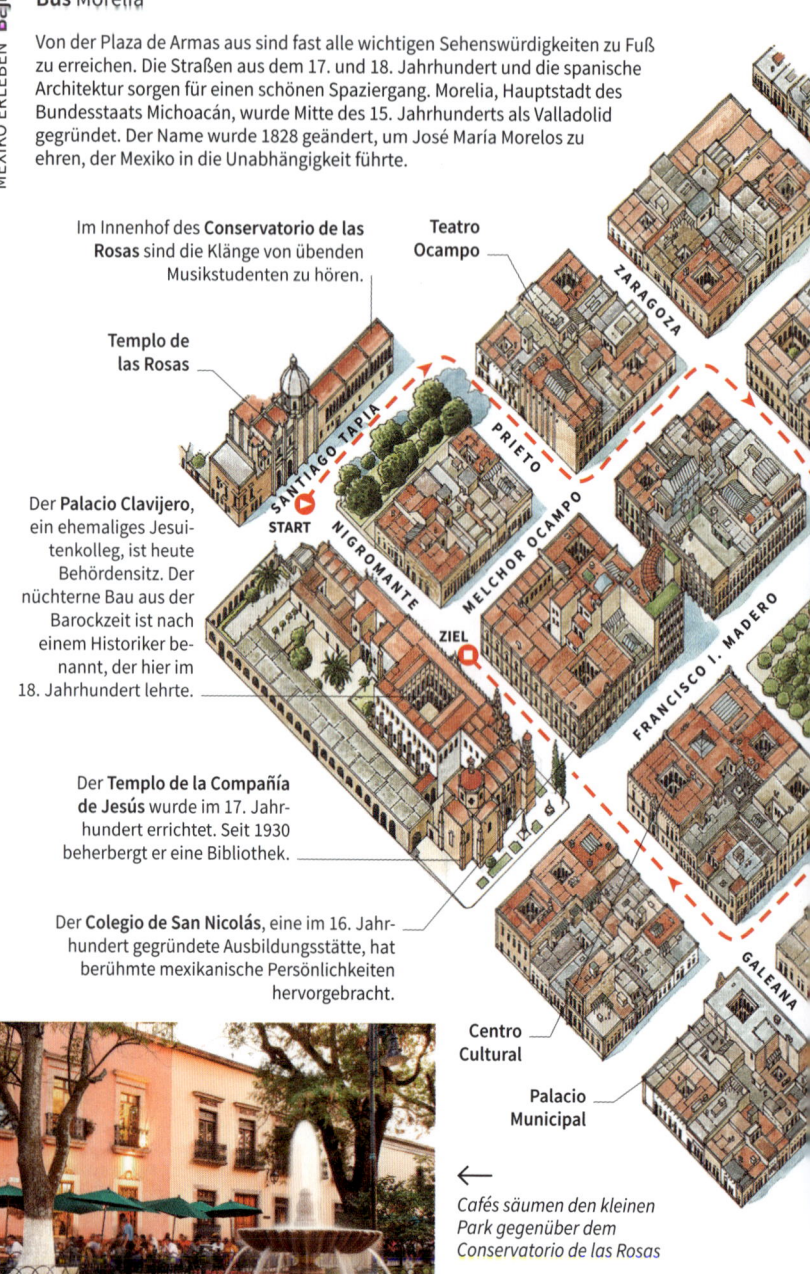

Von der Plaza de Armas aus sind fast alle wichtigen Sehenswürdigkeiten zu Fuß zu erreichen. Die Straßen aus dem 17. und 18. Jahrhundert und die spanische Architektur sorgen für einen schönen Spaziergang. Morelia, Hauptstadt des Bundesstaats Michoacán, wurde Mitte des 15. Jahrhunderts als Valladolid gegründet. Der Name wurde 1828 geändert, um José María Morelos zu ehren, der Mexiko in die Unabhängigkeit führte.

Im Innenhof des **Conservatorio de las Rosas** sind die Klänge von übenden Musikstudenten zu hören.

Teatro Ocampo

Templo de las Rosas

Der **Palacio Clavijero**, ein ehemaliges Jesuitenkolleg, ist heute Behördensitz. Der nüchterne Bau aus der Barockzeit ist nach einem Historiker benannt, der hier im 18. Jahrhundert lehrte.

Der **Templo de la Compañía de Jesús** wurde im 17. Jahrhundert errichtet. Seit 1930 beherbergt er eine Bibliothek.

Der **Colegio de San Nicolás**, eine im 16. Jahrhundert gegründete Ausbildungsstätte, hat berühmte mexikanische Persönlichkeiten hervorgebracht.

Centro Cultural

Palacio Municipal

← Cafés säumen den kleinen Park gegenüber dem Conservatorio de las Rosas

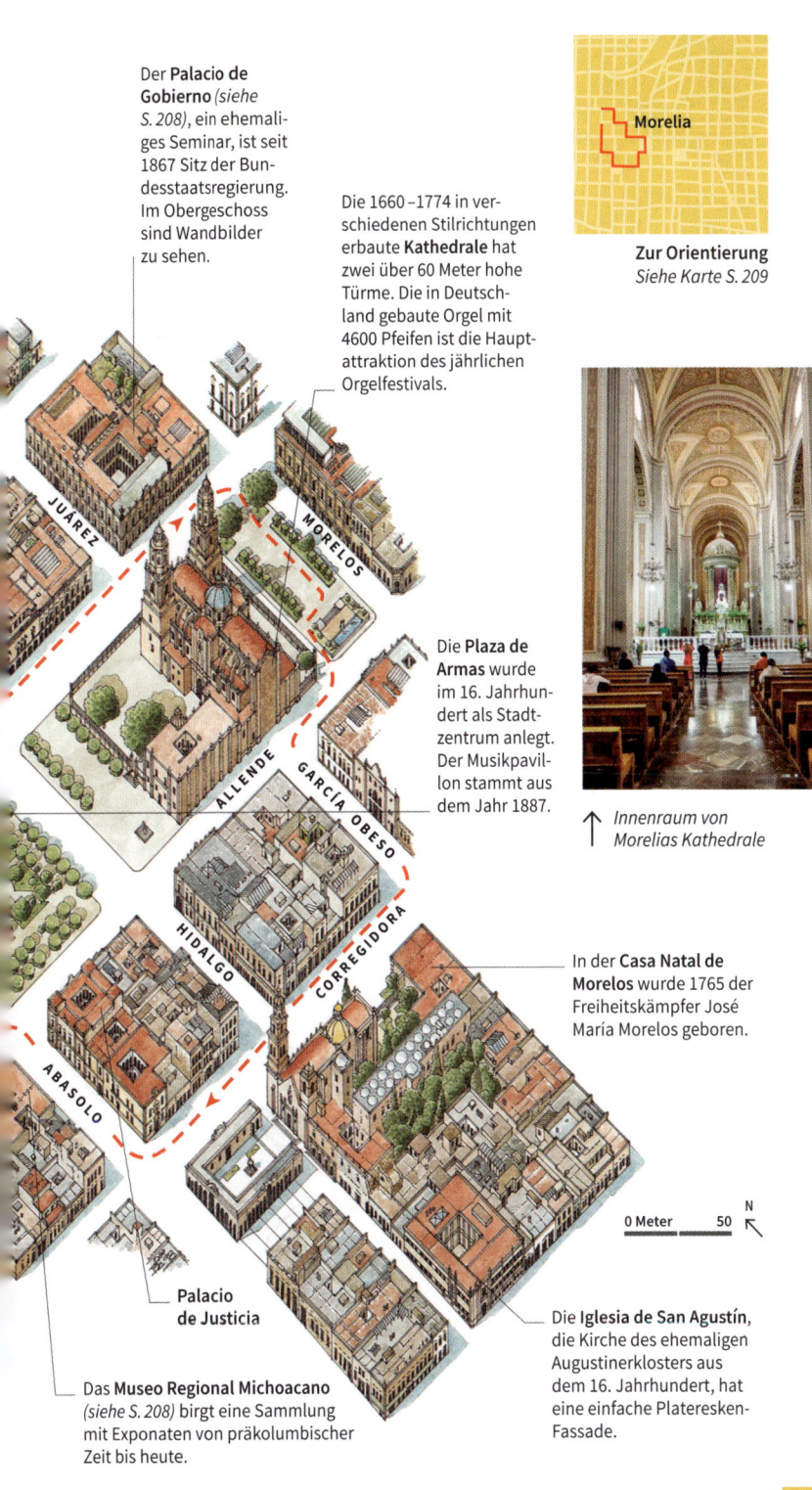

Der **Palacio de Gobierno** *(siehe S. 208)*, ein ehemaliges Seminar, ist seit 1867 Sitz der Bundesstaatsregierung. Im Obergeschoss sind Wandbilder zu sehen.

Die 1660–1774 in verschiedenen Stilrichtungen erbaute **Kathedrale** hat zwei über 60 Meter hohe Türme. Die in Deutschland gebaute Orgel mit 4600 Pfeifen ist die Hauptattraktion des jährlichen Orgelfestivals.

Zur Orientierung
Siehe Karte S. 209

Die **Plaza de Armas** wurde im 16. Jahrhundert als Stadtzentrum anlegt. Der Musikpavillon stammt aus dem Jahr 1887.

↑ *Innenraum von Morelias Kathedrale*

In der **Casa Natal de Morelos** wurde 1765 der Freiheitskämpfer José María Morelos geboren.

Palacio de Justicia

Das **Museo Regional Michoacano** *(siehe S. 208)* birgt eine Sammlung mit Exponaten von präkolumbischer Zeit bis heute.

Die **Iglesia de San Agustín**, die Kirche des ehemaligen Augustinerklosters aus dem 16. Jahrhundert, hat eine einfache Plateresken-Fassade.

Innenhof des Restaurants El Parián in Tlaquepaque

SEHENSWÜRDIGKEITEN

❻ Tlaquepaque

🅐 B4 📍 Jalisco ℹ️ Ayuntamiento, Calle Donato Guerra 160; +52 333 562 70 50
🎭 Fiestas de Tlaquepaque (Juni)

Tlaquepaque, einstmals ein Töpferdorf und eine beliebte Wochenendresidenz der Bewohner von Guadalajara *(siehe S. 194f)*, ist heute ein Vorort der Stadt, hat aber seine dörfliche Atmosphäre noch bewahrt.

Hauptanziehungspunkt für Besucher sind die Läden mit ihrer enormen Auswahl an Keramik, Glaswaren, Textilien und Objekten aus Metall, Holz und Pappmaschee. Es fehlt auch nicht an Restaurants. Ein beliebter Ort zum Ausgehen ist El Parián, ein Restaurantkomplex neben dem blumengeschmückten Hauptplatz mit 20 Lokalen, die sich um einen Innenhof gruppieren. Im Musikpavillon im Zentrum musizieren häufig *Mariachi*-Gruppen.

Die schönsten Keramiken aus Tlaquepaque und Umgebung kann man im **Museo Regional de la Cerámica** in einem ehemaligen Herrenhaus bewundern. Besonders interessant ist eine Küche aus dem 16. Jahrhundert. Viele der in Tlaquepaque verkauften Artikel stammen in Wirklichkeit aus dem Nachbarvorort Tonalá. Wie Tlaquepaque hat sich Tonalá aus einer Indio-Siedlung entwickelt. Donnerstags und sonntags verwandeln sich die Straßen in Tonalá in einen großen Kunsthandwerksmarkt.

Museo Regional de la Cerámica
🏠 Independencia 237
📞 +52 333 860 11 77
🕒 Di – Sa 10 – 18

❼ Cañada de la Virgen

🅐 B4 📍 Guanajuato
ℹ️ Principal 14, Zona Centro 🕒 Di – So 10 – 18
🌐 inah.gob.mx

Die beeindruckenden mesoamerikanischen Pyramiden von Cañada de la Virgen wurden 2011 der Öffentlichkeit zugänglich gemacht. Die Stätte umfasst mehrere riesige Bauwerke, die mit den Otomí der Tolteken-Chichimeken-Kultur in Verbindung gebracht werden und zwischen 540 und 1050 n. Chr. errich-

Eine riesige Segelfisch-Statue auf dem Hafenplatz in Manzanillo ↑

> Tlaquepaque, einstmals ein Töpferdorf und eine beliebte Wochenendresidenz der Bewohner von Guadalajara, ist heute ein Vorort der Stadt.

tet wurden. Danach wurde die Stadt aufgegeben, warum, ist nicht bekannt.

Heute befinden sich auf dem Gelände fünf Ruinengruppen, von denen die wichtigste Komplex A mit dem »13 Sky House« ist, das vermutlich eine Art Observatorium war. Im Mittelpunkt von Komplex B steht das »Haus der längsten Nacht«, ein pyramidenförmiger Bau, der wohl eine Mischung aus öffentlichen und rituellen Funktionen hatte. Am Haupteingang sind ein Besucherzentrum und ein Museum.

8
Cuyutlán
A5 Colima 940
 Blvd. Miguel de la Madrid 875-A, Manzanillo Fiesta de la Santa Cruz (2./3. Mai) colima.gob.mx

Cuyutlán im Mittelabschnitt der Küste von Colima ist ein Badeort an der Spitze der Cuyutlán-Lagune, die sich von Manzanillo 32 Kilometer nach Süden ausdehnt. Charakteristisch sind schwarzer vulkanischer Sand, Brandung und Mexikaner, die am Wochenende hierherkommen.

In der Kolonialzeit spielte das in der Region gewonnene Salz eine wichtige Rolle bei der Erzaufbereitung. Das **Museo de la Sal** gibt Einblick in die Salzgewinnung und das Leben der Arbeiter.

Im Frühjahr kann man an der Küste *la ola verde* beobachten: Bis zu zehn Meter hohe, flaschengrüne Wellen werden durch Mikroorganismen im Meer zum Leuchten gebracht.

Etwa vier Kilometer südlich von Cuyutlán befindet sich an der Küste das **Centro Ecológico de Cuyutlán »El Tortugario«**, ein Schildkrötenschutzgebiet, das sich dem Erhalt und dem Schutz der örtlichen Tierwelt widmet. Das Schutzgebiet organisiert Bootsausflüge in die artenreiche Laguna Cuyutlán, um den Besuchern die enorme Bedeutung des Schutzes der Tierwelt und ihrer Lebensräume näherzubringen.

Museo de la Sal
 Calle Benito Juárez
 +52 312 326 40 14
 Di – Sa 10 –18

Centro Ecológico de Cuyutlán »El Tortugario«
  Av. López Mateo +52 313 119 04 34
 Do – Di 9 –17

Restaurant

La Sonrisa
Das Lokal ist berühmt für seine Tacos mit Steak und hausgemachten Salsas sowie für riesige Chorizo- und Rindfleisch-Quesadillas.

A5 Océano Atlántico 788, bei Miguel de la Madrid, Playa Azul, Manzanillo
 +52 314 117 86 04
$ $ $

9
Manzanillo
A5 Colima 161 000
    Blvd. M. de la Madrid 875-A colima.gob.mx

Manzanillo ist nicht nur das Schifffahrtszentrum an der Westküste Mexikos, sondern auch Colimas wichtigster Badeort. Die farbigen Häuser stehen an steilen Straßen am Berg über dem Haupthafen. Der neuere Teil der Stadt liegt auf einer Landzunge, die die Lagune vom Ozean trennt. Die meisten Restaurants und Hotels sind an den weißen Sandstränden von Las Brisas und Playa Azul zu finden. Auf einer Halbinsel liegt Las Hadas, ein luxuriöses Hotel im maurischen Stil.

❿ Paricutín

📍 B5 📌 38 km nordwestl. von Uruapan, Michoacán

Der Paricutín, einer der jüngsten Vulkane der Erde, brach 1943 aus. Unter donnerartigen Explosionen entstand innerhalb eines Jahres ein 330 Meter hoher Kegel, zwei Dörfer wurden von Asche und Lava begraben. Es gab keine Todesopfer, aber 4000 Menschen verloren ihr Heim. Der Vulkan blieb bis 1952 aktiv und hinterließ einen aus schwarzem Lavagestein 424 Meter hoch aufragenden Kegel.

Der *mirador* (Aussichtsturm) in Angahuan bietet einen Blick auf Lavafeld und Vulkan. Der aus dem Gestein ragende Kirchturm gehörte zum Dorf San Juan Parangaricutiro. Für einen genaueren Blick können Sie einen Führer und ein Pferd mieten, die Sie die Klippe hinunter und durch die Lavafelsformationen führen. Der steile 30-minütige Aufstieg zum Kraterrand wird mit Ausblicken auf die mondähnliche Landschaft belohnt.

Der Ort Angahuan hat sich trotz vieler Besucher seinen indianischen Charakter bewahrt. Die meisten Einwohner sprechen noch Purépecha, die Sprache der Tarasken.

⓫ Sierra Gorda

📍 C4 📌 Querétaro

Eine der größten naturbelassenen Regionen Zentralmexikos ist die Sierra Gorda. Sie erhebt sich nordöstlich von Querétaro *(siehe S. 206f)* bis zu einer Höhe von über 3000 Metern. Das üppige Grün ihrer Ausläufer wird nur durch La Peña de Bernal unterbrochen, mit 360 Meter Höhe der drittgrößte Monolith der Welt.

Hinter Cadereyta mit seinem von farbenfrohen Kirchen gesäumten Platz liegen auf den Bergrücken um San Joaquín östlich der Mex 120 die Ausgrabungsstätten Toluquilla und Las Ranas. Hier kann man burgartige Zeremonialbauten besichtigen, die aus dem 7. bis 11. Jahrhundert stammen.

Nach Norden hin wird die Mex 120 noch steiler und fällt dann in Richtung der Kleinstadt Jalpan de Serra ab. Hier liegt eine der fünf Missionsstationen, die die Franziskaner Mitte des 18. Jahrhunderts zur Missionierung der Indios gründeten. Auch die anderen Missionen in Concá, Tilaco, Tancoyól und Landa de Matamoros zeichnen sich durch ihre romantische Lage und die markanten Fassaden aus, deren Mörtelschmuck stark indianisch geprägt ist.

⓬ Santuario El Rosario

📍 C5 📌 nahe Mex 15, 13 km östl. von Ocampo, Michoacán 🕐 Nov – März: tägl. 9 –17 🌐 mariposamonarca.semarnat.gob.mx

Das Santuario de la Mariposa Monarca El Rosario, seit 2008 eine UNESCO-Welterbestätte, ist ein 160 Quadratkilometer großes Schutzgebiet in den Bergen westlich der Hauptstadt. Hier überwintern jährlich etwa 100 Millionen Monarchfalter *(Danaus plexippus Linnaeus)*. Die jährliche Wanderung des Mo-

Schon gewusst?

Monarchfalter legen täglich bis zu 300 Kilometer zurück, um dem Winter zu entkommen.

narchfalters beginnt im Frühherbst. Dann schlüpft eine Generation mit einem Lebenszyklus von bis zu neun Monaten, viermal so lang wie bei den Frühlings- und Sommerfaltern. Die im Herbst geborenen Insekten fliegen in Gruppen in den Süden zu den *Oyamel*-Tannenwäldern Zentralmexikos, wo sie den Winter verbringen. Im Frühjahr paaren sie sich und fliegen wieder nach Norden. Unterwegs legen die Weibchen etwa 500 Eier ab. Ihre Nachkommen ziehen weiter gen Norden, wo sie im Juni eintreffen. Keiner der ursprünglichen Einwanderer überlebt und kehrt im folgenden Jahr nach Mexiko zurück.

Ideal für eine Besichtigung ist der Februar, wenn es wärmer wird und die Falter ausschwärmen, um den Rückflug Richtung Norden anzutreten. Der Lehrpfad ist gut markiert.

Umgebung: Ins **Santuario Sierra Chincua** kommen weniger Besucher als nach El Rosario. Es ist leichter erreichbar, aber schwerer zu begehen. Dafür stehen Pferde und Führer zur Verfügung.

Santuario Sierra Chincua
Llano de las Papas, 9 km nordöstl. von Angangueo Nov – März: tägl. 8 –17

Touristen an der verschütteten Kirche von San Juan Parangaricutiro

↑ *Das Meeresfrüchte-Restaurant Palapa am See Santa María del Oro südöstlich von Tepic*

13
Tepic
A4 Nayarit 332 000
Ecke Av. México und Calzada del Ejército Nacional Feria Nacional de Tepic (25. Feb – 21. März)
rivieranayarit.com

Tepic wurde im 16. Jahrhundert an den Ausläufern eines erloschenen Vulkans gegründet. Nahe der Plaza Principal und der Kathedrale liegt das **Museo Regional de Nayarit** mit Funden aus Schachtgräbern und Exponaten über die Huichol- und Cora-Indios.

Das **Museo de Los Cinco Pueblos** (Haus der fünf Völker) widmet sich den regionalen Kulturen der Huichol, Tepehuán, Cora, Mexicaneros und Mestizen.

Das **Museo Amado Nervo** erinnert an einen der beliebtesten Dichter Mexikos und befindet sich in seinem Geburtshaus.

Museo Regional de Nayarit
Av. México 91 Norte
+52 311 212 19 00
Mo – Sa 10 –16 (Sa bis 15)

Museo de Los Cinco Pueblos
México Norte 105, bei Zapata +52 311 212 17 05
Di – So 9 –14, 16 –19

Museo Amado Nervo
Zacatecas Norte 284
+52 311 212 29 16
Di – Sa 10 –14, 16 –19, So 10 –14

TOP 4 Regionale Feste

Fiesta de Año Nuevo
Purépecha-Indios führen traditionelle Maskentänze mit Musik und Pirekua-Gesängen vor.

Karwoche
In Tzintzuntzán und Tarímbaro wird die Passion nachgespielt.

Feria de San Marcos
In Aguascalientes findet Mexikos größter Jahrmarkt mit Paraden, Konzerten, Feuerwerk, Stierkämpfen und vielem mehr statt.

Tag der Toten
Am 1. November versammeln sich Familien, um ihrer verstorbenen Angehörigen zu gedenken *(siehe S. 221)*. Besonders schöne Feste gibt es auf der Isla Janitzio im Lago de Pátzcuaro.

⑭
Tequisquiapan
🅐 C4 🏠 Querétaro
ℹ️ Independencia 1, Plaza Miguel Hidalgo; +52 414 273 08 41

Nur 57 Kilometer östlich von Querétaro liegt der Kurort Tequisquiapan, ein ehemaliges Otomí-Dorf, das dank seiner heißen Quellen entstand. Heute ist der Ort mit seinen Gassen, Volkskunstläden und Kurhotels ein beliebter Rückzugsort. Villen mit ummauerten Gärten liegen rund um die Plaza Miguel Hidalgo, die von Bogenportalen und der rosafarbenen Kirche Santa María de la Asunción umgeben ist. Der Mercado de Artesanías Tequezquicalli liegt nur einen Block von der Plaza entfernt.

⑮
Colima
🅐 A5 🏠 Colima 👥 147 000
ℹ️ Palacio de Gobierno, Reforma 37 🎉 San Felipe de Jesús (Feb), Feria de Todos los Santos (27. Okt – 11. Nov) 🌐 colima.gob.mx

Die Provinzstadt Colima war die erste spanische Stadt an der Westküste. Seit 1522 wurde sie wegen Erdbeben mehrmals wiedererbaut, im Zentrum findet man aber noch klassizistische Bauten, mehrere Museen und Gärten wie den Jardín de Libertad.

Tongefäße sowie Menschen- und Tierfiguren aus frühen Schachtgräbern findet man im **Museo de las Culturas de Occidente**. Das **Museo Universitario de Artes Populares** zeigt regionale und nationale Volkskunst mit präkolumbischen und neueren Masken und Kostümen. Das **Museo Regional de Historia** birgt vorspanische Keramik und Artefakte aus lokalen Gräbern.

Die Fundstätte La Campana am Rand der Stadt war zwischen 700 und 900 eine präkolumbische Siedlung, die ältesten Relikte stammen aus der Zeit um 1500 v. Chr.

Museo de las Culturas de Occidente
🏠 Ecke Galván und Ejército Nacional 📞 +52 312 313 06 08 🕐 Di – Sa 10 –14, 17 – 20, So 10 –13

Museo Universitario de Artes Populares
🏠 Manuel Gallardo Zamora 99 📞 +52 312 316 11 26 🕐 Di – Sa 10 –14, 17 – 20, So 10 –13

↑ *Die rosafarbene Kirche an der Plaza Miguel Hidalgo, Tequisquiapan*

Museo Regional de Historia
🏠 Portal Morelos 1 📞 +52 312 312 92 28 🕐 Di – So 9 –18

⑯
Mexcaltitán
🅐 A4 🏠 Nayarit 👥 1000
🎉 Fiesta de San Pedro y San Pablo (28./29. Juni)

Mexcaltitán, der »Ort des Mondtempels«, ist eine Insel von nur 400 Meter Länge in einer Lagune des größten Mangrovensumpfgebiets von Mexiko. Wenn in den Monaten August und September der Regen fällt, verwandeln

---

Schöne Aussicht
Doppelgipfel

Nördlich von Colima bietet der Mex 54-D nach Guadalajara Ausblicke auf den aktiven Volcán de Fuego und den schlafenden El Nevado de Colima. Den Nevado de Colima kann man besteigen.

sich die Straßen in Kanäle. Der Sage zufolge soll es sich bei der Insel um die legendäre aztekische Heimat Aztlán handeln, von der aus der Stamm um 1091 n. Chr. zu seiner Wanderung ins Tal von Mexiko aufbrach – aus der Luft sieht sie tatsächlich aus wie eine winzige Version von Tenochtitlán, der letzten aztekischen Hauptstadt. Der Legende nach schliefen die Azteken hier auf dem Weg in ihr gelobtes Land.

Funde aus der Aztekenzeit wurden zwar nicht gemacht, trotzdem betonen die archäologischen Exponate im **Museo del Origen** ihre Bedeutung als »Wiege des Mexikanertums«.

Museo del Origen
Porfirio Díaz 1
+52 311 131 56 27
Di – So 9 –14, 16 –18

❶⓻ Mineral de Pozos
C4 Guanajuato
Centro de Atención al Visitante, Mex 46
visitmexico.com

Die im 18. Jahrhundert reiche Bergbaugemeinde Mineral de Pozos wurde in den 1900er Jahren weitgehend aufgegeben. Obwohl sie in den frühen 2010er Jahren einen Aufschwung erlebte, ist sie immer noch weniger entwickelt als San Miguel de Allende *(siehe S. 224)*.

Heute konzentriert sich das Zentrum um die weiße Kuppel der Parroquia San Pedro und den Jardín Principal. Das Zentrum beherbergt eine Handvoll angesagter Hotels, Restaurants und Kunsthandwerksläden, die alles von altmodischen Süßigkeiten bis zu prähispanischen Musikinstrumenten und Spielzeug verkaufen.

Am Stadtrand befinden sich zwischen alten Minen und verlassenen Haciendas verfallene Ruinen. Zu den Höhepunkten gehören die Ruinen der Hacienda de Cinco Señores, die drei charakteristischen Schmelzhütten *(hornos)* der Jesuiten in Santa Brígida und die Lavendelfarmen von Pozos.

❶⓼ Uruapan
B5 Michoacán
265 000 San Miguel Arcángel; +52 452 524 71 99 Coros y Danzas (Ende Okt)

Uruapan ist ein Agrarzentrum und liegt zwischen dem kalten Hochland *(tierra fría)* und dem feuchtwarmen Tiefland *(tierra caliente)*, das sich zum Pazifik hin erstreckt. Das subtropische Klima sorgt für eine üppige Vegetation mit großen Avocado-Plantagen.

Der spanische Mönch Juan de San Miguel gründete die Stadt 1533 und teilte sie in neun Viertel *(barrios)*, die bis heute ihre Traditionen bewahrt haben. Er erbaute auch **La Huatápera**, ein Hospital mit Kapelle, das nun das Kunsthandwerksmuseum beherbergt.

Der **Parque Nacional Barranca del Cupatitzio** am Rand von Uruapan umfasst eine tropische Schlucht, die vom Río Cupatitzio gebildet wird. Gepflasterte Wege schlängeln sich zwischen Bananenstauden und Palmen und führen zu künstlich angelegten Kaskaden und Springbrunnen. In den Lokalen und an Taco-Ständen wird Forelle angeboten.

La Huatápera
Plaza Morelos +52 452 524 34 34 Di – So 9:30 – 13:30, 15:30 –18

Parque Nacional Barranca del Cupatitzio
Calzada de San Miguel Mo – Do 8 –18, Fr – So 8 –19 parquenacional.gob.mx

↑ *Besucher springen von den Felsen in einen Wasserfall im Parque Nacional Barranca del Cupatitzio*

⓴ San Juan de los Lagos

🅰 B4 🏛 Jalisco 👥 49 000
🚌 ℹ Fray Antonio de Segovia 10; +52 395 785 09 79
🎉 La Candelaria (25. Jan – 2. Feb), Fiesta de la Primavera (Ende Mai)

Die Kathedrale (18. Jh.) von San Juan de los Lagos ist einer der bedeutendsten Wallfahrtsorte Mexikos. Etwa neun Millionen Pilger kommen alljährlich hierher, um die Jungfrau von San Juan de los Lagos zu verehren, eine Marienfigur aus dem 16. Jahrhundert.

Die 68 Meter hohe Kathedrale ist prunkvoll ausgestattet. In der Sakristei hängen Gemälde, von denen sechs Rubens zugeschrieben werden. Votivbilder mit Danksagungen an die Jungfrau bedecken die Wände eines Raums neben der Sakristei.

⓴ Tequila

🅰 A4 🏛 Jalisco 👥 60 000
🚌 ℹ José Cuervo 33; +52 374 742 00 12 🎉 Fiesta Septembrina (16. Sep), Feria Nacional del Tequila (1.–12. Dez)

Alles in Tequila erinnert Besucher an das berühmteste Getränk Mexikos, vor allem der Geruch aus den Brennereien. Das Herz *(piña)* der *Agave tequilana Weber* dient seit dem 16. Jahrhundert zur Herstellung des Schnapses.

Zu den größten und ältesten Brennereien zählen La Perseverancia (Sauza Tequila) und La Rojeña (José Cuervo). Beide bieten Werksführungen und Verkostungen an. Mehr erfahren Sie im Museo Nacional del Tequila, oder Sie fahren 15 Kilometer südöstlich zur Brennerei Herradura. Die drei großen Destillerien bieten auch Ausflüge (nur an Wochenenden) von Guadalajara aus an.

㉑ Las Pozas

🅰 C4 📍 nahe Mex 120, 3 km nordwestl. von Xilitla, San Luis Potosí 🕐 Mi – Mo 9 – 18
🌐 laspozasxilitla.org.mx

In den Bergen südlich von Ciudad Valles, unweit der Stadt Xilitla, liegt ein fantastisch anmutender Dschungel-Besitz, den sich der exzentrische britische Künstler und Millionär Edward James (1907 – 1984) schuf.

Seinem Freund Salvador Dalí zufolge war James »verrückter als alle Surrealisten zusammen. Sie tun nur so, aber er ist das Wahre.« James war selbst ein mäßig erfolgreicher Dichter und Künstler, tat sich aber als Kunstmäzen hervor. Er gründete Balletttruppen, veröffentlichte Bücher, finanzierte Ausstellungen und sammelte Gemälde von Dalí, Picasso und Magritte.

In den 1940er Jahren machte sich James auf die Suche nach seinem eigenen Garten Eden und stieß 1945 dank des Yaqui-Führers Plutarco Gastélum auf das Gebiet von Xilitla. Anfangs züchtete er hier Orchideen, später machte er daraus einen Privatzoo. Schließlich ging er daran, mithilfe von bis zu 150 Arbeitern ein architektonisches Fantasiewerk zu schaffen, zu dessen Vollendung er über 30 Jahre brauchte.

Rutschige Wege schlängeln sich zwischen den Hunderten von surrealistischen Metall- und Betonskulpturen, die inmitten einer dichten subtropischen Vegetation, Quellen, Wasserfällen und Teichen verstreut sind. Viele Werke sind unvollendet oder bereits im Zerfall begriffen, sodass man bei der Erkundung des Anwesens das Gefühl hat, auf die Ruinen einer längst vergessenen, mythischen Zivilisation zu stoßen.

Das Anwesen ist eine beliebte Sehenswürdigkeit, und da die Besucherzahl pro Tag begrenzt ist, füllt es sich schnell. Versuchen Sie, früh zu kommen, und stellen Sie sich auf Wartezeiten ein.

㉒ La Quemada

🅰 B3 📍 Mex 54, 57 km südwestl. von Zacatecas, Zacatecas 📞 +52 492 922 50 85
🕐 Fr – So 9 – 16 (letzter Einlass: 15)

Die Ausgrabungsstätte La Quemada erstreckt sich über einen steilen Berg am Rand eines weiten Trockentals. Die Siedlung wurde um 350 gegründet und war ein religiöses und politisches Zentrum

↑ *Las Pozas, ein »Garten Eden« des britischen Künstlers Edward James*

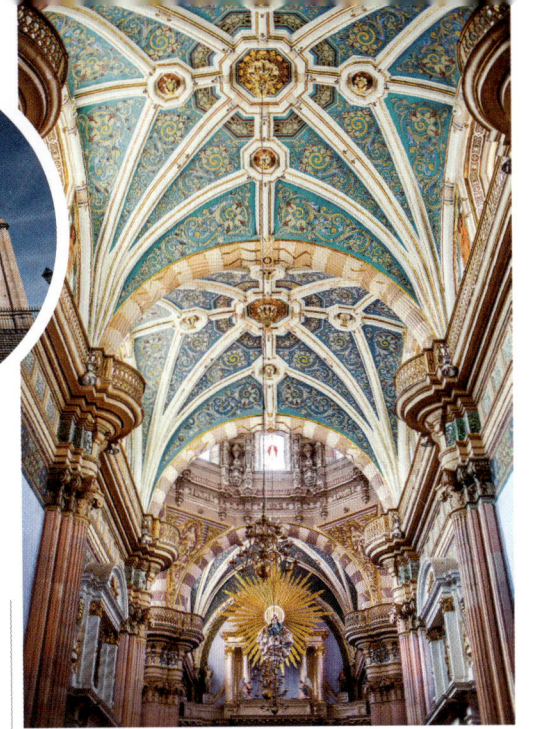

Die Parroquia de la Asunción in Lagos de Moreno (Detail) und das lebendige, farbige Innere

sowie Mittelpunkt des Handels zwischen der Region und Teotihuacán *(siehe S. 140–143)*. Es scheint, dass die Stadt nach 700 den Handel durch kriegerische Aktivitäten ersetzte. Um 1100 wurde ihr ein gewaltsames Ende bereitet – trotz der 800 Meter langen und vier Meter hohen Mauer an der Nordseite. Die Besichtigung dauert etwa zwei Stunden. Dazu folgt man dem steilen Weg, der von der Hauptstraße zur Zitadelle führt.

㉓ Lagos de Moreno

B4 Jalisco 154 000
Pedro Moreno 419, Centro; +52 474 410 36 218
Feria de Agosto (Ende Juli bis Anf. Aug)

Lagos de Moreno ist ein weniger besuchtes architektonisches Juwel, das dank der vielen berühmten Schriftsteller, die hier geboren wurden, als »Athen von Jalisco« bekannt ist. In der Kolonialzeit lag die Ortschaft an der Silberstraße von Zacatecas nach Mexico City. Die barocke Pfarrkirche, der schlichte Templo y Ex-Convento de Capuchinas und eine klassizistische Brücke stammen aus dieser Zeit.

Im Jardín de los Constituyentes steht die Barockkirche Parroquia de la Asunción. Gleich dahinter birgt das Museo de Arte Sacro eine Sammlung religiöser Kunst aus dem 17. bis 19. Jahrhundert, während das Teatro José Rosas Moreno 1907 eröffnet wurde und auf seiner Kuppel ein beeindruckendes Wandgemälde zeigt, das die mexikanische Revolution *(siehe S. 62)* darstellt.

㉔ Ribera

B4 Jalisco
Madero 407 Altos, Chapala; +52 376 765 31 41

Das mit Hotels vollgebaute Ribera hat ein nahezu perfektes Klima, und seine Nähe zu einigen großen Städten Mexikos hat zu Strömen ausländischer Besucher geführt. Vom altmodischen Ferienort Chapala erstreckt sich Ribera über 21 Kilometer bis zum Dorf Jocotepec am Westende des Sees. Das schönste Dorf ist Ajijic, eine Künstlerkolonie mit Kunsthandwerksläden, Galerien und einer Kapelle (16. Jh.). Westlich liegt der Badekurort San Juan Cosalá mit Schwimmbädern und einem natürlichen Geysir.

Chapala ist Ausgangspunkt für Fahrten zu zwei Inseln, der baumbewachsenen Isla de los Alacranes mit Fischrestaurants und Mezcala mit Ruinen einer Festung, in der Unabhängigkeitskämpfer vier Jahre ausharrten, bevor sie sich 1816 den Spaniern ergaben.

Die landschaftlich reizvolle Straße, die am größtenteils unbebauten Südufer des Sees entlangführt, eröffnet herrliche Ausblicke.

> **Lagos de Moreno ist dank der vielen berühmten Schriftsteller, die hier geboren wurden, als »Athen von Jalisco« bekannt.**

25 Dolores Hidalgo

B4 Guanajuato
Plaza Principal 2
dolores-hidalgo.com

Der Unabhängigkeitskampf begann 1810, als Pater Miguel Hidalgo seinen berühmten *el grito* (Aufruf) zu den Waffen erließ *(siehe S. 59)*. Die schöne Plaza Principal wird noch immer von der kunstvollen Fassade der Nuestra Señora de los Dolores aus dem 18. Jahrhundert beherrscht, der berühmten Kirche, in der dieses Ereignis stattfand. Mehr erfahren Sie im **Museo Histórico Curato de Dolores**, dem Wohnhaus von Pater Hidalgo zwischen 1804 und 1810, und im **Museo del Bicentenario**, das die Geschichte der Stadt erzählt.

Museo Histórico Curato de Dolores

Morelos 1, bei Hidalgo
+52 418 182 01 71
Di–Sa 9–15:45, So 9–16:45

Museo del Bicentenario

Plaza Principal
+52 418 182 77 31
tägl. 9–17

26 Pátzcuaro

B5 Michoacán
88 000 Portal de Hidalgo 2; +52 434 342 02 15
Año Nuevo Purépecha (Ende Jan), Tag der Toten (1./2. Nov)

Inmitten von Weideland und Wäldern liegt die Stadt am Südufer des Pátzcuaro-Sees. Einst war sie ein religiöses und politisches Zentrum der Tarasken, ihre koloniale Pracht verdankt sie vor allem Vasco de Quiroga, dem ersten Bischof Michoacáns.

Die Basílica de Nuestra Señora de la Salud sollte eigentlich fünf Kirchenschiffe haben, gebaut wurde aber nur eines. Sie wurde durch Brände und Erdbeben beschädigt, 1833 vollendete man sie schließlich in einer Mischung mehrerer Stile.

Südlich davon zeigt das das **Museo de Artes e Industrias Populares** unter anderem eine hüttenähnliche *troje* mit Purépecha-Einrichtung. Ein weiteres Volkskunstzentrum ist in der **Casa de los Once Patios**.

Eschen beschatten die Plaza Vasco de Quiroga. Viele koloniale Herrenhäuser an der Plaza wurden in Läden, Restaurants und Hotels umgewandelt. Mittelpunkt der Stadt ist die nach einer Freiheitskämpferin und Märtyrerin benannte Plaza Gertrudis Bocanegra. Die Straßen vor der Kirche Santuario de Guadalupe sind freitags mit Ständen gefüllt, auf der Plazuela de San Francisco wird Keramik verkauft.

Museo de Artes e Industrias Populares

Ecke Enseñanza und Alcantarilla +52 434 342 10 29 Di–So 9–17

Casa de los Once Patios

Madrigal de las Altas Torres +52 434 342 43 79 tägl. 9–17

> **Expertentipp**
> **Inselhopping**
>
> Touren zu den Inseln im Lago de Pátzcuaro starten von den Docks im Norden der Stadt. Die Isla Janitzio mit ihrem Morelos-Denkmal und malerischen Läden, ist das beliebteste Ziel.

↑ Aufführung des traditionellen Tanzes *los viejitos* auf der Plaza Vasco de Quiroga, Pátzcuaro

Tänzer mit aufgemalten Totenkopfmasken am Tag der Toten

Tag der Toten

Im Mittelpunkt des Fests steht der Glaube, dass die Toten einmal im Jahr die göttliche Erlaubnis haben, Freunde und Verwandte auf der Erde zu besuchen.

Ein fröhliches Fest

Am Tag der Toten begrüßen die Lebenden die Seelen ihrer verstorbenen Angehörigen mit Blumen, Essen, Kerzen und Weihrauch. Das ist kein morbider Anlass, sondern einer des Friedens und der Freude. Die Seelen der Kinder sollen am 1. November und die der Erwachsenen am 2. November zu Besuch kommen. Totenköpfe und Skelette sind in der Dekoration dieses Fests allgegenwärtig, aber der Tod wird mit Humor und sogar mit Zuneigung dargestellt.

Wo gefeiert wird

In Zentral- und Südmexiko finden fast überall Feiern statt, wobei einige Gegenden eigene lokale Noten einbringen. Die Zeremonien am Lago de Pátzcuaro sind besonders beeindruckend, vor allem wegen der indigenen Verwurzelung der Purépecha-Dorfbewohner und der schönen Umgebung. Die ganze Nacht verkehren mit Kerzen und Blumen geschmückte Boote mit singenden Dorfbewohnern zwischen den Docks von Pátzcuaro und der Insel, und die Luft ist erfüllt von Weihrauchschwaden und Glockengeläut.

Die Afromexikaner huldigen dem Leiden ihrer versklavten Vorfahren mit der *Danza de los Diablos* (Tanz der Teufel). Durch synchrones Stampfen, Drehen und komische Theatralik erzählen große Ensembles die Geschichte versklavter Arbeiter, die eine gewalttätige, weiße herrschende Klasse verhöhnen.

Symbole des Todes

Persönlich gestaltete Altäre, beladen mit symbolischen Gaben, werden in den Häusern aufgestellt, finden sich aber auch an öffentlichen Plätzen.

Zuckerfiguren und andere Lebensmittel werden ausgestellt – die Toten sollen das Aroma der Gaben aufnehmen.

Oft steht ein Foto des Verstorbenen im Mittelpunkt des Altars. Es können auch Heiligenbilder hinzugefügt werden.

Die Ringelblume *(cempasúchil)*, in Mexiko die »Blume der Toten«, steht auch auf Altären und wird als Deko verwendet.

Humorvoll gestaltete Skelette aus Pappmaschee bevölkern oft die öffentlichen Plätze der Städte.

La Catrina, ein großes weibliches Skelett von dem Maler José Guadalupe Posada, erscheint oft in der Kunst.

Kinder tragen am Tag der Toten oft Schädelmasken oder mit Knochen bemalte Kleidung.

㉗ San Luis Potosí

C4 San Luis Potosí 722 000 Manuel José Othón 130; +52 444 812 99 39 San Luis Rey de Francia (25. Aug) visitasanlispotosi.com

Der Reichtum, zu dem San Luis Potosí im 17. Jahrhundert dank seiner Minen gelangte, zeigt sich in historischen Bauten und drei Hauptplätzen der Innenstadt. Der zentralste Platz, die Plaza de Armas, wird von der Kathedrale und dem Palacio de Gobierno beherrscht, in dem Benito Juárez amtierte, als er 1867 eine Begnadigung Kaiser Maximilians ablehnte. Dahinter erhebt sich die Caja Real, das königliche Schatzhaus, auf deren breiter Treppe Lasttiere die darüberliegenden Vorratskammern erreichten.

Der zweite Platz ist die Plaza de los Fundadores, Standort eines ehemaligen Jesuitenkollegs und zweier Kirchen aus dem 17. Jahrhundert, der Iglesia de la Compañía und der Capilla de Loreto. Östlich liegt der dritte Hauptplatz, die Plaza del Carmen, mit der gleichnamigen Kirche, dem Teatro de la Paz und dem **Museo Nacional de la Máscara**, dessen Wände mit über 1000 dekorativen und rituellen Masken geschmückt sind.

Der churriguereske **Templo del Carmen** (17. Jh.) mit dreiteiliger Hauptfassade, reich verziertem Turm und mehrfarbiger Kuppel ist der spektakulärste Sakralbau der Stadt. Noch prächtiger ist der Innenraum, nicht zuletzt wegen des Hauptaltars von Francisco Eduardo Tresguerras. Highlight ist der Altar de los Siete Príncipes, der eher einer Innenfassade gleicht, die den Eingang zu einer Kapelle umrahmt. Die Stuckverkleidung ist mit farbigen Engelsfiguren übersät.

Die Franziskaner begannen 1686 mit dem Bau des ehrgeizigen Komplexes **Ex-Convento de San Francisco**, dessen Fertigstellung über ein Jahrhundert dauerte. Er beherbergt nun das Museo Regional Potosino mit kolonialen und präkolumbischen Objekten. Im Obergeschoss befindet sich die Capilla de Aranzazú, die Privatkapelle der einstigen Bewohner. Trotz der für die Restaurierung gewählten grellen Farben ist sie ein Barockjuwel. Sie hat ein gedecktes Atrium und ein geschnitztes Holztor.

Das **Museo Federico Silva** ist eine Hommage an einen der angesehensten Bildhauer Mexikos. Der 1923 geborene Silva ist bekannt für seine modernen Interpretationen prähispanischer Kunst, das Museum zeigt viele seiner Kreationen aus Vulkangestein und Stahl. Das **Museo de Arte Contemporáneo** ist in einem alten Postamt untergebracht und zeigt hochwertige Wanderausstellungen zeitgenössischer Kunst.

Das ehemalige Gefängnis wurde in das **Centro de las Artes** umgewandelt. In der Zelle, in der Francisco Madero 1910 inhaftiert

Entdeckertipp
Paradies auf Erden

Im Südosten der Stadt San Luis Potosí liegt die Huasteca Potosina: ein Gebiet von atemberaubender Schönheit, das in vorspanischer Zeit als Tamoanchán, »Paradies auf Erden«, bekannt war.

war, werden Kunstausstellungen gezeigt, und das Museo Leonora Carrington, ist der in England geborenen surrealistischen mexikanischen Malerin gewidmet.

Museo Nacional de la Máscara
Villerías 2 Di–Fr 10–18 museodelamascaraslp.org

Templo del Carmen
Manuel José Othón 410 tägl. 7–13:30, 16–21

Ex-Convento de San Francisco
Plaza de Aranzazú +52 444 814 35 72 Di–So 9–18

Museo Federico Silva
Obregón 80 Mo–Sa 10–18, So 10–14 museofedericosilva.org

Museo de Arte Contemporáneo
Morelos 235 Mo–Sa 10–18, So 10–14 macsanluispotosi.com

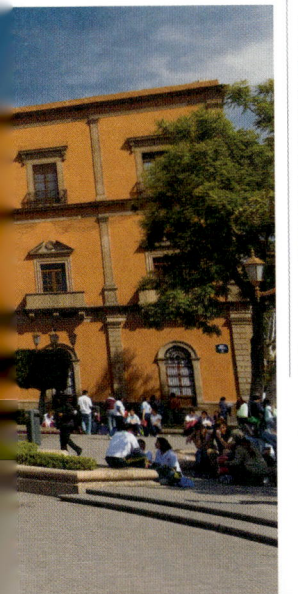

Centro de las Artes
Calzada de Guadalupe 705 Di–So 10–18 centrodelasartesslp.gob.mx

↑ *Hoch oben in den Bergen liegt die Stadt Real de Catorce, die von ihrer neoklassizistischen Kirche dominiert wird*

28
Real de Catorce
C3 San Luis Potosí 140 Presidencia Municipal, Constitución 27; +52 488 887 50 71 Feria de San Francisco de Asís (Sep/Okt) realdecatorce.info

Verfallene Häuser und eine Geisterstadt-Atmosphäre machen den Reiz von Real de Catorce aus. Der Ort liegt in den Bergen der Sierra Madre Oriental und ist nur durch einen zwei Kilometer langen Tunnel erreichbar.

Anfang des 20. Jahrhunderts lebten hier 40 000 Menschen. Es gab mehrere Zeitungen, ein Theater, ein großes Hotel und eine elektrische Straßenbahn. Als die Silberpreise fielen, blieben nur einige Familien zurück. Durch ihre unheimliche Atmosphäre war die Stadt eine ideale Kulisse für mexikanische Western.

Instand gehalten wurde nur die Kirche Parroquia de la Purísima Concepción mit der Statue des heiligen Franz von Assis – der Wallfahrer wegen, die einmal im Jahr hierherströmen. Der Kirche gegenüber steht die verfallene Casa de Moneda, eine ehemalige Münzgießerei. An die einstige Größe erinnern auch die Ruinen der ornamentierten Häuser und der Stierkampfarena.

←

Die Plaza del Carmen mit Brunnen und Kirche in San Luis Potosí

Hotels

Hotel Mina Real
Die elf Zimmer des gemütlichen Hotels haben alle freiliegende Steinmauern.

C3 Ramón Corona 5-B, Real de Catorce hotelminareal.com

$$$

Mesón de la Abundancia
Erbaut aus den Ruinen der alten Schatzkammer, es erwarten Sie rustikale Steinmauern, Balken, Ziegelböden und alte Türen.

C3 Lanzagorta 11, Real de Catorce mesonabundancia.com

$$$

Der malerische El Jardín Principal im pulsierenden Herzen von San Miguel de Allende

29
San Miguel de Allende

🅰 C4 🏠 Guanajuato 👥 70 000 ℹ Plaza Principal 8; +52 15 152 09 00 🎉 Sanmiguelada (Sep), San Miguel Arcángel (Anf. Okt) 🌐 visitsanmiguel.travel

San Miguel ist eine reizvolle Stadt aus der Kolonialzeit mit Blick auf den Río Laja, deren Straßen von Herrenhäusern und Kirchen gesäumt sind.

Der Hauptplatz El Jardín Principal wird von einer Kirche von 1880 dominiert. In der Nähe befindet sich das Geburtshaus des Unabhängigkeitshelden Miguel Allende, heute das Museo Histórico de San Miguel de Allende. Der Mercado Ignacio Ramírez ist voll von Obst-, Gemüse- und Heilkräuterständen, der angrenzende Mercado de Artesanías bietet Kunsthandwerk. Die Wände der bemerkenswerte Sala Quetzal in der Bibliothek sind mit Wandmalereien von David Leonardo geschmückt.

> **Entdeckertipp**
> **Michelangelo à la Mexiko**
>
> Das Santuario de Jesús Nazareno de Atotonilco nördlich von San Miguel ist die Sixtinische Kapelle Mexikos. Seine Wände und Decken sind mit exquisiten Gemälden im mexikanischen Volksstil geschmückt.

30
Aguascalientes

🅰 B4 🏠 Aguascalientes 👥 1,2 Mio. ✈ ℹ Plaza de la Patria; +52 449 910 20 88 🎉 Feria de San Marcos (Mitte Apr – Mitte Mai), Las Calaveras (Anf. Nov) 🌐 vivaaguascalientes.com

Die heißen Quellen, nach denen Aguascalientes benannt ist, ziehen immer noch Besucher an. Bekannter ist die Stadt durch die Feria de San Marcos *(siehe S. 215)*.

Der koloniale Palacio de Gobierno hat einen Haupthof mit Arkaden, Pfeilern und Treppen. Die Wandbilder im Inneren stammen von Osvaldo Barra Cunningham, einem Schüler Diego Riveras. Auf der anderen Seite der Plaza de la Patria stehen die Kathedrale (18. Jh.) und das klassizistische Teatro Morelos. Der Templo del Santuario Nuestra Señora de Guadalupe, eine der schönsten Kirchen Mexikos, hat eine Barockfassade und ein überwältigendes Inneres mit komplizierten Schnitzereien.

Das **Museo de Arte Contemporáneo** zeigt zeitgenössische Werke, das **Museo José Guadalupe Posada** Drucke des bekannten Karikaturisten. Mexikos Besessenheit von Bildern des Todes wird im Museo Nacional de la Muerte dokumentiert, im Museo de Aguascalientes liegt der Schwerpunkt auf dem naturalistischen Werk von Saturnino Herrán.

Museo de Arte Contemporáneo
🏠 Ecke Morelos und Primo Verdad ☎ +52 449 915 79 53 🕐 Di – So 11–15

Museo José Guadalupe Posada
🏠 Jardín del Encino s/n ☎ +52 449 915 45 56 🕐 Di – So 12 –18

31
Puerto Vallarta

🅰 A4 🏠 Jalisco 👥 203 000 ✈ ℹ Independencia 123, Proyecto Escola 🎉 Día de Guadalupe (12. Dez) 🌐 visitpuertovallarta.com

Das Tropenparadies Bahía de Banderas wurde in den

Markthalle

Mercado Juárez
An vielen Ständen wird *bírria* serviert. Diese Spezialität aus Aguascalientes besteht aus langsam gebratenem Lammfleisch, das zerkleinert und mit einer Brühe und einer Tortilla serviert wird.

🅰 B4 📍 Ecke Victoria und Unión, Aguascalientes
💲💲💲

1960er Jahren von Hollywood-Stars entdeckt. Seither ist Puerto Vallarta eines der Top-Seebäder der mexikanischen Pazifikküste. Viele Besucher genießen hier alljährlich die Strände, das angenehme Klima und das rege Nachtleben.

Der Badeort zieht sich über 40 Kilometer an der Bucht entlang, sein Zentrum ist Viejo Vallarta, die Altstadt. Sie hat es geschafft, sich etwas von der Atmosphäre eines mexikanischen Dorfes zu bewahren: weiß getünchte, ziegelgedeckte Häuser und gepflasterte Straßen, die zu den dschungelbedeckten Hängen verlaufen. Die Plaza Principal wird überragt von der hübschen Hauptkirche Templo de Nuestra Señora de Guadalupe mit ikonischer Krone.

Auf der Flussinsel Isla Río Cuale findet man Boutiquen, Cafés, einen botanischen Garten und das **Museo del Cuale**, in dem prähispanische Artefakte aus der Region ausgestellt sind. Auf der anderen Seite des Flusses sind die Stände des Mercado Municipal del Cuale voll mit Schmuck, Pappmaschee, Kleidung und Souvenirs.

Am *malecón*, der Uferpromenade, kann man Wassertaxis für Fahrten über die Bucht mieten, zur *zona hotelera* etwa, dem Hotelband, das sich nördlich zum Hafen hin erstreckt. Weiter nördlich liegt Marina Vallarta, der größte Jachthafen Mexikos mit Luxushotels, Shopping-Zentren und Golfplatz.

Neben dem Jachthafen, wenn auch in einem anderen Bundesstaat (Nayarit) und sogar in einer anderen Zeitzone, liegt Nuevo Vallarta, die jüngste Siedlung an der Bucht. Ihre kilometerlangen Strände, Flüsse und Flussmündungen reichen bis zur Stadt Bucerías. Danach verschwindet die touristische Infrastruktur und hinterlässt eine Reihe von kleinen, unberührten Stränden, die sich bis zum nördlichsten Punkt der Bucht, Punta Mita, erstrecken.

Der abwechslungsreichere südliche Teil der Banderas-Bucht beginnt mit der Playa de los Muertos, dem beliebtesten Strand der Altstadt. Von hier windet sich die Straße an tiefblauen Buchten und mit Villen bebauten Felsen vorbei nach Mismaloya, wo sie sich beim Dorf Boca de Tomatlán landeinwärts wendet.

Die herrlichen Strände dahinter sind nur auf dem Wasserweg erreichbar. Die besten Ziele sind Las Ánimas, eine große Bucht mit langem Sandstrand, sowie das verträumte Yelapa, das etwa 30 Minuten von Boca entfernt ist.

Museo del Cuale
📍 Isla Río Cuale 📞 +52 333 614 54 16 🕘 Mo–Sa 9–17

> Viele Besucher kommen alljährlich nach Puerto Vallarta und genießen hier die Strände, das angenehme Klima und das rege Nachtleben.

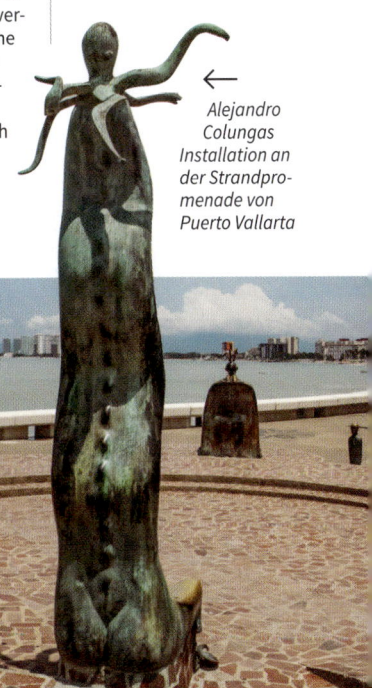

← *Alejandro Colungas Installation an der Strandpromenade von Puerto Vallarta*

Spaziergang durch San Miguel de Allende

Länge 1,5 km **Dauer** 15 Minuten **Bus** Central de Autobuses

San Miguel de Allende ist voll von prächtigen Herrenhäusern und alten Kirchen, die alle durch enge, gepflasterte Straßen miteinander verbunden sind. Einst ein wichtiger Knotenpunkt für Maultierzüge, die Silber und Gold in die Hauptstadt brachten und mit europäischen Schätzen zurückkehrten, ist die Stadt heute ein beliebtes Touristenziel. Das Zentrum eignet sich hervorragend für eine Erkundung zu Fuß, da alle wichtigen Sehenswürdigkeiten nur einen kurzen Spaziergang von der zentralen Plaza Allende entfernt sind.

Die Kunstschule **Escuela de Bellas Artes** in einem früheren Kloster besitzt ein unvollendetes Wandbild von David Alfaro Siqueiros.

Über dem vergoldeten Altar des **Templo de la Concepción** wölbt sich eine 1891 vollendete Kuppel.

Die **Casa del Mayorazgo de la Canal** ist das prächtigste Haus der Stadt.

Die **Casa Allende**, heute ein historisches Museum, ist das Geburtshaus des mexikanischen Freiheitskämpfers Ignacio Allende.

Die **Casa del Inquisidor** diente als Wohnsitz für die spanischen Inquisitoren.

In der **Casa de la Inquisición** wurden die von den Inquisitoren für schuldig befundenen »Ketzer« eingekerkert.

Die Kirche **La Parroquia** mit neogotischer Fassade wurde vom Architekten Zeferino Gutiérrez Ende des 19. Jahrhunderts umgebaut.

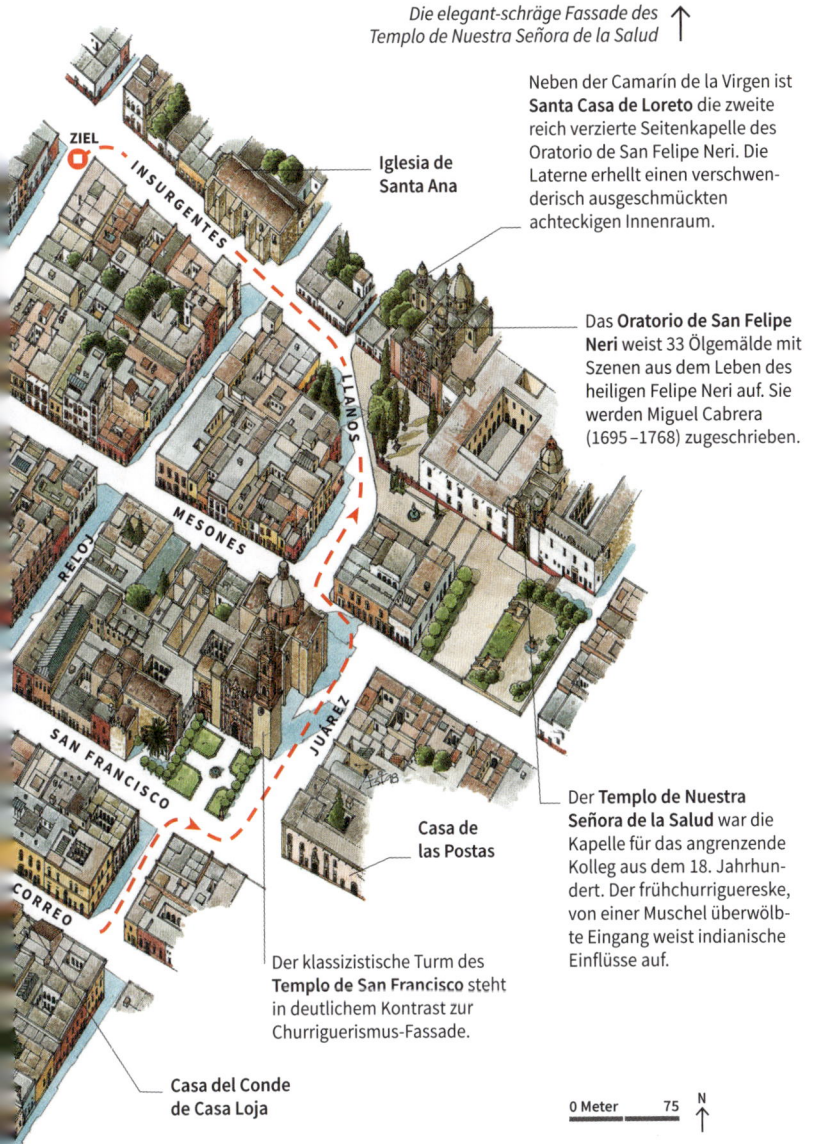

Die elegant-schräge Fassade des Templo de Nuestra Señora de la Salud ↑

Neben der Camarín de la Virgen ist **Santa Casa de Loreto** die zweite reich verzierte Seitenkapelle des Oratorio de San Felipe Neri. Die Laterne erhellt einen verschwenderisch ausgeschmückten achteckigen Innenraum.

Das **Oratorio de San Felipe Neri** weist 33 Ölgemälde mit Szenen aus dem Leben des heiligen Felipe Neri auf. Sie werden Miguel Cabrera (1695–1768) zugeschrieben.

Der **Templo de Nuestra Señora de la Salud** war die Kapelle für das angrenzende Kolleg aus dem 18. Jahrhundert. Der frühchurriguereske, von einer Muschel überwölbte Eingang weist indianische Einflüsse auf.

Iglesia de Santa Ana

Casa de las Postas

Der klassizistische Turm des **Templo de San Francisco** steht in deutlichem Kontrast zur Churriguerismus-Fassade.

Casa del Conde de Casa Loja

ZIEL

INSURGENTES · LLANOS · MESONES · RELOJ · SAN FRANCISCO · JUAREZ · CORREO

0 Meter 75 N ↑

Fahrt um den Lago de Pátzcuaro

Länge 90 km **Rasten** Es gibt viele gute Restaurants auf der Isla Janitzio und traditionelle, familiäre Lokale in Santa Fe

Die Straße um den in sanfte Hügel eingebetteten See führt an architektonischen Schmuckstücken aus der Kolonialzeit und der vorspanischen Zeit sowie an Städten mit reicher Handwerkstradition vorbei. Pátzcuaro, Tzintzuntzán und Quiroga sind beliebte Ausflugsziele, das Westufer und die Sumpfgebiete im Süden werden weniger besucht. Doch hier bietet die kurvenreiche Straße spektakuläre Ausblicke auf den See und seltene Einblicke in das Dorfleben der Purépechan (Tarasken). Um die Inseln zu sehen, nehmen Sie ein Boot von der Muelle General in Pátzcuaro.

Die Isla Janitzio im Lago de Pátzcuaro in der Abenddämmerung

In **Erongarícuaro** zog sich der französische Surrealist André Breton zurück.

Tocuaro ist für seine preisgekrönten Holzmasken bekannt. Sie werden in Werkstätten verkauft, die oft nicht eigens gekennzeichnet sind.

Schon gewusst?

Mit der Fiesta del Señor del Rescate (Februar) wird in Tzintzuntzán ein Wunder gefeiert.

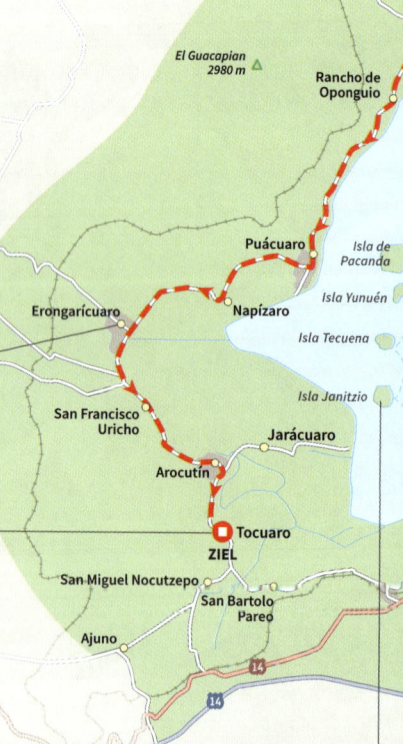

Die autofreie **Isla Janitzio** ist für ihre Fischrestaurants, Souvenirstände und den Panoramagipfel bekannt, der von einer 49 Meter hohen Statue von José María Morelos gekrönt wird.

Zur Orientierung

In **Santa Fe de la Laguna** stehen neben der Kirche (17. Jh.) Verkaufsstände mit der typischen schwarzen Keramik.

Quiroga lebt vom Verkauf von landwirtschaftlichen Produkten und Kunsthandwerk aus ganz Michoacán. Typisch für die Region sind Lackarbeiten, etwa hölzerne, mit Blumen bemalte Schalen.

Tempelplattformen *(yácatas)* in der Nähe der Stadt **Tzintzuntzán** erinnern an die Vergangenheit als Hauptstadt der Tarasken. Sehenswert sind das Franziskanerkloster (16. Jh.) und der Kunsthandwerksmarkt.

Unweit des ruhigen Dorfs **Ihuatzio** liegen die Reste imposanter Tarasken-Bauten. Eine in den Ruinen gefundene Skulptur schmückt nun den Kirchturm.

→ *Die taraskanischen Yácatas-Ruinen bei Tzintzuntzán*

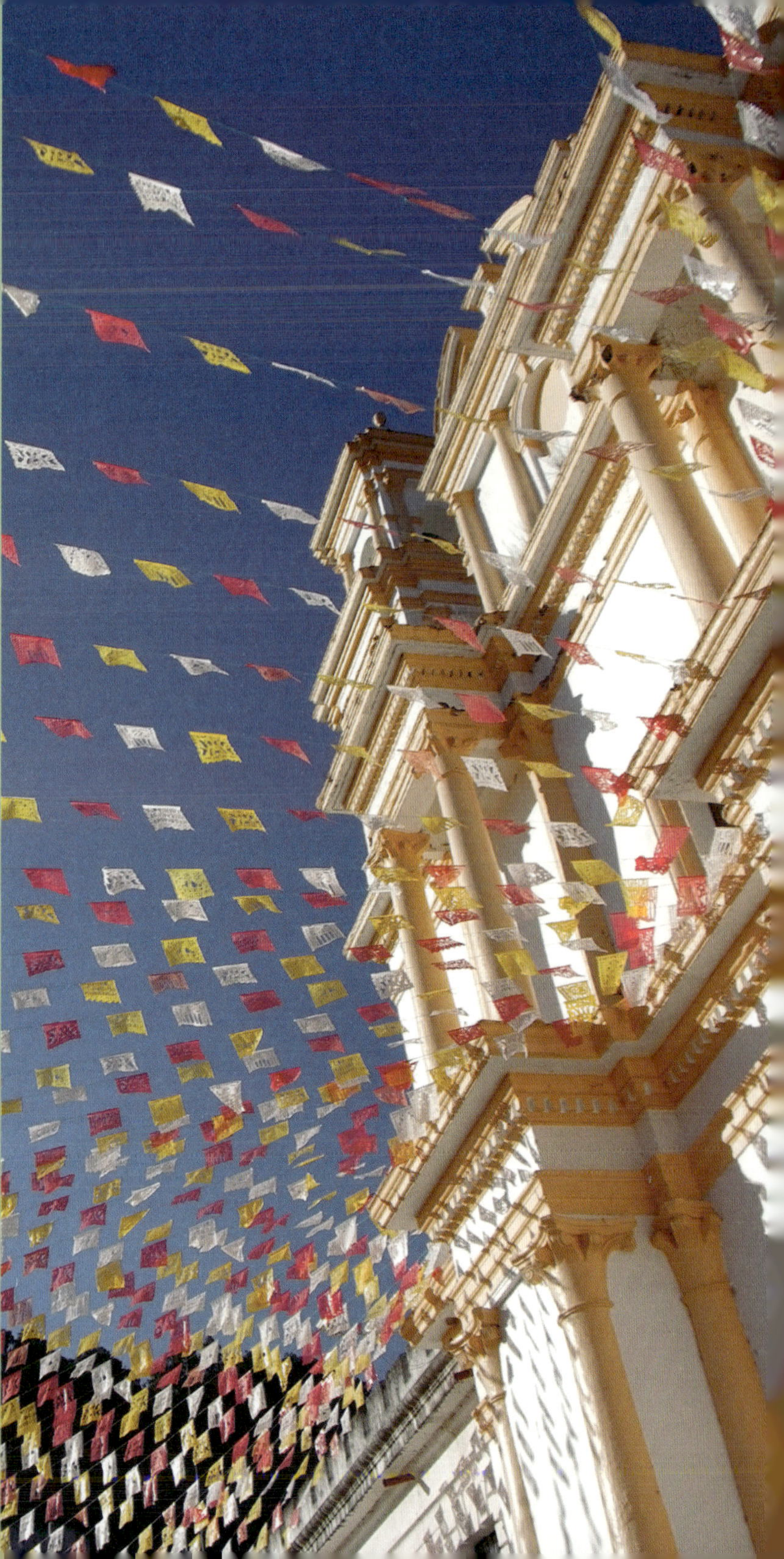

Girlanden vor der Kirche in San Cristóbal de las Casas (siehe S. 249)

Südmexiko

Das milde Klima und die fruchtbaren Böden Südmexikos zogen einige der frühesten Siedlungen Mesoamerikas an, wobei das Oaxaca-Tal erstmals im 7. Jahrhundert v. Chr. besiedelt wurde. Drei Jahrhunderte später errichteten die Zapoteken ihre Hauptstadt Monte Albán, die das Tal für Hunderte von Jahren beherrschte, bevor sie anderen, kleineren Städten Platz machte. In der Zwischenzeit erreichten die Maya im Osten ihren kulturellen Höhepunkt und bauten die prächtige Stadt Palenque. Die Spanier eroberten die Region zwar im 16. Jahrhundert, blieben dort aber ansonsten relativ untätig. Auch heute noch ist die Industrie auf die Städte beschränkt, ein Großteil der Region gilt nach wie vor als unterentwickelt, sodass die südlichen Bundesstaaten zu den ärmsten Mexikos gehören. Die Armut auf dem Land trug dazu bei, die Rebellion der Zapatisten in Chiapas im Jahr 1994 anzuheizen.

Geografisch wird der Süden von den Bergen der Sierra Madre del Sur dominiert, die das Reisen erschweren, aber eine spektakuläre Landschaft bieten. Die Pazifikküste ist weitgehend unberührt. Ihre Sandstrände sind von Palmen gesäumt und werden ständig von der Brandung umspült.

Südmexiko

Highlights
1. Oaxaca
2. Monte Albán
3. Acapulco
4. Palenque

Sehenswürdigkeiten
5. Bonampak
6. Cascadas de Agua Azul
7. San Cristóbal de las Casas
8. Ixtapa und Zihuatanejo
9. Tuxtla Gutiérrez
10. Yagul
11. Cañón del Sumidero
12. Mitla
13. Zimatlán-Ocotlán
14. Comitán de Domínguez
15. Puerto Escondido
16. Chiapa de Corzo
17. Toniná
18. Yaxchilán

Südmexiko

Golf von Mexiko

Pazifischer Ozean

Golfo de Tehuantepec

CHIAPAS

GUATEMALA

Orte und Sehenswürdigkeiten:
- Veracruz
- Catemaco
- Cosamaloapan
- Tuxtepec
- San Juan Cotzocón
- Acayucan
- El Paraíso
- Palomeres
- 2 Mitla
- Matías Romero
- Ixtepec
- Zanatepec
- Juchitán
- Tehuantepec
- Huatulco
- Salina Cruz
- Bahías de Huatulco International Airport
- Laguna Superior
- Mar Muerto
- Arriaga
- Tonalá
- Villa Flores
- Pijijiapán
- Mapastepec
- Escuintla
- Huixtla
- Tapachula
- Minatitlán
- Coatzacoalcos
- Paraíso
- Villahermosa
- Frontera
- Pichucalco
- Raudales
- Ocozocuautla
- Tuxtla Gutiérrez
- Tuxtla Gutiérrez International Airport
- 9, 16 Chiapa de Corzo
- Cañón del Sumidero 11
- Presa la Angostura
- Sierra Madre
- Comalapa
- Motozintla de Mendoza
- San Marcos
- Salama
- Guatemala City
- La Aurora International Airport
- Tecojate
- Puerto San José
- Sabancuy
- Nuevo Pital
- El Tauro
- Escárcega
- Campeche
- 4 Palenque
- 6 Cascadas de Agua Azul
- Ocosingo
- 17 Toniná
- 7 San Cristóbal de las Casas
- 18 Yaxchilán
- 5 Bonampak
- Las Margaritas
- 14 Comitán de Domínguez
- Río Usumacinta

Golfküste Seiten 258–275

0 Kilometer 150

N ↑

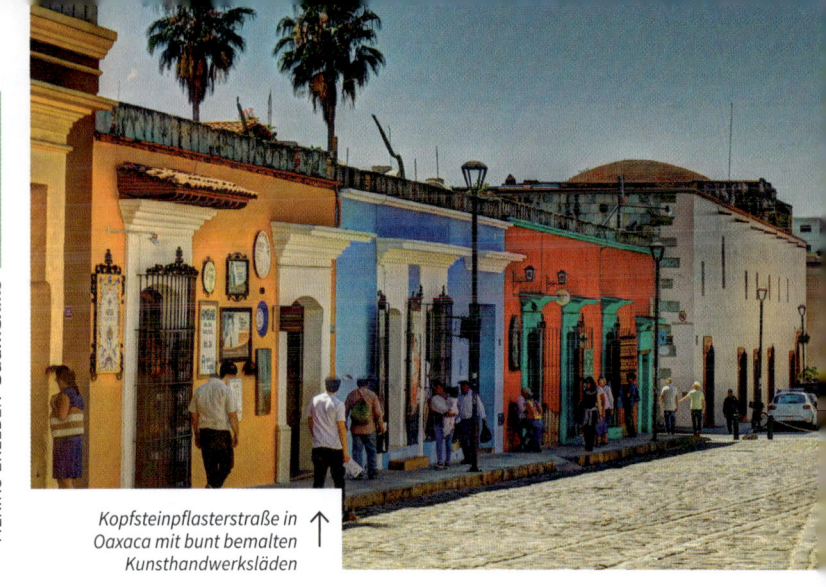

Kopfsteinpflasterstraße in Oaxaca mit bunt bemalten Kunsthandwerksläden

❶ Oaxaca

🅰 D6 Oaxaca 255 000 ✈ 🚍 ℹ Av. Benito Juárez 703; +52 951 516 01 23 🎭 Guelaguetza (Ende Juli), Noche de Rábanos (23. Dez) 🌐 oaxaca.travel

Mit seiner Mischung aus eleganter Architektur, einer lebendigen indigenen Kultur und einer reichhaltigen kulinarischen Szene ist es einfach, sich in Oaxaca zu verlieben. Die Stadt lädt mit ihren blumenübersäten Straßen und Gassen, die von Kunsthandwerksläden, Galerien, Märkten und ausgezeichneten Restaurants gesäumt sind, zum Bummeln ein.

① Museo de Arte Contemporáneo
🏛 Macedonio Alcalá 202
🕐 Mi – Mo 10:30 – 19:45
🌐 museomaco.org

Das Museum für zeitgenössische Kunst ist in einem Bau aus dem 16. Jahrhundert untergebracht, der Casa de Cortés, so benannt nach dem Konquistadoren, der dieses Gebäude angeblich errichten ließ. Ausgestellt sind vor allem Werke südmexikanischer zeitgenössischer Künstler wie Francisco Toledo und Rodolfo Morales. Darüber hinaus finden hier Sonderausstellungen und andere Kulturereignisse statt.

② Mercado Juárez
🏛 Ecke 20 de Noviembre und Las Casas 🕐 tägl. 7 – 21

Der Mercado Juárez war früher der größte Markt der Stadt. Man findet hier schönes Kunsthandwerk aus den Dörfern sowie Folklore-Kleidung, Lederwaren und Keramik aus Oaxaca.

③ Kathedrale
🏛 Av. de la Independencia 700

Die Kathedrale wurde 1553 errichtet, musste jedoch nach einer Reihe von Erdbeben 1730 neu erbaut werden. Das Relief über dem Haupteingang der barocken Fassade stellt Mariä Himmelfahrt dar. Den optischen Hauptanziehungspunkt des Innenraums bildet der herrliche, aus Italien stammende Bronzealtar.

④ Zentrum von Oaxaca

Der Mittelpunkt der Stadt ist die Plaza de Armas (Zócalo), eine autofreie Zone, in der es von Verkäufern, Studenten, Urlaubern und Indios wimmelt. In den zahlreichen Cafés am Rand der Plaza kann man herrlich entspannen und die Zeit vergehen lassen. Nordwestlich davon ist die Alameda de León, ein schöner Platz mit Kunsthandwerksständen.

⑤ Iglesia de Santo Domingo
🏛 Ecke Alcalá und Gurrión

Von den vielen Kirchen Oaxacas zieht diese den Besucher am meisten in ihren Bann. Sie wurde 1572 begonnen, aber erst über 200 Jahre später vollendet, die Gesamt-

⑥ Museo Textil de Oaxaca

🏠 Hidalgo 917 🕐 tägl. 10–18 🌐 museotextil deoaxaca.org

Das Museum zeigt die Geschichte der Textilherstellung in Oaxaca mit vielen farbenfrohen Beispielen aus den indigenen Gemeinden. Das Museum in einem renovierten Kloster aus dem 16. Jahrhundert wird vom mexikanischen Milliardär Alfredo Harp Helú finanziert.

⑦ Casa de Juárez

🏠 García Vigil 609
☎ +52 951 516 18 60
🕐 Di–So 10–19

Das Haus, in dem Benito Juárez von 1818 bis 1828 lebte, ist heute ein Museum. Die um einen Patio gruppierten Räume sind heute noch fast so, wie sie waren, als Juárez hier lebte, und vermitteln einen faszinierenden Einblick in das bürgerliche Leben des 19. Jahrhunderts.

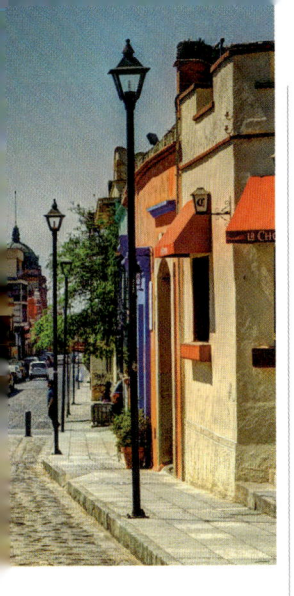

kosten betrugen mehr als zwölf Millionen Goldpesos. Die schlichte Fassade verbirgt einen Innenraum, der den Betrachter mit Goldstuck und farbigen Ornamenten in einer Mischung aus Gotik, Romanik, Barock und maurischem Stil überwältigt. An der Südseite liegt die blattvergoldete Capilla del Rosario mit Heiligen- und Madonnenbildern.

Highlight

Benito Juárez (1806–1872)

Benito Juárez, einer der größten Reformer Mexikos, wurde nördlich von Oaxaca geboren. Mit drei Jahren wurde er zur Waise, aber von Priestern erzogen und setzte sich später für die Agrarreform und die Rechte der indigenen Bevölkerung ein. 1858 wurde er Präsident und beaufsichtigte nach dem Sieg über die Franzosen die Hinrichtung von Kaiser Maximilian 1867. Bis zu seinem Tod setzte er sich für Reformen ein.

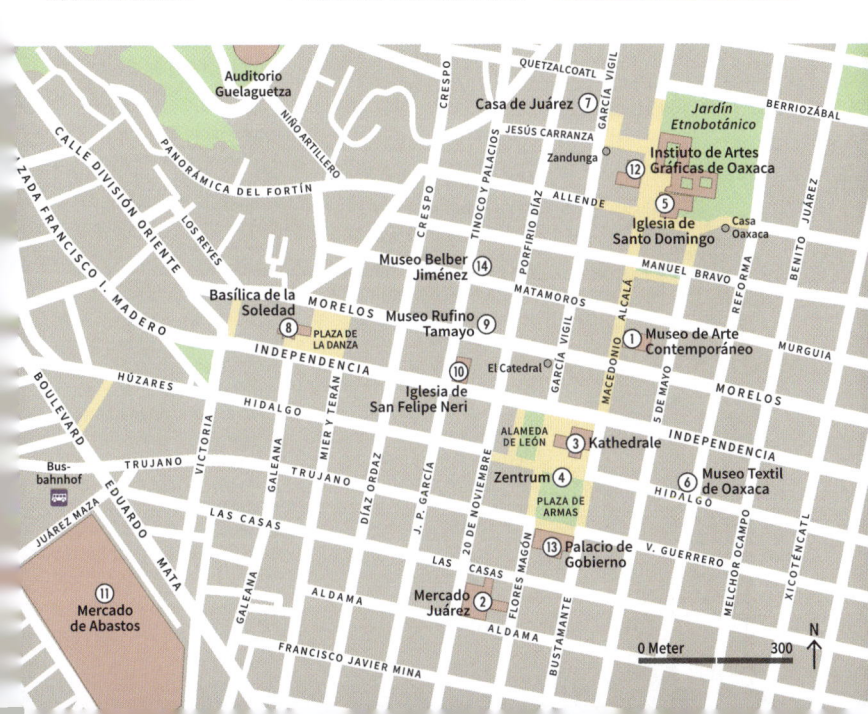

⑧ Basílica de la Soledad

📍 Av. de la Independencia 107 📞 +52 951 516 50 76

Die Basílica de la Soledad ist mit einer 24 Meter hohen, einem Flügelaltar gleichenden Barockfassade versehen. Der Innenraum besticht durch seinen Goldschmuck. Die Kirche wurde 1682–90 errichtet, um die Schutzheilige der Stadt, die Jungfrau der Einsamkeit, zu beherbergen. Ihre mit 600 Diamanten besetzte Statue trägt eine zwei Kilogramm schwere Goldkrone. An einer Seite der Kirche ist ein kleines Museum für sakrale Kunst.

⑨ Museo Rufino Tamayo

📍 Av. Morelos 503 📞 +52 951 516 76 17 🕒 Mo, Mi–Sa 10–14, 16–19, So 10–15

Das geschmackvolle, in einem Gebäude des 17. Jahrhunderts untergebrachte Museum zeigt die präkolumbische Sammlung des Künstlers Rufino Tamayo *(siehe S. 108)*, der die Objekte auch deshalb zusammentrug, weil er verhindern wollte, dass sie in die Hände von Schwarzhändlern gelangten. Er vermachte seine Sammlung dem Staat, um seinen Mitbürgern den kulturellen Reichtum des Landes bewusst zu machen. Die Ausstellungsräume gruppieren sich um einen schönen Patio.

Oaxacas Keramik

Schwarze oder dunkelgrüne Keramik ist überall in Oaxaca zu finden. Der schwarze Stil aus San Bartolo Coyotepec wurde von Doña Rosa Real bekannt gemacht. Die grüne Keramik, die in Santa María Atzompa hergestellt wird, ist wunderschön verziert. Am besten ist es, beides direkt in den Dörfern zu kaufen.

⑩ Iglesia de San Felipe Neri

📍 Av. de la Independencia 407

Auch die Fassade dieser Kirche gleicht einem Altar, ihr Glanzpunkt ist jedoch der vergoldete churriguereske *(siehe S. 43)* Hochaltar. Hier wurde der beliebte Präsident Benito Juárez getraut.

⑪ Mercado de Abastos

📍 Ecke Periférico und Juárez Maza 🕒 tägl. 7–21

Die meisten Geschäfte werden auf diesem Markt südwestlich des Zentrums getätigt. Angeboten werden Töpferwaren, Schmuck und bemalte Holztiere, doch das eigentliche Vergnügen eines Besuchs sind die Geräusche, Gerüche und Farben in einem der belebtesten Märkte Mexikos. Die Waren sind mit Liebe und Sorgfalt ausgelegt, Käufer und Verkäufer handeln miteinander zumeist in der Sprache der Zapoteken oder Mixteken. Am lebhaftesten geht es an Samstagen zu.

⑫ Instituto de Artes Gráficas de Oaxaca

📍 Macedonio Alcalá 507 📞 +52 951 516 20 45 🕒 tägl. 9:30–20

Oaxaca ist bekannt für seine lange Tradition der grafischen Künste, insbesondere der Druckgrafik, die sich in den politischen und kulturellen Plakaten der Stadt widerspiegelt. Das 1988 von dem Grafiker Francisco Toledo gegründete Grafikinstitut verfügt über Galerien, die berühmte und aufstrebende Grafikkünstler vorstellen. Das Institut verfügt außerdem über ein Kino, eine Kunstbibliothek, ein Fotozentrum und eine Tonbibliothek. Das Hauptaugenmerk liegt natürlich auf mexikanischen und insbesondere Künstlern aus Oaxaca, aber auch andere lateinamerikanische Künstler stellen hier ihre grafischen Werke aus.

Im Laden gibt es wunderschön gestaltete Papierprodukte. Der Erlös wird für den Kauf von Büchern für Dorfbibliotheken, Gefängnisse und andere wohltätige Zwecke verwendet.

← *Prähispanische Steinmetzarbeit, ausgestellt im Museo Rufino Tamayo*

Highlight

⑬
Palacio de Gobierno
- Plaza de la Constitución
- +52 951 501 81 00
- Mo–Sa 8–15

Der neoklassizistische Palacio de Gobierno von Oaxaca befindet sich auf der Südseite des Zócalo. Er wurde 1884 fertiggestellt und in den 1940er Jahren umgebaut.

Hauptgrund für einen Besuch sind die fabelhaften Wandmalereien in den Treppenhäusern, die Arturo García Bustos in den 1980ern schuf. Sie stellen Schlüsselmomente der Geschichte Oaxacas sowie berühmte Persönlichkeiten wie Benito Juárez, José María Morelos, Porfirio Díaz, Vicente Guerrero (der in Cuilapan erschossen wurde) und die Nonne und Dichterin Juana Inés de la Cruz aus dem 17. Jahrhundert detailliert dar. Um das Gebäude zu betreten, müssen Sie sich anmelden und die Sicherheitskontrolle passieren.

⑭
Museo Belber Jiménez
- Matamoros 307
- +52 951 514 49 96
- Mi–Mo 10–19

Das Museum, dank seines leuchtend blauen Äußeren leicht zu erkennen ist, zeigt die Privatsammlung des örtlichen Juweliers Francisco Jiménez und seiner Frau Ellen Belber. Zu den Exponaten gehören Volkskunst, mixtekischer Goldschmuck, eine Reihe von Silberarbeiten des 20. Jahrhunderts von William Spratling *(siehe S. 162f)*, indigene Kleidung und Töpferwaren.

Sehen Sie sich auch die mexikanische Flagge an, die Präsident Díaz bei einem Besuch in Oaxaca überreicht wurde. Eines der wichtigsten Ausstellungsstücke ist die Halskette, die Frida Kahlo von ihrem Mann Diego Rivera geschenkt bekam und auf der »Amor« eingraviert ist.

↑ *Der Klosterkomplex, in dem sich das Instituto de Artes Gráficas de Oaxaca befindet*

> #### Entdeckertipp
> **Paradiesoase**
>
> Hinter dem Instituto de Artes Gráficas de Oaxaca ist der Jardín Etnobotánico, eine Oase mit Orchideen, Frangipani und anderen heimischen Arten. Nur mit Führung zu besichtigen (www.jardinoaxaca.mx).

Restaurants

Oaxaca ist ein beliebtes Reiseziel für Feinschmecker, auf den Speisekarten stehen lokale Spezialitäten wie *mole* (Sauce) auf Schokoladenbasis und Köstlichkeiten wie gebratene, mit Chili gewürzte Maguey-Würmer.

Casa Oaxaca
- Constitución 104-A
- casaoaxacaelrestaurante.com

$$$

El Catedral
- García Vigil 105
- Di restaurantecatedral.com.mx

$$$

Zandunga
- García Vigil 512
- zandungasabor.com

$$$

Indigene Völker in Mexiko

In Mexiko leben 68 indigene Völker, die alle ihre eigene Sprache sprechen. Die indigenen Gemeinschaften sind hauptsächlich im Süden des Landes angesiedelt, obwohl es auch im Norden einige große Gruppen gibt.

Obwohl die Spanier die letzte der großen mesoamerikanischen Zivilisationen zerstörten *(siehe S. 144)*, verschwanden deren Bewohner nicht. Auch heute noch leben Nachfahren der Azteken, Maya, Zapoteken und vieler anderer Kulturen in Mexiko. Statistiken zeigen, dass etwa sechs Prozent der Bevölkerung eine der 62 nativen Sprachen Mexikos sprechen.

Viele ethnische Gruppen haben mehrere Namen: einen, mit dem sie sich selbst bezeichnen, und einen, der in der übrigen mexikanischen Gesellschaft gebräuchlicher ist.

Indigene heute

Nach der spanischen Eroberung ging es den indigenen Völkern jahrhundertelang schlecht, sie litten unter europäischen Krankheiten, Sklaverei und Diskriminierung. Seitdem haben sich die Bedingungen verbessert. 2021 richtete der Gesetzgeber die Kommission für indigene und afromexikanische Gemeinschaften ein, die sicherstellen soll, dass alle Gesetze die Bedürfnisse dieser verschiedenen Gemeinschaften berücksichtigen.

Einige, wie die Rarámuri *(siehe S. 181)*, haben sich ihre vorspanische Lebensweise bewahrt. Einer der authentischsten indigenen Märkte Mexikos findet jeden Donnerstag in Zaachila *(siehe S. 253)* statt. Er ist seit vorspanischer Zeit fast unverändert.

↑ *Eine Rarámuri-Frau aus Nordmexiko webt einen traditionellen Korb aus Kiefernnadeln*

→ *Ein Straßenmarkt in Chiapas, ein traditioneller Treffpunkt für indigene Gruppen*

Indigene Gruppen

Trique
▽ Die Trique leben im Bundesstaat Oaxaca und gehören zu den kleineren indigenen Völkern.

Rarámuri
Die Rarámuri (oder Tarahumara) im Bundesstaat Chihuahua spielen ein Ausdauerballspiel *(rarajipari)*, das mehrere Tage dauern kann.

Yaqui
△ Die Yaqui in Sonora tanzen an Ostern und zum Día de Muertos ihre beschwörende *Danza del Venado* (Hirschtanz).

Maya
△ Die Kultur der Maya war bei Ankunft der Spanier schon Vergangenheit. Die Nachkommen dieses Volkes leben im Staat Chiapas und auf der Halbinsel Yucatán. Sie sprechen zahlreiche, voneinander verschiedene Dialekte.

Huichol

▽ Die Huichol sind bekannt für ihr farbenfrohes Kunsthandwerk. Sie leben an der Grenze von Jalisco und Nayarit.

Mixteken

Die frühe mixtekische Zivilisation entstand in den 1100ern im Bundesstaat Oaxaca. Sie ist für ihre Keramik und Mosaikkunst bekannt.

Zapoteken

▽ Die Zapoteken leben vor allem in der Gegend von Oaxaca. Die Dörfer sind oft mit einem bestimmten Handwerk verbunden, z. B. Töpferei.

Lacandón

Die Lacandón leben im Bundesstaat Chiapas und sind eine der traditionellsten Kulturen Mexikos.

Totonaken

△ Die Totonaken leben im Süden Mexikos, wo sie ihre Sprache und viele traditionelle Bräuche bewahrt haben, darunter die Voladores-Tänzer (siehe S. 263).

Monte Albán

D6 nahe Mex 190, 8 km westl. von Oaxaca, Oaxaca
von Oaxaca ⏲ tägl. 8–17 🌐 inah.gob.mx

Monte Albán liegt spektakulär auf einem 400 Meter hohen Berg über dem Oaxaca-Tal. Sie ist die größte der zapotekischen Städte und eine der wichtigsten archäologischen Stätten Lateinamerikas.

In einem Triumphzug der Technik wurde der Berggipfel eingeebnet, um die Zeremonialstätte zu errichten. Die lange Geschichte der Stadt begann mit den Olmeken *(siehe S. 273)* um 500 v. Chr. Die Stadt dominierte das kulturelle, religiöse und wirtschaftliche Leben in der Region. In der Blütezeit geriet Monte Albán unter den Einfluss von Teotihuacán *(siehe S. 140–143)*. In späteren Jahren verfiel es und wurde um 800 n. Chr. weitgehend aufgegeben. Später wurde der Ort von den Mixteken übernommen, vor allem für einige prächtige, mit Gold beladene Gräber.

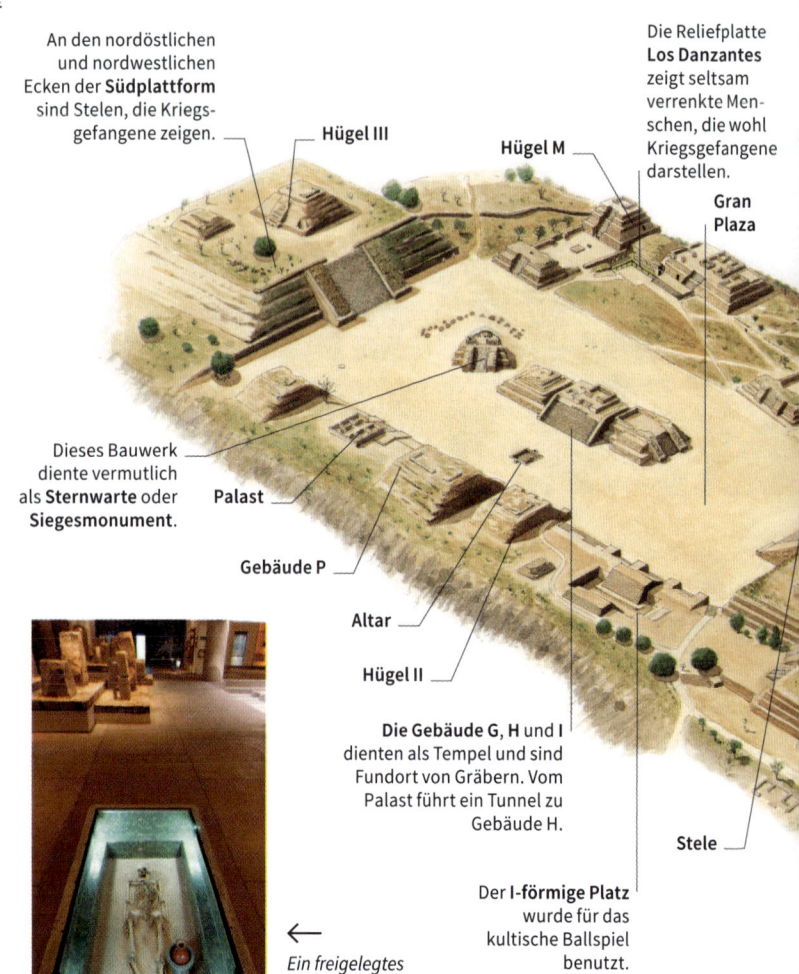

An den nordöstlichen und nordwestlichen Ecken der **Südplattform** sind Stelen, die Kriegsgefangene zeigen.

Hügel III

Hügel M

Die Reliefplatte **Los Danzantes** zeigt seltsam verrenkte Menschen, die wohl Kriegsgefangene darstellen.

Gran Plaza

Dieses Bauwerk diente vermutlich als **Sternwarte** oder **Siegesmonument**.

Palast

Gebäude P

Altar

Hügel II

Die Gebäude G, H und **I** dienten als Tempel und sind Fundort von Gräbern. Vom Palast führt ein Tunnel zu Gebäude H.

Stele

Der **I-förmige Platz** wurde für das kultische Ballspiel benutzt.

← *Ein freigelegtes Grab im Museum von Monte Albán*

Highlight

Die Nordplattform, das größte Bauwerk auf dem Monte Albán, und ein Ausschnitt der Schnitzereien (Detail)

System IV ist fast identisch mit Hügel M. Beide sind gut erhaltene Pyramiden, die von einräumigen hölzernen Tempeln gekrönt waren.

Im **tiefer liegenden Patio** steht ein Altar.

Gebäude B

Als das **Grab 104** 1937 geöffnet wurde, entdeckte man ein einzelnes, von Urnen, Salbgefäßen und Grabbeigaben umgebenes Skelett.

Grab 103

Eine Treppe führt zur **Nordplattform** mit Resten zweier Säulenreihen, auf denen ein flaches Dach ruhte.

Museum, **Grab 7** und **Eingang**

↑ *Illustration der archäologischen Stätte Monte Albán*

Fotomotiv
Monte Albán in der Dämmerung

Die beste Zeit, um den Monte Albán zu fotografieren, ist der späte Nachmittag. Der klassische Blick ist von der Spitze der Platforma Norte, die auf den Hauptplatz hinunterschaut.

Die felsige Landzunge im Hintergrund der Bucht von Acapulco

❸

Acapulco

C6 ⌂ Guerrero 790 000 ✈ 🚌 ℹ Av. Costera Miguel Alemán 603; +52 744 484 85 55 🎉 Festival Acapulco (Ende Mai), Virgen de Guadalupe (6.–12. Dez) 🌐 guerrero.travel

Mit seiner schillernden Bucht und dem goldenen Sandstrand, der von Hochhäusern und den Ausläufern der Sierra Madre umrahmt wird, ist Acapulco die Grande Dame der mexikanischen Tourismusbranche. Die subtropische Stadt am Meer ist wegen des lebendigen Nachtlebens, der kulinarischen Szene und der vielen Attraktionen sehr beliebt.

① Centro Cultural La Casa de los Vientos

⌂ Inalámbrica 6, Cerro de la Pinzona (nahe La Quebrada)
📞 +52 744 482 11 61
🕐 Mo – Fr 10 –18

La Casa de los Vientos (auch »Exekatlkalli« oder »Haus der Winde«) war der letzte Wohnort von Diego Rivera und seiner Partnerin Dolores Olmedo Patiño. Rivera arbeitete hier zwischen 1955 und 1957 an fünf großen Wandgemälden; von der Straße aus kann man das Werk betrachten, das die ganze Außenwand bedeckt und aus Muscheln und farbigen Fliesen besteht. Die 20 Meter lange Schlange auf der rechten Seite stellt den aztekischen Gott Tláloc dar, die gefiederte Schlange auf der linken Seite Quetzalcóatl. Im Inneren gibt es weitere Kunstwerke, informieren Sie sich vorab, da das Gebäude oft wegen Renovierungsarbeiten geschlossen ist.

② Fuerte de San Diego

⌂ Calle Hornitos y Morelos
📞 +52 744 482 38 28
🕐 Di – So 9 –18

Die sternförmige Festung San Diego aus dem frühen 17. Jahrhundert beherbergt heute das Museo de Acapulco. Es dokumentiert die Geschichte der Stadt von der präkolumbischen Zeit bis zur Unabhängigkeit Mexikos. Der Hauptakzent liegt dabei auf der Rolle Acapulcos als Handelsstadt.

③ La Quebrada

⌂ Av. Adolfo López Mateos 340, Las Playas 📞 +52 744 483 12 60 (Hotel) 🕐 tägl. 13, 19:30, 20:30, 21:30, 22:30

Die Klippenspringer sind die bekannteste Attraktion Acapulcos. Zu Beginn der Vorführung erklimmen die *clavadistas* die 38 Meter hohe Wand des Felsens La Quebrada. Oben verrichten sie erst ein Gebet und springen dann ins Wasser. Der Sprung muss so berechnet sein, dass eine hereinkommende Welle den Springer davor bewahrt, auf

> **Expertentipp**
> **Zwei Seiten**
>
> Acapulco kann zweigeteilt werden. Im Westen ist das Centro Histórico mit historischen Überresten, im Osten der Hauptstrand an der Avenida Costera Miguel Alemán mit Restaurants, Hotels und Clubs.

dem felsigen Meeresboden aufzuprallen. Die Vorführungen kann man gegen eine kleine Gebühr von einer Plattform in der Nähe der Plazuela de Quebrada oder vom Hotel El Mirador aus verfolgen. Kostenlos kann man von der Avenida López Mateos aus zusehen. Die letzten beiden Shows werden mit Fackeln aufgeführt.

④ Bahía de Acapulco

Ein Großteil der Stadt erstreckt sich entlang der Bucht von Acapulco mit mehreren Stränden. Playa Caletilla und Playa Caleta befinden sich auf der Halbinsel südlich des Zentrums. Sie sind kleiner und intimer als die anderen Strände und werden von Familien besucht, die das ruhige Wasser genießen. Von hier aus kann man mit dem Boot in zehn Minuten zur Isla la Roqueta fahren, einer kleinen vorgelagerten Insel mit Restaurants, einem kleinen Zoo und weiteren Stränden.

Playa Honda, Playa Larga und Playa Manzanillo auf der Nordseite der Halbinsel waren in den 1930er und 1940er Jahren sehr beliebt, dienen aber heute hauptsächlich als Ausgangspunkt für Charterangeltouren.

Playa Hornos und Playa Hornitos befinden sich im Zentrum der Bucht. Hier herrscht eine familiäre Atmosphäre, an den Wochenenden kann es voll werden. Sie bieten außerdem mehrere Strandlokale und den Papagayo-Park mit Bootsfahrten, Fahrgeschäften und anderen Aktivitäten für Kinder.

Die weiter östlich gelegene Playa Condesa ist der bekannteste und am stärksten frequentierte Strand der Insel. Er gilt unter Kennern als Hotspot des Badeorts und ist bei jüngeren Besuchern sehr beliebt. Auf der Ostseite der Bucht erstreckt sich die Playa Icacos vom Hotel Presidente bis zum Marinestützpunkt. Sie ist im Allgemeinen weniger überlaufen als die anderen Strände.

Östlich der Stadt befindet sich Puerto Marqués, eine große Bucht mit Luxushotels, Essensständen am Strand und sicheren Bademöglichkeiten.

Highlight

Restaurants

Pitiona de Mar

Das Restaurant ist bekannt für seine moderne Interpretation der traditionellen Oaxaca-Küche. Freuen Sie sich auf fantasievoll zubereitete Gerichte und Cocktails.

🏠 Av. Costera de las Palmas s/n, Granjas del Marqués
📞 +52 744 980 06 76
$$$

El Pescador

Beobachten Sie den Sonnenuntergang, während Sie Getränke und den Fang des Tages genießen.

🏠 Calle M. F. Maury 1, Fracc. Costa Azul, Costa Azul
📞 +52 744 469 12 34
$$$

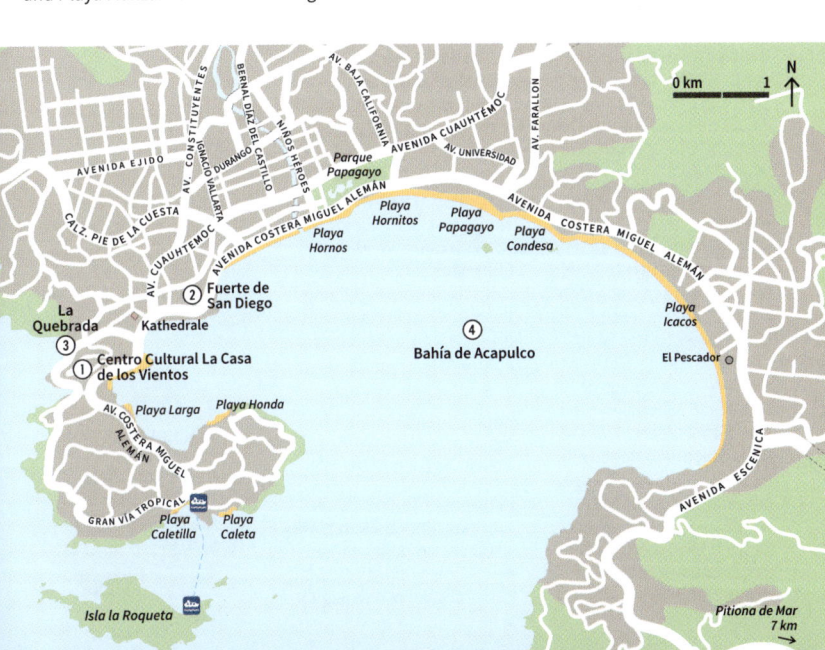

Palenque

F5 — 8 km südwestl. von Palenque, Chiapas — von Palenque-Stadt — tägl. 8–16:45 — inah.gob.mx

Der dichte Dschungel, der die Hügel bedeckt, und das Echo der Brüllaffen bilden eine eindrucksvolle Kulisse für die mächtigen Maya-Tempel von Palenque, die zu Recht als eines der besten Beispiele der Maya-Architektur in Mexiko gelten.

① Palast

Der auf einer etwa 100 mal 80 Meter großen, zehn Meter hohen Plattform erbaute Palastkomplex ist das Werk mehrerer Könige. Die frühesten Teile datieren aus der Zeit Pakals, aber die Grundplattform verdeckt frühere Bauphasen, von denen einige als unterirdische Gänge erhalten sind. Der Palast wurde von der königlichen Familie bewohnt. In Teilen des Gebäudes findet man Reliefs. Besonders interessant sind die Reliefs mit Gefangenen im Hof, wo Besuchern die Macht der Könige von Palenque vor Augen geführt wurde. Die Ovale Tafel stellt die Thronbesteigung Pakals dar, dem seine Mutter die Insignien seiner Würde überreicht.

② Tempel des Jaguars

Hinter dem Tempel der Inschriften führt ein kurzer Weg zu diesem verfallenen Bau. Sein Name kommt von dem Bild eines auf einem Jaguarthron sitzenden Königs. Das noch nicht freigelegte, von Pflanzen überwucherte Gebäude vermittelt eine Vorstellung vom Zustand der Stätte, als sie Ende des 18. Jahrhunderts zum ersten Mal erforscht wurde.

③ Tempel der Inschriften

Die beeindruckende Pyramide wurde während der 68-jährigen Herrschaft von Pakal (615–683 n. Chr.) errichtet und enthielt seine Grabgruft, die erst 1952 von Alberto Ruz Lhuillier ent-

> **Schon gewusst?**
> In der klassischen Maya-Zeit waren die Tempel mit Gips überzogen und rot bemalt.

Der Palast, der das Zentrum von Palenque beherrscht, und der Turm, wahrscheinlich ein Ausguck (Detail)

Highlight

deckt wurde. Der Deckel des Sarkophags ist mit einer Szene der Auferstehung Pakals aus der Unterwelt verziert. Viele der im Grab gefundenen Artefakte sind im Museo Nacional de Antropología in Mexico City *(siehe S. 100–105)* zu sehen.

④
Abseits liegende Tempel

Zwei markierte, vor dem Tempel der Sonne beginnende Wege führen zu den Tempeln XVIII und XXI und zu anderen nahe gelegenen, aber isoliert stehenden Bauten, die hinter Bäumen versteckt sind.

Weitere Gebäude erreicht man über den Weg von den Ruinen zum Museum. Er führt durch Gruppe B und die Gruppe der Fledermäuse. Abzweigungen davon führen zu den Gruppen C, I und II. Es gibt noch ähnliche, aber weniger gut zugängliche Bauten im Dschungel.

⑤
Museum
🕒 Di – So 9–16:45

In dem modernen Gebäude an der Straße vom Ort Palenque zur archäologischen Stätte bekommt man einen guten Überblick über die Maya-Stadt. Ausgestellt sind zahlreiche Funde, darunter die sogenannte Tafel der Sklaven.

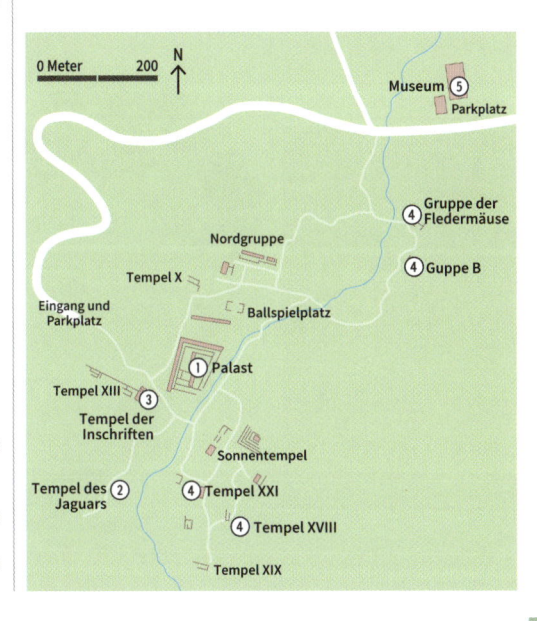

Palenque erkunden

Palenque ist alles, was eine archäologische Stätte sein sollte: geheimnisvoll, feierlich, gut erhalten und imposant in seiner wunderbaren Dschungelumgebung. Die Maya siedelten hier bereits 100 v. Chr., die Stadt erreichte ihren Höhepunkt zwischen 600 und 800 n. Chr., als sie als regionale Hauptstadt diente. Im frühen 10. Jahrhundert verfiel sie zusehends und wurde dem Dschungel überlassen. Hunderte von Gebäuderuinen sind über ein riesiges Gebiet verteilt, aber nur ein relativ kleiner Bereich wurde ausgegraben.

Die interessantesten und am besten erhaltenen Gebäude befinden sich in der Hauptgruppe. Der höchste und imposanteste dieser Bauten ist der Tempel der Inschriften. Der Zugang zum Grab führt über zwei steile Steintreppen, die 25 Meter hinabführen. Einige weniger bekannte Tempel können über einfache Pfade durch den Dschungel erreicht werden. Ein anderer Weg führt von der Hauptgruppe an einer Reihe von Wasserfällen vorbei zum Museum.

Der **Tempel des Blätterkreuzes** hat seinen Namen von einem Relief, das eine kreuzförmige Maispflanze darstellt.

Der **Tempel des Kreuzes** beeindruckt durch Dachkamm und Reliefs.

Der stark beschädigte **Tempel XIV** wurde instand gesetzt. Er bietet gut erhaltene Glyphen und Reliefs.

Ballspielplatz

Die **Nordgruppe** besteht aus fünf Tempeln auf einer einzigen Plattform, deren Basis dieses Relief des Gottes Tláloc trägt.

Weg zur **Gruppe B** und **C**, **Wasserfall** und **Museum** *(siehe S. 245)*

Tempel des Grafen

Schon gewusst?

Der Tempel des Grafen war in den 1830ern das Haus eines exzentrischen europäischen Adligen.

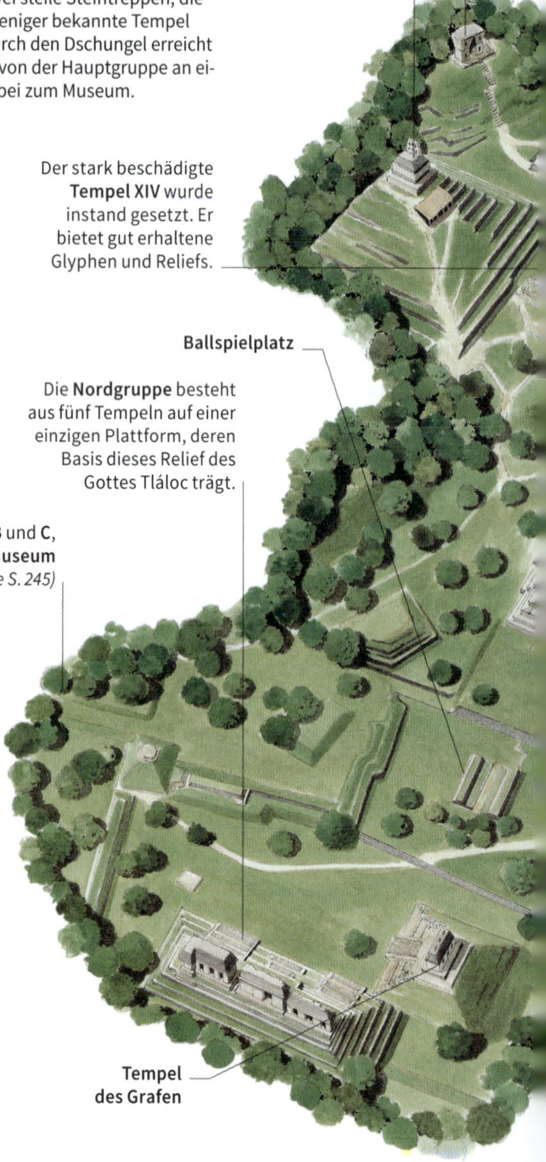

↑ *Detail eines unberührten Freskos, das im Tempel XIV entdeckt wurde*

Highlight

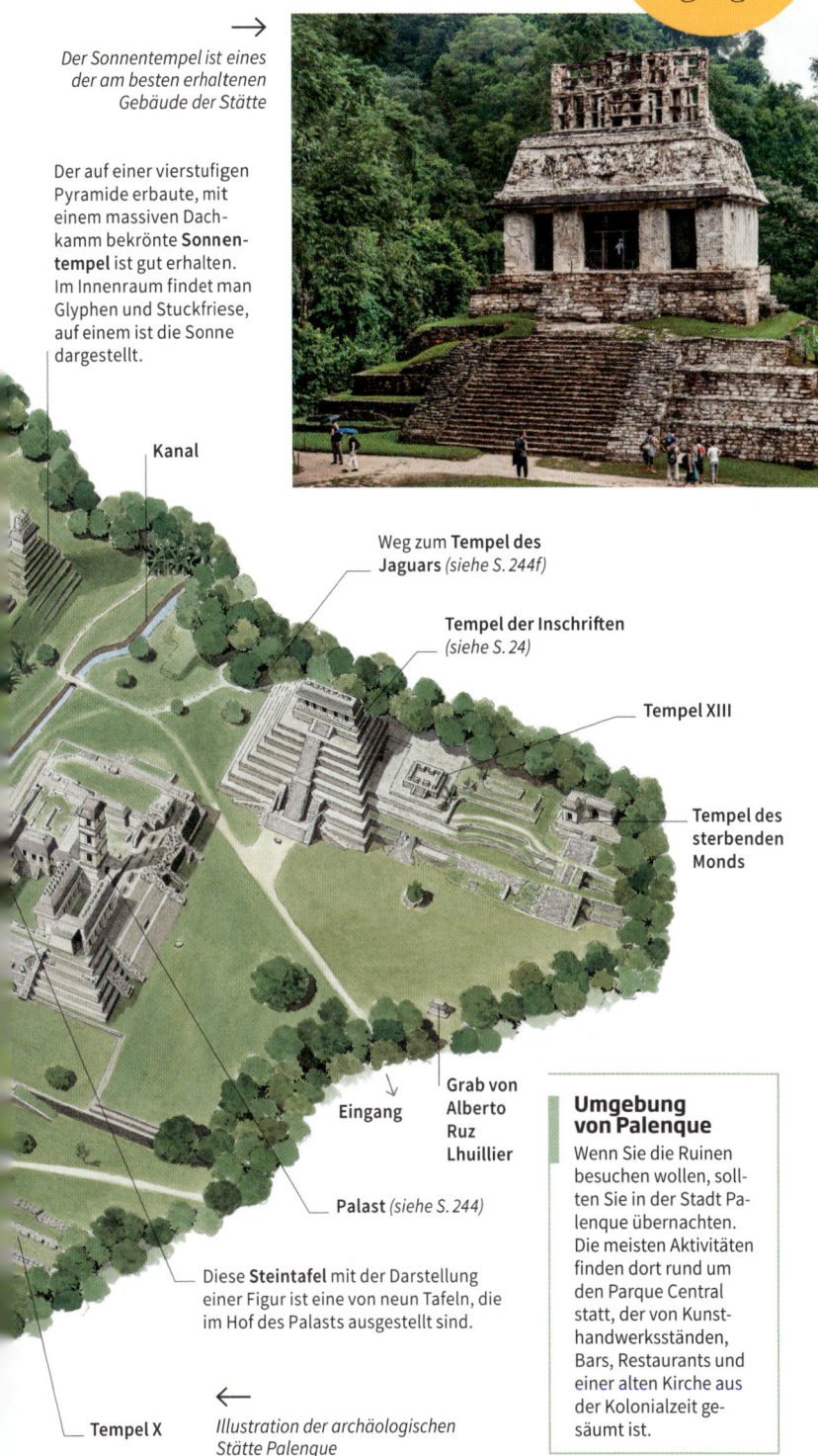

→ *Der Sonnentempel ist eines der am besten erhaltenen Gebäude der Stätte*

Der auf einer vierstufigen Pyramide erbaute, mit einem massiven Dachkamm bekrönte **Sonnentempel** ist gut erhalten. Im Innenraum findet man Glyphen und Stuckfriese, auf einem ist die Sonne dargestellt.

Kanal

Weg zum **Tempel des Jaguars** *(siehe S. 244f)*

Tempel der Inschriften *(siehe S. 24)*

Tempel XIII

Tempel des sterbenden Monds

↓ **Eingang**

Grab von Alberto Ruz Lhuillier

Palast *(siehe S. 244)*

Diese **Steintafel** mit der Darstellung einer Figur ist eine von neun Tafeln, die im Hof des Palasts ausgestellt sind.

Tempel X

← *Illustration der archäologischen Stätte Palenque*

Umgebung von Palenque

Wenn Sie die Ruinen besuchen wollen, sollten Sie in der Stadt Palenque übernachten. Die meisten Aktivitäten finden dort rund um den Parque Central statt, der von Kunsthandwerksständen, Bars, Restaurants und einer alten Kirche aus der Kolonialzeit gesäumt ist.

SEHENSWÜRDIGKEITEN

❺ Bonampak
📍 F6 📌 153 km südöstl. von Palenque, Chiapas
🕐 tägl. 8–17 🌐 inah.gob.mx

Die Maya-Stätte Bonampak erreichte ihre Blütezeit unter der Herrschaft von Yahaw Chan Muwan (776–790). Aus drei Stelen geht hervor, dass er den Tempel der Malereien errichten ließ. Wände und Decken sind mit farbigen Fresken geschmückt. Sie vermitteln einen Eindruck vom Leben am Hof des Herrschers und dem kriegerischen Prunk der Maya. Die Gemälde in den beiden äußeren Räumen zeigen Adlige mit kunstvollem Kopfschmuck. Weiter unten sind Musiker und Tänzer zu sehen, an der Decke Tiere und Figuren, die Konstellationen des Maya-Kosmos darstellen. Die beiden Hauptgemälde im mittleren zeigen Maya-Krieger und Kriegsgefangene.

❻ Cascadas de Agua Azul
📍 F5 📌 nahe Mex 199, 125 km nordöstl. von San Cristóbal de las Casas, Chiapas 🕐 tägl. 8–18
🌐 visitachiapas.com

Im Parque Nacional Agua Azul gibt es atemberaubende Wasserfälle – insgesamt über 500, die zwischen drei

Ruinen eines Maya-Tempels in Bonampak mit Wandmalereien (Detail)

und 30 Meter hoch sind. In einigen der aquamarinfarbenen Felsbecken kann man schwimmen – eine willkommene Abwechslung zur Hitze und Feuchtigkeit des Tieflands. Die Wasserfälle sollte man am besten außerhalb der Regenzeit (Juni–Sep) besuchen, da das Wasser dann

Restaurant

TierrAdentro
Dieses Restaurant, in dem auch Konzerte stattfinden, liegt um einen großen Innenhof herum und bietet alles von Pizza bis zu mexikanischen Klassikern.

📍 F6 📌 Real de Guadalupe 24, San Cristóbal de las Casas
📞 +52 967 674 67 66
$$$

trüb wird. Schilder warnen vor gefährlichen Strömungen. Nehmen Sie Schuhe mit, die Sie im Wasser tragen können, da der Boden unter Wasser felsig ist.

Umgebung: Etwa 22 Kilometer vor Palenque (von Agua Azul aus gesehen) liegt inmitten üppiger Regenwaldvegetation der spektakuläre, 30 Meter hohe Wasserfall Misol-Ha, eine weitere Gelegenheit für ein kühles Bad.

Gedenkkreuz auf dem Platz vor der Kathedrale von San Cristóbal de las Casas

❼ San Cristóbal de las Casas

🅰 F6 🏠 Chiapas 👥 185 000
✈ 🚌 ℹ Eje Vial s/n, Los Pinos; +52 967 678 65 70
🎭 Primavera y Paz (Woche vor Ostern), San Cristóbal (25. Juli)

Von den Spaniern 1528 erbaut und von Jahrhunderten geografischer Isolierung geprägt, hat die Stadt den Reiz einer verschlafenen Kolonialsiedlung. Die Fußgängerzonen sind gesäumt von einer Mischung aus Lehmhäusern, Kirchen aus der Kolonialzeit und kosmopolitischen Bars und Restaurants. Die Stadt ist ein idealer Ausgangspunkt, um das Hochland von Chiapas zu erkunden, eine landschaftlich reizvolle Region, die reich an Maya-Geschichte und -Kultur ist.

Durch seine Lage im Hochland herrscht in San Cristóbal ein angenehm kühles Klima. Die Plaza 31 de Marzo, der Hauptplatz, wird vom Palacio Municipal und der Kathedrale beherrscht. Sie wurde im 16. Jahrhundert begonnen, aber bis ins frühe 19. Jahrhundert immer wieder umgebaut. Im Innenraum findet man eine mit Goldintarsien verzierte Kanzel und schöne Altäre. Einige Straßen nördlich davon steht der von Dominikanern erbaute Templo de Santo Domingo, die beeindruckendste Kirche der Stadt. Sie hat eine reich verzierte Fassade und einen vergoldeten barocken Innenraum mit mehreren Altären. Die Kanzel ist aus einem einzigen Eichenblock geschnitzt. Nebenan dokumentiert das **Museo Centro Cultural de los Altos** die Geschichte der Stadt. Auf der General Utrilla befindet sich der Hauptmarkt, der Mercado José Castillo Tielemans, wo Indigene aus der Umgebung Handel treiben.

Durch das Herz der Stadt führt der Andador Eclesiástico, eine Fußgängerzone mit vielen Läden, Restaurants und Cafés.

Das Museum und Studienzentrum **Na Bolom** erforscht und dokumentiert das Volk der Lacandón, ihre Kultur und ihren Lebensraum.

Von der Iglesia de San Cristóbal im Westen und der Iglesia de Guadalupe im Osten hat man jeweils einen schönen Blick auf Stadt und Umland.

Die zerstörte Maya-Zeremonialstätte Moxviquil liegt 1,5 Kilometer nördlich des Zentrums und ist über einen Rundweg durch den Wald zu erreichen. Etwa zehn Kilometer von San Cristóbal entfernt befinden sich mehrere Dörfer, darunter San Juan Chamula mit einer schönen Kirche. Ein Ausflug hierher bietet einen Einblick in die Mischung aus christlichen und prähispanischen Traditionen der Tzotzil-sprachigen Einwohner. Die Feste und Märkte des Dorfs gehören zu den schönsten in ganz Mexiko.

Museo Centro Cultural de los Altos
⊘ 📞 +52 967 678 28 09
🕐 Mi – So 10 – 15

Na Bolom
⊘⊘⊘ 🏠 Av. Vicente Guerrero 33 🕐 tägl. 10 – 20
🌐 nabolom.org

Zapatisten-Aufstand

Am 1. Januar 1994 besetzte der EZLN (Ejército Zapatista de Liberación Nacional) San Cristóbal de las Casas. Sein von Emiliano Zapata *(siehe S. 62)* übernommenes Ziel war die Umverteilung der Ressourcen des Staats zugunsten der in Armut lebenden Bevölkerung. Die Armee drängte die Zapatisten in den Dschungel zurück, 1995 vereinbarte man einen Waffenstillstand. Obwohl sich die EZLN inzwischen politischen Parteien angeschlossen hat, sind die Beziehungen angespannt, Besucher sollten vorsichtig sein.

↑ Häuser am Wasser inmitten üppiger Vegetation in Zihuatanejo

8
Ixtapa und Zihuatanejo
🅰 B5 🏛 Guerrero 👥 70 000
✈ 🚌 ℹ Ayuntamiento
🌐 zihuatanejodeazueta.gob.mx

Ixtapa und Zihuatanejo bilden zusammen einen Badeort. Ixtapa ist ein moderner Ort mit Luxushotels. Er erstreckt sich an einer vier Kilometer langen Bucht, der Playa Palmar, an der eine palmengesäumte Straße mit Restaurants, Läden und Nachtclubs verläuft.

Zihuatanejo in einer romantischen Bucht ist gemütlicher. Man spürt hier noch die Atmosphäre des Fischerdorfs. Beide Orte bieten erstklassige Möglichkeiten zum Tiefseefischen und Tauchen.

9
Tuxtla Gutiérrez
🅰 E6 🏛 Chiapas 👥 553 000
🚌 ℹ Andrés Serra Rojas 1090, Edificio Torre Chiapas
🎭 San Sebastián (Mitte Jan), San Marcos (Mitte Apr)
🌐 chiapas.gob.mx

Das moderne Tuxtla Gutiérrez ist ein guter Ausgangspunkt für Ausflüge. Auf dem

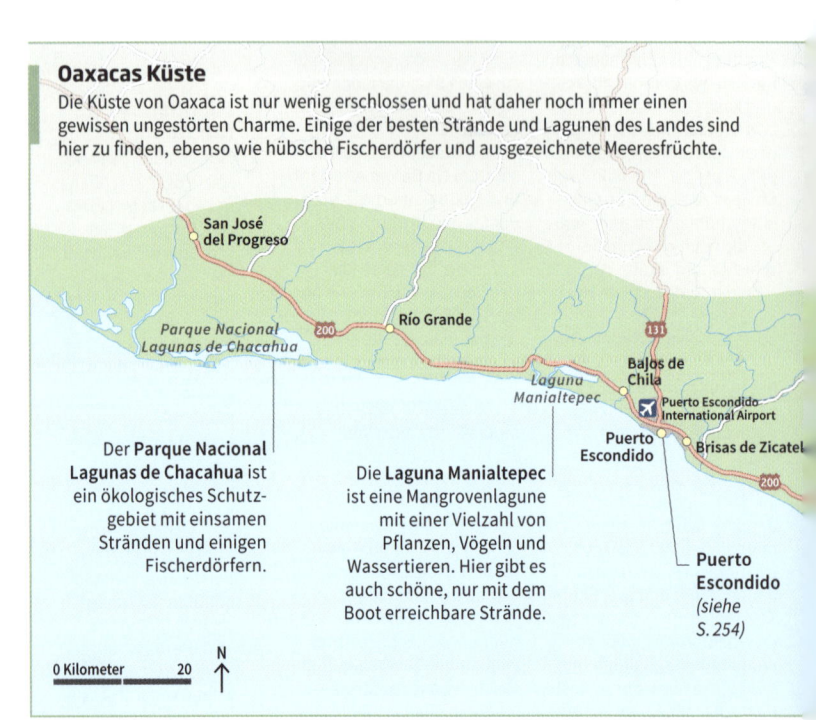

Oaxacas Küste

Die Küste von Oaxaca ist nur wenig erschlossen und hat daher noch immer einen gewissen ungestörten Charme. Einige der besten Strände und Lagunen des Landes sind hier zu finden, ebenso wie hübsche Fischerdörfer und ausgezeichnete Meeresfrüchte.

Der **Parque Nacional Lagunas de Chacahua** ist ein ökologisches Schutzgebiet mit einsamen Stränden und einigen Fischerdörfern.

Die **Laguna Manialtepec** ist eine Mangrovenlagune mit einer Vielzahl von Pflanzen, Vögeln und Wassertieren. Hier gibt es auch schöne, nur mit dem Boot erreichbare Strände.

Puerto Escondido *(siehe S. 254)*

Hauptplatz, der Plaza Cívica, wird Theater gespielt und Musik gemacht. An seiner Südseite erhebt sich die Ende des 16. Jahrhunderts erbaute Kathedrale, die in den 1980er Jahren modernisiert wurde. Wenn zur vollen Stunde die Glocke ertönt, erscheinen auf dem Glockenturm zwölf holzgeschnitzte Apostelfiguren.

Östlich des Platzes befindet sich das **Museo del Café**, das die Geschichte der Kaffeeproduktion in Chiapas darstellt. Gehen Sie danach in Richtung Westen auf der Avenida Central zum Parque de la Marimba, einem von Cafés gesäumten Platz, das soziale Zentrum von Tuxtla. Das **Museo de la Marimba** zeigt die Geschichte des gleichnamigen Musikgenres.

Das **Museo Regional** nordöstlich des Zentrums bietet Infos zur Geografie und Geschichte von Chiapas. Der nahe gelegene Jardín Botánico beherbergt eine Reihe von Pflanzen, die in diesem Bundesstaat heimisch sind, darunter Orchideen.

Museo del Café
Calle 2a, Oriente Norte 236 +52 961 611 14 78 Mo – Sa 9 – 17

Museo de la Marimba
Calle 9a, Poniente Norte
+52 961 600 01 74
Di – So 10 – 22

Museo Regional
Calzada de los Hombres Ilustres 885
+52 961 613 43 75
Di – So 9 – 18

10
Yagul
D6 Mex 190, 36 km südöstl. von Oaxaca, Oaxaca +52 951 513 33 46 tägl. 8 – 17

Yagul wurde um 500 v. Chr. von Zapoteken gegründet. Wirklichen politischen und religiösen Einfluss gewann der Ort aber erst nach dem Verfall von Monte Albán *(siehe S. 240f)* Ende des 8. Jahrhunderts. Aus dieser Zeit stammen auch die meisten Bauten der Anlage. Später wurde sie von den Mixteken übernommen, nach der Ankunft der Spanier jedoch wieder verlassen.

Die um eine Festung errichtete Stadt war für Angreifer schwer einzunehmen. Sie lässt sich in zwei Hauptbezirke unterteilen: Die untere Ebene, die Akropolis, umfasst einen Ballspielplatz, über 30 Gräber und einen labyrinthartigen, als »Palast der sechs Höfe« bekannten Komplex. Auf dem Hügel steht die von einem Schutzwall umgebene Festung.

→
Der schöne Sandstrand bei Mazunte

Mazunte hat einen schönen Strand und ein Meeresschildkrötenreservat (Centro Mexicano de la Tortuga).

Nördlich von Zipolite liegt **Agustinillo**, ein Fischerdorf mit schönem Strand und guten Surfmöglichkeiten.

San José Piedras
San Isidro del Palmar
Mazunte
Zipolite
Santa María Huatulco
Bahías de Huatulco International Airport
San Pedro Pochutla
Puerto Ángel
San Agustín
Huatulco
Tangolunda

Puerto Ángel ist ein Fischerdorf, ideal, um am Strand auszuspannen und Meeresfrüchte zu genießen.

Huatulco war in der Kolonialzeit ein Piratennest. Heute zieht es Besucher mit herrlichen Stränden und einer Vielzahl von Wassersportmöglichkeiten an.

⓫ Cañón del Sumidero
E5/6 Chiapas

Der atemberaubende Cañón del Sumidero liegt im Herzen des gleichnamigen Nationalparks. Mitte des 16. Jahrhunderts sollen hier mehrere Hundert Maya nach einem verzweifelten Kampf gegen die Konquistadoren in den Abgrund gesprungen sein, um sich nicht den Spaniern ergeben zu müssen.

Der fast 1000 Meter tiefe, 14 Kilometer lange Canyon wurde im Verlauf von Jahrmillionen vom Río Grijalva in den Fels gegraben, einem aus Guatemala kommenden Fluss, der in den Golf von Mexiko mündet.

Herrliche Ausblicke auf die steil abfallenden Felswände hat man von fünf Aussichtspunkten am Westrand der Schlucht. Als Alternative bietet sich eine zweistündige Bootsfahrt auf dem Grijalva an. Ausgangspunkt ist Cahuaré (am Westufer des Grijalva an der Mex 190) oder am Anleger von Chiapa de Corzo (Infos unter Tel. +52 961 616 06 80). Man fährt an Höhlen und Wasserfällen vorbei und hat dabei die Gelegenheit, eine ganze Reihe ungewöhnlicher Pflanzen und Tierarten zu sehen, darunter Affen, Krokodile, Leguane, Reiher und Eisvögel.

⓬ Mitla
D6 nahe Mex 190, 44 km südöstl. von Oaxaca, Oaxaca +52 951 513 33 52 tägl. 8–17

Mitla entwickelte sich nach dem Verfall von Monte Albán *(siehe S. 240f)* zu einem bedeutenden Stadtstaat, der in seiner Blütezeit an die 10 000 Einwohner zählte. Später wurde die Stadt von den Mixteken besetzt, die die Architektur und den Schmuck der Gebäude stark beeinflussten.

Viele ihrer Tempel wurden von den Spaniern zerstört. Diese benutzten die Steine für den Bau der Kirche Iglesia de San Pablo, die nun die Stätte beherrscht.

> **Entdeckertipp**
> **Mixteca**
>
> Die Region Mixteca bei Mitla bietet eine atemberaubende Berglandschaft und bedeutende Gebäude aus der Kolonialzeit, obwohl sie abseits der ausgetretenen Pfade liegt. Zu den Höhepunkten gehören die verfallenen Klöster von Yanhuitlán, Teposcolula und Coixtlahuaca, die mixtekischen Ruinen von San Martín Huamelulpan sowie der Markt in Tlaxiaco.

Erhalten blieben fünf Gebäudegruppen, von denen zwei zu besichtigen sind: Der Grupo de las Columnas im Osten des Areals ist ein ehemaliger Palast. Er besteht aus drei um Gräber angelegten Räumen und einem Hof. Die Palastmauern sind mit auffälligen und für Mitla typischen geometrischen Mosaiken verziert. Jeder Fries besteht aus bis zu 100 000 Steinstückchen. In einem der Räume, dem Salón de las Columnas, findet man sechs monolithische Pfeiler, die früher das Dach trugen.

Nördlich erstreckt sich der Grupo de la Iglesia, in dessen Zentrum die Kolonialkirche steht. Die präkolumbischen Gebäude, die nicht als Steinbruch für die Kirche dienten, haben eine ähnliche Form wie der Säulenpalast im Grupo de las Columnas, sind jedoch kleiner. Man findet darin Reste von Fresken.

↑ Ein Teil der umfangreichen Ruinen der archäologischen Stätte von Mitla ist noch erhalten

⓭ Zimatlán-Ocotlán

🅰 D6 🏠 Oaxaca
ℹ Murguia 206
🌐 oaxaca.travel

Die Zentraltäler Oaxacas bestehen aus mehreren unterschiedlichen Regionen. Zimatlán und Ocotlán liegen im Herzen der Valles Centrales. Sie sind reich an interessanten Sehenswürdigkeiten, perfekt für Tagesausflüge. In San Antonio Arrazola werden zum Beispiel hölzerne Tierfiguren mit bunten Mustern hergestellt. In San Bartolo Coyotepec kann man ebenfalls lokales Kunsthandwerk entdecken, hier werden die schillernden schwarzen Töpferwaren *(barro negro brillante)* hergestellt.

Das ehemalige Kloster in Cuilapan de Guerrero an der Mex 131 wurde 1550 an der Stelle einer zapotekischen Pyramide errichtet. Zwei Jahrhunderte später wurde es zwar aufgegeben, doch bis heute sind noch einige beeindruckende architektonische Elemente und Wandmalereien erhalten. Die dachlose Kapelle hat eine Renaissance-Fassade, ein elegantes Säulenschiff und dicke Mauern. Vicente Guerrero, Held des Unabhängigkeitskriegs, war hier inhaftiert, bevor er am Valentinstag 1831 hingerichtet wurde. Im Kloster steht ein Denkmal zu seinem Gedenken. Zaachila, ebenfalls an der Mex 131, ist der Ort der letzten zapotekischen Hauptstadt. Eine Pyramide und zwei Gräber sind zugänglich.

Afromexikaner in Costa Chica

In der Region Costa Chica, die sich von Acapulco bis Juchitán erstreckt, leben viele Afromexikanern, vor allem in Cuajinicuilapa. Hier kann man diesen speziellen Aspekt der mexikanischen Kultur und Geschichte erkunden. Das Museo Nacional de la Cultura Afromestiza (Cuauhtémoc s/n, Centro, Cuajinicuilapa) bietet einen Einblick in das kulturelle Erbe der afromexikanischen Bevölkerung. Zu den kulinarischen Spezialitäten der Region zählt etwa *Caldo de res rojo* (roter Rindfleischeintopf).

←

Der »Weihnachtsbaum« im Cañon del Sumidero

14 Comitán de Domínguez

🅰 F6 🏠 Chiapas ℹ️ 1a Av. Norte 🌐 turismochiapas.gob.mx

Die auf einem felsigen Hügel gelegene Stadt hat einen eleganten Kern aus der Kolonialzeit und einen kleinen Markt. Herzstück sind die Plaza Central und der Templo de Santo Domingo. Östlich des Platzes zeigt das Museo de Arqueología Artefakte von lokalen Maya-Stätten.

Im Süden befindet sich die **Casa Museo Belisario Domínguez**, das ehemalige Wohnhaus des Arztes und liberalen Politikers, der 1913 ermordet wurde, nachdem er Präsident Huerta kritisiert hatte. Von den historischen Kirchen ist der zweitürmige, ganz in Weiß gehaltene Templo de San José besonders attraktiv, während die Iglesia de San Caralampio eine auffällige rote und pfirsichfarbene Stuckfassade aufweist.

Casa Museo Belisario Domínguez

🏠 Av. Central Sur Belisario Domínguez 📞 +52 963 632 13 00 🕒 Mo–Fr 10–18:45, Sa 10–14, 16–18:45, So 10–13:45

Shopping

Comiteco Nueve Estrellas

Comitán ist berühmt für *comiteco*, eine lokale Spirituose aus Agave, aromatisiert mit tropischen Früchten. Hier bekommen Sie beste Qualität.

🅰 F6 🏠 1a Av. Poniente Sur, Comitán de Domínguez

15 Puerto Escondido

🅰 D6 🏠 Oaxaca 👥 26 000
✈ 🚌 ℹ️ Blvd. Benito Juárez; +52 954 582 02 76
🏄 Surf-Festival (Ende Nov)
🌐 oaxaca.travel

Puerto Escondido, der »unentdeckte Hafen«, machte seinem Namen Jahrhunderte hindurch alle Ehre. »Entdeckt« wurde er von den Hippies in den 1970er Jahren. Danach entwickelte er sich rasch zu einem Touristenort, konnte aber dennoch einiges vom Fischerdorfcharakter bewahren.

Der Hauptstrand Playa Marinero ist bei Einheimischen wie Urlaubern beliebt. Von Palmen gesäumt liegt er einer kleinen Bucht gegenüber, in der Boote schaukeln und der Klang von sanften Wellen beruhigt. Westlich davon dehnt sich die größere Playa Zicatela aus, die bei Surfern äußerst beliebt ist, vor allem im Spätsommer, wenn die Wellen hoch sind.

Ende November findet hier ein Surf-Festival und eine Fiesta mit Musik und Tanz statt. Puerto Escondido ist auch Ausgangspunkt für Fahrten zu Süßwasserlagunen wie Laguna Manialtepec.

Das südöstlich von Puerto Escondido gelegene Dorf Barra de Navidad bewacht die Mündung des Río Colotepec mit Mangrovensümpfen, Krokodilen und vielen Vogelarten.

TOP 3 Regionale Feste

Guelaguetza
Tänzer aus ganz Oaxaca führen im Juli Zapoteken- und Mixteken-Zeremonien vor.

Feria de San Cristóbal
Am 25. Juli findet ein Fackelumzug zu Ehren des Schutzpatrons von San Cristóbal de las Casas statt.

Noche de los Rábanos
Am 23. Dezember, in der »Nacht der Rettiche«, wetteifert man darin, aus Rettichen Menschen, Tiere und Pflanzen zu schnitzen.

16 Chiapa de Corzo

🅰 F6 🏠 Chiapas ℹ️ Ecke 5 de Febrero und Vicente López 🌐 turismochiapas.gob.mx

Chiapa de Corzo mit Blick auf den Río Grijalva ist Tuxtlas kleinerer und eleganterer Nachbar. Offiziell 1528 gegründet, war sie die erste spanische Stadt in Chiapas – heute auch Ausgangspunkt für Bootsfahrten im Cañón del Sumidero *(siehe S. 252)*. Die zentrale Plaza Ángel Albino Corzo wird von dem

↑ *Der Brunnen Fuente Colonial auf der Plaza Ángel Albino Corzo in Chiapa de Corzo*

Die Maya-Ruinen von Toniná erstrecken sich über sanfte grüne Hügel

reich verzierten Brunnen Fuente Colonial (16. Jh.) dominiert. Südlich, hinter den *portales* (Arkaden), stehen die hübsche Kirche Templo de Santo Domingo de Guzmán und das Centro Cultural, eine Reihe von Galerien in einem alten Kloster. Nordöstlich des Platzes befinden sich die prähispanischen Ruinen, die in der frühen vorklassischen Periode (1400 – 850 v. Chr.) als landwirtschaftliche Siedlung entstanden.

17
Toniná
F5 · 106 km östl. von San Cristóbal, Chiapas
+52 961 612 83 60
tägl. 8–17

Die Maya-Stadt Toniná aus der klassischen Periode soll in ihrer Blütezeit eine große regionale Macht gewesen sein – wie alle Maya-Zentren wurde sie nach 900 n. Chr. auf mysteriöse Weise verlassen. Der Hauptteil der Ruinen ist heute als Acrópolis bekannt und besteht aus sieben Terrassen, die in den Hang eingelassen sind und Dutzende von Gebäuden und Tempeln bergen. Mehrere Stuckreliefs sind erhalten, darunter das *Mural de las Cuatro Eras*, das die Geschichte der Maya-Kosmologie mit enthaupteten Köpfen und einem skelettierten Herrn des Todes zeigt. Der Tempel auf dem Gipfel bietet einen fantastischen Blick ins das Tal. Das Museum zeigt maßstabsgetreue Modelle, Artefakte und Skulpturen.

18
Yaxchilán
F6 · 130 km südöstl. von Palenque, Chiapas
tägl. 8–17 · inah.gob.mx

Eine der faszinierendsten, aber auch abgelegensten Maya-Anlagen ist Yaxchilán im Herzen des Lacandón-Regenwalds am Fluss Usumacinta. Es kann nur im Kleinflugzeug von Palenque oder per Boot von Frontera Corozal aus erreicht werden.

Die Stadt wurde zwischen 350 v. Chr. und 800 n. Chr. errichtet und erreichte ihre Blütezeit im 8. Jahrhundert unter König »Schild Jaguar« und seinem Sohn »Vogel Jaguar«. Yaxchilán ist reich an Glyphen, Stelen, reliefgeschmückten Türsturzen und Tempeln. Eines der am besten erhaltenen Gebäude ist Tempel 33.

→

Detail auf einem Türsturz in der Maya-Stätte Yaxchilán

Fahrt durch das Valle de Tlacolula

Länge 90 km **Rasten** Die Stadt Santiago Matatlán ist ein Zentrum der lokalen Mezcal-Industrie. Sie können die meisten Brennereien besuchen und kostenlose Proben genießen.

Diese Region ist ein großartiger Ort für Geschichtsliebhaber, die auf einem einfachen Roadtrip mehrere mesoamerikanische Stätten erkunden möchten. Die Gegend um Oaxaca, insbesondere das Tlacolula-Tal, ist seit dem 10. Jahrhundert v. Chr. ein wichtiges kulturelles und historisches Zentrum. Über 2500 Jahre Zivilisation können hier erkundet werden, von den frühen Zapoteken bis zum letzten mesoamerikanischen Reich der Azteken. Heute ist das Tal vollgepackt mit verschiedenen Attraktionen, die das zapotekische, mixtekische, aztekische und spanische Erbe widerspiegeln.

Der über 2000 Jahre alte **Árbol del Tule** in Santa María del Tule ist einer der dicksten Bäume der Welt.

Neben antiken Ruinen gibt es in dem Tal auch einige Stätten aus der Kolonialzeit, wie die von zapotekischen Kunsthandwerkern verzierte Kirche **San Jerónimo Tlacochahuaya** aus dem 16. Jahrhundert.

↑ Der 2000 Jahre alte Árbol del Tule in Santa María del Tule

Dainzú ist eine Zapoteken-Stätte mit gestufter Pyramide, Ballspielplatz, mehreren Gräbern und einzigartigen Reliefs, auf denen Ballspieler abgebildet sind. Die Bauten stammen zum Teil aus dem Jahr 350 v. Chr.

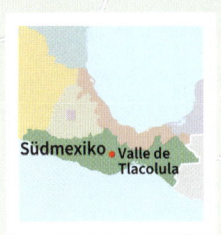

Die Ruinen von Yagul, mit herrlichem Blick auf das Tal

Zur Orientierung

Schon gewusst?

Die Zapoteken machen etwa 31 Prozent der indigenen Bevölkerung Oaxacas aus.

Die älteste Stadt im Valle de Tlacolula, **Teotitlán**, ist für seine mit Naturstoffen gefärbten Webteppiche bekannt. Man findet hier zapotekische Ruinen und ein kleines Museum.

In der Zapoteken-Stätte **Lambityeco**, die um 700 nach dem Verfall von Monte Albán besiedelt wurde, sind Stucksculpturen, Reliefs und mehrere Gräber interessant.

Santa Ana del Valle ist ein kleines Dorf, das für seine hochwertigen Textilien und Teppiche bekannt ist. Die zapotekischen Weber stellen sie hier seit Jahrhunderten her.

Die von den Zapoteken auf einem Felsen erbaute befestigte Anlage von **Yagul** *(siehe S. 251)* wurde später von den Mixteken besetzt.

Im Dorf **Tlacolula de Matamoros** findet der größte Markt der Region statt.

Mitlas *(siehe S. 252f)* imposante präkolumbische Bauten sind mit komplexen Steinmosaiken verziert.

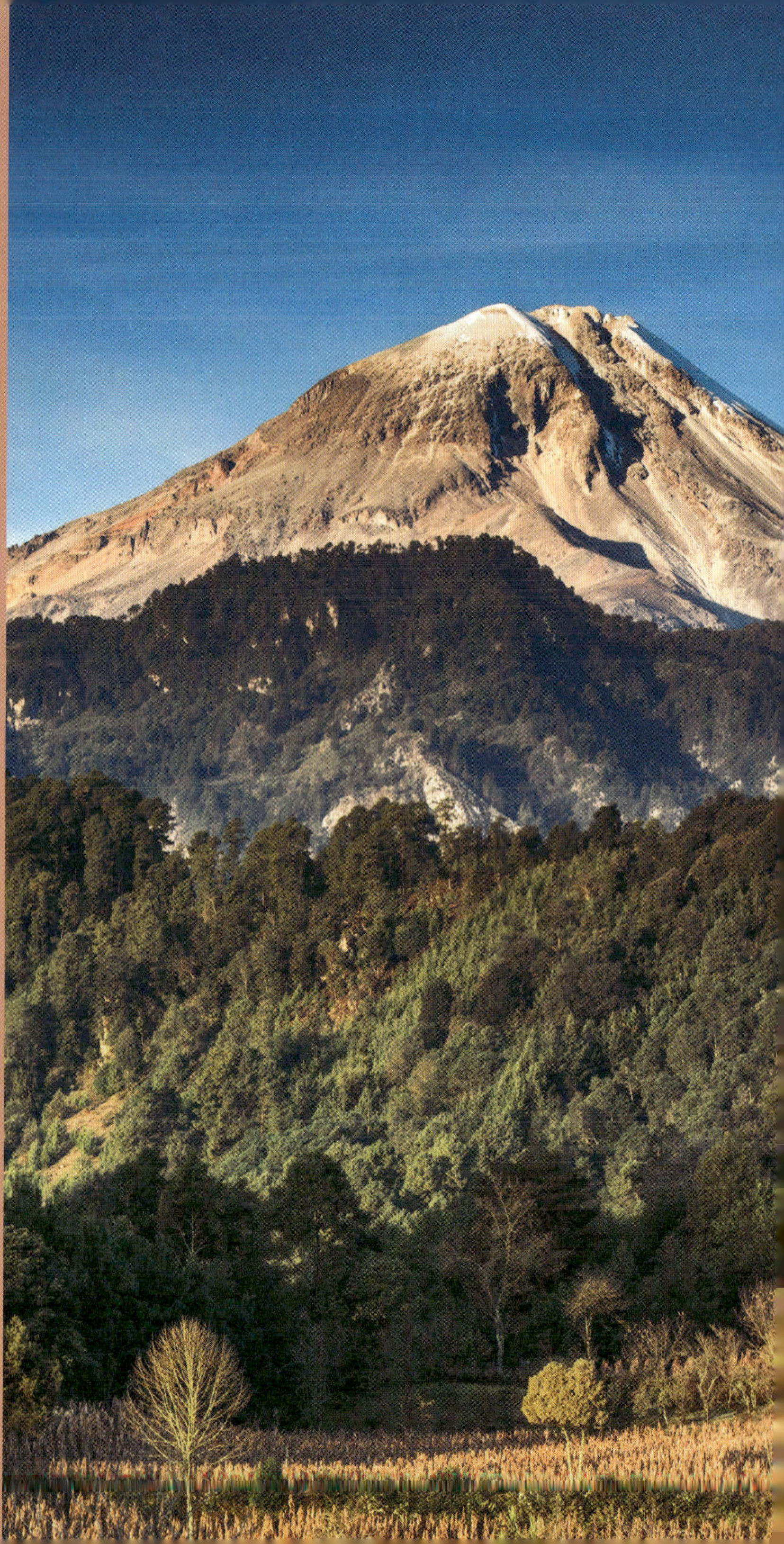

Mexikos höchster Berg, der Pico de Orizaba (siehe S. 270)

Golfküste

Die tropischen Ebenen am Golf von Mexiko waren einst die Heimat dreier großer mesoamerikanischer Kulturen – der Olmeken, der Totonaken und der Huasteken. Im Jahr 1519 stand diese Küste erneut im Mittelpunkt der mexikanischen Geschichte, als Cortés hier zu seiner Eroberung des Aztekenreichs an Land ging. In den folgenden 300 Jahren florierten die Kolonialstädte der Region aufgrund ihrer günstigen Lage an der Küste. Der Hafen von Veracruz war besonders wichtig für die Kolonie Neuspanien; nicht weniger als 200 000 versklavte Afrikaner wurden hier ins Land gezwungen, während riesige Mengen an Gold und Silber nach Europa verschifft wurden. Der internationale Handel in Veracruz brach zwischen der Unabhängigkeit und der Revolution ein, nahm aber Mitte des 20. Jahrhunderts wieder zu. Heute ist Veracruz erneut eine geschäftige Hafenstadt, während der Rest der Golfküste einen Großteil von Mexikos Zuckerrohr, Zitrusfrüchten, Vanille und Kaffee produziert.

Diese grüne und fruchtbare Region bietet zahlreiche Outdoor-Abenteuer, vom schneebedeckten Pico de Orizaba bis zum feuchten, tief liegenden Dschungel im Süden. Die Golfküste ist auch ein kultureller Hotspot mit faszinierenden indigenen Traditionen wie den Flugvorführungen der *voladores* und der Mischung aus mexikanischer und afrikanischer Kultur in der Region Costa Chica.

Golfküste

Nordmexiko
Seiten 174–189

Zentralmexiko
Seiten 136–163

VERACRUZ

1. El Tajín
2. Xalapa
3. Museo de Antropología de Xalapa
4. Coatepec
5. Quiahuiztlan
6. Cempoala
7. Papantla
8. Córdoba
9. Veracruz
10. Orizaba
11. San Andrés Tuxtla
12. Santiago Tuxtla
17. Laguna de Catemaco
18. Tlacotalpan
19. Xico

Orte auf der Karte

PUEBLA · **OAXACA**

Tampico · Benito Juárez · Pánuco · Tanquián · Magozal · Tempoal · Naranjos · Tantoyuca · Cerro Azul · El Alazán · Chicontepec de Tejeda · Tuxpán · Álamo · Huayacocotla · Tihuatlán · Poza Rica · Huauchinango · Gutiérrez Zamora · Tulancingo · Nautla · Martínez de La Torre · Misantla · Calpulalpan · Perote · Apizaco · Oriental · Texmelucan · Cardel · Puebla · Huatusco · Atlixco · Veracruz International Airport · Boca del Río · Izúcar · Paso del Macho · Tlacotepec · Tehuacán · Piedras Negras · Alvarado · Acatlán · Tierra Blanca · Catemaco · Cosamaloapan · Tres Valles · Villa Azueta · Isla · Acayucan · Teotitlán del Camino · Cuicatlán · Playa Vicente · Villa Juanita · Medias Aguas · Jesús Carranza · Altepec · Xochiapa · Santa María Tlahuitoltepec · San Juan Cotzocón · Palomeres · Oaxaca · Mitla · Matías Romero

Golfküste

Highlights
1. El Tajín
2. Museo de Antropología de Xalapa

Sehenswürdigkeiten
3. Xalapa
4. Coatepec
5. Quiahuiztlan
6. Cempoala
7. Papantla
8. Córdoba
9. Veracruz
10. Orizaba
11. San Andrés Tuxtla
12. Santiago Tuxtla
13. Tapijulapa
14. Comalcalco
15. Malpasito
16. Villahermosa
17. Laguna de Catemaco
18. Tlacotalpan
19. Xico

Golf von Mexiko

Chenkán
Sabancuy
Nuevo Progreso
Frontera
Paraíso
Sánchez Magallanes
Comalcalco 14
TABASCO
Halbinsel Yucatán
Seiten 274–309
Reforma
Coatzacoalcos
Cunduacán
Cárdenas
Villahermosa 16
Villahermosa International Airport
Jonuta
Chablé
El Triunfo
Minatitlán
Las Choapas
Huimanguillo
Macuspana
Emiliano Zapata
VERACRUZ
Chontalpa
Río Grijalva
Teapa
Palenque
Tenosique
Cerro Nanchital
Pichucalco
Tapijulapa 13
Istmo de Tehuantepec
Malpasito 15
Raudales
CHIAPAS
Parque Natural Montes Azules
Südmexiko
Seiten 230–257
Ocozocuautla
Cintalapa
Tuxtla Gutiérrez

0 Kilometer 100

N

El Tajín

D4 nahe Mex 180, 12 km südöstl. von Poza Rica, Veracruz
von Papantla oder Poza Rica tägl. 9–17 inah.gob.mx

Die geheimnisvolle Stätte El Tajín ist ein herausragendes Beispiel für die Größe und Bedeutung der vorspanischen Kulturen Mexikos und weist einige einzigartige Bauwerke auf, wobei die Nischenpyramide im Mittelpunkt steht.

Die Stadt El Tajín war ein politisch-religiöses Zentrum der Totonaken-Kultur. Viele ihrer Bauten stammen aus der frühen Nachklassik zwischen 900 und 1150. Die mit Relieftafeln und Skulpturen verzierten Gebäude waren mit kräftigen Farben wie Rot, Blau und Schwarz bemalt. Der freigelegte Kern der antiken Stadt bedeckt etwa einen Quadratkilometer. Ihre tatsächliche Ausdehnung betrug jedoch mehr als das Zehnfache, die damalige Einwohnerzahl wird auf etwa 25 000 geschätzt.

Die **Nischenpyramide** hat – den Tagen des Jahres entsprechend – 365 Nischen. Man nimmt an, dass darin Opfergaben standen.

Gebäude 12

Gebäude 10

Die kleine **Statue des Dios Tajín** stellt vermutlich Tajín dar, den Gott der Blitze und des Donners.

Die vier Pyramiden um die **Plaza del Arroyo** markieren die Himmelsrichtungen. Sie gehören zu den ältesten Bauten der Stadt.

Sechs Reliefs an den Seitenwänden des **Südlichen Ballspielplatzes** zeigen Rituale des Spiels *(siehe S. 296f)*, so auch die Opferung von Spielern.

Highlight

Die gut erhaltenen Ruinen der Siedlung El Tajín vor der Kulisse des Dschungels

→ **El Tajín Chico**

Nördlicher Ballspielplatz

→ **Plaza Oriente** und **Gran Xicalcoliuhqui**

Illustration der archäologischen Stätte El Tajín

Ballspielplatz 13/14

Los Voladores

Dieses Ritual der Totonaken aus der Region Papantla wird am Eingang der Ruinenstätte vorgeführt. Dabei klettern fünf Männer auf die Spitze eines Masts. Während einer an der Spitze eine Trommel und eine Pfeife spielt, lassen sich die *voladores* (Flieger) von der Spitze des Pfahls in die Tiefe fallen, während sich die Seile um den Pfahl abwickeln. Insgesamt umrunden sie den Mast 52-mal als Symbol der Zyklen des mesoamerikanischen Kalenders.

Olmeken-Köpfe im Inneren des Museums und die Außenansicht des Museums (Detail)

Museo de Antropología de Xalapa

D5 Av. Xalapa, Xalapa CAXA Central de Autobuses, Av. 20 de Noviembre Oriente 271 +52 228 815 09 20 Di – So 9 –17 uv.mx/max

In einem modernen, hellen und luftigen Gebäudekomplex befinden sich atemberaubende Schätze aus rund 3000 Jahren vorspanischer Geschichte, darunter einige der wichtigsten antiken Artefakte des Landes. Die Galerien sind um ruhige Gärten und Innenhöfe angeordnet.

Das als MAX bekannte Anthropologiemuseum von Xalapa ist nach dem in Mexico City *(siehe S. 100 –105)* das zweitwichtigste. Seine herausragende Sammlung ist in großzügigen Marmorsälen und auf Terrassen ausgestellt. Sie besteht aus Skulpturen und Artefakten der wichtigsten vorspanischen Zivilisationen der Golfküste, die an verschiedenen Orten der Region gefunden wurden. Die ersten Säle sind der Zivilisation der Olmeken *(siehe S. 273)* gewidmet, darunter eine Terrakotta-Urne, die bei ihrer Entdeckung in Catemaco die Überreste eines kleinen Kindes enthielt. Es folgen Zentral-Veracruz und die Totonaken, und im letzten Saal sind die stark stilisierten Skulpturen der Huasteken ausgestellt. Die Führungen sind kostenlos und sollten im Voraus reserviert werden.

Highlight

SEHENSWÜRDIGKEITEN

❸ Xalapa

D5 Veracruz 525 000 Av. 20 de Noviembre 376 Feria de las Flores (Apr) veracruz.mx

Xalapa (Jalapa), die Hauptstadt von Veracruz, ist bekannt durch seine Universität, sein Kulturleben und das anthropologische Museum. Vom Parque Juárez hat man einen herrlichen Blick auf den 4282 Meter hohen Vulkan Cofre de Perote.

Am Hauptplatz steht der klassizistische **Palacio de Gobierno** mit einem Wandbild von Mario Orozco Rivera (1930–1998) im Treppenhaus. Gegenüber ragt die Kathedrale aus dem 18. Jahrhundert auf. Oberhalb des Zentrums säumen Häuser mit Ziegeldächern und schmiedeeisernen Balkonen die kopfsteingepflasterten Gassen.

Umgebung: Das abgelegene Filobobos umfasst mehrere meosamerikanische Stätten, von denen nur zwei erforscht sind. Die Hauptausgrabungsstätte, **El Cuajilote**, wurde um 200 n. Chr. von den Totonaken gegründet und war bis 800 in Betrieb. Der Zugang erfolgt über einen acht Kilometer langen Wanderweg. Der Weg ist die Mühe wert, denn die archäologischen Überreste sind wirklich spektakulär.

Sie können El Cuajilote auch bei einer Rafting-Tour auf dem Río Filobobos erreichen. Diese Touren können in Xalapa oder Tlapacoyan bei Unternehmen wie Aventurec (www.aventurec.com) gebucht werden. Es werden auch andere Flusstouren angeboten. Wildwasser-Rafting ist in der Flussschlucht östlich von Tlapacoyan möglich.

Palacio de Gobierno
 Av. Enriquez +52 228 841 74 00 Mo–Fr

El Cuajilote
 nahe Nebenstraße von Tlapacoyan nach Plan de Arroyos, 110 km nordwestl. von Xalapa Di–So

Kurzführer

Die Exponate sind in einer abfallenden Folge von Sälen und Patios ausgestellt, die einzelnen Ebenen sind durch Treppen und Rollstuhlrampen verbunden. Vom Haupteingang ausgehend sind die Funde in chronologischer Folge angeordnet. Im Garten sieht man für den Bundesstaat Veracruz typische Pflanzen.

Cafés

Café Chiquito
In dem hübschen Café mit Tischen im Freien und im Innenhof werden ein reichhaltiges Frühstücksbüfett und Mittagessen serviert.

D5 Nicolás Bravo 3, Xalapa cafechiquito.com
$$$

La Parroquia de Veracruz
Der Ort für echte Kaffeetrinker. Serviert auch ausgezeichnete mexikanische Küche zum Mittag- und Abendessen.

D5 Calle Juan de la Luz s/n, Xalapa laparroquiadeveracruz.com
$$$

Flor Catorce
Charmantes Café im Viertel Centro von Xalapa, das von früh bis spät geöffnet ist.

D5 Calle Morelos 1, Xalapa +52 228 132 51 26
$$$

TOP 3 Regionale Feste

Karneval
Karneval wird an der Golfküste fast überall gefeiert. Zu Beginn verbrennt man eine riesige Puppe, die »schlechte Laune«. Es gibt Festwagen, Umzüge und Tanz.

Candelaria
Die Woche vor Mariä Lichtmess am 2. Februar wird in ganz Mexiko ausgiebig gefeiert, besonders lebhaft jedoch in Tlacotalpan und Catemaco. In Tlacotalpan findet auf dem Fluss eine Prozession mit Marienstatue statt.

Feria de Santiago Tuxtla
Zu Ehren des Heiligen werden am 25. Juli in Santiago Tuxtla riesige *Mojiganga*-Puppen durch den Ort getragen.

❹ Coatepec

D5 · Veracruz · 80 000 · Matias Rebolledo 1; +52 228 203 19 58 · Feria del Café (30. Apr/1. Mai), San Jerónimo (29./30. Sep)

Die einladende Stadt ist für ihren Kaffee, ihre Liköre, Orchideen und Fischrestaurants bekannt. Die eleganten Häuser entstanden während des Kaffeebooms Anfang des 20. Jahrhunderts. Im Zentrum befindet sich die attraktive Basílica Menor de Nuestra Señora de Guadalupe. In der **Casa de la Cultura** am Hauptplatz finden Ausstellungen, Theatervorführungen und Konzerte statt. Das größte Fest ist die Ferla del Café y la Orquídea im Mai. Kaffee- und Orchideenzüchter stellen dann ihre Produkte aus, dazu gibt es Essensstände und Livemusik.

Casa de la Cultura
Jiménez del Campillo 4
+52 228 816 67 57
Mo–Sa 9–19

❺ Quiahuiztlan

D4 · Mex 180, 24 km nördl. von Cempoala, Veracruz · Di–So 8:30–17 · sic-gob.mx

Die Totonaken-Stadt Quiahuiztlan war eine Bergfestung und zählte einst bis zu 15 000 Einwohner. Die Anlage wurde in spätklassischer Zeit errichtet, als Städte wie El Tajín *(siehe S. 262f)* wegen der Angriffe aus dem Norden verlassen werden mussten. Trotz ihrer Schutzwälle wurde sie zweimal erobert: von den Tolteken im 9. und von den Azteken im 13. Jahrhundert.

Die Begräbnisstätte kann man besichtigen. Hier wurden etwa 100 winzige Gräber entdeckt, die präkolumbischen Tempeln ähneln. In vielen davon fand man menschliche Gebeine und Schädel. Die Löcher in den Rückseiten der Gräber sollten Verwandten die Möglichkeit geben, zu den Toten zu sprechen.

←

Der Friedhof von Quiahuiztlan, eine Totonaken-Ruine aus der späten klassischen Periode

Ruinen von Cempoala, wo sich die Totonaken mit Cortés gegen die Azteken verbündeten

Jenseits der Hauptstraße liegt Villa Rica de la Vera Cruz, die erste spanische Siedlung auf mexikanischem Boden, heute ein Fischerdorf.

6 Cempoala

D5 Francisco del Paso y Troncoso, Zempoala, Veracruz tägl. 9–18 inah.gob.mx

Kurz nach ihrer Ankunft in Mexiko 1519 *(siehe S. 57)* zogen Cortés und seine Männer in die Totonaken-Stadt ein, die sich an der Stelle des heutigen Cempoala befand. Wie viele Städte war sie den Azteken tributpflichtig. Ihr Herrscher stellte sich unter Cortés' Schutz und verbündete sich mit ihm.

Die archäologische Stätte mit den Ruinen der Totonaken-Stadt liegt neben der Ortschaft. Um eine Plaza gruppieren sich Bauten, die starke aztekische Einflüsse aufweisen. Vom Eingang gelangt man zum Templo Mayor, einer 13-stufigen Pyramide. Das Heiligtum war ursprünglich mit Palmblättern gedeckt.

Unweit davon liegt Las Chimeneas (Die Kamine), so benannt nach seinen Hohlsäulen. Hier fand man eine Figur, die einem *chacmool* *(siehe S. 145)* ähnelt, was Verbindungen mit den Maya vermuten lässt. Die nach Osten ausgerichtete Gran Pirámide war ein Sonnentempel.

7 Papantla

D4 Veracruz Calzada José García Payon s/n; +52 784 842 82 34

Papantla ist vor allem als Heimat der *voladores* bekannt und Zentrum der mexikanischen Vanilleindustrie, die hier seit vorspanischen Zeiten angebaut wird. Die Stadt ist auch das Tor zu El Tajín *(siehe S. 262f)*, aber auch selbst einen Besuch wert. Sie verfügt über eine lebendige Kulturszene, mehrere Museen und viele Wandgemälde an öffentlichen Gebäuden, darunter eines am Palacio Municipal auf dem Zócalo. Das interessanteste Museum ist das **Museo Teodoro Cano** mit Wandgemälden des Gründers und Exponaten zur Regionalgeschichte.

Neben den *voladores* werden hier auch andere traditionelle Tänze aufgeführt, darunter die *Danza de los Guaguas*, die der Sonne gewidmet ist.

Museo Teodoro Cano
Calle Rodolfo Curti 101 +52 228 156 71 83 Di–So 10–19

Restaurants

Nakú
Lebhaftes Lokal mit Livemusik und einer Reihe lokaler Spezialitäten, darunter großartige Bohnen-Tamales.

D4 Heroico Colegio Militar, Col. Libertad, Papantla +52 784 042 31 12
$$$

Plaza Pardo
Regionale Spezialitäten wie Tamales und Krabbengerichte.

D4 Juan Enríquez 105, Papantla +52 784 842 00 59
$$$

Springbrunnen in einer Straße in der Nähe der Uferpromenade von Veracruz

⑧ Córdoba

🅰 D5 📍 Veracruz
🔺 197 000 🚌 ℹ Palacio Municipal; +52 271 717 17 00
🎉 Expo Feria (Mai)

Córdoba ist eine geschäftige, moderne Stadt, obwohl rund um die zentrale Plaza de Armas noch Spuren des kolonialen Erbes zu finden sind. Das bedeutendste historische Gebäude ist der im 18. Jahrhundert errichtete Bogengang Portal de Zevallos an der Nordseite der Plaza. Hier wurden 1829 die Verträge von Córdoba unterzeichnet, die Mexikos Unabhängigkeit bestätigten. Ebenfalls an der Plaza stehen der klassizistische Palacio Municipal und die Catedral de la Inmaculada Concepción mit der lebensecht wirkenden Statue der Stadt-Schutzpatronin, der Virgen de la Soledad.

In der Nähe des Platzes befindet sich in einem schönen Herrenhaus das **Museo de Córdoba**, das u. a. eine kleine Sammlung von Olmeken-Skulpturen und den Vertrag von Córdoba aus dem Jahr 1821 zeigt.

Umgebung: Westlich von Córdoba liegt die Barranca de Metlac, eine Schlucht, die von vier Brücken überspannt wird. Eine davon ist auf mehreren Gemälden von José María Velasco zu sehen.

Museo de Córdoba
🌐 📍 Calle 3 305-A ☎ +52 271 712 09 67 🕐 Di – So 10 – 19

⑨ Veracruz

🅰 D5 📍 Veracruz
🔺 552 000 ✈ 🚌 ℹ Palacio Municipal, Zaragoza s/n, Col Centro; +52 229 841 74 00
🎉 Karneval (Feb/März)
🌐 disfrutaveracruz.mx

El Puerto de Veracruz ist ein Ort des Vergnügens. Das Leben spielt sich an der Plaza de Armas und am Malecón (Hafenpromenade) ab. An der Plaza de Armas erheben sich der elegante Palacio Municipal und die Kathedrale, deren mit Puebla-Fliesen *(siehe S. 149)* gedeckte Kuppel von einer Laterne und einem Kreuz bekrönt ist. Gegenüber der Kathedrale liegen die *portales* (Arkaden) mit Hotels und Cafés. Hier wird fast rund um die Uhr Musik gespielt. Abends kann man Tänzern bei einem ausgelassenen *zapateo* oder einem ruhigen *danzón* zusehen. Den Höhepunkt erreicht der Spaß beim Karneval von Veracruz. *Son jarocho* könnte

---

Hotel

Mocambo
Das elegante Hotel aus den 1930ern in Strandnähe bietet zwei Pools, ein Spa, einen Tennisplatz, ein Café und ein Restaurant.

🅰 D5 📍 Blvd. Adolfo Ruiz Cortines 4000, Veracruz 🌐 hotel mocambo.com.mx

Ⓢ Ⓢ Ⓢ

→

Der Palacio Municipal an der Plaza de Armas in Veracruz

> **Flüchtiger und Freiheitskämpfer**
>
> Der 1545 in Gabun geborene Gaspar Nyanga – auch als Yanga bekannt – entkam Ende der 1500er Jahre der Sklaverei in Veracruz und gründete eine Gemeinschaft entflohener Sklaven. Um zu überleben, betrieb die Kolonie Landwirtschaft, Jagd und überfiel spanische Karawanen. Über 30 Jahre lang besiegte Yangas Miliz die Spanier. Am 6. Januar 1609 wurde die Siedlung zur ersten freien schwarzen Stadt auf dem amerikanischen Kontinent. Eine Statue von Gaspar Yanga steht noch immer in Yanga, Veracruz.

man als den Klang von Veracruz bezeichnen – eine rhythmische Volksmusik mit afromexikanischen Wurzeln. Veracruz war einst ein großer Sklavenhafen, und heute ist die Stadt die Heimat vieler Afromexikaner. Am Wochenende können Sie auf der Plaza Mayor und der Plazuela de Campaná zum *son jarocho* mit den Füßen wippen. Oder schlendern Sie über den Paseo de José Martí und lassen Sie sich ein Ständchen bringen, während Sie in den Bars und Lokalen sitzen.

Am Malecón befindet sich das Gran Café de la Parroquia, das seit 1808 besteht und heute eine Institution ist. Bootsfahrten vom Malecón führen an der Isla de los Sacrificios und am Hafen vorbei zur 1692 errichteten Festung **San Juan de Ulúa**, deren Garnison als letzte die Unabhängigkeit Mexikos *(siehe S. 59)* akzeptierte. Seither gab es mehrere ausländische Invasionen, zuletzt die US-amerikanische von 1914. In der Zeit des *porfiriato (siehe S. 61)* war San Juan de Ulúa ein bekanntes Gefängnis.

Eines der besten Museen der Stadt ist das **Museo Histórico Naval** in der ehemaligen Marineakademie im Zentrum. Es informiert über die Entwicklung des Hafens. Neben Schiffsmodellen kann man hier u. a. 300 Arten von Knoten sehen.

1880 wurde die Stadtmauer niedergerissen. Von den ursprünglich neun Basteien steht heute nur noch der **Baluarte de Santiago**, der eine Sammlung präkolumbischen Goldschmucks beherbergt.

Umgebung: Einige Kilometer südlich der Stadt liegen die Playa de Oro und Mocambo. Die Strände sind sauberer und nicht so überlaufen wie in Veracruz. Etwas weiter kommt man nach Boca del Río, das berühmt ist für seine hervorragenden Fischrestaurants.

San Juan de Ulúa
⊛⊛⊛ Calle Pedro Sainz de Baranda Juli, Aug: Di – So 9:30 – 16:30
sanjuandeulua.inah.gob.mx

Museo Histórico Naval
⊛⊛ Calle Arista 418
Di – So 10 – 17
gob.mx/semar

Baluarte de Santiago
⊛ Calle Francisco Canal
+52 229 931 10 59
Di – So 9 – 16

> *Son jarocho* mit afromexikanischen Wurzeln ist der Sound von Veracruz. Die Stadt war einst ein bedeutender Sklavenhafen, und heute sind viele Afromexikaner hier zu Hause.

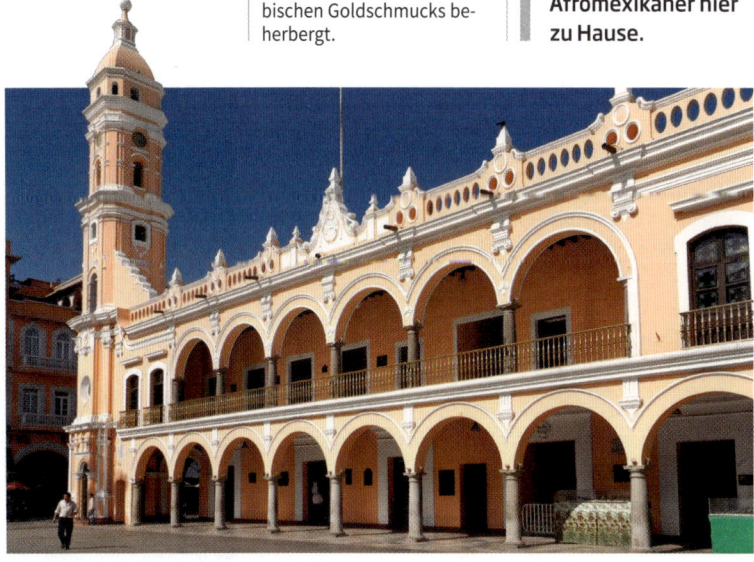

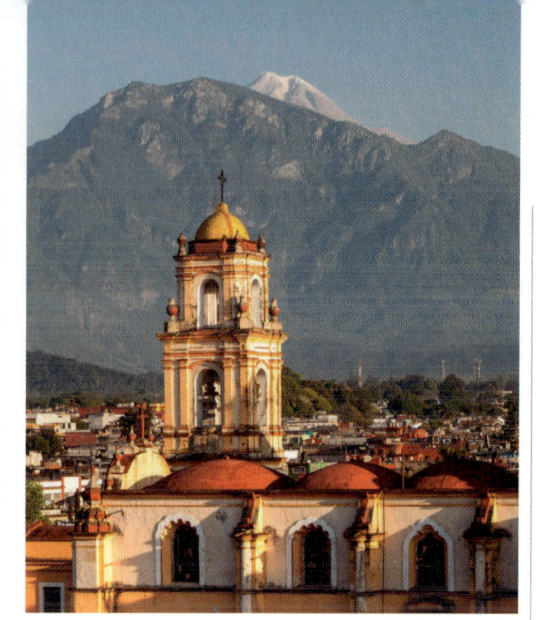

Hinter Orizaba erhebt sich der höchste Gipfel Mexikos

11
San Andrés Tuxtla
E5 Veracruz
Palacio Municipal, Plaza Zaragoza, Tlacotalpan; +52 294 947 93 00

San Andrés Tuxtla ist eine ausgedehnte Handelsstadt, die für ihre Zigarren berühmt ist. Überall gibt es Tabakfelder, und am Straßenrand werden die fertigen Produkte verkauft. In der Fabrik **Santa Clara Cigars** kann man beobachten, wie Zigarren von Hand gerollt werden.

Das Zentrum wird vom Parque Lerdo und der Catedral de San José y San Andrés geprägt, die 1870 mit zwei Glockentürmen und einer neoklassizistischen Fassade erbaut wurde.

Ein Spaziergang von San Andrés Tuxtla über einen unbefestigten Weg führt zur Laguna Encantada (verzauber-

10
Orizaba
D5 Veracruz
121 000 El Palacio de Hierro; +52 272 728 91 36
San Miguel (29. Sep)

Die Lage am Handelsweg zwischen Mexico City und Veracruz verhalf Orizaba im 15. und 16. Jahrhundert zu strategischer Bedeutung. Es gab eine aztekische, später eine spanische Garnison. Heute ist die Stadt ein Industriezentrum, das sich eine gewisse Kolonialatmosphäre erhalten konnte.

Am Hauptplatz, dem Parque Apolinar Castillo, steht der Jugendstilbau Ex-Palacio Municipal. Er wurde Ende des 19. Jahrhunderts in Belgien gebaut, hierhertransportiert und wieder zusammengesetzt. Der Palacio Municipal in der Calle Colón diente nach der Revolution als Bildungszentrum für Arbeiter. Er enthält das Wandbild *Reconstrucción* (1926) von José Clemente Orozco (1883–1949). Das **Museo de Arte del Estado** zeigt in zehn schön restaurierten Räumen wertvolle Gemälde. Zur Sammlung gehören auch 37 Werke von Diego Rivera.

Eine Fahrt mit der Seilbahn auf den Cerro del Borrego bietet einen spektakulären Blick über die Stadt. Auf dem Gipfel befindet sich ein Museum, das die Geschichte der Schlacht gegen französische Truppen 1862 erzählt.

Museo de Arte del Estado
Ecke 4 Oriente und 23–25 Sur +52 272 724 32 00 Mi–So 10–18

Den Pico de Orizaba besteigen

Mit 5747 Metern Höhe ist der Pico de Orizaba der höchste Berg Mexikos. Er ist auch einer der schwierigsten, aber beliebtesten Herausforderungen für Bergsteiger. Der schlafende Vulkan, der zuletzt 1546 ausbrach, liegt 23 Kilometer nordwestlich von Orizaba. Die beste Zeit für eine Besteigung ist von November bis März, der trockensten Jahreszeit. Bergsteiger müssen einen Führer mitnehmen, der in Tlachichuca gemietet werden kann.

ter See). Er heißt so, weil sein Wasserspiegel in der Trockenzeit auf mysteriöse Weise ansteigt und bei Regen sinkt.

Santa Clara Cigars
🅰 Blvd. 5 de Febrero 10 📞 +52 294 947 99 06
🕒 Mo – Fr 8 – 17:30

⓬
Santiago Tuxtla
E5 Veracruz 55 000
ℹ Palacio Municipal, Plaza Zaragoza, Tlacotalpan; +52 294 947 93 00
🎉 San Juan (24. Juni), Santiago (22. – 27. Juli)

Santiago Tuxtla ist ein Tor zur Welt der Olmeken *(siehe S. 273)*, die vor über 3000 Jahren lebten. Ein für diese Kultur typischer Kolossalkopf steht am Hauptplatz. Im Unterschied zu anderen Köpfen sind seine Züge nicht realistisch, auch hat er als einziger geschlossene Augen.

In dem an der Plaza gelegenen **Museo Tuxteco** ist eine Sammlung von Funden aus umliegenden Ausgrabungsstätten ausgestellt, auch »El Negro«, ein Kopf, dessen Kräfte früher Zauberheiler nutzten. Ausgestellt sind auch Beispiele von Schädelverformung und skulptierten Zähnen (wohl Schönheits- und Klassenmerkmale), ein weiterer Kolossalkopf aus San Lorenzo Tenochtitlán sowie Zeremonial- und Gebrauchsgeräte.

Einer der in Santiago Tuxtla erhaltenen präkolumbischen Bräuche ist die *Danza de los Liseres*, bei der die Tänzer die Maske eines Jaguargotts tragen. Der Tanz wird im Juni und Juli aufgeführt.

Umgebung: Nach 20 Kilometern Fahrt durch Tropenvegetation erreicht man Tres Zapotes. Diese archäologische Stätte war um 400 v. Chr. das Zentrum der Olmeken-Kultur, nachdem La Venta *(siehe S. 273)* aufgegeben worden war. Die Stätte selbst ist heute nur noch eine Reihe von Hügeln, aber einige der Funde sind im Museum des nahe gelegenen Dorfs Tres Zapotes ausgestellt.

Museo Tuxteco
🅰 Parque Juárez
📞 +52 294 947 01 96
🕒 Di – So 9 – 17

> Einer der in Santiago Tuxtla erhaltenen präkolumbischen Bräuche ist die *Danza de los Liseres*, bei der die Tänzer die Maske eines Jaguargotts tragen.

Schon gewusst?
Der Olmeken-Kopf in Santiago Tuxtla ist der größte, der je gefunden wurde.

Der malerische Wasserfall Salto de Eyipantla bei San Andrés Tuxtla

⓭ Tapijulapa

📍 E5 🏠 Tabasco ℹ️ Retorno Vía 5 122, Los Rios, Villahermosa; +52 993 310 97 00

Bei der Erkundung des malerischen Tapijulapa mit seinen weiß getünchten Fassaden, Terrakotta-Dächern und engen, kopfsteingepflasterten Straßen könnte man meinen, man sei in Andalusien. Mit seinem typisch mexikanischen Charme und Erbe wurde das Dorf zum »Pueblo Mágico« ernannt – eines der »Magischen Dörfer«, die von der Fremdenverkehrsbehörde gefördert werden, weil man hier viel erleben kann.

Zu den gut erhaltenen Bauwerken von Tapijulapa gehört der Templo de Santiago Apóstol, eine Kirche aus dem späten 17. Jahrhundert auf einer Anhöhe mit herrlichem Blick über die Stadt.

Während der Osterwoche erwacht das Dorf zum Leben. Zu den Feierlichkeiten gehört ein Angelwettbewerb für Sardinen, die in den Höhlen südlich des Dorfs leben. Die Höhlen sind Teil des Parque Natural Villaluz, der auch gute Wanderwege zu Wasserfällen, Bootsfahrten und heißen Quellen bietet.

Die Gran Acrópolis an der archäologischen Stätte in Comalcalco ↑

⓮ Comalcalco

📍 E5 🏠 nahe Mex 187, 58 km nordwestl. von Villahermosa, Tabasco 🕐 Di–So 8–16

In der tropischen Region nordwestlich von Villahermosa liegt die Maya-Stätte Comalcalco. Die hauptsächlich aus der Spätklassik (700–900) stammenden Bauten unterscheiden sich deutlich von der Architektur Palenques *(siehe S. 244–247)*, das etwa um dieselbe Zeit bewohnt war. Im Gegensatz zu anderen Maya-Stätten hat Comalcalco Ziegelbauten, die mit Austernschalen-Mörtel zusammengehalten werden. Diese wurden teils mit Figuren und Glyphen verziert. Die bedeutendsten Bauten sind die Pyramiden Gran Acrópolis und Acrópolis Este und die nördliche Plaza. Viele Bauwerke waren einst mit Reliefs bedeckt, von denen einige erhalten sind. Das markanteste ist die Maske des Gottes El Señor del Sol an der Gran Acrópolis.

⓯ Malpasito

📍 E5 🏠 nahe Mex 187, Huimangillo, Tabasco 📞 +52 993 352 10 30 🕐 tägl. 8–17

Die wunderschön in einer bergigen Landschaft gelegene Zeremonialstätte Malpasito wurde vom Volk der Zoque in der spätklassischen Ära (700–900 n. Chr.) erbaut. Die Stätte verfügt über terrassenförmig angelegte

↑ *Das kleine Dorf Tapijulapa ist eingebettet in dschungelbewachsene Berge*

> Die Zeremonialstätte Malpasito liegt im Ökotourismuspark Agua Selva mit Flüssen, Wasserfällen und Wanderwegen.

Parque-Museo de La Venta, einem Park mit Museum im Freien, gibt es auf dem Skulpturenpfad, dessen Beginn durch eine riesige Ceiba (den heiligen Baum der Olmeken und Maya) markiert ist, eine informative Ausstellung über die Olmeken-Archäologie. Das **Museo Regional de Antropología Carlos Pellicer Cámara** zeigt über 700 Artefakte der Olmeken, Maya und anderer mesoamerikanischer Kulturen, darunter wunderschöne Töpferwaren und Jadeschnitzereien.

Parque-Museo de La Venta
Av. Ruiz Cortines +52 993 314 16 52
tägl. 8–16

Museo Regional de Antropología Carlos Pellicer Cámara
Av. Carlos Pellicer Cámara 511 +52 993 312 63 44 Mo–Fr 9–17, Sa, So 9–19

Plattformen und einen Ballspielplatz, ist aber vor allem wegen der über 100 kunstvoll geschnitzten Petroglyphen bemerkenswert, die Felsbrocken in der Umgebung von Malpasito schmücken. Die Schnitzereien zeigen Menschen, Vögel, Affen, Hirsche, andere Tiere und geometrische Muster.

Malpasito liegt im Ökotourismuspark **Agua Selva** mit Flüssen, Wasserfällen und Wanderwegen. Es gibt auch Blockhütten und einen Campingplatz.

Agua Selva
Ejido, 86449, Malpasito
tägl. aguaselva.com.mx

16
Villahermosa

E5 Tabasco
756 000 Retorno Vía 5 122, Los Rios; +52 993 310 97 00 Río-Usumacinta-Schiffsmarathon (März/Apr), Messe des Bundesstaats Tabasco (Apr/Mai)

Die Hauptstadt des Bundesstaats Tabasco wurde Ende des 16. Jahrhunderts von Siedlern gegründet, die wegen ständiger Piratenangriffe von der Küste ins Landesinnere ziehen mussten. Villahermosa an den Ufern des Flusses Grijalva ist von üppiger Natur umgeben, ein Spaziergang durch den Dschungel wird mit Wasserfällen, schwefelhaltigem Wasser und sogar Höhlen belohnt.

Heute ist die Stadt ein freundlicher Ort mit zwei hervorragenden Museen. Im

Olmeken

Die Olmeken waren eine der bedeutendsten mesoamerikanischen Kulturen Mexikos, die einen großen Einfluss auf spätere Zivilisationen hatte. Ihr Aufstieg und Niedergang bleibt jedoch ein Rätsel. Die eindrucksvollsten Zeugnisse der alten Kultur sind heute die kolossalen und bis zu 20 Tonnen schweren Steinköpfe, die die Olmeken wahrscheinlich mithilfe von Flößen über weite Strecken transportierten. Zehn der 17 bisher entdeckten Köpfe wurden in San Lorenzo Tenochtitlán gefunden – einem Gebiet, das die drei archäologischen Stätten San Lorenzo, Tenochtitlán und Potrero Nuevo umfasst. Dieses große zeremonielle Zentrum der Olmeken erlebte seine Blütezeit von 1200 bis 900 v. Chr. Einige der hier gefundenen Stücke sind in Potrero ausgestellt.

⓱ Laguna de Catemaco

🅐 E5 🏠 Veracruz 🚌
ℹ️ Palacio Municipal, Av. Carranza, Catemaco; +52 294 943 02 58 🎭 Candelaria (2. Feb), Carmen (16. Juli)

Der malerische See füllt den Krater eines erloschenen Vulkans. Er entstand vor Jahrtausenden, als der Lavastrom des Vulkans San Martín Tuxtla sein heutiges nördliches Ende blockierte, und liegt heute 340 Meter über dem Meeresspiegel. Das feuchtheiße Klima hier ist ideal für viele Vogelarten, vereinzelt sieht man auch Krokodile. Rundfahrten mit dem Boot beginnen am Kai des Orts Catemaco, dann wird die Insel Tanaxpillo mit ihrer Makakenkolonie umrundet.

Zwei Ökoparks am Nordufer des Sees sind per Boot oder Auto erreichbar. Der interessantere von beiden, **Nanciyaga**, ist ein großer Streifen tropischen Regenwalds mit einer großen Artenvielfalt an Flora und Fauna. Besucher des Parks können an prähispanischen Ritualen wie dem *temazcal*

↑ *Der reich verzierte Innenraum der Iglesia del Carmen in Catemaco*

(Dampfbad) teilnehmen oder in von heißen Quellen gespeisten Becken schwimmen.

Auf der Isla de Agaltepec lebt eine Kolonie von Mexikanischen Brüllaffen. Sie sind morgens am lautesten. Bootstouren führen auch zu dieser Insel.

Der Ort Catemaco wird von den Zwillingsglockentürmen der mit Fliesen verzierten Iglesia del Carmen beherrscht. Die Statue der Virgen del Carmen ist mit Schmuck und Talmi übersät.

Nanciyaga
🅢🅔🅓 🏠 7 km nordöstl. von Catemaco 📞 +52 294 943 01 99 🕐 Mo – Fr 9 – 14, 16 – 18, Sa 9 – 14

⓲ Tlacotalpan

🅐 D5 🏠 Veracruz 👥 8000 🚌 ℹ️ Palacio Municipal, Plaza Zaragoza; +52 288 884 33 05 🎭 Candelaria (2. Feb), San Miguelito (29. Sep)

Wer durch die Straßen des Ortes bummelt und die farbenfrohen Kolonnadenhäuser bewundert, glaubt sich in die Zeit vor 100 Jahren zurückversetzt. Die mexikanische Schriftstellerin Elena Poniatowska (* 1932) formulierte es so: »Wenn wir lächeln wollen, denken wir an Tlacotalpan.«

Der Ort liegt an den Ufern des mehr als 300 Meter breiten Río Papaloapan (Schmetterlingsfluss). Die meisten Häuser mit ihren mozarabischen Portalen stammen aus der zweiten Hälfte des 18. Jahrhunderts, als in dieser Region große Zuckerrohr- und Baumwollplantagen entstanden. Als Folge der englischen Blockade Havannas 1762 wurde Tlacotalpan ein bedeutender Hafen, aus dem oft mehr Schiffe nach Kuba und Europa ausliefen als in andere Teile Mexikos. Mit dem Bau von Eisenbahnlinien verlor Tlacotalpan immer mehr an wirtschaftlicher Bedeutung. Gerade diesem Niedergang ist es jedoch zu verdanken, dass der Ort seinen authentischen Charakter erhalten konnte.

Das interessanteste Museum ist das **Museo Jarocho Salvador Ferrando**. Es hat seinen Namen von einem einheimischen Künstler des 19. Jahrhunderts, der hier mit Landschaftsbildern und

---

Zauberheiler

Im Bundesstaat Veracruz praktizieren in der Gegend von San Andrés Tuxtla *(siehe S. 270f)* und Catemaco noch immer Zauberheiler. Sie versprechen, ihre Kunden von Krankheiten zu heilen, ihnen zu beruflichem Erfolg zu verhelfen oder ihre Eheprobleme zu lösen. Dabei verwenden sie Tränke und Pulver, Heilpflanzen, Zaubersprüche, Puppen, in die Nadeln gestochen werden, und andere magische Rituale. Vieles lässt sich bis in präkolumbische Zeiten zurückverfolgen.

Schon gewusst?

Die Makaken auf der Insel Tanaxpillo wurden zu Forschungszwecken eingeführt.

Porträts vertreten ist. Weitere Exponate sind Einrichtungsgegenstände und Kunsthandwerk.

Museo Jarocho Salvador Ferrando
- Manuel María Alegre 6
- +52 288 884 24 95
- tägl. 10:30–18

19
Xico

- D5 Veracruz
- Miguel Hidalgo 76, Centro; +52 228 129 66 97

Xico liegt am Hang des Vulkans Cofre del Perote und ist wegen der beeindruckenden Architektur aus der Kolonialzeit und dem lebhaften Markt einen Besuch wert. Die Stadt ist auch ein Zentrum der Kaffeeproduktion und ein gastronomischer Hotspot mit Spezialitäten wie *tamal canario* (süße Tamales) und würziger *mole* (Sauce).

Die Xiqueños sind bekannt für ihre farbenfrohen Tanzkostüme, die sie beim lebhaften Karneval tragen, der jedes Jahr im Februar oder März stattfindet. Das **Museo del Danzante Xiqueño**, das nur ein paar Blocks vom Hauptplatz entfernt liegt, bietet eine hervorragende Ausstellung dieser Kostüme und lokaler Bräuche. Die Tradition der Maskenschnitzerei wird ebenso erklärt wie die Rolle jeder maskierten Figur in jedem Tanz – der Stier, der Clown, der *negro separado*.

Wenn Sie dem Weg folgen, der zur Cascada de Texolo führt, werden Sie mit einer spektakulären Aussicht und einem Wasserfall belohnt, der eine steile Felswand hinabstürzt. Außerdem kann man sich auch durch einen Sturzbach abseilen – eine adrenalingeladene Art, die atemberaubende Landschaft zu genießen.

Museo del Danzante Xiqueño
- Miguel Hidalgo 76
- +52 228 129 66 97
- Di – So 10–18

Shopping

La Tia Celsa
Xico ist ein großartiger Ort, um lokale Delikatessen zu kaufen. In diesem Laden gibt es viele würzige Saucen, darunter *mole*, die in Mexiko allgegenwärtig ist.

- D5 Vicente Guerrero 182, Xico
- latiacelsa.com

Tierra de Brujos
Der kleine Laden (dessen Name »Land der Hexen« bedeutet) bietet eine kleine, aber repräsentative Auswahl der besten Kunsthandwerke der Region.

- E5 Plaza de Artesanías, Catemaco
- tierra-de-brujos-handicraft.negocio.site

Farbenfrohe Gebäude mit Säulenfassaden in Tlacotalpan ↑

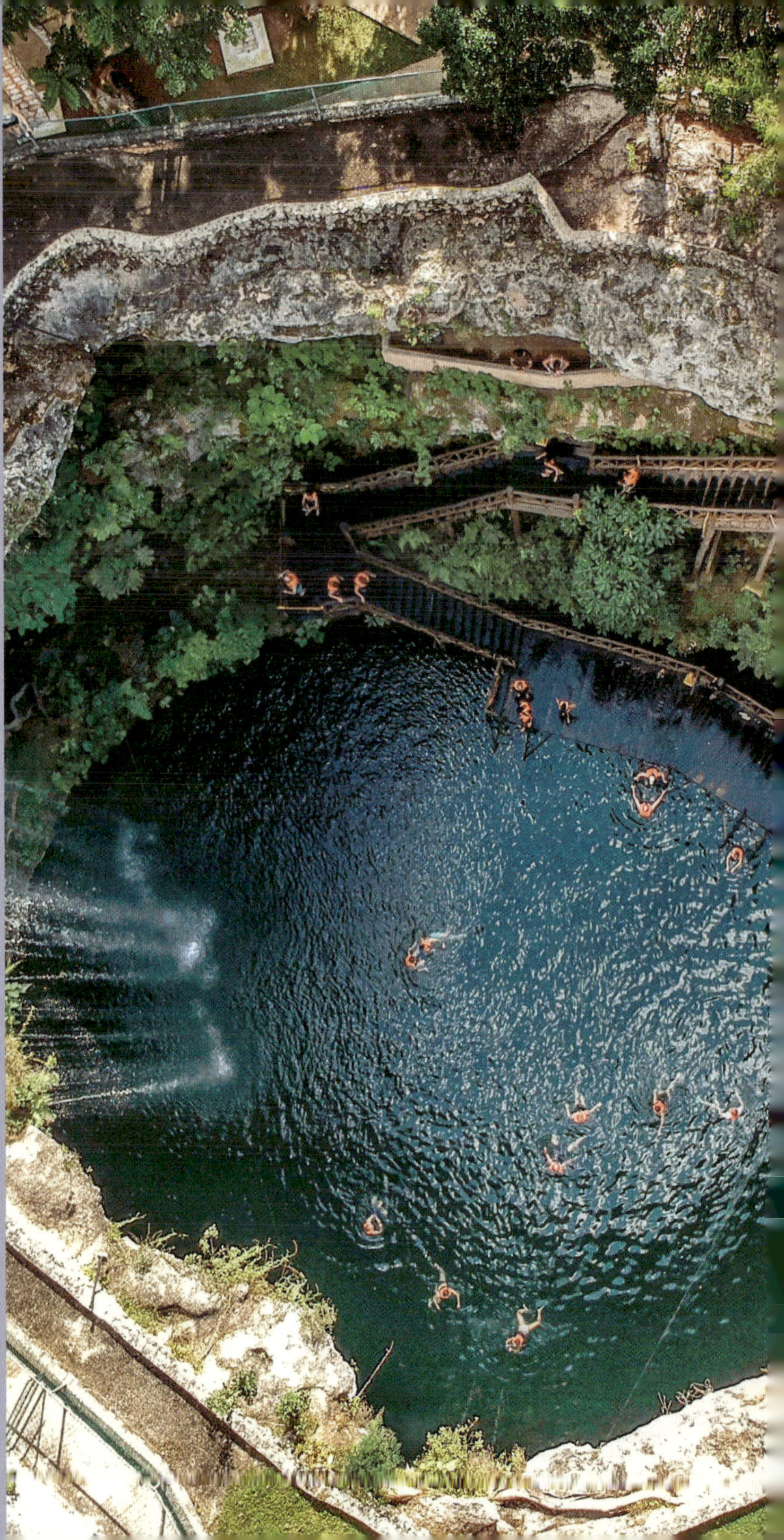

Schwimmen in einem cenote außerhalb von Valladolid (siehe S. 306f)

Halbinsel Yucatán

Auf dieser tropischen Halbinsel finden sich einige der schönsten archäologischen Stätten Amerikas. Von etwa 2000 v. Chr. bis zum 16. Jahrhundert wuchs die Maya-Bevölkerung in der Region zu einer der fortschrittlichsten Zivilisationen Mesoamerikas heran. Doch als die Spanier 1517 in die Region kamen, nahmen sie wenig Rücksicht auf die Maya, eroberten rasch ihre Stadtstaaten und zerstörten die meisten ihrer historischen Aufzeichnungen. Die Spanier gründeten hier Städte, die ihnen als Bollwerke im Kampf um die Kontrolle der Karibik gegen englische, französische und niederländische Piraten dienen sollten. 1847, nachdem Mexiko seine Unabhängigkeit erlangt hatte, brach auf der Halbinsel ein Bürgerkrieg zwischen europäischen Siedlern und den ausgebeuteten Nachfahren der alten Maya aus – ein Konflikt, der mit einer Niederlage für die Maya endete. Im späten 19. Jahrhundert führte die Produktion von Sisal für die Herstellung von Seilen und Stoffen zu Wohlstand, seit Entstehung des Tourismus ist dieser ein wichtiger Wirtschaftszweig in dieser schönen Region mit ihren Dschungeln, Maya-Ruinen und weißen Sandstränden.

    Die Riviera Maya an der Ostküste ist einer der großen Hotspots Mexikos mit zahlreichen großartigen Resorts. Abseits der Küsten geht das traditionelle Leben der Maya weiter, die ihre eigene Sprache, Bräuche und Kultur bewahrt haben.

Halbinsel Yucatán

Highlights
1. Riviera Maya
2. Uxmal
3. Tulum
4. Mérida
5. Chichén Itzá

Sehenswürdigkeiten
6. Edzná
7. Ek' Balam
8. Chetumal
9. Campeche
10. Puuc-Route
11. Celestún
12. Grutas de Loltún
13. Cobá
14. Dzibilchaltún
15. Izamal
16. Valladolid
17. Maní
18. Biosphärenreservat Ría Lagartos
19. Progreso
20. Río-Bec-Stätten
21. Biosphärenreservat Sian Ka'an

0 Kilometer 50
N
Biosphären-reservat Ría Lagartos
18
Río Lagartos
Isla Holbox
Holbox
Isla Contoy
Boca Iglesia
Chiquilá
Moctezuma
Dzilam de Bravo
Chicxulub Puerto
Yalsihon
Dzonut
Isla Mujeres
Dzidzantun
Panaba
Colonial Yucatán
San Ángel
Cancún
Buctzotz
Sucila
Cansahcab
Tizimin
Leona Vicario
Cancún International Airport
Motul
Tixbacab
Espita
Tixcancal
Tixkokob
15 Izamal
YUCATÁN
7 Ek' Balam
Nuevo Xcan
Puerto Morelos
Hoctún
Tunkas
Dzitas
1 Riviera Maya
Tecoh
16 Valladolid
Mayapán
Pisté
5 Chichén Itzá
Playa del Carmen
Sotuta
Chemax
Paalmul
Cozumel International Airport
Tekit
Tixcalpupu
13 Cobá
San Miguel de Cozumel
17 Maní
Chibilub
Akumal
Chiquindzonat
Hondzonot
Oxkutzcab
Xel-Ha
Cozumel
12 Grutas de Loltún
Tihosuco
Tepich
3 Tulum
San Ramón
Tekax
Peto
Chunyaxché
Boca Paila
Saban
Santa Rosa
Tobxilá
Señor
Punta Allen
Hunto-Chac
José María Morelos
Vigia Chico
21
Punta Estrella
Chunhuhub
Felipe Carrillo Puerto
Biosphären-reservat Sian Ka'an
Gavilanes
Uhmay
Punta Herrero
QUINTANA ROO
Ucum
Majahual
Los Divorciados
Limones
Karibisches Meer
Buenavista
Dzibanché
Bacalar
Banco Chinchorro
Sergio Bultrón Casas
8 Chetumal
Xpujil
Chetumal International Airport
Nicolás Bravo
Kohunlich
Bahía de Chetumal
Xcalak
Pucté
Santa Cecilia
Orange Walk
La Unión
Naturschutzgebiet Río Bravo
Halbinsel Yucatán
Belize City
BELIZE
Belmopan
295
176
180
188
184
307
293
186

Riviera Maya

G4 Quintana Roo Av. Yaxchilán s/n, 17M Lote 6, Cancún visitmexico.com

Die 160 Kilometer lange Riviera Maya, die sich von Puerto Morelos im Norden bis Tulum im Süden erstreckt, ist der touristischste Teil der Halbinsel Yucatán. Sie umfasst große Urlaubsorte wie Cancún und Playa del Carmen und ist bekannt für ihre Strände und ihr Angebot an Hotels, Restaurants, Bars und Clubs. Vor der Küste liegen das zweitgrößte Korallenriff der Welt – ideal zum Tauchen – und Inseln.

① Isla Mujeres

Quintana Roo 12 000 Personenfähre von Puerto Juárez, Autofähre von Punta Sam Av. Rueda Medina 130 visitmexico.com/en/quintana-roo/isla-mujeres

Der Name dieser knapp einen Kilometer breiten und sieben Kilometer langen »Insel der Frauen« kommt wahrscheinlich von den weiblichen Maya-Figuren, die hier von den Spaniern gefunden und zerstört wurden. Seit den 1960ern hat sich die Insel beachtlich entwickelt, es gibt jedoch nur wenige Hochhäuser. Der Ort ist relativ ruhig, besonders abends, wenn die Tagesbesucher aus Cancún wieder weg sind.

Die Insel lässt sich gut per Rad oder Motorrad erkunden. Im Mittelteil gibt es eine Brackwasserlagune und eine Landepiste für Kleinflugzeuge. Im Zentrum liegen auch die Ruinen der Hacienda Mundaca, die angeblich der Pirat Fermín Mundaca erbaute, um die Liebe einer Inselschönheit zu gewinnen. Die Playa Los Cocos, ein weißer Sandstrand mit warmem, seichtem Wasser, erstreckt sich unmittelbar nördlich der Ortschaft.

An der zerklüfteten Südspitze der Insel liegen der Nationalpark El Garrafón und die Playa de Garrafón. Das Korallenriff vor der Küste ist inzwischen größtenteils abgestorben, aber es werden viele andere Aktivitäten angeboten, darunter Ziplining und Kajakfahren. Der Strand wird gegen Mittag ziemlich voll. Ganz in der Nähe liegen die Ruinen eines als »Leuchtturm« bezeichneten Maya-Tempels. Am südlichen Rand der Insel befindet sich der Templo de Ixchel, eine bescheidene Ruine, die den östlichsten Punkt Mexikos markiert.

Umgebung: Ein Tagesausflug von der Isla Mujeres führt zur

> Über 90 Arten von Reihern, Pelikanen, Fregattvögeln und Flamingos nisten auf der Isla Contoy, die heute ein Naturschutzgebiet ist.

Highlight

Isla Contoy, einer 30 Kilometer entfernten Insel vor der Nordspitze Yucatáns. Sie liegt am nördlichsten Teil des Korallenriffs, wo das Karibische Meer auf den Golf von Mexiko trifft. Die sich vermischenden Wasser schaffen ideale Bedingungen für Plankton – Futter für kleine Fische, die Vögeln als Nahrung dienen. Über 90 Arten von Reihern, Pelikanen, Fregattvögeln und Flamingos nisten auf der Insel, die heute ein Naturschutzgebiet ist.

② Akumal
Quintana Roo

Akumal ist ein kleiner Ferienort, der sich um eine ehemalige Kokosnussplantage entwickelt hat. Der schöne Strand ist Brutplatz für grüne Schildkröten (Akumal ist Maya für »Ort der Schildkröte«), und im Dezember und Januar kann man manchmal vorbeischwimmende Walhaie beobachten.

Die schöne geschützte Bucht ist bei Windsurfern, Tauchern und Schnorchlern sehr beliebt.

③ Xel-Ha
Carretera Federal Puerto Juárez, km 240, Quintana Roo   tägl. 9–18
xelha.com

Der bei Familien und Naturliebhabern beliebte Wasserpark besteht aus miteinander verbundenen Lagunen, die zwischen Felsen und Höhlen liegen. Wie in einem Aquarium schwimmen tropische Fische im klaren Wasser des Parks, die Tauch- und Schnorchelmöglichkeiten sind wunderbar. Hier können Sie auch in *cenotes* oder unterirdische Flüsse eintauchen, dazu werden viele weitere Aktivitäten wie Ziplining angeboten.

←

Die von kristallklarem, türkisfarbenem Wasser umgebene Isla Mujeres

Cenotes

Die Riviera Maya ist berühmt für ihre *cenotes*, mit Wasser gefüllten Höhlen, in denen man wunderbar schwimmen kann. Einige wurden in Wasserparks umgewandelt, andere sind noch unberührt. Der Cenote Chaak Tun außerhalb von Playa del Carmen besteht aus zwei mit Tropfsteinen gefüllten Höhlen, der Gran Cenote in der Nähe von Tulum wiederum ist ideal zum Schnorcheln.

④
Playa del Carmen

🏠 Quintana Roo
ℹ️ Parque Los Fundadores; +52 984 873 28 04

Playa del Carmen ist nach Cancún der zweitgrößte Ferienort an der Küste. Die Stadt hat eine entspannte Atmosphäre, die Quinta Avenida, die Hauptstraße, ist von kleinen Läden, Cafés und traditionellen Restaurants gesäumt. Die Fähren nach Cozumel legen in der Nähe des zentralen Platzes ab.

⑤
Cozumel

🏠 Quintana Roo ✈️
🚢 Autofähre von Calica, Personenfähre von Playa del Carmen ℹ️ 5a Av. Sur 51
🌐 cozumel.travel

Mit einer Breite von 14 und einer Länge von 50 Kilometern ist Cozumel vor der Ostküste Yucatáns die größte Insel Mexikos. Von den Maya Cuzamil, »Ort der Schwalben«, genannt, war sie ein Zentrum des Kults der Ixchel, der Göttin der Fruchtbarkeit, Schwangerschaft und Geburt. Spuren der Maya sind in den beiden größten Siedlungen in El Cedral und San Gervasio zu finden. Beide sind vom Dschungel überwuchert, ein Besuch bietet auch Gelegenheit, einen Teil von Cozumels Vogelwelt zu entdecken. Die größere Stätte ist San Gervasio mit mehreren restaurierten Bauwerken.

Die Spanier landeten 1518 auf Cozumel, wo es zu einer Schlacht kam, in der die Maya-Bevölkerung schwere Verluste erlitt. Hier wurde die

↑ *Bogenförmige Skulptur am Sandstrand von Playa del Carmen*

erste Messe in Mexiko abgehalten, und Hernán Cortés plante seine Eroberung des mexikanischen Festlands.

Heute lebt Cozumel vom Tourismus und ist eines der großen Tauchgebiete der Welt. Die Fähren vom Festland legen in San Miguel de Cozumel an. Am Hafen findet man Souvenirläden, Restaurants und Bars, ein paar Straßen weiter ist die Stadt ruhiger und traditioneller.

Cozumel ist von Stränden umgeben, von denen viele nur mit dem Geländewagen erreichbar sind. Die auf der östlichen, windzugewandten Seite sind schön, aber nicht sicher zum Schwimmen. Auf der geschützten Westseite gibt es sichere Badestrände, vor allem Playa Palancar bei der Maya-Ruine El Cedral. Hier sind auch die besten Tauchplätze, vor allem um die Riffe Colombia, Palancar, San Francisco und Santa Rosa. An der Südspitze liegt der Faro Celarain Eco Park mit schönen Stränden, Mangrovenwäldern und El Caracol, einem ehemaligen Maya-Leuchtturm.

Tauchen im Karibischen Meer

Das mesoamerikanische Riffsystem, das sich über 1000 Kilometer entlang der Ostküste der Halbinsel Yucatán bis nach Belize, Guatemala und Honduras erstreckt, ist mit seinem kristallklaren, an Meereslebewesen reichen Wasser ideal zum Schnorcheln und Tauchen. Die besten Tauchplätze sind rund um die Insel Cozumel, und es gibt Plätze für jeden Schwierigkeitsgrad. Vor der Küste von Isla Holbox ist es auch möglich, mit Walhaien zu tauchen.

> **Entdeckertipp**
> **Rückzugsort**
>
> Eine 40-minütige Fahrt von Cancún entfernt liegt Puerto Morelos, einer der am wenigsten entwickelten Orte an der Riviera, ein kleiner, entspannter Urlaubsort, der um ein Fischerdorf herum gebaut wurde.

⑥ Cancún

🏠 Quintana Roo 👥 628 000
✈ 🚌 🚢 ℹ Av. Nizuc Mz. 3 Lote 5 🌐 cancun.travel

Cancún war eine sandige Insel und ein Fischerdorf mit kaum 100 Einwohnern – bis Ende der 1960er Jahre beschlossen wurde, daraus ein neues Seebad zu machen. Seither ist die Einwohnerzahl sprunghaft gestiegen. Dazu kommen pro Jahr etwa zwölf Millionen Urlauber.

Im Zentrum Cancúns auf dem Festland findet man nur wenige Hotels und keine Strände, in dem bei Besuchern beliebten Teil Cancúns gibt es jedoch beides in großer Zahl: Die Isla Cancún oder *zona hotelera* ist eine schmale, L-förmige, 23 Kilometer lange Insel, die mit dem Festland durch zwei Brücken verbunden ist.

Die meisten Hotels haben zwar Privatstrände, doch in Mexiko gelten alle Strände als öffentlich und dürfen von jedermann benutzt werden. Besonders schön sind die Strände vor dem Hyatt Cancún und dem Sheraton Hotel. Wem diese Atmosphäre und die ständige Präsenz von Hotelpersonal nicht gefällt, sollte auf die »öffentlichen« Strände ausweichen: Playa Linda, Playa Langosta und Playa Tortugas am Nordarm der Insel ermöglichen Badevergnügen in der ruhigen Bahía Mujeres. Höhere Wellen und einen schönen Blick bieten Playa Marlín, Playa Chac-Mool und Playa Ballenas, die an der Ostseite am offenen Meer liegen. Die geschützte Laguna Nichupté zwischen der Isla Cancún und dem Festland eignet sich bestens für Wassersport.

Zum Südende der Insel hin liegt El Rey, das von etwa 1200 bis zur *conquista* besiedelt war. Hier bilden eine Pyramide und zwei Plazas ein kulturelles Ambiente als Abwechslung zum Strandleben.

Einige Fähren zur Isla Mujeres *(siehe S. 280)* legen an der Playa Linda ab, die meisten Boote starten jedoch in Puerto Juárez und Punta Sam nördlich von Cancún.

Das **Museo Maya de Cancún** zeigt Maya-Artefakte aus der Region sowie temporäre Ausstellungen. Auf dem Gelände befinden sich die Überreste einer kleinen Maya-Stätte, bekannt als San Miguelito.

Das **Museo Subacuático de Arte (MUSA)**, ein Unterwasserskulpturenpark vor der Küste von Cancún, zeigt 500 Kunstwerke. Man sieht sie von einem Glasbodenboot aus oder bei einem Schnorchel- oder Tauchtrip.

Museo Maya de Cancún
🚫 🏠 Blvd. Kukulcán, km 16,5 📞 +52 998 885 38 42 🕐 Di – So 9 –18

Museo Subacuático de Arte (MUSA)
🚫 🚫 📅 siehe Website
🌐 musamexico.org

Besucher genießen das Nachtleben in der zona hotelera *von Cancún* ↓

Highlight

Restaurants

El Fish Fritanga
Das Restaurant in der *zona hotelera* serviert einige der besten Fisch- und Meeresfrüchtegerichte in Cancún zu Preisen, die den Geldbeutel schonen. Probieren Sie die Oktopus-Ceviche, die Thunfisch-*tostadas* oder die Kokosnuss-Garnelen.

🏠 Blvd. Kukulcán, km 12,6, Cancún
🌐 elfishfritanga.com
💲💲💲

The Surfin Burrito
Das freundliche kleine Lokal hat durchgehend geöffnet und ist ein guter Ort für ein kühles Bier oder einen gut gemixten Cocktail. Wie der Name schon sagt, sind auch die Burritos – ganz zu schweigen von den Tacos, Nachos, Burgern und Fajitas – einen Versuch wert.

🏠 Blvd. Kukulcán, km 9,5, Cancún
🌐 facebook.com/ thesurfinburrito
💲💲💲

Uxmal

F4 | Mex 261, 78 km südl. von Mérida, Yucatán
Touren ab Mérida | tägl. 8–17 | inah.gob.mx

Beim Betreten der riesigen antiken Maya-Stadt Uxmal wird das Auge sofort von ihrem beeindruckendsten Bauwerk, der **Pyramide des Magiers**, angezogen, aber es gibt auch viele andere faszinierende Gebäude zu bewundern.

Die spätklassische Maya-Stätte Uxmal ist eines der komplexesten Beispiele der Puuc-Architektur *(siehe S. 302f)*. Die meisten Bauten stammen aus der Zeit vom 7. bis zum 10. Jahrhundert, viele tragen fantasievolle spanische Namen, doch ihr wahrer Zweck ist unbekannt. Anders als die meisten Maya-Stätten Yucatáns hat Uxmal keine *cenotes* (siehe S. 281), Wasser wurde in künstlichen Zisternen *(chultunes)* wie der am Eingang gesammelt. Die Wasserknappheit könnte die vielen Darstellungen des Regengotts Chac auf den Bauwerken erklären. 1996 wurde Uxmal in die Welterbeliste der UNESCO aufgenommen.

20 000
So viele Menschen haben in der Maya-Siedlung Uxmal gelebt.

Illustration der Maya-Ruinen in Uxmal

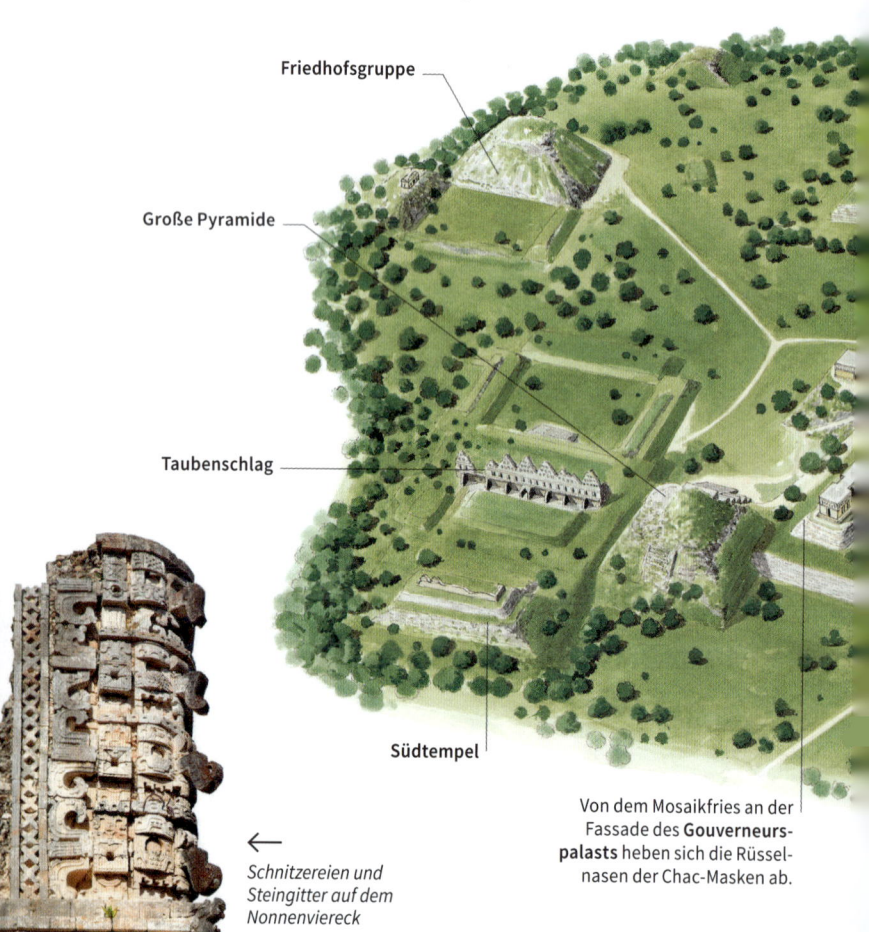

- Friedhofsgruppe
- Große Pyramide
- Taubenschlag
- Südtempel

Schnitzereien und Steingitter auf dem Nonnenviereck

Von dem Mosaikfries an der Fassade des **Gouverneurspalasts** heben sich die Rüsselnasen der Chac-Masken ab.

Highlight

Nonnenviereck
Steinerne Gittermuster, Chac-Masken und Schlangenmotive bilden den Fassadenschmuck des Nonnenvierecks.

Pyramide des Wahrsagers
Die Pyramide setzt sich aus mehreren Tempeln zusammen.

Highlights

Taubenschlag
△ Die nach ihrem eigenartigen Dachkamm benannte Palastruine grenzt an einen rechteckigen Garten.

Große Pyramide
Eine Treppe an der 30 Meter hohen Pyramide führt zu einem mit Chac-Masken und Aras verzierten Tempel.

Haus der Schildkröten
△ Der Fries mit kleinen Schildkröten ist vielleicht ein Hinweis, dass es einem Wassergott geweiht war.

Gouverneurspalast
Der aus drei Maya-Bogen bestehende Palast aus dem 9. oder 10. Jahrhundert gilt als Höhepunkt des Puuc-Stils.

Das obere Stockwerk des **Hauses der Schildkröten** ist mit einfachen Säulen verziert.

Das **Nonnenviereck** heißt so, weil die Spanier in den 74 um einen Innenhof angeordneten Kammern Ähnlichkeiten mit den Zellen eines Nonnenklosters zu erkennen glaubten.

Eingang

Die **Pyramide des Wahrsagers** ist mit 35 Metern der höchste Bau Uxmals.

Ballspielplatz

Der **Jaguarthron** ist als doppelköpfiger Jaguar ausgeführt.

Pyramide der Alten Frau

↑ *Die imposante Pyramide des Magiers, umgeben von üppigen Gärten*

Pyramide des Wahrsagers

Hoch und mit ovaler Basis: Die Pirámide del Adivino ist das schönste Bauwerk Uxmals, der Sage nach von einem Zwerg mit übernatürlichen Kräften in nur einer Nacht errichtet. Tatsache ist, dass fünf Bauphasen (6.–10. Jahrhundert) erkennbar sind. In jeder wurde ein neuer Tempel gebaut, der den Vorgänger überdeckte. Von den fünf Tempeln kann man nicht alle besichtigen. Zur Spitze führen die West- und die Osttreppe – leider darf man die Pyramide nicht mehr besteigen, um weitere Erosion zu vermeiden.

Highlight

↑ *Besucher auf dem Weg zur Pyramide des Wahrsagers*

Die Fassade von **Tempels IV** ist eine ausdrucksvolle Chac-Maske mit großen, rechteckigen Augen und Rüssel. Der weit geöffnete Mund bildet den Eingang.

→ *Originalmerkmale der Pyramide des Wahrsagers*

Chac-Masken an Tempel I

Eingang zu **Tempel IV**

Tempel V entstand in der letzten Bauphase um das Jahr 1000. Er wirkt wie eine verkleinerte Reproduktion des nahen Gouverneurspalasts.

Die **Osttreppe** führt zu Tempel II, heute nur ein dunkler Raum.

Eingang zu **Tempel I** (nicht zugänglich)

Die **Westtreppe** zieren Darstellungen des Gottes Chac. Die Treppe ist 60 Grad steil, eine Kette half beim Auf- und Abstieg. Die Pyramide darf man wegen Erosionsgefahr nicht mehr besteigen.

Tempel I wurde im 6. Jahrhundert erbaut und wird heute von der Pyramide verdeckt. Da er teilweise eingestürzt ist, kann er nicht besichtigt werden.

Fotomotiv
Bester Blick

Um die Kurve der Pyramide des Magiers einzufangen, sollten Sie ein Foto an der Basis machen. Die beste Aussicht haben Sie von der Spitze der Großen Pyramide oder der Plattform des Gouverneurspalastes.

Götter im alten Mexiko

In den Kulturen Mesoamerikas *(siehe S. 144f)* wurde eine Vielzahl von Göttern und Göttinnen verehrt. Oft wurden sie von anderen Kulturen übernommen, meist wechselten sie dabei den Namen.

Die Götter und Göttinnen wurden ebenso gefürchtet wie verehrt. Wenn die Götter die Welt erschaffen hatten, konnten sie sie auch zerstören. Deshalb musste man sie beschwichtigen, nicht zuletzt durch Menschenopfer.

Schöpfergötter
Die Schöpfungsgeschichten mesoamerikanischer Kulturen sind vielfältig. Einem Mythos aus Zentralmexiko zufolge wohnte Tonacatecuhtli mit seiner Frau Tonacacihuatl im Himmel. Sie sandten Seelen von Kindern zur Erde, die hier geboren wurden.

Götter der Unterwelt
In der aztekischen Mythologie musste die Seele eine Reihe von Gefahren bestehen, ehe sie die unterste Ebene erreichte, wo Mictlantecuhtli und seine Gattin Mictecacihuatl herrschten.

↑ *Mictlantecuhtli, der Azteken-Gott der Unterwelt*

Sonnengott
Er wurde mit dem Jaguar verbunden und erinnerte an die Kraft der aufgehenden Sonne.

Regengötter
Für bäuerliche Gemeinschaften war Regen lebenswichtig. Götter des Regens und des Blitzes wurden in allen mesoamerikanischen Kulturen verehrt.

Quetzalcóatl
Quetzalcóatl (oder Kukulcán), die gefiederte Schlange, kommt in vielen Kulturen vor. Einige verehrten ihn als Naturgott, während andere ihn als Schöpfergott betrachteten.

↑ *Kinich Ahau, Sonnengott der klassischen Maya-Kultur*

↑ *Quetzalcóatl, eine gefiederte Schlange, die in ganz Mesoamerika verehrt wird*

Tulum

G4 | Mex 307, 128 km südl. von Cancún, Quintana Roo
+52 983 837 24 11 | von Cancún | tägl. 8–17

Was Tulum von anderen archäologischen Stätten unterscheidet, ist seine Lage auf einer Klippe. Es ist der perfekte Ort, um die atemberaubende Landschaft Yucatáns und die alte Geschichte der Region zu genießen.

Die Maya-Stätte Tulum erlebte ihre Blüte von etwa 1200 bis zur Ankunft der Spanier. Der Name bedeutet »Umfriedung« oder »Mauer«. Man nimmt aber an, dass die Stätte vorher Zama (»Dämmerung«) hieß, was ihrer Lage an der Ostküste und der Ost-West-Ausrichtung ihrer Bauten entspricht. Die Bewohner trieben Handel mit Cozumel, Isla Mujeres, Guatemala und Zentralmexiko.

Wenn Sie den Menschenmassen entgehen wollen, sollten Sie früh kommen. Es gibt nicht viel Schatten an der Stätte, also bringen Sie reichlich Sonnencreme und einen Hut mit und denken Sie an Ihre Badesachen, damit Sie danach den verlockenden Strand genießen können.

Schon gewusst?
El Castillo diente als Orientierungspunkt für Seefahrer.

Das **Haus des Cenote** ist nach dem unterirdischen Brunnen benannt, über dem es steht.

Haus des Nordostens

Eine **Befestigungsmauer**, fünf Meter dick und von fünf Toren durchbrochen, umgibt die Stätte an drei Seiten.

Haus des Halach Uinic (Herrschers)

Haus des Chultún

Eingang

Illustration der späten Maya-Stätte Tulum ↑

Attraktionen in in Tulum-Stadt

Obwohl die Stadt Tulum vor allem für ihre Maya-Ruinen bekannt ist, hat sie viel mehr zu bieten. Ihr langer Sandstrand ist einer der schönsten der Region. Außerdem gibt es eine lebendige kulinarische Szene mit hervorragenden Lokalen am Strand und in der Stadt. Zu den Highlights gehören die innovativen Restaurants Hartwood (www.hartwoodtulum.com) und Cetli (www.facebook.com/cetlitulum) sowie Batey (www.facebook.com/batey tulum), wo es Mojito aus einem Beetle gibt.

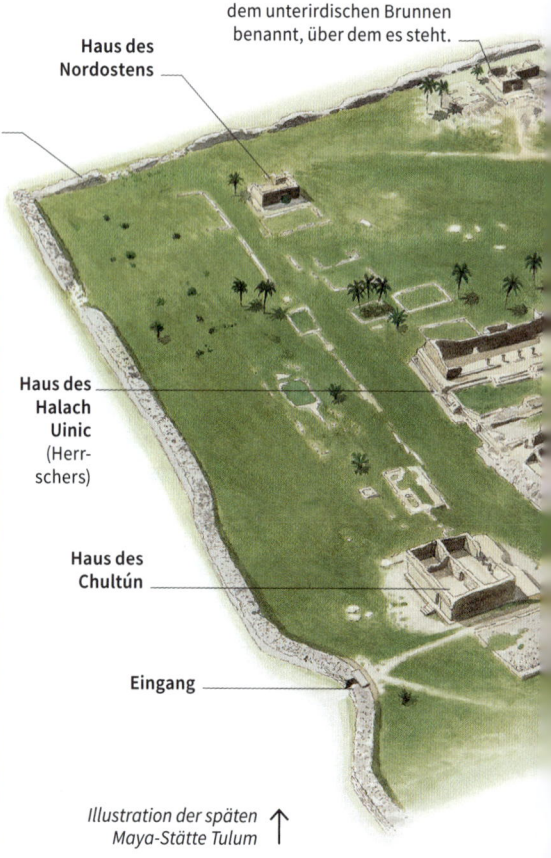

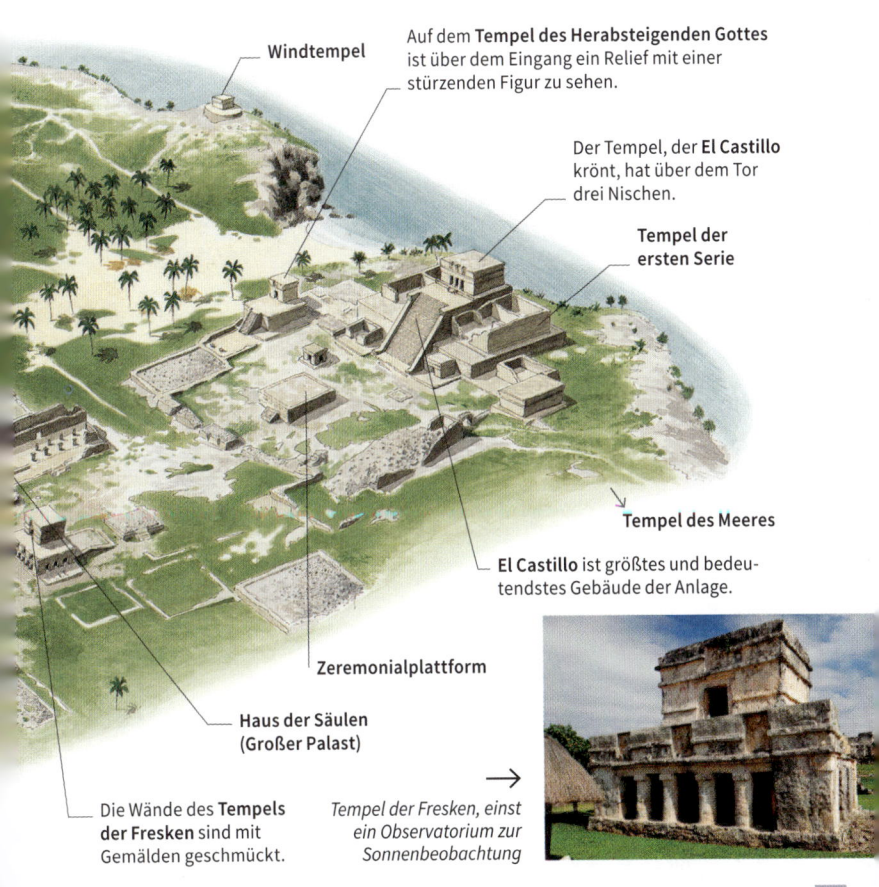

Highlight

Die Treppe von El Castillo führt zu einem Tempel aus der späten Postklassik

Windtempel

Auf dem **Tempel des Herabsteigenden Gottes** ist über dem Eingang ein Relief mit einer stürzenden Figur zu sehen.

Der Tempel, der **El Castillo** krönt, hat über dem Tor drei Nischen.

Tempel der ersten Serie

Tempel des Meeres

El Castillo ist größtes und bedeutendstes Gebäude der Anlage.

Zeremonialplattform

Haus der Säulen (Großer Palast)

Die Wände des **Tempels der Fresken** sind mit Gemälden geschmückt.

Tempel der Fresken, einst ein Observatorium zur Sonnenbeobachtung

❹
Mérida

F4 ⌂ Yucatán ⌦ 777 000 ✈ 🚌 ℹ Calle 62 (Palacio Municipal) 🎉 Cristo de las Ampollas (27. Sep) 🌐 merida.gob.mx/turismo

Die 1542 gegründete Hauptstadt von Yucatán ist eine der großen Städte Lateinamerikas. Anfang des 20. Jahrhunderts soll es in Mérida dank der boomenden Sisalindustrie mehr Millionäre pro Kopf gegeben haben als irgendwo sonst auf der Welt. Dieser Wohlstand führte zum Bau großer Villen, städtischer Gebäude, Plätze und Parks. Die Stadt ist jedoch nicht in der Vergangenheit stehen geblieben: Mérida ist heute ein blühendes Geschäfts- und Kulturzentrum.

① Teatro José Peón Contreras

⌂ Calle 60, zwischen Calle 57 und 59 ☎ +52 999 923 13 33 🕒 tägl.

Mérida betrachtet sich stolz als kulturelles Zentrum der Halbinsel Yucatán. Eines seiner Aushängeschilder ist das Teatro José Peón Contreras, das um 1900 erbaut wurde. Es ist ein extravaganter klassizistischer Bau mit prächtigem Foyer und kunstvollen Lüstern.

② Palacio de Gobierno

⌂ Plaza Mayor ☎ +52 999 930 31 00 🕒 tägl.

Der Palacio de Gobierno neben der Kathedrale beherbergt Ämter der Bundesstaatsregierung. Sehenswert sind die zahlreichen Wandgemälde an den Treppen im Innenhof und im ersten Stock. Sie wurden in den 1970er Jahren von Fernando Castro Pacheco gemalt und zeigen die Geschichte Yucatáns von den Maya bis zum 19. Jahrhundert.

③ Parque Santa Lucía

⌂ Calle 60 476-A

Der Parque Santa Lucía ist Schauplatz von Tanz- und Kulturveranstaltungen, sonntags findet hier ein Flohmarkt statt. Bronzebüsten von *Yucateco*-Musikern und Sängern auf hohen weißen Säulen reihen sich in einer Ecke des Parks.

Gegenüber steht die kleine Iglesia de Santa Lucía, eine der ältesten und harmonischsten Kirchen der Stadt, die für die missionierten Maya bestimmt war.

④ Parque Cepeda Peraza

⌂ Ecke Calle 60 und Calle 59 🕒 tägl.

An der Calle 60, einer der Hauptstraßen, erstreckt sich der Parque Cepeda Peraza, ein belebter kleiner

Schon gewusst?

Méridas Spitzname La Ciudad Blanca (Weiße Stadt) rührt von den weißen Gebäuden her.

Highlight

Platz. Von seinen Cafés kann man die zahlreichen Straßenhändler und Musiker beobachten. Die Jesuitenkirche Templo de la Tercera Orden (Tempel des Dritten Ordens) an der Nordseite des Platzes stammt aus dem 17. Jahrhundert. Sie hat ein riesiges Portal und zwei schmale Glockentürme. Der einzige Schmuck im Inneren sind der vergoldete Altar und Friese mit Bibelszenen.

⑤ Plaza Grande

Mérida ist schachbrettförmig um die Plaza Grande (auch Plaza Mayor oder Plaza de la Independencia) angelegt. Vor dem Palacio Municipal, dem Rathaus, wird abends und sonntags musiziert und getanzt. Der Uhrturm stammt aus den 1920er Jahren.

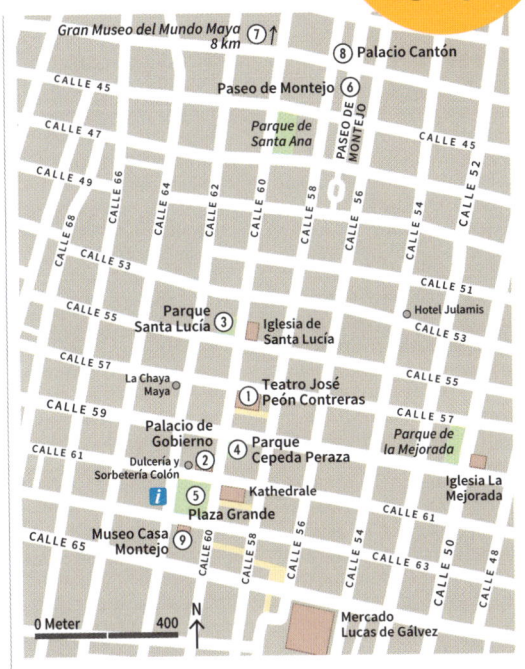

Das Museo Casa Montejo *(siehe S. 292f)* an der Südseite der Plaza wurde als Sitz der spanischen Gouverneure erbaut und beherbergt heute eine Bank. Östlich der Plaza Grande ist das Museo de la Ciudad im historischen Postamt untergebracht. Neben Exponaten zur Kolonialgeschichte ist hier zeitgenössische Kunst zu sehen.

Gegenüber dem Rathaus steht die Kathedrale, die älteste ganz Amerikas. Sie wurde 1598 vollendet. Drei Torbogen in der imposanten Fassade führen in einen hohen Innenraum mit mächtigen Säulen. Eine Holzskulptur, der *Cristo de las Ampollas* (Christus der Brandblasen), steht rechts in einer Kapelle. Sie ist die Kopie einer Statue, die nach Mérida gebracht wurde, nachdem sie eine Feuersbrunst erlebt hatte und dabei auf wunderbare Weise nicht verbrannt war, sondern nur Brandblasen bekommen hatte – ein Wunder, das jedes Jahr in Mérida mit einer *fiesta (siehe S. 305)* begangen wird.

←

Der Palacio Municipal und sein Uhrenturm, ein wichtiges Wahrzeichen der Stadt

6
Paseo de Montejo

Der Paseo de Montejo verläuft über mehrere Kilometer mitten durch die Stadt. Er ist gesäumt von den eleganten Villen der reichen Plantagenbesitzer und der Privatbanken, die im späten 19. Jahrhundert florierten. Viele der Häuser wurden von italienischen Architekten erbaut und weisen eine Mischung aus neoklassizistischen Elementen auf. Am nördlichen Ende steht das Monumento a la Patria (Denkmal für das Vaterland), ein Werk des kolumbianischen Bildhauers Rómulo Rozo. Es zeigt historische Figuren und Tierskulpturen und umschließt eine ewige Flamme – Symbol für die Unabhängigkeit Mexikos.

7
Gran Museo del Mundo Maya
- Calle 60 Norte 299
- Mi – Mo
- granmuseodelmundomaya.com.mx

Das Museum der Maya-Welt, das in einem auffälligen modernen Gebäude nördlich des Stadtzentrums untergebracht ist, sollte man besuchen, bevor man sich aufmacht, die Maya-Stätten von Yucatán zu erkunden. Es bietet einen Einblick in die Architektur, den religiösen Glauben, die wissenschaftlichen Errungenschaften und das Alltagsleben dieser faszinierenden alten Zivilisation.

Das Museum verfügt über mehr als 1000 Artefakte von Stätten in ganz Südmexiko sowie in Belize, Guatemala und Honduras, wo die Maya ebenfalls lebten.

> **Expertentipp**
> **Hängematten**
>
> In Mérida kann man sehr gute Hängematten kaufen. Sie werden aus Garn hergestellt, das aus der faserigen Agavenpflanze Henequen gewonnen wird. Moderne Hängematten werden oft aus Baumwolle oder Seide hergestellt.

8
Palacio Cantón
- Paseo de Montejo 485
- +52 999 923 05 57
- Mo – Fr 10 –17

Eine der schönsten Villen am Paseo de Montejo ist der große Palacio Cantón, der zwischen 1904 und 1911 für den ehemaligen Gouverneur des Bundesstaats Yucatán, General Francisco Cantón Rosado, als Familiensitz erbaut wurde. Heute finden hier Ausstellungen, Konzerte und Vorträge statt.

9
Museo Casa Montejo
- Plaza Mayor
- +52 999 923 06 33, ext 25565
- Di – So

Das Museo Casa Montejo, ein Palacio, der zwischen 1543 und 1549 für Francisco de Montejo, den Gründer von Mérida, erbaut wurde, ist

→
Beeindruckende Fassade des Gran Museo del Mundo und eine Ausstellung (Detail)

Highlight

Dekadente, mit Gold verzierte Möbel im Museo Casa Montejo

heute im Besitz der Nationalbank von Mexiko. Die platereske Architektur ist majestätisch mit einer Mischung aus klassischen, maurischen, gotischen und Renaissance-Elementen. Der ursprüngliche Portikus mit dem Wappen der Montejos ist noch erhalten. Einige der Säle mit historischem Mobiliar und Dekor sind zugänglich. Außerdem werden Wechselausstellungen gezeigt.

Restaurants

Dulcería y Sorbetería Colón
Es gibt kaum eine bessere Möglichkeit, sich an einem heißen Tag abzukühlen, als hier. Sie finden köstliches Gebäck und erfrischende Sorbets und Eiscremes mit Geschmacksrichtungen von Tamarinde bis Wassermelone.

🏠 Plaza Grande
🌐 elcolon.mx
$$$

La Chaya Maya
Hier gibt es traditionelle yukatekische Gerichte wie *poc-chuc* (mit Zitrusfrüchten mariniertes Schweinefleisch), *sopa de lima* (würzige Hühnersuppe) und *salbutes* (knusprige Tortillas mit Truthahn, Zwiebeln, Avocado und Rettich).

🏠 Ecke Calle 62 und 57
🌐 lachayamaya.com
$$$

Hotel

Hotel Julamis
Nur wenige Blocks von der Plaza Mayor entfernt befindet sich dieses Hotel nur für Erwachsene in einem 200 Jahre alten Gebäude. Es gibt eine Dachterrasse und einen Whirlpool, auch das Frühstück ist köstlich.

🏠 Calle 53 475-B
🌐 hoteljulamis.com
$$$

Chichén Itzá

G4 Mex 180, 40 km westl. von Valladolid, Yucatán +52 985 851 01 37
von Valladolid, Mérida oder Cancún tägl. 8–17

Chichén Itzá war einst eine wichtige Stätte der fortschrittlichen Maya-Zivilisation. Selbst als Ruinen sind die Gebäude hier noch immer ein beeindruckender Anblick und gehören heute zu den beliebtesten Attraktionen Mexikos.

Die am besten erhaltene Maya-Stätte Yucatáns gibt den Archäologen Rätsel auf. Die Entstehung des älteren, südlichen Teils der Stätte ist ungewiss. Der nördliche Teil wurde während einer Renaissance im 11. Jahrhundert erbaut. Ähnlichkeiten mit Tula *(siehe S. 154)* und Mythen, die erzählen, wie der toltekische Gottkönig Quetzalcóatl *(siehe S. 287)* sich in Chichén Itzá niederließ, sprechen dafür, dass der Aufschwung Folge einer toltekischen Eroberung war. Andere Theorien besagen, dass Tula von den Maya beeinflusst wurde. In seiner bis ins 13. Jahrhundert dauernden Blütezeit war Chichén Itzá ein Machtzentrum mit 35 000 Einwohnern. 2007 wurde Chichén Itzá zu einem der sieben neuen Weltwunder gewählt.

Der **Ballspielplatz** ist der größte Mesoamerikas. Man sieht noch die beiden Ringe, die der Ball durchqueren musste.

↑ *Das große Nonnenkloster war wohl ein Wohnpalast*

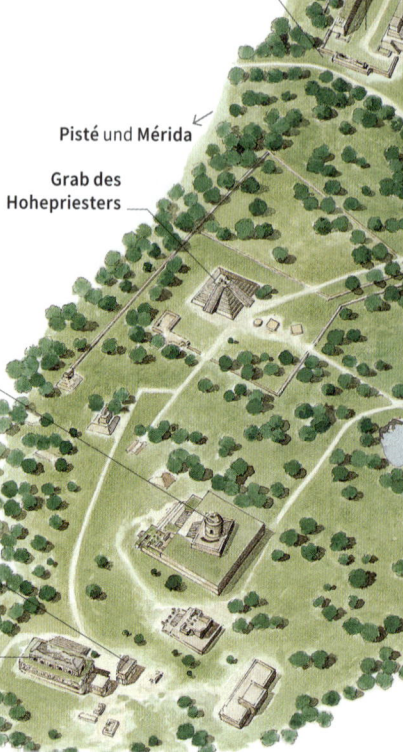

Haupteingang

Pisté und **Mérida**

Grab des Hohepriesters

Die Mauerschlitze im **Observatorium** entsprechen den Positionen bestimmter Himmelskörper an Schlüsseltagen.

Die **Iglesia** (Kirche) ist mit einem Gitter aus Masken des Regengotts Chac und den *bacabs* geschmückt, vier mythologischen Tieren, die den Himmel trugen.

Das **Nonnenkloster** heißt so, weil die Räume die Spanier an Nonnenzellen erinnerten.

Chichén Viejo

Highlight

Nonnenkloster
▽ Die Fassade des östlichen Anbaus des Baus weist interessante Schnitzereien auf.

El Castillo
Das Gebäude dominiert mit seiner auffälligen geometrischen Form das Gelände.

Ballspielplatz
Ballspielplätze wurden an allen wichtigen prähispanischen Stätten gefunden.

Chronik

Observatorium
△ Das Gebäude wird wegen seiner Wendeltreppe auch El Caracol (Die Schnecke) genannt.

Tempel der Krieger
Der erhöhte Tempel wird durch die Halle der Tausend Säulen, die ihn von verschiedenen Seiten umgeben, noch eindrucksvoller.

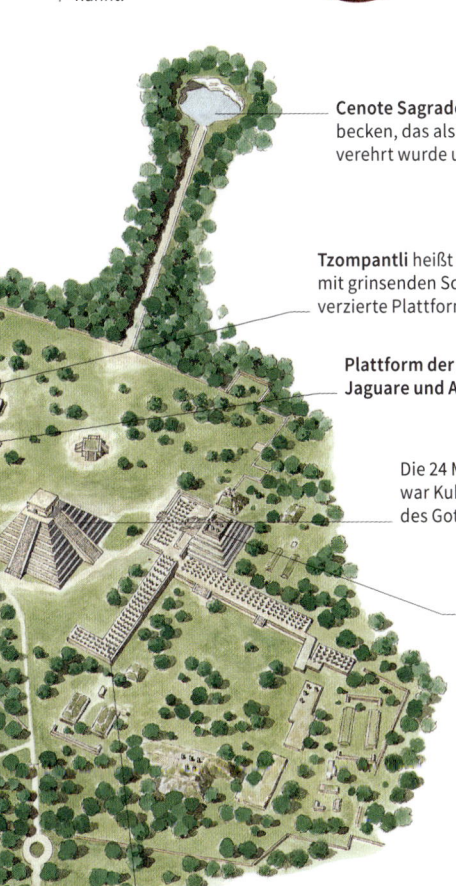

Cenote Sagrado (Heiliger Brunnen) ist ein Quellbecken, das als Wohnsitz des Regengotts Chac verehrt wurde und für Menschenopfer diente.

Tzompantli heißt eine niedrige, mit grinsenden Schädeln verzierte Plattform.

Plattform der Jaguare und Adler

Die 24 Meter hohe Pyramide **El Castillo** war Kukulcán geweiht, der Maya-Version des Gottes Quetzalcóatl.

Der auf einer Pyramide erbaute **Tempel der Krieger** ist mit Darstellungen des Gottes Chac und der gefiederten Schlange Kukulcán geschmückt.

Die **Halle der Tausend Säulen** mit ihren steinernen Kolonnaden könnte als Markthalle genutzt worden sein.

Eingang

↑ *Illustration der Ruinen bei Chichén Itzá*

> **Fotomotiv**
> **Äquinoktium in El Castillo**
>
> Zwei Schlangenköpfe am Fuß der Nordtreppe sollen den Gott Kukulcán, den Quetzalcóatl der Maya, darstellen. Bei den Tagundnachtgleichen scheinen sie durch das Licht- und Schattenspiel die Pyramide hinaufzukriechen.

El Castillo

Der beeindruckendste Bau von Chichén Itzá ist die Pyramide El Castillo (»Die Burg«). Sie ist nach astronomischen Gesichtspunkten angelegt. Die vier Treppen markieren die Himmelsrichtungen, Einteilungen entsprechen Vorgaben des Maya-Kalenders *(siehe S. 299)*, und zweimal im Jahr entsteht bei Sonnenaufgang an der Nordtreppe eine optische Täuschung *(siehe S. 295)*. An der Ostseite dauern die archäologischen Ausgrabungen an und enthüllen, dass die Pyramide auf den Resten einer viel älteren Siedlung errichtet wurde. Seitdem die Anlage zu einem der neuen Weltwunder erklärt wurde, darf man die Treppen nicht mehr besteigen.

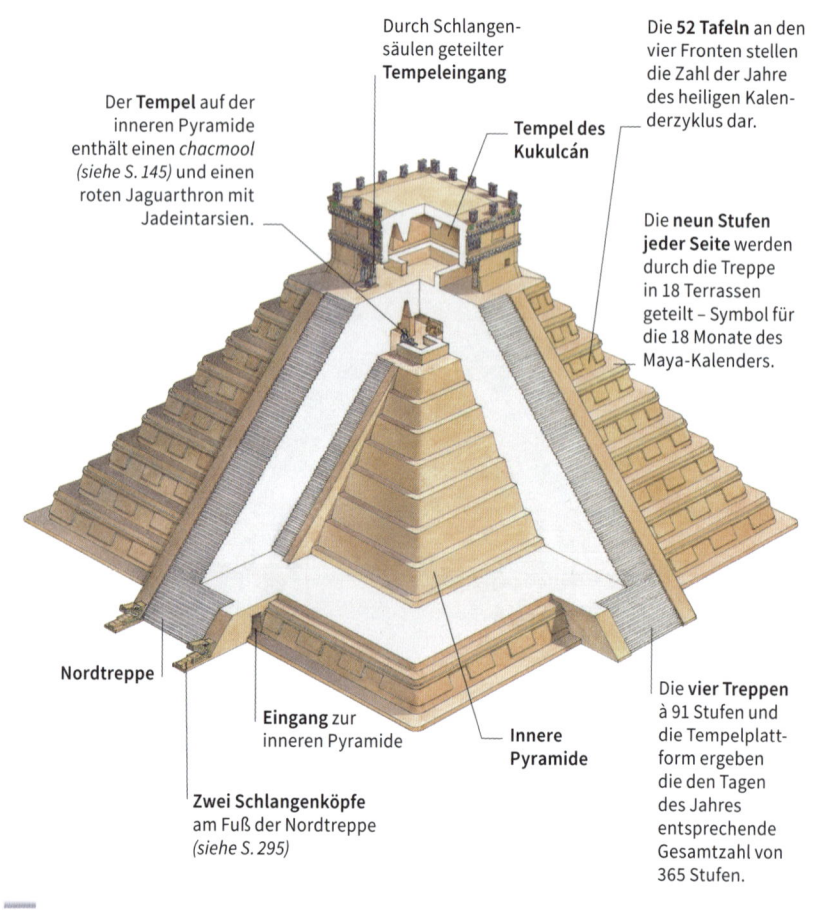

Eine Besucherin bewundert die Pyramide El Castillo ↑

Der **Tempel** auf der inneren Pyramide enthält einen *chacmool (siehe S. 145)* und einen roten Jaguarthron mit Jadeintarsien.

Durch Schlangensäulen geteilter **Tempeleingang**

Tempel des Kukulcán

Die **52 Tafeln** an den vier Fronten stellen die Zahl der Jahre des heiligen Kalenderzyklus dar.

Die **neun Stufen jeder Seite** werden durch die Treppe in 18 Terrassen geteilt – Symbol für die 18 Monate des Maya-Kalenders.

Nordtreppe

Eingang zur inneren Pyramide

Innere Pyramide

Zwei Schlangenköpfe am Fuß der Nordtreppe *(siehe S. 295)*

Die **vier Treppen** à 91 Stufen und die Tempelplattform ergeben die den Tagen des Jahres entsprechende Gesamtzahl von 365 Stufen.

Highlight

SEHENSWÜRDIGKEITEN

⑥
Edzná

🅰 F4 🏠 Mex 180 und 186, 60 km südöstl. von Campeche, Campeche ☎ +52 981 816 91 11 🕘 tägl. 8–17

Vom Zentrum dieser Maya-Anlage erstreckt sich ein Kanalsystem in die umliegenden landwirtschaftlichen Gebiete. Die Kanäle wurden als Transportwege genutzt, dienten aber wohl auch Verteidigungszwecken. Edzná könnte um 600 v. Chr. gegründet worden sein. Man nimmt an, dass Edzná in seiner Glanzzeit von etwa 600 bis 900 n. Chr. 25 000 Einwohner hatte. Das bedeutendste Bauwerk ist die Gran Acrópolis, die vom Edificio de los Cinco Pisos beherrscht wird. Interessant ist auch der Templo de los Mascarones, der seinen Namen von zwei Stuckmasken hat.

⑦
Ek' Balam

🅰 G4 🏠 nahe Mex 295, 25 km nördl. von Valladolid, Yucatán ☎ +52 988 944 40 68 🕘 tägl. 8–17

In Ek' Balam (»Schwarzer Jaguar«), einem religiösen Zentrum der Maya, finden immer noch Ausgrabungsarbeiten statt. Die meisten Bauten datieren aus der Zeit von 700 bis 1000. Ungewöhnlich ist der doppelte Ringwall. Über dem Hauptzugang wölbt sich ein Maya-Bogen. Das Highlight der Stätte ist eine 30 Meter hohe Stufenpyramide. Auf den Plattformen sind Gruben, die als *chultunes* (Zisternen) angesehen werden. Die Umfassungsmauer ist mit Öffnungen versehen, von denen 1,5 Kilometer lange *sacbeob* (»weiße Straßen«) in die vier Himmelsrichtungen führen.

↑ *Detail eines Schlangenkopfes am Fuß der Treppe, El Castillo*

> **Ballspiele**
>
> Das in ganz Mesoamerika übliche Ballspiel hatte rituellen Charakter. Zwei gegnerische Teams mussten einen Kautschukball durch einen hoch an der Seitenwand des Hofs angebrachten Steinring befördern. Man nimmt an, dass die Verlierer nach dem Spiel getötet wurden. Cantona *(siehe S. 161)* und El Tajín *(siehe S. 262f)* haben gleich mehrere Plätze. Eine Variante des Spiels, *ulama* genannt, wird auch heute noch gespielt.

Der Turm und andere Ruinen der archäologischen Stätte Ek' Balam ↑

Maya

Im Gegensatz zu anderen mesoamerikanischen Zivilisationen hatten die Maya kein zentralisiertes Reich. Stattdessen lebten sie in unabhängigen Stadtstaaten auf der Halbinsel Yucatán und in Teilen von Guatemala, Belize, Honduras und El Salvador. Das hinderte sie jedoch nicht daran, genaue astronomische Kenntnisse zu erwerben und komplexe Schreib-, Rechen- und Kalendersysteme zu entwickeln.

Glyphen

Auch andere mesoamerikanische Kulturen *(siehe S. 144f)* hatten Schriftsysteme, aber keines ist so hoch entwickelt wie das der Maya. Sie benutzten etwa 800 Glyphen, die zum Teil Laute (Silbenzeichen), zum Teil ganze Wörter (Logogramme) darstellen. Einige Schriftzeichen wurden bereits 1820 entschlüsselt, wesentliche Fortschritte bei der Entzifferung machte die Forschung jedoch erst ab 1950.

Im **Tzolkin** waren 20 Tagesnamen mit 13 Zahlen kombiniert, was ein Jahr von 260 individuell benannten Tagen ergab.

Astronomie

Die Maya besaßen beachtliche astronomische Kenntnisse. Sie beobachteten und berechneten die Mondphasen, Tag- und Nachtgleichen und Sonnenwenden und konnten eine Mond- oder Sonnenfinsternis vorhersagen. Sie wussten, dass Morgen- und Abendstern derselbe Planet Venus sind, und berechneten deren Jahr auf 584 Tage, was nur um Bruchteile von der tatsächlichen Zahl (583,92 Tage) abweicht. Dabei standen ihnen weder Fernrohre noch Instrumente zur Zeitmessung oder Berechnung von Winkeln zur Verfügung.

Kunst

Von allen mesoamerikanischen Zivilisationen schufen die Maya die beständigsten Kunstwerke und die größte Anzahl. Ihre Kunst zeichnet sich durch einen naturalistischen Ansatz aus, der sie für das moderne Auge zugänglicher macht. Besonders eindrucksvoll sind die Selbstporträts der Maya – vor allem in den Wandmalereien von Bonampak *(siehe S. 248)* und den geschnitzten Flachreliefs von Palenque *(siehe S. 244–247)* –, die uns einen Einblick in ihre Lebensweise, ihre Methoden der Kriegsführung, ihre Trachten, ihre Bräuche und ihren Glauben geben.

← *Das Observatorium El Caracol in Chichén Itzá*

→ *Die farbenfrohen Wandmalereien von Bonampak stammen aus dem 8. Jahrhundert*

Kalender der Maya

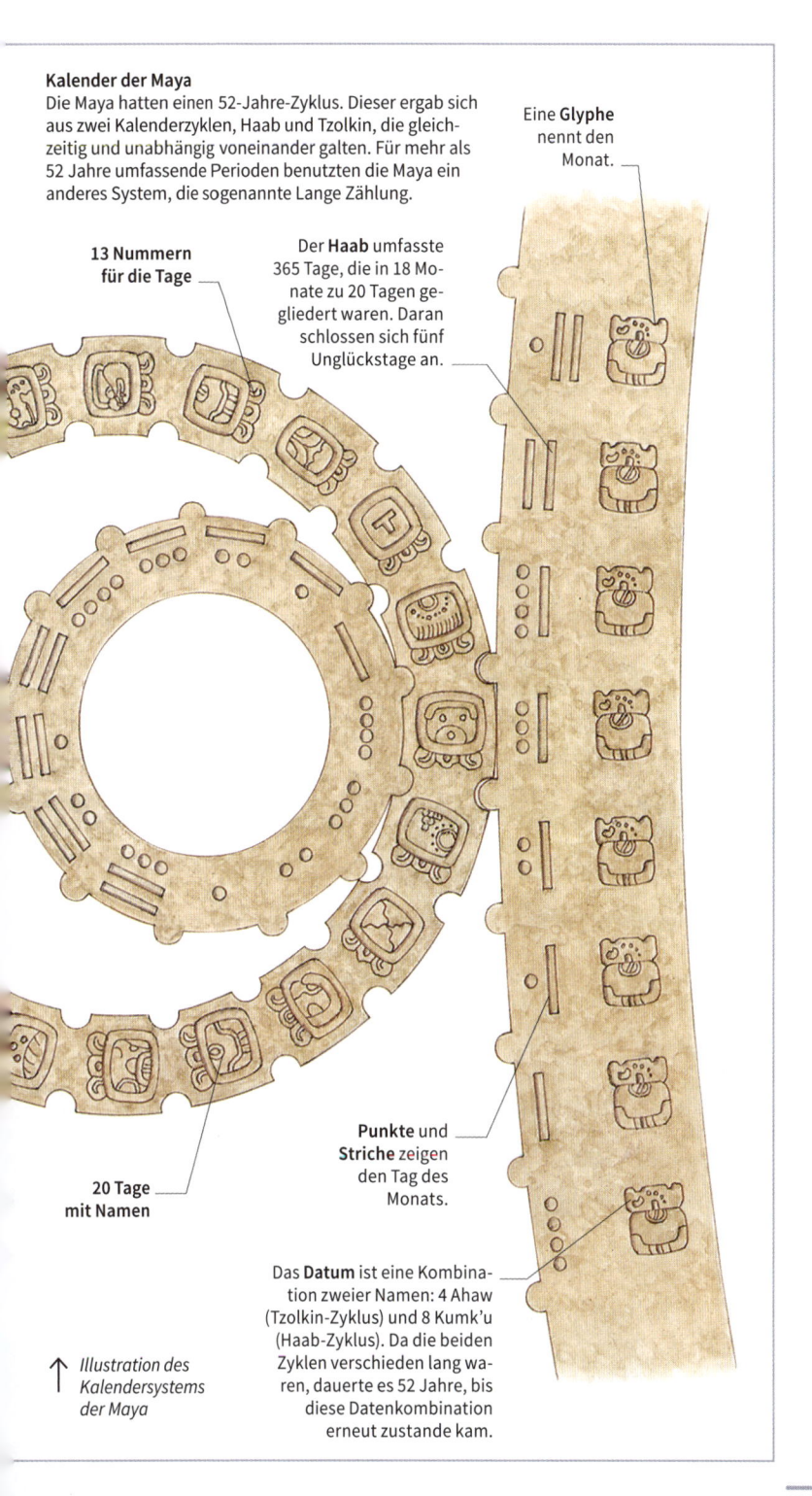

Die Maya hatten einen 52-Jahre-Zyklus. Dieser ergab sich aus zwei Kalenderzyklen, Haab und Tzolkin, die gleichzeitig und unabhängig voneinander galten. Für mehr als 52 Jahre umfassende Perioden benutzten die Maya ein anderes System, die sogenannte Lange Zählung.

Eine **Glyphe** nennt den Monat.

Der **Haab** umfasste 365 Tage, die in 18 Monate zu 20 Tagen gegliedert waren. Daran schlossen sich fünf Unglückstage an.

13 Nummern für die Tage

20 Tage mit Namen

Punkte und **Striche** zeigen den Tag des Monats.

Das **Datum** ist eine Kombination zweier Namen: 4 Ahaw (Tzolkin-Zyklus) und 8 Kumk'u (Haab-Zyklus). Da die beiden Zyklen verschieden lang waren, dauerte es 52 Jahre, bis diese Datenkombination erneut zustande kam.

↑ *Illustration des Kalendersystems der Maya*

8 Chetumal

🅐 G5 🏠 Quintana Roo 👥 151 000 ✈ 🚌 ℹ Centro de Convenciones Anexo A, Ecke Blvd. Bahía und Ignacio Comonfort; +52 983 835 08 60

Das 1898 an der Mündung des Río Hondo gegründete Chetumal ist die Hauptstadt von Quintana Roo. Sie liegt an der Grenze zu Belize und ist eine typische Grenzstadt. Man findet eine Marinebasis und eine zollfreie Zone mit Kaufhäusern, die verbilligt Luxusgüter aus aller Welt anbieten. Shopping-Touristen aus Belize und Guatemala verleihen der Stadt eine geschäftige Atmosphäre. Nachdem die meisten der wellblechgedeckten Holzhäuser in den 1950er Jahren einem Hurrikan zum Opfer gefallen waren, wurde die Stadt neu aufgebaut. Das **Museo de la Cultura Maya** informiert über die Maya, ihre Astronomie und ihr Alltagsleben. Viele Exponate sind nur Kopien, aber es gibt gute Informationstafeln und interaktive Monitore.

Umgebung: 40 Kilometer nordwestlich liegt das Dorf Bacalar mit einem 60 Meter tiefen Wasserbecken, dem Cenote Azul, so genannt wegen seines tiefen Blaus und ideal zum Schwimmen.

Museo de la Cultura Maya
🏠 Ecke Av. Héroes und Cristobal Colón 📞 +52 983 832 68 38 🕐 Di–Sa 9–17

> Chetumals Museo de la Cultura Maya informiert über die Maya, ihre Astronomie und ihr Alltagsleben.

💡 Expertentipp
Grenze zu Belize

Wassertaxis verbinden Chetumal mit Caye Caulker und San Pedro in Belize. Sie müssen Einwanderungsbehörde und Zoll passieren, aber die schönen Aussichten entschädigen dafür (belizewatertaxi.com).

9 Campeche

🅐 F4 🏠 Campeche 👥 220 000 ✈ 🚌 ℹ Av. Ruiz Cortines; +52 981 811 27 33 🎭 Karneval (Feb/März), Cristo Negro de San Román (15.–30. Sep) 🌐 campeche.travel

Die spanische Siedlung Campeche entstand um 1540 an der Stelle eines Maya-Fischerdorfs. In der Kolonialzeit entwickelte sie sich zum wichtigsten Hafen Yucatáns. Wegen seines Reichtums überfielen Piraten Campeche. In der Folge wurde die Stadt mit dicken Mauern umgeben, die von acht *baluartes* (Basteien) verstärkt waren. Der größte ist der in der Mitte des seeseitigen Mauerabschnitts liegende **Baluarte de la Soledad**. Er ist heute ein Museum, das Maya-Stelen zeigt. Viele davon stammen von der Maya-Begräbnisstätte auf der Insel Jaina 40 Kilometer nördlich von Campeche. Der Baluarte de Santiago an der Nordwestecke der Stadtbefestigung wurde zu einem ummauerten botanischen Garten mit mehr als 200 subtropischen

Pflanzenarten umgestaltet. Im Baluarte de San Pedro kann man regionales Kunsthandwerk kaufen.

Durch die zwei Stadttore, das Seetor und das Landtor, kommt man in das historische Zentrum der Stadt. Die Tore sind durch die Calle 59 verbunden, an der eingeschossige, blau, rosa und ocker bemalte Kolonialhäuser stehen. Eines der schönsten Gebäude ist die **Casa de Teniente del Rey**, die frühere Residenz des spanischen Militärkommandeurs von Yucatán. Zu besichtigen ist nur der Innenhof.

Im Zentrum der Altstadt liegt der Hauptplatz, der Parque Principal mit eleganten Arkaden und einem modernen Musikpavillon. Von hier kann man Stadtrundfahrten in offenen Straßenbahnen machen. Gegenüber dem Platz befindet sich der Kulturpalast **El Palacio Centro Cultural**, ein Museum, das die Geschichte von Campeche erforscht. An der Nordecke des Platzes steht die Kathedrale, eine der ältesten Kirchen der Halbinsel. Allerdings sind große Teile des Baus barocke Ergänzungen. Unmittelbar dahinter, in der Calle 10, liefert die Mansión Carvajal, in der Regierungsbüros sind, ein typisches Beispiel für die spanisch-maurische Architektur des 19. Jahrhunderts. Architektonisch interessant ist auch der im 17. Jahrhundert erbaute Ex-Templo de San José, eine ehemalige Jesuitenkirche, in der sich heute ein Kulturzentrum befindet. Die Fassade ist mit blauen und gelben Fliesen verziert.

Die Befestigungen von Campeche wurden durch zwei Forts auf Hügeln außerhalb der Stadt ergänzt, die heute als Museen dienen. Im Norden liegt das **Museo Histórico Reducto San José el Alto**, das über die Militärgeschichte der Kolonialzeit informiert.

Südlich der Stadt erhebt sich der 1771 begonnene **Fuerte de San Miguel** mit Graben und Zugbrücke. Innen zeigt das Museo Arqueológico Jademasken aus Calakmul *(siehe S. 309)* und Figuren von der Insel Jaina.

Baluarte de la Soledad
Calle 8 Circuito Baluartes (Meerseite) +52 981 816 91 36 Di–So 9–15

Casa de Teniente del Rey
Calle 59 40, zwischen Calle 14 und 16 +52 981 816 91 11 tägl. 9–17

El Palacio Centro Cultural
Parque Principal
+52 981 816 77 41
tägl 9–17 (Sa, So bis 14)

Museo Histórico Reducto San José el Alto
Av. Morazan
+52 981 816 91 11
Di–So 8–17

Fuerte de San Miguel
Av. Escénica
+52 981 816 91 36
Di–So 8:30–17

Restaurants

La Palapa del Tío Fito
Lebhaftes Lokal an der Strandpromenade; ein beliebter Ort für Meeresfrüchte und Cocktails.

F4 Av. Resurgimiento s/n, Campeche
facebook.com/lapalapadeltiofito
$$$

La Pigua
Hier gibt es exzellenten Fisch und Meeresfrüchte. Zu den Spezialitäten gehören Krabbenscheren.

F4 Miguel Alemán 179A, Campeche
lapigua.com.mx
$$$

↑ *Independence Plaza, berühmt für die schöne Kathedrale, im alten Campeche*

⑩ Puuc-Route

📍 F4 🏁 Start: Mex 261, 20 km südöstl. von Uxmal, Yucatán 🕐 tägl. 8–17

Die Puuc-Region ist eine Hügelkette, die sich 100 Kilometer südlich von Mérida erhebt und sich aus der einförmigen Ebene der übrigen Halbinsel angenehm abhebt. Die Gegend war wasserarm, bot aber immer schon gute Verteidigungsmöglichkeiten und fruchtbaren Boden.

In der Region wurden mehrere Maya-Siedlungen entdeckt, deren Blütezeit vermutlich von 600 bis 900 währte. Allen gemeinsam ist der als Puuc-Architektur bekannte beeindruckende Bau- und Dekorationsstil. Charakteristisch dafür ist eine Fassade, die an der Basis schmucklos bleibt, während die oberen Partien mit Masken-Mosaiken verziert sind.

Einige Siedlungen sind untereinander und mit der zeitgleichen Anlage von Uxmal *(siehe S. 284–286)* durch *sacbeob* (weiße Straßen) verbunden, die vor allem für Prozessionen dienten.

Die über vier große Maya-Stätten verlaufende Puuc-Route beginnt in Kabah. Der bedeutendste Bau ist der Codz Poop. Die Fassade des Palasts ist mit über 250 Masken des Regengotts Chac *(siehe S. 287)* mit der charakteristischen Rüsselnase verziert. Kabah lag der Maya-Stadt Uxmal am nächsten. Ein einzelner, schmuckloser Bogen überspannt die Zufahrtsstraße.

Von allen Puuc-Stätten ist in Sayil, etwa zehn Kilometer weiter südlich, am besten ersichtlich, wie die Maya in dieser Region lebten. In unmittelbarer Umgebung der Stätte wurden viele Hütten, in ihrem Zentrum die Häuser der herrschenden Elite freigelegt. Es ist kaum zu glauben, dass Sayil einmal über 8000 Einwohner zählte. Ebenso viele Menschen lebten in Gemeinschaften im Umkreis der Stadt. Der riesige Palast der Herrscher ist ein hervorragendes Beispiel des Puuc-Stils. Sayil hat keinen Zugang zu Quellen, man hat jedoch mehrere *chultunes*, künstliche Zisternen, entdeckt.

Etwa acht Kilometer östlich von Sayil liegt Xlapak. Hier ist das besterhaltene Bauwerk der Palast, über dessen Eingang Chac-Masken angebracht sind. Auch andere Bauten haben sehenswerte Details, etwa Säulenfriese. Allerdings muss ein großer Teil der Stätte noch freigelegt werden.

Die letzte Siedlung auf der Puuc-Route ist Labná, fünf Kilometer nordöstlich von Xlapak. Das bekannteste seiner Bauwerke ist der Torbogen. Er war ursprünglich Teil eines Gebäudes zwischen zwei Innenhöfen und ist mit mehreren Chac-Masken und

> **Schöne Aussicht**
> **Von oben**
>
> Nur eine kurze Fahrt von Kabah entfernt liegt die kleine Stadt Santa Elena, wo die große Kirche auf dem Hügel – die eher wie eine Festung als ein Gotteshaus aussieht – einen wunderbaren Aussichtspunkt bietet, von dem aus man die unglaubliche Umgebung überblicken kann.

←

Der Torbogen, ein Maya-Highlight an der Puuc-Route, in Labná

Ein Besucher im Höhlensystems von Loltún und ein Teil einer Wandmalerei (Detail)

zwei Darstellungen von Maya-Hütten verziert. Daneben befindet sich ein Bau mit hohem Dachkamm, der als El Mirador (Aussichtssturm) bekannt ist und möglicherweise ein Tempel war. Am anderen Ende der Stätte liegt der zweigeschossige Hauptpalast mit Maskenfries und Gitterornament. An einer der Ecken findet man den steinernen Kopf einer Schlange, in deren Maul ein Menschenkopf steckt. Beeindruckend ist auch der Tempel der Säulen, der nach dem ringsum verlaufenden Fries aus kleinen Säulen benannt wurde.

⓫
Celestún
🅐 F4 🅞 Yucatán 🅜 6000
🅘 Palacio Municipal, Calle 62, Mérida 🅦 yucatan.travel

Das Fischerdorf Celestún liegt auf einer Landzunge. Westlich des Dorfs erstrecken sich mehrere Kilometer palmengesäumter Strände, die Hauptattraktion sind jedoch die Wasservögel – u. a. Pelikane, verschiedene Watvögel und vor allem Flamingos – in der östlichen Bucht. Man kann die Vögel von Booten aus beobachten, der Skipper darf jedoch nicht zu nah heranfahren. Um die Tiere genauer in Augenschein nehmen zu können, sollten Sie also ein Fernglas dabeihaben.

Bei gutem Wetter sind auch andere Bootsausflüge möglich, einer davon führt zum *bosque petrificado*, einem versteinerten Wald. Der verlassene, surreal wirkende Ort auf der Isla de Pájaros südlich von Celestún verdankt seine Entstehung der andauernden Versalzung des Bodens.

> Westlich von Celestún erstrecken sich mehrere Kilometer palmengesäumter Strände, die Hauptattraktion sind jedoch die Wasservögel in der östlichen Bucht.

⓬
Grutas de Loltún
🅐 G4 🅞 nahe Mex 180, 20 km südwestl. von Maní, Yucatán 🅞 tägl.

Die Grutas de Loltún sind das größte Höhlensystem Yucatáns. Die ältesten Funde sind Bison-, Mammut- und andere Tierknochen, ein Hinweis darauf, dass Loltún bereits kurz nach der letzten Eiszeit bewohnt war. Die Höhlen enthalten Felsmalereien aus verschiedenen Epochen. Grutas de Loltún bedeutet »Steinblumen«, der Name stammt von den wunderbaren Formen der Stalagmiten und Stalaktiten in den Höhlen. Die Höhlen kann man nur im Rahmen einer Führung besuchen, die man in Mérida *(siehe S. 290–293)* buchen kann.

Besucher auf dem Weg zur Spitze einer Pyramide in der archäologischen Stätte von Cobá

⓭
Cobá
G4 • 47 km nordwestl. von Tulum, Quintana Roo
+52 983 837 24 11
tägl. 8–17

Das um eine Gruppe von Seen erbaute Cobá ist eine der interessantesten archäologischen Stätten der Halbinsel Yucatán. Der Ort lag im Zentrum eines Netzes von *sacbeob*, geraden, gepflasterten Prozessionsstraßen, die Maya-Städte oder Bauwerke verbanden. Man nimmt an, dass in der Siedlung dank des reichlich vorhandenen Wassers bis zu 40 000 Menschen lebten.

Zu besichtigen sind drei Gruppen von Bauten. Die Wege dazwischen sind lang, man kann aber auch ein Rad mieten. Nahe am Eingang liegt die Cobá-Gruppe. Ihr wichtigstes Bauwerk ist eine Pyramide, La Iglesia (Kirche) genannt, weil Einheimische sie als Heiligtum ansehen.

Am anderen Ufer des Sees beginnt ein Pfad, der zur Macanxoc-Gruppe führt. Hier steht eine Stelengruppe, auf der historische Aufzeichnungen der Maya zu sehen sind.

Nördlich davon liegt die Nohoch-Mul-Gruppe. Mit 42 Metern ist Nohoch Mul die höchste Pyramide Yucatáns. Zum Tempel hinaufzusteigen ist zwar anstrengend, aber der tolle Blick über Seen und Dschungel entschädigt.

⓮
Dzibilchaltún
F4 • nahe Mex 261, 15 km nördl. von Mérida, Yucatán
+52 999 944 00 43
tägl. 8–17

Dzibilchaltún war eines der bedeutendsten und frühesten Zentren Yucatáns. Entdeckt wurde es jedoch erst in den 1940er Jahren als eine der letzten Maya-Stätten.

Die Anlage ist konzentrisch angeordnet. Eine *sacbe* (»weiße Straße«) führt vom zentralen Platz zum Tempel der Sieben Puppen, der seinen Namen von Tonpuppen hat, die vor seinem Altar vergraben waren. Einige haben Missbildungen und dienten vermutlich rituellen Zwecken. Repliken sind im ultramodernen und hervorragend konzipierten Museum ausgestellt.

Sehenswert sind auch die Stelen und Skulpturen im Park vor dem Museum sowie Keramikfiguren und hölzerne Altäre aus der Kolonialzeit. Eine interessante Dokumentation geht auf die Piraten ein, die die Gewässer um Yucatán im 16. und 17. Jahrhundert unsicher machten. Interaktive Monitore und audiovisuelle Erklärungen informieren über die Maya-Kultur und die Geschichte der Agavenindustrie.

Der *cenote* von Dzibilchaltún, ein natürliches, türkisfarbenes Becken, auf dessen Oberfläche Seerosen schwimmen, ist über 40 Meter tief. Hier kann man nach der Besichtigung der Maya-Stätte in der durch den Einsturz einer Höhlendecke entstandenen Wasserstelle ein erfrischendes Bad nehmen. Aus seinen Tiefen wurden zahlreiche Artefakte geborgen.

→ *Izamals imposanter Convento de San Antonio de Padua*

> Heute findet man in Izamal eine faszinierende Verbindung von Maya- und Kolonialbauten. Etwa 20 klassische Maya-Bauwerke sind erhalten.

⑮ Izamal

G4 · Yucatán · 26 000
Palacio Municipal, Calle 62, Mérida · Cristo de Sitilpeth (18. Okt), Virgen Inmaculada (7./8. Dez)
yucatan.travel

Izamal wurde um 300 gegründet. Der Ort entwickelte sich zu einem einflussreichen Stadtstaat, der gegen 800 das ganze Umland beherrschte. Heute findet man hier eine faszinierende Verbindung von Maya- und Kolonialbauten. Etwa 20 klassische Maya-Bauwerke sind erhalten, am bedeutendsten ist die Pyramide Kinich Kakmó. Sie ist als eine der größten Pyramiden Yucatáns dem Sonnengott geweiht, der auch Kinich Ahau (»Herr der Sonnenaugen«) heißt.

Bei Ankunft der Spanier Mitte des 16. Jahrhunderts war die Bedeutung Izamals bereits zurückgegangen, sein religiöser Einfluss war aber immer noch so stark, dass die Franziskaner es für nötig hielten, hier den Convento de San Antonio de Padua zu erbauen. Sie rissen einen Maya-Tempel ab und errichteten auf seiner Basisplattform die Kirche in erhöhter Position. Das Atrium ist von Arkadengängen gesäumt und enthält sehenswerte frühe Fresken.

Die Kirche errang noch mehr Bedeutung, als Bischof Diego de Landa eine Statue der Virgen de la Inmaculada aufstellen ließ, der die indigenen Völker sofort Wunderkräfte zuschrieben. 1949 wurde die Jungfrau zur Schutzpatronin von Yucatán erklärt. In der Kirche erinnert eine Gedenkstätte an den Besuch von Papst Johannes Paul II. 1993, dem Internationalen Jahr der indigenen Völker, bei dem er die katholische Kirche zur Unterstützung der Maya verpflichtete.

Neben der Kirche liegen zwei arkadengesäumte Plätze. Hier und in den umliegenden Straßen sind viele Fassaden ocker getüncht, was Izamal den Beinamen La Ciudad Amarilla, »Die Gelbe Stadt«, eingebracht hat.

Heute ist die Stadt als Zentrum für Kunsthandwerk bekannt, vor allem Holzschnitzerei, Pappmaschee und Schmuck. Viele lokale Kunsthandwerker haben Läden oder Ateliers, und es gibt ein kleines Museum auf dem Hauptplatz, in dem Kunsthandwerk aus ganz Mexiko, einschließlich Yucatán, ausgestellt wird.

TOP 3 Regionale Feste

Tagundnachtgleiche
Eine optische Täuschung lässt im März und September eine Schlange auf den Stufen des El Castillo in Chichén Itzá erscheinen.

Karneval
In vielen Dörfern wird die Pappmaschee-Puppe »Juan Carnaval« am Ende des Fests verbrannt.

Cristo de las Ampollas
Von Mitte September bis Mitte Oktober wird in Mérida der »Christus der Blasen« verehrt, eine Holzstatue, die Blasen haben soll.

Hotels

Verde Morada
Die natürlichen Elemente Yucatáns finden sich in diesem Boutique-Hotel wieder, insbesondere im schönen Garten und im Poolbereich.
🅰 G4 Calle 41a 209, Valladolid
🌐 verdemorada.mx
$$$

Genesis Eco-Oasis
In der Öko-Lodge mit einfachen, aber komfortablen Zimmern kann man dem Alltag entfliehen. Schöner Garten, Pool und vegetarisches Restaurant.
🅰 G4 Ek' Balam, 28 km nördl. von Valladolid
🌐 genesisretreat.com
$$$

⓰ Valladolid

🅰 G4 Yucatán 49 000
ℹ Palacio Municipal, Parque Principal, Calle 40 200; +52 985 856 25 29
🎭 Candelaria (2. Feb)
🌐 valladolid.gob.mx

Die drittgrößte Stadt der Halbinsel Yucatán liegt auf halbem Weg zwischen Mérida und Cancún. Sie wurde von den Spaniern an der Stelle der Maya-Siedlung Zaci gegründet und entwickelte sich zu einem religiösen Zentrum. Hier erbauten die Franziskaner 1552 die ersten Kirchen Yucatáns, die Iglesia de San Bernardino de Siena und den angrenzenden Ex-Convento de Sisal. Als diese restauriert wurden, entdeckte man hinter Seitenaltären Originalfresken.

Der lebendigste Ort der Stadt ist der Zócalo. Hier verkaufen Maya-Frauen *huipiles* (bestickte Umhänge bzw. Blusen), an der Nordostecke servieren kleine Lokale Regionalgerichte und Fruchtsäfte. Der Platz wird von der Kathedrale mit ihrer eleganten Fassade und dem kolonialzeitlichen Hotel El Méson del Marqués beherrscht. Man findet hier auch den Palacio Municipal (Rathaus), dessen Inneres mit Tafelbildern geschmückt ist. Sie zeigen die Geschichte der Stadt seit der Maya-Zeit sowie Porträts von Offizieren aus Valladolid, die zum Ausbruch der Revolution *(siehe S. 62)* beitrugen.

Umgebung: Westlich liegt der **Cenote de Dzitnup**, ein in den 1950er Jahren von einem Schwein entdeckter natürlicher Brunnen. Über steile Stufen gelangt man zum unterirdischen Becken, das durch eine Dachöffnung und elektrische Beleuchtung erhellt wird. Das blaue Wasser lädt zu einem Bad ein.

Westlich, Richtung Chichén Itzá, liegen die 1959 entdeckten **Grutas de Balankanché**. Die hier gefundenen Objekte aus der Maya-Zeit zeigen, dass die riesigen Höhlen schon um 300 v. Chr. eine dem Regengott Chac geweihte Stätte waren. Noch verbliebene Maya-Objekte sind Mahlsteine und verzierte Weihrauchschalen, Führer weisen darauf hin. Es gibt auch ein kleines Museum.

↑ *Stalaktiten und türkisfarbenes Wasser im Cenote de Dzitnup, Valladolid*

Cenote de Dzitnup
7 km westl. von Valladolid · tägl. 8–19

Grutas de Balankanché
nahe Mex 180, 35 km westl. von Valladolid · tägl. 8–17

17
Maní
G4 · Yucatán · 4800 · Palacio Municipal, Calle 62, Mérida · *Fiesta tradicional* (20. Aug) · yucatan.travel

Die Stadt Maní ist der beste Ausgangspunkt, um Kirchen zu entdecken, die auf die Mitte des 16. Jahrhunderts zurückgehen, als katholische Priester, vor allem Franziskanermönche, aus Spanien kamen, um die Maya von Yucatán zu bekehren. Sie errichteten ein Netz von Kirchen und Klöstern, oftmals an der Stelle von Maya-Tempeln. Das imposanteste dieser Bauwerke ist die Iglesia de San Miguel Arcángel in Maní. Errichtet wurde die Anlage von 6000 Sklaven an einem Ort, der schon den Maya heilig war. Ein *cenote* (natürlicher Brunnen) aus der Maya-Zeit ist heute noch unter der Fassadenfront zu sehen.

Die *Ruta de los Conventos* führt zu weiteren Franziskanerkirchen in den Ortschaften um Maní. Die Kirche von Oxkutzcab, zehn Kilometer südlich, hat einen schönen Barockaltar. Die Iglesia de San Pedro Apóstol in Teabo, östlich von Maní, wurde 1694 begonnen. Reste von Wandbildern sind an den Innenwänden zu sehen. In der Kirche im nördlich gelegenen Tecoh sind ein rot und blau bemalter Holzaltar und ein Kreuz mit Darstellungen der Leiden Christi zu sehen.

Zwischen Tekit und Tecoh liegt **Mayapán**, das sich nach der Eroberung von Chichén Itzá zur dominierenden Stadt im Norden der Halbinsel Yucatán entwickelte. Mayapán wurde Mitte des 15. Jahrhunderts zerstört. Das interessanteste Bauwerk dieser Ausgrabungsstätte ist die von einem Tempel bekrönte Pyramide des Kukulcán.

Mayapán
60 km nördl. von Maní · +52 999 944 40 68 · tägl. 8–17

18
Biosphärenreservat Ría Lagartos
G4 · Mex 295, 104 km nördl. von Valladolid, Yucatán · tägl.

Das Biosphärenreservat liegt in den Brackwasserlagunen an der Nordküste der Halbinsel. Es ist als Paradies für Vogelbeobachter bekannt und beherbergt große Kolonien von Flamingos, die hier im Sommer brüten. Zwischen April und Juni stehen die Flamingonester unter Naturschutz, aber auch zu anderen Zeiten können im Dorf Bootsausflüge zur Beobachtung dieser Vögel organisiert werden. Gelegentlich werden auch Schlangen und Schildkröten gesichtet.

260
Vogelarten kann man im Biosphärenreservat Ría Lagartos beobachten.

⑲ Progreso

🅰 F4 🏠 Yucatán 👥 37 000
🚌 ℹ Calle 80, zwischen Calle 25 und 27; +52 969 103 01 61

Die Stadt an der Nordküste Yucatáns war einst ein bedeutender Hafen. Nach 1880 erlebte sie durch den Bau der Eisenbahn nach Mérida einen heute – angesichts des ruhigen, hinter Mangrovensümpfen gelegenen Orts – kaum mehr vorstellbaren Boom.

Obwohl Progreso zu Cancún *(siehe S. 283)* gehört, ist es weniger entwickelt und glamourös. Allerdings ist die Mole von Progreso mit 6,5 Kilometern wahrscheinlich die längste der Welt. Hier tummeln sich zu den Klängen von *Mariachi*-Bands oft viele Menschen. An ihrem Ende steht ein Leuchtturm aus dem 19. Jahrhundert.

Das klare Wasser rollt sanft an den Sandstrand. Die Strandpromenade lädt zum Flanieren ein, und es gibt viele gute Fischlokale. Kreuzfahrtschiffe halten in Progreso. Einige Resorts liegen direkt am Meer, sodass die Stadt bei Menschen, die einen wärmeren Winter suchen, beliebt ist.

⑳ Río-Bec-Stätten

🅰 G5 🏠 Mex 186, 120 km westl. von Chetumal, Campeche 🕗 tägl. 8–17

Mehrere stilistisch ähnliche Maya-Anlagen westlich von Chetumal werden als Río-Bec-Stätten bezeichnet. Xpujil, Becán und Chicanná liegen so nahe an der Hauptstraße (Mex 186), dass sie auch für Durchreisende gut erreichbar sind. Man kann sie im Rahmen einer Tagestour von Chetumal aus besichtigen oder aber auf dem Weg dorthin, wenn man von Villahermosa *(siehe S. 273)* oder Palenque *(siehe S. 244–247)* kommt.

Der typische Río-Bec-Stil stammt aus der Zeit von 600 bis 900 n. Chr. Charakteristische Merkmale sind lange Plattformen und Bauten, die von schlanken Türmen mit abgerundeten Kanten flankiert werden. Die Türme sind »falsche« Tempelpyramiden: Sie haben unbegehbare, weil zu steile Treppen und nach bisheriger Erkenntnis keine Innenräume. Man nimmt also an, dass Sie ausschließlich der Dekoration dienten. Den Hauptschmuck bilden Darstellungen des Schöpfergottes Itzamná.

Von Chetumal aus kommt man zuerst nach Xpujil. Man findet hier einen mit 17 Gebäudegruppen umgebenen Hauptplatz vor. Der bedeutendste Bau ist der Haupttempel, von dessen niedriger Plattform drei 15 Meter hohe, für den Río-Bec-Stil charakteristische Spitztürme rätselhaft über den Dschungel ragen, der die Stätte einschließt.

Nur sechs Kilometer westlich führt ein Pfad nördlich der Hauptstraße nach Becán. Die große Zahl der hier gefundenen, aus anderen Regionen stammenden Objekte lässt annehmen, dass Becán eine bedeutende Handelsstadt war, die die beiden Seiten der Halbinsel miteinander verband. Seltsamerweise waren die Hauptbauten hier von einem bis zu fünf Meter tiefen und 16 Meter breiten (nunmehr trockenen) Wassergraben umgeben, dessen Länge zwei Kilometer betrug.

Man findet hier verschiedene Río-Bec-Türme, bemerkenswert sind aber auch die ungewöhnlichen Räume von Bau VIII. Sie hatten keinerlei Lichtquelle und Luftzufuhr,

←

Tische und Stühle unter Schirmen am weißen Sandstrand von Progreso

↑ *Die drei Río-Bec-Türme, die den Haupttempel von Xpujil überragen*

möglicherweise dienten sie für Rituale, die völlige Dunkelheit erforderten.

Chicanná, drei Kilometer westlich von Becán und südlich der Hauptstraße gelegen, ist die außergewöhnlichste der drei Stätten. Ihr Name bedeutet »Haus des Schlangenmauls«, was sich auf Bau II bezieht, dessen Fassade aus einem komplizierten, einen Schlangenkopf darstellenden Mosaik besteht, einem Bildnis des Gottes Itzamná. Das Schlangenmaul selbst ist der Eingang. Bau XX ist ein einstöckiges Gebäude abseits des Hauptplatzes, das von der Struktur her Bau II entspricht. Die Seitenmauern sind mit Masken des Regengotts Chac *(siehe S. 287)* geschmückt.

Umgebung: Ein paar Abstecher belohnen Sie mit ruhigeren archäologischen Stätten. Wenn weniger Menschen unterwegs sind, wirken die Ruinen noch geheimnisvoller, da sie von der Vegetation um sie herum zurückerobert werden.

Die ersten beiden Abstecher führen Sie westlich von Chetumal entlang der Mex 186 und dann nördlich auf der Quintana Roo Francisco Villa-Graciano Sánchez. Hier gehen die Felder in Dschungel über und bilden die Kulisse für die Maya-Stätte Kohunlich und den Tempel der Masken, der dem Sonnengott geweiht ist. Die Stufen dieser Pyramide (6. Jh.) sind mit Masken flankiert, die der untergehenden Sonne zugewandt sind. Etwa 29 Kilometer nördlich liegen die ebenso beeindruckenden Ruinen von Dzibanché.

Weiter westlich zweigt nahe Conhuás eine Nebenstraße gen Süden nach Calakmul ab, eine bedeutende Städte der Maya-Klassik. Die 50 Meter hohe Pyramide ist die größte Mexikos. Man kann hier etwa 100 Stelen bestaunen. Die in den Gräbern gefundenen Jademasken sind im Fuerte de San Miguel in Campeche *(siehe S. 301)* ausgestellt. Westlich von Conhuás liegt Balamkú.

> **Entdeckertipp**
> **Geheime Ruinen**
>
> Obwohl die Maya-Ruinen von Chunyaxché in der Nähe von Tulum *(siehe S. 288f)* liegen, werden sie nur selten besucht. Am Rand von Sian Ka'an, umgeben von Dschungel, gibt es etwa 100 verfallene Tempel, Pyramiden und andere Bauwerke zu entdecken.

Bemerkenswert ist hier ein 17 Meter langer Stuckfries auf dem Haus der Vier Ritter. Er bildet vermutlich die Verwandtschaft der Maya-Könige mit dem Kosmos ab.

㉑
Biosphärenreservat Sian Ka'an
G4 Quintana Roo

Mit seinen 4500 Quadratkilometern Dschungel und Sumpfland sowie einem 110 Kilometer langen Korallenriff ist Sian Ka'an eines der bedeutendsten Schutzgebiete Mexikos. Für ein staatlich verwaltetes Reservat ist das vorrangige Ziel nicht die Förderung des Tourismus, entsprechend ist der Zustand der Straßen so schlecht, dass sich nur Waghalsige nicht abschrecken lassen. Zum Ausgleich organisieren die Amigos de Sian Ka'an (www.amigosdesiankaan.org) Nachttouren, die sich auf die Krokodile konzentrieren, die in den Mangrovensümpfen leben. Mit etwas Glück können Besucher auch heimische und Zugvögel in den Sumpfgebieten um Boca Paila sichten, darunter den seltenen Jabiru-Storch, oder Schildkröten und Seekühe, die in den Gewässern vor der Küste leben.

REISE-INFOS

Bus auf dem Hauptplatz von Campeche

Reiseplanung **312**

In Mexiko unterwegs **314**

Praktische Hinweise **318**

MEXIKO
REISEPLANUNG

Mit den folgenden Informationen zu Planung, Einreise und Aufenthalt sind Sie optimal auf Ihre Reise nach Mexiko vorbereitet.

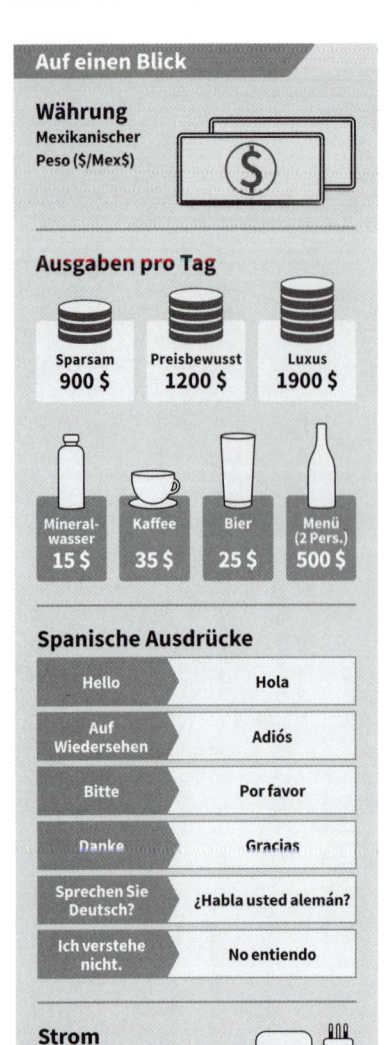

Auf einen Blick

Währung
Mexikanischer Peso ($/Mex$)

Ausgaben pro Tag

Sparsam	Preisbewusst	Luxus
900 $	1200 $	1900 $

Mineralwasser	Kaffee	Bier	Menü (2 Pers.)
15 $	35 $	25 $	500 $

Spanische Ausdrücke

Hello	Hola
Auf Wiedersehen	Adiós
Bitte	Por favor
Danke	Gracias
Sprechen Sie Deutsch?	¿Habla usted alemán?
Ich verstehe nicht.	No entiendo

Strom
Die Standardspannung beträgt 110 Volt. Die Steckdosen sind vom Typ A und B und passen zu zwei- oder dreipoligen Steckern.

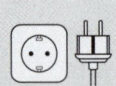

Einreise
Informationen zu den Einreisebestimmungen nach Mexiko, einschließlich Visa, erhalten Sie von den mexikanischen Botschaften oder auf der Website der **Forma Migratoria Múltiple (FMM)**. Staatsangehörige des Schengen-Raums benötigen kein Visum, um als Tourist für weniger als 180 Tage nach Mexiko einzureisen. Nicht-Schengen-Europäer können 90 Tage bleiben. Alle Besucher (auch Kinder) benötigen einen gültigen Reisepass und eine FMM (Touristenkarte). Besucher müssen das FMM-Formular vor ihrem Besuch online ausfüllen. Das Gesetz schreibt vor, dass Sie Ihr FMM immer bei sich tragen müssen. Es muss auch bei der Ausreise vorgelegt werden.

Besucher, die auf dem Landweg einreisen, müssen bei einem Aufenthalt von mehr als sieben Tagen außerdem eine Einreisegebühr für ein Nicht-Einwanderungsvisum *(derecho de no inmigrante)* entrichten.

FMM
🌐 inm.gob.mx/fmme

Sicherheitshinweise
Aufgrund unvorhersehbarer Entwicklungen kann es zu Änderungen und Einschränkungen kommen. Aktuelle Hinweise zur Einreise sowie Sicherheitshinweise finden Sie beim Auswärtigen Amt (www.auswaertiges-amt.de), beim österreichischen Bundesministerium für europäische und internationale Angelegenheiten (www.bmeia.gv.at) oder beim Eidgenössischen Departement für auswärtige Angelegenheiten (www.eda.admin.ch).

Zoll
Auf der Website **Relaciones Exteriores México** finden Sie Informationen über die Rechtsvorschriften für Waren und Devisen, die in Mexiko eingeführt oder aus Mexiko ausgeführt werden.
Relaciones Exteriores México
🌐 consulmex.sre.gob.mx

Versicherungen
Schließen Sie unbedingt eine Versicherung ab, die Diebstahl, den Verlust von Habselig-

keiten, medizinische Probleme, Stornierungen und Verspätungen abdeckt. Vergewissern Sie sich auch, dass Ihre Police Sie abdeckt, wenn Sie Aktivitäten wie Surfen, Kitesurfen, Tauchen und Wildwasser-Rafting planen.

Impfungen
Allen Reisenden wird empfohlen, sich gegen Hepatitis A, Typhus, Tetanus, Diphtherie, Hepatitis B und Tollwut impfen zu lassen. In einigen ländlichen Gebieten Mexikos tritt Malaria auf, fragen Sie also Ihren Arzt nach Medikamenten gegen Malaria. Infos zu Covid-19-Vorschriften erhalten Sie bei Behörden.

Hotels
Buchen Sie Unterkünfte in beliebten Reisezielen zu Spitzenzeiten wie Weihnachten, Ostern sowie Juli und August einige Monate im Voraus. Zu den üblichen 16 Prozent Umsatzsteuer kommen noch zwei Prozent Beherbergungssteuer hinzu, die nicht immer im ausgeschriebenen Preis enthalten sind.

Bezahlen
Die gängigen Kredit- und Debitkarten werden fast überall akzeptiert. Kontaktlose Zahlungen werden immer üblicher, aber es ist eine gute Idee, kleine Bargeldmengen für Trinkgelder und kleinere Einkäufe mitzunehmen.

Die Telefonnummer des Sperr-Notrufs bei Verlust einer Kredit- oder Debitkarte lautet: +49 116 116.

In Restaurants wird ein Trinkgeld von zehn bis 15 Prozent der Rechnung erwartet, Hotelportiers und Zimmermädchen erhalten zehn bis 20 Dollar pro Tasche oder Tag. In größeren Ferienhotels werden zusätzliche Trinkgelder erwartet: 20 bis 50 Dollar pro Tag für den Zimmerservice und 50 bis 100 Dollar für den Concierge. Es ist nicht üblich, Taxifahrern Trinkgeld zu geben.

Reisende mit besonderen Bedürfnissen
Viele der großen mexikanischen Urlaubsorte sind barrierefrei – insbesondere Cancún, wo Sie über **Cancún Accesible** Touren und Transportmöglichkeiten organisieren können.

Ländliche Gebiete sind nicht so gut ausgestattet, und die öffentlichen Verkehrsmittel können schwierig zu benutzen sein. Die Websites der **Society for Accessible Travel & Hospitality (SATH)**, **México Accesible** und **Tourismo Accesible in Mexico City** bieten ausführliche Hinweise.
Cancún Accesible
W cancunaccesible.com
SATH
W sath.org
México Accesible
W accesiblemexico.com
Tourismo Accesible in Mexico City
W turismo.cdmx.gob.mx/turismo-accesible

Sprache
Die offizielle Sprache ist Spanisch. In touristischen Gebieten sprechen die Einheimischen etwas Englisch, aber Grundkenntnisse der spanischen Sprache sind für jeden, der abseits der ausgetretenen Pfade reist, von großem Vorteil. Die 68 indigenen Gruppen in Mexiko haben alle ihre eigene Sprache.

Öffnungszeiten
Mittags: Viele Läden und Museen schließen für zwei Stunden oder länger.
Montag: Viele Museen haben geschlossen.
Sonn- und Feiertage: Die meisten Läden, Büros und Museen schließen früher oder ganztägig.

Feiertage

1. Jan	Año Nuevo (Neujahr)
Anf. Feb	Día de la Constitución (Verfassungstag)
21. März	Natalicio de Benito Juárez (Geburtstag von Benito Juárez)
März/Apr	Jueves Santo (Gründonnerstag)
März/Apr	Viernes Santo (Karfreitag)
1. Mai	Día del Trabajo (Tag der Arbeit)
5. Mai	Cinco de Mayo (Jahrestag der Schlacht von Puebla)
16. Sep	Día de la Independencia (Unabhängigkeitstag)
Mitte Okt	Día de la Raza (Jahrestag der »Begegnung zweier Welten«)
1./2. Nov	Días de los Muertos (Tag der Toten)
20. Nov	Día de la Revolución (Revolutionstag)
12. Dez	Nuestra Señora de Guadalupe (Tag der Jungfrau von Guadalupe)
25. Dez	Navidad (Weihnachten)

IN MEXIKO
UNTERWEGS

Ob Sie nun einen kurzen Städtetrip oder Urlaub auf dem Land planen, hier finden Sie alles, was Sie wissen müssen, um wie ein Profi zu reisen.

Auf einen Blick

ÖPNV-Ticketpreise

Los Cabos
12,50 $
Einzelticket Bus

Cancún
10 $
Einzelticket Bus

Mexico City
5 $
Einzelticket Bus oder Metro

Expertentipp
Halten Sie den genauen Fahrpreis bereit, Wechselgeld ist nicht immer verfügbar.

Tempolimits

Autobahn
110 km/h

Schnellstraße
90 km/h

Stadtgebiet
60 km/h

Wohngebiet
10 km/h

Anreise mit dem Flugzeug

Die größten internationalen Flughäfen Mexikos sind Mexico City, Cancún, Guadalajara, Monterrey, Tijuana, Los Cabos, Puerto Vallarta, Mérida, Bajío und Culiacán. Weitere wichtige Anlaufstellen für Touristen sind in Mazatlán, Oaxaca, Acapulco und Cozumel.

Das Land verfügt über ein gut ausgebautes Inlandsflugnetz, und die Flugpreise sind oft sehr günstig. Aeroméxico ist die größte Fluggesellschaft und fliegt die meisten nationalen und viele internationale Ziele an. Volaris und Viva Aerobus sind beliebte Billigfluggesellschaften, die Flughäfen im ganzen Land und einige internationale Ziele ansteuern.

Anreise auf dem Landweg

Wenn Sie mit dem Bus oder dem Auto nach Mexiko einreisen, holen Sie sich das FMM *(siehe S. 312)* bei der Einwanderungsbehörde ab, da es nicht automatisch ausgehändigt wird. Das Grenzgebiet zu den USA – insbesondere Ciudad Juárez und auch Tijuana – umfasst einige der größten Brennpunkte des Drogenkriegs. Bei der Durchquerung dieses Gebiets ist besondere Vorsicht geboten.

Zur Baja California ist San Diego-Tijuana der beliebteste Grenzübergang. Seien Sie früh dort, sonst müssen Sie mit einer Wartezeit von bis zu drei Stunden rechnen. Alternativ können Sie auch einen der ruhigeren Grenzübergänge wie Tecate oder Calexico-Mexicali nutzen.

Der Grenzübertritt in die und aus den mittelamerikanischen Ländern kann hektisch sein; wenn Sie die richtigen Gebühren und Dokumente zur Hand haben, wird der Prozess einfacher. Chetumal ist der Hauptübergang nach Belize, von wo aus Busse nach Belize City und Fähren nach Caye Caulker und San Pedro fahren. Nach Guatemala gibt es die Übergänge Ciudad Cuauhtémoc-La Mesilla, El Carmen-Talismán und Ciudad Hidalgo-Tecún Umán. Die Überquerung des Río Usumacinta dauert mit dem Motorboot 30 Minuten. In Mexiko fahren Sie nach Corozal und nehmen dort ein Boot zur Grenzstadt Bethel in Guatemala.

Vom Flughafen in die Stadt

Flughafen	Entfernung zur Stadt	Taxipreis	Verkehrsmittel	Fahrtdauer
Mexico City (MEX)	15 km	300 $	Metro	50 Min.
Cancún (CUN)	20 km	600 – 900 $	Bus	25 Min.
Guadalajara (GDL)	16 km	300 $	Bus	30 Min.
Monterrey (MTY)	27 km	350 – 400 $	Bus	45 Min.
Tijuana (TIJ)	7 km	220 – 250 $	Bus	20 Min.
Los Cabos (SJD)	32 km	1250 – 2000 $	Bus	1 Std.
Puerto Vallarta (PVR)	7 km	340 – 560 $	Bus	15 – 20 Min.
Mazatlán (MZT)	20 km	450 – 620 $	Bus	30 – 40 Min.
Oaxaca (OAX)	16 km	320 – 450 $	Bus	30 – 40 Min.
Acapulco (ACA)	30 km	400 – 600 $	Bus	40 Min.

Routenplaner

Die Karte zeigt das Busnetz zwischen den wichtigsten Städten Mexikos. Die angegebenen Zeiten beziehen sich auf die schnellsten und direktesten verfügbaren Routen.

••• Direkte Busroute

Mexico City – Veracruz	6 – 7 Std.	Mexico City – Puerto Vallarta	12 Std.
Mexico City – Acapulco	5 – 6 Std.	Mexico City – Zacatecas	8 – 9 Std.
Mexico City – Oaxaca City	6 – 7 Std.	Oaxaca – San Cristóbal	10 – 12 Std.
Mexico City – Tijuana	36 Std.	San Cristóbal – Palenque	5 – 6 Std.
Mexico City – Guadalajara	6 – 8 Std.	Palenque – Cancún	11 – 12 Std.
Mexico City – Monterrey	11 – 12 Std.	Tijuana – La Paz	22 – 24 Std.

Züge

Die mexikanischen Bahnlinien werden nur noch für den Güterverkehr genutzt, abgesehen von den Vorortzügen in Mexico City. Zwei touristische Zugverbindungen sind der **Tequila Express** in Jalisco zu einer Tequila produzierenden Hacienda und die **Ferrocarril Chihuahua al Pacífico** (El Chepe) durch den Cañón del Cobre.

Tequila Express
w tequilaexpress.com.mx
Ferrocarril Chihuahua al Pacífico
w chepe.mx

Fernbusse

Busse sind das beste und günstigste öffentliche Verkehrsmittel zwischen den Städten und Ortschaften Mexikos. Obwohl die Fahrtzeiten länger sind als bei Inlandsflügen, sind Busse deutlich billiger und sehr komfortabel.

Es gibt drei Kategorien von Fernbussen (*camiones*): Luxusbusse *(de lujo)* sowie Busse erster und zweiter Klasse. Für Langstrecken empfiehlt sich die Luxus- oder erste Klasse, da sie zuverlässiger und komfortabler sind. Luxusbusse bieten direkte Überlandverbindungen mit Klimaanlage, verstellbaren Sitzen, Erfrischungen, Videobildschirmen und Bordtoiletten. Busse der ersten Klasse *(primera)* sind klimatisiert und bieten halb verstellbare Sitze, Videobildschirme und eine Toilette. Auf kürzeren Fahrten können Busse der zweiten Klasse die einzige Option sein.

Im Folgenden einige gute Busunternehmen für lange Strecken:
ADO
w ado.com.mx
ETN Turistar
w etn.com.mx
Omnibus
w odm.com.mx
Senda
w gruposenda.com
Tufesa
w tufesa.com.mx

Öffentliche Verkehrsmittel in Mexico City

Der **Servicio de Transportes Eléctricos de la Ciudad de México (STE)** ist das wichtigste öffentliche Verkehrsunternehmen in Mexico City. Sicherheits- und Hygienemaßnahmen, Fahrpläne, Ticketinformationen und Verkehrspläne sind an den STE-Kiosken oder auf der STE-Website erhältlich.

Die umfangreichen **Metro**- und **Metrobús**-Systeme decken den größten Teil der Stadt ab. Im Süden verbindet ein elektrischer Zug die U-Bahn in Tasqueña mit dem Embarcadero in Xochimilco. Taxis sind preiswert, *peseros* (Sammeltaxis) sind noch günstiger.

Die öffentlichen Verkehrsmittel sind zu den Stoßzeiten (6:30–9 Uhr und 16–19 Uhr an Wochentagen) häufig überfüllt.
STE
w ste.cdmx.gob.mx
Metro
w metro.cdmx.gob.mx
Metrobús
w metrobus.cdmx.gob.mx

Autofahren

Wenn man mit dem eigenen Auto fährt, kann man Mexiko zwar sehr flexibel erkunden, es gibt jedoch Ausnahmen: Mexico City wegen der permanenten Verkehrsüberlastung und die Bundesstaaten Colima, Guerrero, Michoacán, Sinaloa und Tamaulipas wegen der hohen Drogengewalt. Das Fahren in den anderen Bundesstaaten ist im Allgemeinen sicher, Autofahrer sollten aber einige Vorsichtsmaßnahmen treffen. Aufgrund möglicher Raubüberfälle ist es ratsam, nur bei Tag zu fahren und nachts nicht auf der Straße zu parken. Fahren Sie in Mexico City mit verriegelten Türen und geschlossenen Fenstern. Kaufen Sie eine gute Straßenkarte, planen Sie genau und überlegen Sie schon vorher, wo Sie halten wollen.

Mit dem Auto nach Mexiko

Die Bestimmungen über die Einreise mit dem Auto sind in Mexiko streng. Eine temporäre Einfuhrgenehmigung *(permiso de importación temporal)* erhält man bei **Banjercito**-Banken an den Grenzen, bei mexikanischen Konsulaten in den USA oder online auf der Banjercito-Website. Online-Anträge können bis zu 60 Tage oder mindestens sieben Tage vor der Ankunft gestellt werden. Für die sechsmonatige, mehrfache Einreisegenehmigung müssen Sie mit einer Gebühr von etwa 60 US-Dollar und einer Kaution von 200 bis 400 US-Dollar rechnen. Außerdem werden mehrere Originaldokumente benötigt, die alle zweimal fotokopiert werden sollten. Dazu gehören ein autorisiertes Einwanderungsformular (FMM), ein gültiger Führerschein (ein internationaler ist empfehlenswert), ein Reisepass, der Fahrzeugschein und eine Kreditkarte (Visa, MasterCard oder American Express) auf denselben Namen wie der Fahrzeugschein. Die wenigsten US-Autoverleiher gestatten mit ihrem Wagen den Grenzübertritt nach Mexiko. Falls Sie doch so einen Mietwagen bekommen, müssen Sie den Vertrag mit der ausdrücklichen Genehmigung vorweisen. Die US-Kfz-Versicherung deckt keine Fahrten südlich der Grenze ab, sodass man eine separate Versicherung abschließen muss.
Banjercito
w gob.mx/banjercito

Mietwagen

Internationale Autovermietungen wie Hertz und Budget haben Niederlassungen an den wichtigsten Flughäfen und in den großen Städten, günstiger sind mexikanische Unternehmen. Vergewissern Sie sich bei der Buchung, dass im Preis die 16-prozentige Mehrwertsteuer und die Vollkaskoversicherung enthalten sind. Die Versicherung sollte auch Diebstahl- und Kollisionsschäden abdecken. Einige Policen bieten nur eine nominale Deckung (die Haftpflichtversicherung ist die gesetzliche Mindestanforderung), und Sie müssen möglicherweise für zusätzlichen Versicherungsschutz bezahlen.

Um in Mexiko ein Auto zu mieten, muss man mindestens 21, bei manchen Firmen auch 25 Jahre alt sein und seit mindestens einem Jahr den Führerschein besitzen. Bezahlt werden muss mit einer der gängigen Kreditkarten.

Mopeds und Motorräder können in der Regel in den Urlaubsorten gemietet werden. Überprüfen Sie vor der ersten Fahrt unbedingt den Zustand des Fahrzeugs. Klären Sie auch, ob Sie ausreichend versichert sind.

Verkehrsregeln

Mexiko hat Rechtsverkehr, Entfernungen werden in Kilometern angegeben. Die meisten Verkehrsvorschriften werden durch internationale Schilder dargestellt, bestimmte Zeichen sind jedoch spezifisch für Mexiko. Rechnen Sie bei der Einfahrt in Orte mit Rüttelschwellen *(topes)* und reduzieren Sie das Tempo. Die Schwellen sind manchmal sehr hoch, nicht immer wird darauf hingewiesen.

Besondere Vorsicht empfiehlt sich an Bahnübergängen in der Stadt und auf dem Land, da Züge oft nicht angezeigt werden.

Fahren Sie nicht nachts. Auf Schlaglöcher wird nicht hingewiesen, Hindernisse und Tiere auf der Fahrbahn sind bei Dunkelheit nur schwer zu erkennen.

Mautstraßen

In Mexiko gibt es drei Arten von Fernstraßen: vierspurige *super carreteras*, gewöhnliche *cuotas* (Mautstraßen) und *libres* (gebührenfreie Straßen). Die *super carreteras* sind meist weniger als zehn Jahre alt. Die Maut ist viel höher als auf den *cuotas*, dadurch gibt es weniger Verkehr, keine Lastwagen und wenige Busse. Vor der Benutzung sollte man volltanken, die Abstände zwischen den Tankstellen sind groß.

Die Skala der *cuotas* reicht von schnellen vierspurigen bis hin zu solchen, die kaum besser als *libres* sind. Die Maut richtet sich nach Streckenlänge und Achsenzahl.

Parken

Parken ist nur an Stellen erlaubt, die durch ein Schild mit schwarzem E *(estacionamiento)* in rotem Kreis gekennzeichnet sind. Dasselbe E, diagonal durchgestrichen, bedeutet Parkverbot. Ein weißes E auf blauem Grund bedeutet Parkplatz. In Großstädten kann das Parken schwierig sein. Planen Sie genügend Zeit ein, um einen Parkplatz zu finden.

Fahrrad fahren

Fahrräder sind in Mexiko ein universelles Fortbewegungsmittel und können in den meisten Urlaubsorten gemietet werden. In Mexico City ist das Radfahren aufgrund der schlechten Straßenqualität und des hohen Verkehrsaufkommens schwierig. Eine Ausnahme bildet der Bosque de Chapultepec, der über gut ausgebaute Radwege verfügt. Im Museo de Antropología kann man über das **Ecobici**-Radverleihsystem Räder ausleihen.

Ecocolors und **Bike Mexico** bieten hervorragende geführte Radtouren in Cancún bzw. Puerto Vallarta an. Das beliebteste Ziel für Mountainbiker ist der Cañón del Cobre.

Ecobici
W ecobici.cdmx.gob.mx
Ecocolors
W ecotravelmexico.com
Bike Mexico
W bike-mexico.com

Boote und Fähren

Von Santa Rosalía und La Paz verbinden Passagier- und Autofähren Baja California mit Guaymas, Topolobampo und Mazatlán an der Pazifikküste. Man hat die Wahl zwischen zwei Kabinenklassen – *turista* mit Etagenbetten oder *especial*, bei der man eine ganze Suite für sich allein hat. Die Fahrpläne ändern sich oft, informieren Sie sich zeitnah vor Abfahrt.

An der Karibikküste rund um die Riviera Maya fahren **Ultramar**-Fähren von Puerto Morelos (Autofähre) und Playa del Carmen (nur Passagiere) zur Insel Cozumel. Ultramar-Fähren von Cancún zur Isla Mujeres fahren von Puerto Juárez, Playa Tortugas, El Embarcadero und Playa Caracol ab. **Baja** betreibt Autofähren von Punta Sam zur Isla Mujeres.

Baja
W bajaferries.com.mx
Ultramar
W ultramarferry.com

Zu Fuß unterwegs

Mit seinen atemberaubenden Gebirgszügen, Wäldern, Wüsten, Nationalparks und Küstenrouten ist Mexiko ideal für Wanderungen. Auch Städte entdeckt man am besten zu Fuß. Viele Wanderwege durch die Natur sind auch von vielen Städten aus leicht zu erreichen.

PRAKTISCHE HINWEISE

In Mexiko kommt man in jeder Hinsicht gut zurecht. Ein paar Verhaltenstipps und Hinweise zu den Gepflogenheiten vor Ort können jedoch nicht schaden.

Auf einen Blick

Notrufnummer

Allgemeine Notrufnummer

911

Zeit
Mexiko erstreckt sich über drei Zeitzonen. Der Großteil des Landes liegt sieben Stunden hinter der Mitteleuropäischen Zeit (MEZ). Auch in Mexiko gilt Sommerzeit. Sie beginnt in fast allen Bundesstaaten am ersten April-Wochenende und endet am letzten Oktober-Wochenende.

Leitungswasser
Außerhalb der großen Ferienhotels sollte man nur in Flaschen abgefülltes Wasser trinken.

Websites

Visit Mexico
Offizielle Tourismus-Website des Landes (www.visitmexico.com).

Baja Insider
Englischsprachige Informationen über Baja California (www.bajainsider.com).

Expats in Mexico
Website für in Mexiko lebende Ausländer, die aber auch viele Tipps für Besucher enthält (www.expatsinmexico.com).

Persönliche Sicherheit
Mexiko hat zwar eine hohe Kriminalitätsrate, ausländische Besucher sollten jedoch keine Probleme bekommen. Touristengebiete sind im Allgemeinen sehr sicher, Mexico City ist nicht gefährlicher als die meisten Großstädte. Hüten Sie sich vor Taschendieben (vor allem in öffentlichen Verkehrsmitteln in Mexico City), lassen Sie Wertsachen im Hotelsafe und bewahren Sie Bargeld versteckt auf.

Gebiete, in denen Gewalt im Zusammenhang mit organisiertem Verbrechen herrscht, sollten gemieden werden. Beachten Sie die Sicherheitshinweise des Auswärtigen Amts *(siehe S. 312)*. Beim Verlust von Pass oder Personalausweis oder wenn Sie anderweitig in größeren Schwierigkeiten sind, wenden Sie sich an die Botschaft Ihres Heimatlandes.

Botschaft Deutschland
- Horacio 1506, Col. Los Morales, Sec. Alameda, 11530 México City
- +52 55 52 83 22 00
- mexiko.diplo.de

Botschaft Österreich
- Sierra Tarahumara 420, Col. Lomas de Chapultepec, 11000 México City
- +52 55 52 51 08 06
- bmeia.gv.at/botschaft/mexiko.html

Botschaft Schweiz
- Torre Optima, P. de las Palmas 405, Col. Lomas de Chapultepec, 11000 México City
- +52 55 91 78 43 70
- eda.admin.ch/mexico

Naturkatastrophen
Teile Mexikos sind anfällig für Naturkatastrophen: Erdbeben, Überschwemmungen, Wirbelstürme (Juni – Nov) und – wenn auch unwahrscheinlich – Vulkanausbrüche. Aktuelle Infos zu Warnungen vor Naturkatastrophen finden Sie auf der Website des **Centro Nacional de Prevención de Desastres**.

Centro Nacional de Prevención de Desastres
- cenapred.gob.mx

Gesundheit
Mexiko verfügt über ein gutes öffentliches Gesundheitssystem, die beste Versorgung

erhalten Sie in Privatkliniken. Möglicherweise müssen Sie die Behandlung im Voraus bezahlen und das Geld später von Ihrer Versicherung zurückfordern.

Bei kleineren Beschwerden sollten Sie eine Apotheke *(farmacia)* aufsuchen. Viele haben in großen Städten durchgehend geöffnet.

Die Sonneneinstrahlung ist in Mexiko sehr stark, Dehydrierung kann zu einem Sonnenstich führen. Haben Sie daher immer Wasser, Sonnenschutzmittel und einen Hut dabei, wenn Sie archäologische Stätten, den Strand oder andere exponierte Orte besuchen.

Mücken sind in tiefer gelegenen Regionen weitverbreitet. Nutzen Sie Insektenschutzmittel, bedecken Sie sich im Freien und schlafen Sie mit Moskitonetz.

Die Höhenlage von Mexico City und die Luftverschmutzung können Atemwegsprobleme wie Asthma verschlimmern.

Rauchen, Alkohol und Drogen

Hotels und Resorts sind gesetzlich verpflichtet, rauchfreie Zimmer und Bereiche zur Verfügung zu stellen. In Schulen und Regierungseinrichtungen ist das Rauchen in Innenräumen verboten.

Man muss 18 Jahre alt sein, um Alkohol zu trinken oder zu kaufen. Man darf nicht mit einem offenen Behälter mit Alkohol durch die Straßen laufen.

Der Besitz von Drogen wird mit hohen Gefängnisstrafen geahndet.

Ausweispflicht

Mit Ausnahme des FMM *(siehe S. 312)* ist das Mitführen eines Ausweises nicht vorgeschrieben, aber es ist ratsam, Kopien des Reisepasses mitzunehmen, wenn man mit dem Bus reist, sich einer Grenze nähert oder mit dem Auto fährt, da es oft Polizeikontrollen gibt.

Etikette

Mexiko hat eine reiche Kultur, die aus der jahrhundertelangen Vermischung von indigenen, afrikanischen und europäischen Völkern entstanden ist. Mexikaner sind im Allgemeinen freundlich und entspannt. Seien Sie beim Besuch heiliger Stätten stets respektvoll gegenüber den örtlichen Traditionen, schalten Sie Ihr Handy aus und fotografieren Sie nur, wenn es erlaubt ist.

LGBTQ+

Obwohl der Einfluss der katholischen Kirche nach wie vor stark ist, wurde Diskriminierung aufgrund der sexuellen Ausrichtung verboten, und die LGBTQ+ Gemeinschaft tritt immer stärker in Erscheinung. Dies gilt vor allem für Städte, in ländlichen Gemeinden kann es noch Vorurteile geben. Neben Mexico City gibt es auch in Guadalajara, Veracruz, Puerto Vallarta, Acapulco, Mérida und Cancún eine lebendige LGBTQ+ Szene. Die **Gay Mexico Map** listet LGBTQ+ Bars, Clubs und Hotels in allen Regionen des Landes auf.
Gay Mexico Map
w **gaymexicomap.com**

Mobiltelefone und WLAN

Um Ihr Mobiltelefon in Mexiko zu nutzen, benötigen Sie ein roamingfähiges Quadband-Handy. Anrufe können teuer sein, daher sollten Sie eine mexikanische SIM-Karte kaufen.

Hochgeschwindigkeits-Internet ist in Mexiko generell weitverbreitet, vor allem in den Städten. Immer mehr Cafés, Restaurants und Läden bieten kostenloses WLAN.

Post

Der nationale Postdienst wird von **Correos de México** betrieben. Die Hauptpostämter *(oficinas de correos)* sind werktags von 8 bis 20 Uhr und samstags von 8 bis 15 Uhr geöffnet.
Correos de México
w **correosdemexico.com.mx**

Mehrwertsteuer

Die Preise enthalten in der Regel 16 Prozent Mehrwertsteuer oder IVA *(Impuesto al Valor Agregado)*. Wenn ein Preis als *más IVA* (plus Mehrwertsteuer) angegeben ist, bedeutet dies, dass 16 Prozent auf die Rechnung aufgeschlagen werden.

Besucherpässe

In einigen Städten gibt es Ermäßigungen für Touristen, z. B. den **Mexico City Pass** und **Go City** in Cancún. ISIC-Studentenausweise werden bei einigen Sehenswürdigkeiten akzeptiert.
Mexico City Pass
w **citypass.mx**
Go City
w **gocity.com**

REGISTER

Fett gedruckte Seitenangaben verweisen auf Haupteinträge.

A

Abstecher (Mexico City) 71, **126–133**
  Karte 127
  Restaurants 131
Acapulco 44, 231, **242f**
  Karte 243
  Restaurants 243
Afrikanische Bevölkerung 58, 59, 63
Afromexikaner 63, **253**, 259, 269
  Musik und Tanz 33
Aguascalientes **224**
Akumal **281**
Alameda Central (Mexico City) 92f
Alamo, Schlacht von 60
Álamos **187**
Alkohol 319
Anreise
  mit dem Auto 316
  mit dem Flugzeug 314
  auf dem Landweg 314
Antike Monumente
  Balamkú 309
  Becán 308
  Bonampak 10, 47, **248**, 298
  Cacaxtla **158**
  Calakmul 51, 309
  Cañada de la Virgen **212f**
  Cantona **161**
  Cempoala 267
  Chiapa de Corzo 255
  Chicanná 308f
  Chichén Itzá 38, 47, 63, **294–297**, 298
  Chunyaxché 309
  Cobá **304**
  Comalcalco **272**
  Dainzú 256
  Dzibanché 309
  Dzibilchaltún **304**
  Edzná **297**
  Ek' Balam **297**
  El Cuajilote (Xalapa) 265
  El Tajín **262f**
  Izamal **305**
  Kabah 302
  Kohunlich 309
  La Quemada **218f**
  Labná 302f
  Lambityeco 257
  Malinalco **157**
  Malpasito **272f**
  Mayapán 145, 307
  Mitla 42, **145**, **252f**, 257
  Monte Albán **240f**
  Palenque 10, 34, 103, **244–247**, 298
  Paquimé 103, **178f**
  Quiahuiztlan **266f**
  Río-Bec-Stätten 51, **308f**
  San Martín Huamelulpan 252
  Sayil 302
  Templo Mayor (Mexico City) **80f**, 95, 104, 105
  Teotenango (bei Toluca) 160
  Teotihuacán 47, 56f, 102, 137, **140–143**
  Teotitlán 257
  Tlatelolco **131**
  Toniná 57, **255**
  Tula **154**
  Tulum **288f**
  Uxmal **284–286**
  Xlapak 302
  Xochicalco 102, **156**
  Xochitécatl **158**
  Xpujil 308, 309
  yacatas (Tzintzuntzán) 229
  Yagul **251**, 257
  Yaxchilán **255**
  Zona Arqueológica (Cholula) 154f
  siehe auch Ballspielplätze; Paläste; Pyramiden; Tempel
Aquädukt (Morelia) **209**
Árbol del Tule (Santa María del Tule) 256
Archäologische Stätten *siehe* Antike Monumente
Architektur **42f**
  Koloniale Architektur 42, 46
Art déco 42
Astronomie der Maya 298
Atlanten (Tula) 154
Ausweispflicht 319
Autofahren 316
Avenida Francisco Sosa (Mexico City) **120**, 122, 124, 125
Avenida Insurgentes Sur (Mexico City) 130
Azteken 57, 58, 145, 191, 238
  Götter 287
  Malinalco **157**
  Museo Nacional de Antropología (Mexico City) 100, 104f
  Spanische Eroberung 259
  Templo Mayor (Mexico City) **80f**
  Tenochtitlán 73, 80
  Tlatelolco **131**
  Verehrung von Teotihuacán 140, 142
  Xochimilco 128, 129

B

Bacalar 41, 300
Bahía Asunción 41
Bahía Chileno 171
Bahía Concepción 171
Bahía de Acapulco **243**
Bahía de Banderas 244f
Bahía de los Ángeles **168f**
Baja California 17, **164–173**
  Erkundungstour 24f
  Karte 166f
  Restaurants 172
  Strände 171
Bajío 19, **190–229**
  Bars 199
  Feste 215
  Hotels 223
  Karte 192f
  Restaurants 199, 204, 209, 213, 225
  Shopping 204
Balamkú 309
Ballspielplätze
  Ballspiele 38, **297**
  Cantona 161, 297
  Chichén Itzá 294, 295
  El Tajín 262, 297
  Monte Albán 240
  Palenque 246
  Paquimé 178
  Tula 154
  Xochicalco 156
  Yagul 251
Barragán, Luis 42
  Casa Estudio Luis Barragán (Mexico City) **108**
Barrio del Artista (Puebla) 151
Bars und Cafés
  Bajío 199
  Golfküste 265
  Halbinsel Yucatán 283
  Mexico City 79, 89, 107
  Zentralmexiko 158
Basílica *siehe* Kirchen und Kathedralen
Batopilas 50, 183
Becán 308
Behinderte Reisende 313
Bergbau 152, 183
  La Valenciana (Guanajuato) **199**
  Mina Prehispánica de Taxco 161
  Mineral de Pozos 217
  Mineral del Monte 153
  Museo de Historia de la Minería de Santa Rosalía 170, 171
  Paseo Túnel de Minería (Durango) 188
  Real de Catorce **223**
  San Luis Potosí 222f
  Silbermine El Edén (Zacatecas) **204**
Berge 35
Besucherpässe 319
Bezahlen 313
  Ausgaben pro Tag 312
  Ticketpreise ÖPNV 314
Bilbao, Tatiana 43
Boari, Adamo 78
Bonampak 10, 36, 47, **248**, 298
Boote 317
  Cañón del Sumidero 252

Lago de Pátzcuaro 220
Outdoor-Aktivitäten 41
Xochimilco (Mexico City) 128f
Bosque de Chapultepec (Mexico City) 97, **110f**
Botschaften 318
Bourbonen, Dynastie 58f
Brady, Robert 156
Bus
   Fernbusse 316
   Routenplaner 315

C

Cabo San Lucas 44, 165, **172f**
Cabrera, Miguel 146, 205, 227
Cacaxtla **158**
Calakmul 51, 309
Calzada Fray Antonio de San Miguel (Morelia) **209**
Campeche **300f**
   Restaurants 301
Cañada de la Virgen **212f**
Cancún **238**, 277, **283**
   Restaurants und Bars 283
Cañón del Cobre 35, 40, 175, **180–183**
   Hotels 183
   Karte 180
Cantona **161**
Canyons 35
   Cañón del Cobre 35, 175, **180–183**
   Cañón del Sumidero 35, **252**
Carlos IV. von Spanien 89, 93
Carranza, Venustiano 62
Casa de las Artesanías (Morelia) **209**
Casa de Juárez (Oaxaca) **235**
Casa de los Azulejos (Mexico City) **88f**, 93
Casa Diego Rivera (Guanajuato) **198**, 200
Casa Estudio Luis Barragán (Mexico City) **108**
Cascada de Basaseachi (Cañón del Cobre) **183**
Cascadas de Agua Azul **248f**
Castillo de Chapultepec (Mexico City) **109**, 111
Catemaca 274
Celestún 39, **303**
Cempoala **267**
Cenotes **281**
   Cenote de Dzitnup 306, 307
   Schnorcheln 34
   Tauchen 12
Centro Cultural Ex-Convento Santa Rosa (Puebla) **149**
Centro Cultural La Casa de los Vientos (Acapulco) **242**
Centro Cultural Santo Domingo (Oaxaca) **236f**
Cerro de las Campanas (Querétaro) **206**
Chacmool 145
Chalchiuhtlicue 101, 102
Chetumal **300**
Chiapa de Corzo **254f**
Chicanná 308f

Chichén Itzá 38, 47, 63, **294–297**, 298
Chihuahua 46, **184f**
Cholula **154f**
Chunyaxché 309
Churrigueresker Stil 43
   Catedral de Santiago de Saltillo 188
   Catedral Metropolitana (Mexico City) 76, 77
   Iglesia de San Francisco Javier (Tepotzotlán) 146f
   Santa Prisca (Taxco) 161, 163
   Templo de San Cayetano (Guanajuato) 199
Clausell, Joaquín 87
Coatepec **266**
Cobá **304**
Cochimí 165
Colima **216**
Comalcalco **272**
Comitán de Domínguez **254**
Córdoba **268**
Cortés, Hernán 57, 73, 83, 104, 259
   Cempoala 267
   Cholula 154
   Coyoacán (Mexico City) 113, 122, 123
   Palacio de Cortés (Cuernavaca) 156, 157
   Palacio Nacional (Mexico City) 82
Costa Chica **253**, 259
Coyoacán (Mexico City) 113, **122f**
   siehe auch San Ángel und Coyoacán
Coyolxauhqui 80, 104
Cozumel 45, **282**
Craftbeer 51
Creel **180**, 183
Cuajinicuilapa 253
Cuernavaca **156f**
Cuevas, José Luis 86f
Cuyutlán **213**

D

Dainzú 256
Díaz, Porfirio 43, 61, 106, 127, 184
Dolores Hidalgo 39, **220**
Domínguez, María Josefa Ortiz de *siehe* La Corregidora
Douglas, Kirk 188
Drogen 319
Drogenkrieg 63, 231
Dschungel 34
Durango **188**
Dzibanché 309
Dzibilchaltún **304**

E

Edzná **297**
Eiffel, Gustave 171
Einreise 312
Ek' Balam **297**

El Castillo (Chichén Itzá) 295, **296f**
El Chepe 11, 175, 180, 181, **182**
El Cuajilote (Xalapa) 265
El Divisadero **182**
El Fuerte **181**
El Grito 59, 220
El Tajín **262f**
El Zorro 181
Encomiendas 58
Ensenada **168**
Erdbeben 318
   1985 63, 77
Erkundungstouren **22–31**
   3 Tage in Mexico City 22f
   5 Tage in Südmexiko 28f
   5 Tage auf der Halbinsel Yucatán 30f
   6 Tage in Baja California 24f
   6 Tage auf der Ruta de la Plata 26f
Erongarícuaro 228
Escobedo, Frida 43
Essen und trinken 10
   Kaffee 251, 275
   Craftbeer 51
   El Museo del Tequila y el Mezcal (Mexico City) 85
   Eiscreme 39
   Mexiko für Foodies **52f**
   Mezcal 53, 85, 256, 257
   MUCHO Museo del Chocolate (Mexico City) **106**
   Museo del Café (Tuxtla Gutiérrez) 251
   Museo del Paste (Mineral del Monte) 153
   Tequila 53, 85, 218
   siehe auch Wein
Estadio Azteca (Mexico City) **133**
Estrella de Puebla **148**
Etikette 319
Events *siehe* Festivals und Events
Ex-Templo de San Agustín (Zacatecas) **205**

F

Fähren 317
Fahrrad fahren 317
Feiertage 313
Felguérez, Manuel 204
Félix, María 187
Festivals und Events 10, 39, 48, 50, **54f**
   Baja 1000 40
   Black and Blue Marlin Tournament (Cabo San Lucas) 40
   Candelaria 266
   Chalma-Wallfahrten 154
   Cristo de las Ampollas (Mérida) 305
   Día de la Marina (Guaymas) 185
   El Día de la Batalla de Puebla 154
   Feria de San Cristóbal (San Cristóbal de las Casas) 254

Festivals und Events *(Forts.)*
  Feria de San Marcos (Aguascalientes) 215
  Feria de Santiago Tuxtla 266
  Fiesta de Año Nuevo (Ihuatzio) 215
  Fiesta de la Virgen de la Caridad (Huamantla) 154
  Fiesta de las Flores (Nogales) 185
  Fiesta de los Tiznados (Tepoztlán) 154
  Folklorefestival (Zacatecas) 205
  Guelaguetza (Oaxaca) 39, 48, 254
  Karneval 39, 54, 266, 305
  Noche de los Rábanos (Oaxaca) 50, 254
  Nuestra Señora del Refugio (Durango) 185
  Ostern 50, 55, 185, 215
  Reto al Tepozteco (Tepoztlán) 154
  Tag der Toten 10, 55, 215, **221**
  Tagundnachtgleichen 305
  Unabhängigkeitstag 47, 54
Festungen
  Baluarte de la Soledad (Campeche) 300, 301
  Baluarte de San Pedro (Campeche) 301
  Baluarte de Santiago (Campeche) 300f
  Baluarte de Santiago (Veracruz) 269
  Fuerte de San Diego (Acapulco) **242**
  Fuerte de San Miguel (Campeche) 301
  Museo Histórico Reducto San José el Alto (Campeche) 301
  San Juan de Ulúa (Veracruz) 269
Feuchtgebiete 35
Filmlocations 188
Flamingos 35, 303, 306
Flughäfen 314, 315
Froschgasse (Puebla) **148**
Zu Fuß unterwegs 317
Fußball 133, 152

G

Geheime Tunnel von Puebla **149**
Geschichte **56–63**
  Mesoamerikanische Zivilisationen **144f**
  Mexiko für Geschichtsfans **46f**
Gesundheit 318f
Gold 153, 191, 199
Golf 41
Golf von Kalifornien 44, 172, 173
Golfküste 20, **258–275**
  Bars und Cafés 265
  Feste 266
  Hotels 268
  Karte 260f

Restaurants 265, 267
Shopping 275
Götter im alten Mexiko **287**
Gran Museo del Mundo Maya (Mérida) **292**
Great Maya Reef 45
Grutas de Loltún **303**
Guadalajara **194f**
  Karte 195
Guadalupe 205
Guadalupe, Vertrag von 60
Guanajuato **196–201**
  Bars und Cafés 199
  Karte 196
  Restaurants 199
  Spaziergang 200f
Guanajuato, Schlacht von 191
Guaycura 165
Guerrero, Vicente 61, 253
Guerrero Negro 173

H

Halbinsel Yucatán 21, **276–309**
  Bars und Cafés 283
  Erkundungstour 30f
  Feste 305
  Hotels 45, 293, 306
  Karte 278f
  Restaurants 283, 293, 301
Hängematten **292**
Heiße Quellen
  Aguascalientes 224
  Cañón del Cobre 181
Hermosillo **185**
Hidalgo, Miguel 47, 59, 83, 184, 220
Hidalgo del Parral **189**
Hippies 254
Historische Gebäude
  Alhóndiga de Granaditas (Guanajuato) **198**
  Casa de Alvarado (Hidalgo del Parral) 189
  Casa de Cortés (Mexico City) 122
  Casa de Diego de Ordaz (Mexico City) 122
  Casa de los Azulejos (Mexico City) **88f**, 93
  Casa de Malinche (Mexico City) 123
  Casa de Teniente del Rey (Campeche) 301
  Castillo de Chapultepec (Mexico City) **109**, 111
  Hacienda Santa María Regla (Huasca) 153
  La Huatápera (Uruapan) 217
  Museo Cabañas (Guadalajara) **194f**
  Palacio Postal (Mexico City) 84, 92
  Segretaría de Educación Pública (Mexico City) 84
Historisches Zentrum (Mexico City) 68, **72–95**
  Bars und Cafés 79, 89
  Karte 74f
  Restaurants 79, 87
  Spaziergänge 92–95

Höhlen
  Baja California 170
  Grutas de Balankanché 306f
  Grutas de Loltún **303**
Hollywood 188
Hotel California 173
Hotels 313
  Bajío 223
  Buchung 313
  Golfküste 268
  Halbinsel Yucatán 45, 293, 306
  Mexico City 109
  Nordmexiko 183, 187
  Zentralmexiko 157
Huasca **153**
Huasteken 259, 264
Huatulco 251
Huerta, General Victoriano 62, 254
Huichol 49, 195, 239
Humboldt, Alexander von 163
Huston, John 188

I

Iglesia *siehe* Kirchen und Kathedralen
Ihuatzio 229
Impfungen 313
Indigene Völker in Mexiko **238f**
  Indigene Kulturen **48f**
  Museo de Arte Indigena Contemporáneo (Cuernavaca) 37, 157
  Museo Nacional de Antropología (Mexico City) 101, 105
  Na Bolom (San Cristóbal de las Casas) 49, 249
Internet 319
Isla Contoy 280f
Isla Espíritu Santo 44
Isla Janitzio 228
Islas Mujeres 38, **280f**
Iturbide, Agustín de 59, 60, 89, 93
Ixtapa **250**
Izamal **305**
Iztaccíhuatl **158**

J

Jade 145
Das Jahr in Mexiko **54f**
James, Edward 218
Jardín Etnobotánico (Oaxaca) **237**
Jesuiten 59, 84, 146f, 165, 171
Juárez, Benito 60, 61, 82, 109, **235**
  Casa de Juárez (Oaxaca) **235**
  Museo Benito Juárez (Mexico City) 83
  Museo Casa de Juárez (Chihuahua) 184, 185
Jungfrau von Guadalupe 58, 130, **131**

K

Kabah 302
Kaffee 251, 275
Kahlo, Frida 11, 37, 88, 113
  Museo de Arte Moderno (Mexico City) 108
  Museo Frida Kahlo (Casa Azul) (Mexico City) 37, **116f**
Kalender
  Azteken 131
  Maya 57, 296, **299**
Karten
  Acapulco 243
  Baja California 166f
  Bajío 192f
  Bus-Routenplaner 315
  Cañón del Cobre 180
  Golfküste 260f
  Guadalajara 195
  Guanajuato 196
  Halbinsel Yucatán 278f
  Lago de Pátzcuaro 228f
  Mérida 291
  Mexico 14f
  Mexico City 66f
  Mexico City: Abstecher 127
  Mexico City: Historisches Zentrum 74f
  Mexico City: Paseo de la Reforma 98f
  Mexico City: San Ángel und Coyoacán 114f
  Morelia 209
  Nordmexiko 176f
  Oaxaca 235
  Oaxaca, Strände 250f
  Palenque 245
  Puebla 149
  Querétaro 207
  Südmexiko 232f
  Valle de Tlacolula 256f
  Zacatecas 203
  Zentralmexiko 138f
Keramik
  Museo Regional de la Cerámica (Tlaquepaque) 212
  Paquimé **179**
  Taller Uriarte Talavera (Puebla) **149**
Kinder **38f**
Kinich Ahau 287, 305
Kino 187, 188
Kirchen und Kathedralen
  Basílica de la Soledad (Oaxaca) **236**
  Basílica de Nostra Señora de Guanajuato **197**, 201
  Basílica de Santa María de Guadalupe (Mexico City) **130f**
  Basílica de Zapopan (Guadalajara) **195**
  Carmel Maranathá (Valle de Bravo) 155
  Catedral Basílica (Guadalajara) **194**
  Catedral de Puebla **148**, 151
  Catedral de Santiago de Saltillo 188
  Catedral Metropolitana (Mexico City) **76f**, 94
  Ex-Templo de San Agustín (Zacatecas) **205**
  Iglesia de la Conchita (Mexico City) 123
  Iglesia de la Santísima Trinidad (Mexico City) **86**
  Iglesia de San Agustín (Morelia) 211
  Iglesia de San Felipe Neri (Oaxaca) **236**
  Iglesia de San Francisco Javier (Tepotzotlán) **146f**
  Iglesia de San Juan Bautista (Mexico City) 122, 123, 125
  Iglesia de Santa Prisca (Taxco) 146, 161, 163
  Kathedrale (Morelia) 208, 211
  Kathedrale (Oaxaca) **234**
  Kathedrale (Zacatecas) **202**
  La Parroquia (San Miguel de Allende) 226
  Oratorio de San Felipe Neri (San Miguel de Allende) 227
  San Juan de los Lagos **218**
  Santuario de Jesús Nazareno de Atotonilco **224**
  Templo de Carmen (San Luis Potosí) 222, 223
  Templo de la Compañía (Guanajuato) 201
  Templo de la Compañía (Morelia) 210
  Templo de la Enseñanza (Mexico City) **85**, 94
  Templo de San Cayetano (Guanajuato) 146, **199**
  Templo de San Francisco (San Miguel de Allende) 227
Klassische Periode **144f**
Klippenspringer 242f
Klöster
  Coixtlahuaca 252
  Convento de la Santa Cruz (Querétaro) **207**
  Convento de San Gabriel (Cholula) 154, 155
  Convento de San Nicolás de Tolentino **161**
  Ehemaliges Kloster in Cuilapan de Guerrero 253
  Ex-Convento de San Francisco (San Luis Potosí) 222, 223
  Ruta de los Conventos (Umgebung von Maní) 42, 307
  San Agustín Acolman **152f**
  San Miguel Arcángel (Maní) 307
  Teposcolula 252
  Yanhuitlán 252
Kohunlich 309
Kolonialzeit 58f
Konquistadoren 57, 58, 191
Korallenriffe 45, 280
Kredit-/Debitkarten 313
Kreolische Bevölkerung 58, 59
Kriminalität 186, 250, 318

Kunst 11
  Felsmalereien (Grutas de Loltún) 303
  Höhlenmalereien (Baja) **170**
  Maya 298
  Mexiko für Kunstfreunde **36f**
  siehe auch Museen und Galerien
Kunsthandwerk 13
  Casa de las Artesanías (Morelia) **209**
  Casa de los Once Patios (Pátzcuaro) 220
  indigenes 49
  Mercado de Artesanías La Ciudadela (Mexico City) 38
  Museo de Artes e Industrias Populares (Pátzcuaro) 220
  Museo Vivo de Artes y Tradiciones Populares de Tlaxcala 158
  Taller Uriarte Talavera (Puebla) 149
  siehe auch Keramik; Märkte
Küsten **44f**

L

La Corregidora **207**
La Paz **172**
La Quebrada (Acapulco) **242f**
La Quemada **218f**
La Reforma 61
La Valenciana (Guanajuato) **199**
La Venta 144
Labná 302f
Laboratorio Arte Alameda (Mexico City) **88**
Lacandón 49, 239, 249, 255
Lagos de Moreno **219**
Laguna de Catemaco **274**
Laguna Manialtepec 250
Lambityeco 257
Landschaft **34f**
Las Pozas 34, **218**
Leitungswasser 318
Lenin, W. I. 121
LGBTQ+ 97, 319
Liebenswertes Mexiko **10–13**
Loreto **171**
Lucha libre **85**

M

Madero, Francisco 62, 222
Malinalco **157**
Malinche 123
Malpasito **272f**
Maní **307**
Manzanillo **213**
Mariachi 13, 33, 85, **195**
Marin, Javier 93
Mariscal, Federico 78
Märkte
  Central de Abastos (Toluca) 160
  Cuemanco (Mexico City) 128
  Mercado de Abastos (Oaxaca) 36, 48, **236**

323

Märkte (*Fortsetzung*)
  Mercado de Artesanías La Ciudadela (Mexico City) 38
  Mercado de Flores de San Ángel (Mexico City) 118
  Mercado de La Merced (Mexico City) 48, **132**
  Mercado de Plata (Taxco) 161
  Mercado de Tlacolula 48
  Mercado Hidalgo (Guanajuato) **197**
  Mercado Juárez (Oaxaca) **234**
  Mercado Libertad (Guadalajara) **194**
  Streetfood 10, 52
Martínez de Hoyos, Oliverio 106
Mautstraßen 317
Maximilian, Kaiser 61, 97, 133, 235
Maya 56f, **144f**, 231, 238, 277, **298f**
  Bonampak **248**
  Cempoala 267
  Chichén Itzá 63, **294–297**
  Chunyaxché 309
  Cobá **304**
  Comalcalco **272**
  Edzná **297**
  Ek' Balam **297**
  Götter 287
  Gran Museo del Mundo Maya (Mérida) **292**
  Izamal **305**
  Mayapán **302f**
  Museo de la Cultura Maya (Chetumal) 300
  Museo Maya de Cancún 283
  Museo Nacional de Antropología (Mexico City) 100, 101, 103
  Palenque 34, **244–247**
  Puuc-Route **302f**
  Río-Bec-Stätten **308f**
  Toniná 57, **255**
  Tulum **288f**
  Uxmal **284–286**
  Yaxchilán **255**
Mayapán 145, 307
Mazatlán **186**
Mazunte 251
Mehrwertsteuer 319
Meine Familie (Kahlo) 116
Menschenopfer 287
Mercader, Ramón 121
Mercado *siehe* Märkte
Mérida 46, **290–293**
  Hotels 293
  Karte 291
  Restaurants 293
Mesoamerika **144f**, 238
Mexcaltitán **216f**
Mexico City 16, 63, **64–133**
  Abstecher 71, **126–133**
  Bars und Cafés 79, 89, 107
  Erkundungstour 22f
  Historisches Zentrum 68, **72–95**
  Hotels 109
  Karte 66f
  Öffentlicher Nahverkehr 316

Paseo de la Reforma 69, **96–111**
  Restaurants 79, 87, 105, 109, 119, 131
  San Ángel und Coyoacán 70, **112–125**
  Shopping 38
  Spaziergänge 92–95, 110f, 122–125
Mexikanisch-Amerikanischer Krieg 60
Mexikanische Revolution 46, 62, 106, 184
  Museo de la Revolución Mexicana (Saltillo) 189
  Museo Histórico de la Revolución (Chihuahua) 184
Mezcal 53, 85, 256, 257
Mictecacihuatl 287
Mictlantecuhtli 287
Mietwagen 317
Mineral del Monte **153**
Missionare 58, 165, 171, 191
  Museo de las Misiones (Loreto) 171
Missionen
  Misión de San Miguel de Satevó (Cañón del Cobre) 51, 181
  Misión San Francisco Javier de Viggé-Biaundó (bei Loreto) 51, 171
  Misión San Ignacio de Kadakaamán **170**
Mitla 42, 47, 145, **252f**, 257
Mixteca **252**
Mixteken 144, 145, 239
  Mitla **252f**, 257
  San Martín Huamelulpan 252
  Yagul **251**, 257
Mobiltelefone 319
Moctezuma II. 57, 82
Monarchfalter 214f
Monte Albán 56, 101, **240f**
Monterrey **187**
Monumento al Pípila (Guanajuato) **197**
Monumento a los Niños Héroes (Mexico City) 111
Monumento und Museo de la Revolución (Mexico City) **106**
Morado, José Chávez 199
Morelia **208–211**
  Karte 209
  Restaurants 209
  Spaziergang 210f
Morelia, Schlacht von 191
Morelos, José María 47, 59, 211
Mountainbiken 181
MUCHO Museo del Chocolate (Mexico City) **106**
Mulegé 34, **170f**
Mumien 180, 196
Museen und Galerien
  Antiguo Colegio de San Ildefonso (Mexico City) **84f**, 95
  Archivo Histórico y Museo de Minería (Pachuca) 152

Casa de Juárez (Oaxaca) **235**
Casa de la Cultura (Coatepec) 266
Casa de las Artesanías (Creel) 180, 181
Casa Diego Rivera (Guanajuato) **198**, 200
Casa Estudio Luis Barragán (Mexico City) **108**
Casa Museo Belisario Domínguez (Comitán de Domínguez) 254
Centro Cultural Ex-Convento Santa Rosa (Puebla) **149**
Centro Cultural La Casa de los Vientos (Acapulco) **242**
Centro Cultural La Paz 172
Centro Cultural Mexiquense (Toluca) 160
Centro Cultural Santo Domingo (Oaxaca) **236f**
Centro Cultural Tijuana 169
Centro Cultural Universitario Quinta Gameros (Chihuahua) 184, 185
Centro de las Artes (San Luis Potosí) 222f
Colección Jumex (Mexico City) 37
El Museo del Tequila y el Mezcal (Mexico City) 85
El Palacio Centro Cultural (Campeche) 301
Fototeca Nacional und Museo de la Fotografía (Pachuca) 152
Geschichtsmuseum (Mexico City) 83
Gran Museo del Mundo Maya (Mérida) **292**
La Tallera (Cuernavaca) 157
Laboratorio Arte Alameda (Mexico City) **88**
MARCO (Museo de Arte Contemporáneo) (Monterrey) 187
MUCHO Museo del Chocolate (Mexico City) **106**
Museo Amado Nervo (Tepic) 215
Museo Amparo (Puebla) **149**
Museo Anahuacalli (Mexico City) **132**
Museo Belber Jiménez (Oaxaca) **237**
Museo Benito Juárez (Mexico City) 83
Museo Cabañas (Guadalajara) **194f**
Museo Carlos Pellicer (Tepoztlán) 157
Museo Casa de Juárez (Chihuahua) 184, 185
Museo Casa de la Zacatecana (Querétaro) **207**
Museo Casa de León Trotsky (Mexico City) **121**
Museo Casa Francisco Villa (Hidalgo del Parral) 189
Museo Casa Montejo (Mérida) **292f**

Museo Centro Cultural de los Altos (San Cristóbal de las Casas) 249
Museo Costumbrista (Álamos) 187
Museo de Antropología de Xalapa 47, **264f**
Museo de Arte (Querétaro) **207**
Museo de Arte Abstracto Manuel Felguérez (Zacatecas) **204**
Museo de Arte Carrillo Gil (Mexico City) **118f**
Museo de Arte Contemporáneo (Aguascalientes) 224
Museo de Arte Contemporáneo (Oaxaca) **234**
Museo de Arte Contemporáneo (San Luis Potosí) 222, 223
Museo de Arte del Estado (Orizaba) **270**
Museo de Arte Guillermo Ceniceros (Durango) 188
Museo de Arte Indigena Contemporáneo (Cuernavaca) 37, 157
Museo de Arte Moderno (Mexico City) **108**, 111
Museo de Arte Popular (Mexico City) 36, **87**
Museo de Arte Religioso de Santa Mónica (Puebla) **149**
Museo de Arte Virreinal (Taxco) 163
Museo de Artes e Industrias Populares (Pátzcuaro) 220
Museo de Bellas Artes (Toluca) 160
Museo de Córdoba 268
Museo de El Carmen (Mexico City) **118**, 124
Museo de Historia de la Minería de Santa Rosalía 170, 171
Museo de la Caricatura (Mexico City) **89**, 94
Museo de la Ciudad de México (Mexico City) **87**
Museo de la Cultura Maya (Chetumal) 300
Museo de la Marimba (Tuxtla Gutiérrez) 251
Museo de la Memoria de Tlaxcala 159
Museo de la Platería (Taxco) 161
Museo de la Revolución Mexicana (Saltillo) 189
Museo de la Revolución (Mexico City) **106**
Museo de la Sal (Cuyutlán) 213
Museo de la Vid y el Vino (Valle de Guadalupe) 168
Museo de las Aves de México (Saltillo) 188, 189
Museo de las Californias (Tijuana) 169

Museo de las Culturas de Occidente (Colima) 216
Museo de las Culturas del Norte (Paquimé) 178
Museo de las Misiones (Loreto) 171
Museo de las Momias (Guanajuato) **196**
Museo de las Pinturas Rupestres de San Ignacio 170
Museo de Los Cinco Pueblos (Tepic) 215
Museo de los Hermanos (Puebla) **149**, 150
Museo de los Presidentes Coahuilenses (Saltillo) 189
Museo de Sonora (Hermosilla) 185
Museo del Acero Horno 3 (Monterrey) 187
Museo del Bicentenario (Dolores Hidalgo) 220
Museo del Café (Tuxtla Gutiérrez) 251
Museo Casa Estudio Diego Rivera y Frida Kahlo (Mexico City) **119**
Museo del Cuale (Puerto Vallarta) 225
Museo del Danzante Xiqueño (Xico) 275
Museo del Desierto (Saltillo) 188f
Museo del Ejército y Fuerza Aérea (Mexico City) 93
Museo del Estado (Morelia) **209**
Museo del Niño (Mexico City) 110
Museo del Origen (Mexcaltitán) 217
Museo del Paste (Mineral del Monte) 153
Museo del Pueblo (Guanajuato) **197**, 201
Museo Ex-Hacienda de San Gabriel de la Barrera (Guanajuato) **197**
Museo Federico Silva (San Luis Potosí) 222, 223
Museo Francisco Goitia (Zacatecas) **203**
Museo Franz Mayer (Mexico City) **91**, 92
Museo Frida Kahlo (Casa Azul) (Mexico City) 37, **116f**
Museo General Francisco Villa (Durango) 188
Museo Guillermo Spratling (Taxco) 163
Museo Histórico Curato de Dolores (Dolores Hidalgo) 220
Museo Histórico de la Revolución (Chihuahua) 46, 184
Museo Histórico Naval (Veracruz) 269
Museo Histórico Reducto San José el Alto (Campeche) 301

Museo Histórico Regional de Ensenada 168
Museo Huichol Wixárika de Zapopan (Guadalajara) **195**
Museo Iconográfico del Quijote (Guanajuato) **198**
Museo Internacional del Barroco (Puebla) **149**
Museo Jarocho Salvador Ferrando (Tlacotalpan) 274f
Museo José Guadalupe Posada (Aguascalientes) 224
Museo José Luis Cuevas (Mexico City) **86f**
Museo María Félix (Álamos) 187
Museo Maya de Cancún 283
Museo Mulegé 170f
Museo Mural Diego Rivera (Mexico City) **88**
Museo Nacional de Antropología (Mexico City) 12, 97, **100–105**, 111
Museo Nacional de Arquitectura (Mexico City) 79
Museo Nacional de Arte (Mexico City) **89**
Museo Nacional de Historia (Mexico City) 109
Museo Nacional de la Acuarela (Mexico City) **120**, 125
Museo Nacional de la Estampa (Mexico City) **90**, 92
Museo Nacional de la Máscara (San Luis Potosí) 222, 223
Museo Nacional de las Culturas (Mexico City) 95
Museo Nacional de las Intervenciones **120f**
Museo Nacional de San Carlos (Mexico City) **107**
Museo Nacional del Virreinato (Tepotzotlán) **146f**
Museo Olga Costa-José Chávez Morado (Guanajuato) **199**
Museo Palacio de los Poderes (Guanajuato) **198**
Museo Pedro Coronel (Zacatecas) **203**
Museo Rafael Coronel (Zacatecas) **202f**
Museo Regional de Antropología Carlos Pellicer Cámara 273
Museo Regional de Antropología e Historia (La Paz) 172
Museo Regional de Guadalajara **194**
Museo Regional de Guadalupe **205**

Museen und Galerien *(Forts.)*
  Museo Regional de Historia (Colima) 216
  Museo Regional de la Cerámica (Tlaquepaque) 212
  Museo Regional de Nayarit (Tepic) 215
  Museo Regional Michoacano (Morelia) **208**, 211
  Museo Regional (Querétaro) **206**
  Museo Regional (Tlaxcala) 159
  Museo Regional (Tuxtla Gutiérrez) 251
  Museo Reino del Chocolate Nestlé (bei Toluca) 43
  Museo Robert Brady (Cuernavaca) 156, 157
  Museo Rufino Tamayo (Mexico City) **108**, 111
  Museo Rufino Tamayo (Oaxaca) **236**
  Museo Soumaya (Mexico City) 43, **133**
  Museo Subacuático de Arte (MUSA) (Cancún) 283
  Museo Teodoro Cano (Papantla) 267
  Museo Textil de Oaxaca **235**
  Museo Toma de Zacatecas **204**
  Museo Tuxteco (Santiago Tuxtla) 271
  Museo Universitario de Arte Contemporáneo (MUAC) (Mexico City) 132
  Museo Universitario de Artes Populares (Colima) 216
  Museo Universitario del Chopo (Mexico City) 107
  Museo Universitario Dr. Luis Mario Schneider (Malinalco) 157
  Museo Valenciano 199
  Museo Vivo de Artes y Tradiciones Populares de Tlaxcala 158
  Museo Zacatecano **204f**
  Na Bolom (San Cristóbal de las Casas) 249
  (Mexico City) 43, **78f**, 92
  Palacio de Cultura Citibanamex (Mexico City) **89**
  Palacio de la Escuela de Medicina (Mexico City) 91
  Palacio de Bellas Artes
  Palacio Postal (Mexico City) 84, 92
  Palenque-Museum **245**
  Parque-Museo de La Venta (Villahermosa) 273
  Puppenspielmuseum (Huamantla) 159
  Riviera de Ensenada 168
  Sala de Arte Público Siqueiros (Mexico City) **107**, 111

Templo Mayor (Mexico City) 80
Teotihuacán, Museum **142**
Musik **32f**
  Mariachi 13, 33, 85, **195**
  Museo de la Marimba (Tuxtla Gutiérrez) 251
  Son jarocho 269
  siehe auch Unterhaltung

N

Na Bolom (San Cristóbal de las Casas) 249
Napoléon III., Kaiser 61
Nationalparks
  Cañon del Sumidero **252**
  Parque Nacional Barranca del Cupatitzio 217
  Parque Nacional Lagunas de Chacahua 250
Naturkatastrophen 318
Naturreservate
  Agua Selva, Ökotourismuspark 273
  Centro Ecológico de Cuyutlán »El Tortugario« 213
  Isla Espíritu Santo 44
  Nanciyaga, Ökopark (bei Catemaco) 274
  Parque Ecológico de Xochimilco (Mexico City) 128
  Ría Lagartos, Biosphärenreservat 39, **307**
  Santuario Sierra Chincua 41, 215
  Sian Ka'an, Biosphärenreservat 35, 45, **309**
  Vizcaíno, Biosphärenreservat 173
Neuspanien 46, 58, 137, 259
Nicholson, Jack 188
Nieto, Enrique Peña 63
Nonnenkloster (Chichén Itzá) 294, 295
Nonnenviereck (Uxmal) 284, 285
Nordmexiko 18, **174–189**
  Feste 185
  Hotels 183, 187
  Karte 176f
  Shopping 189
Notrufnummer 318

O

Oaxaca 12, 102, **234–237**
  Karte 235
  Restaurants 237
Oaxaca, Strände **250f**
Obregón, Álvaro 62, 124
Observatorium (El Caracol) (Chichén Itzá) 294, 295
Ocotlán **253**
Öffentliche Verkehrsmittel in Mexico City 316
Öffnungszeiten 313
O'Gorman, Juan 132

Olmeca-Xicalanca 158
Olmeken 56, 103, 144, 259, 264, **273**
  Monte Albán 240
  Parque-Museo de La Venta (Villahermosa) 273
  Santiago Tuxtla 271
Olympische Spiele (1968) 63, 132
Orizaba **270**
Orozco, José Clemente 36, 84f, 108, 133, 195
Otomí 160, 213
Outdoor-Aktivitäten **40f**

P

Pachuca **152**
Paläste
  Gouverneurspalast (Uxmal) 284, 285
  Obispado (Monterrey) 187
  Palast (Palenque) **244**
  Palacio Clavijero (Morelia) **208**, 210
  Palacio de Bellas Artes (Mexico City) 43, **78f**, 92
  Palacio de Cortés (Cuernavaca) 156, 157
  Palacio de Cultura Citibanamex (Mexico City) **89**
  Palacio de Gobierno (Guadalajara) **194**
  Palacio de Gobierno (Hermosillo) 185
  Palacio de Gobierno (Mérida) **291**
  Palacio de Gobierno (Monterrey) 187
  Palacio de Gobierno (Morelia) **208**, 211
  Palacio de Gobierno (Oaxaca) **237**
  Palacio de Gobierno (Xalapa) 265
  Palacio de Iturbide (Mexico City) 93
  Palacio de la Escuela de Medicina (Mexico City) **91**
  Palacio de Minería (Mexico City) 93
  Palacio Nacional (Mexico City) **82f**, 95
  Quetzalpapalotl-Palastkomplex (Teotihuacán) **142f**
  Taubenschlag (Uxmal) 285
  Tepantitla-Palast (Teotihuacán) 142
Palenque 10, 34, 103, **244–247**, 298
  Karte 245
Papantla **267**
Paquimé 103, **178f**
Paricutín **214**
Parken 317
Parks und Gärten
  Bosque de Chapultepec (Mexico City) 97, **110f**
  Cosmovitral Jardín Botánico (Toluca) 160

Jardín Botánico (Mexico City) 132
Jardín Centenario (Mexico City) 113, 122, 125
Jardín de la Unión (Guanajuato) 201
Jardín Etnobotánico (Oaxaca) **237**
Las Pozas 34, **218**
Palacio Nacional (Mexico City) 83
Parque Cepeda Peraza (Mérida) **290f**
Parque de la Bombilla (Mexico City) 124
Parque Santa Lucía (Mérida) **290**
Parque-Museo de La Venta (Villahermosa) 273
Xochimilco (Mexico City) 127, **128f**
siehe auch Nationalparks; Naturreservate; Themenparks; Wasserparks
Partido Nacional Revolucionario 62
Paseo de la Reforma (Mexico City) 69, **96–111**
 Bars 107
 Hotels 109
 Karte 98f
 Restaurants 105, 109
 Spaziergang 110f
Paseo de Montejo (Mérida) **292**
Pátzcuaro **220**
Pátzcuaro, Lago de 220
 Tour 228f
Peckinpah, Sam 188
Persönliche Sicherheit 318
Piazza Garibaldi (Mexico City) **85**
Pico de Orizaba 35, 40, 259, **270**
Pinoncelly, Salvador 90
Playa del Carmen **282**
Playa El Requesón 171
Playa Los Cerritos 171
Plaza de Armas (Morelia) 210, 211
Plaza de Armas (Oaxaca) 234
Plaza de Armas (Querétaro) **206f**
Plaza de la Conchita (Mexico City) 123
Plaza de la Constitución (Mexico City) siehe Zócalo
Plaza de las Tres Culturas (Mexico City) **131**
Plaza de Santo Domingo (Mexico City) **90f**
Plaza del Centenario (Mexico City) 125
Plaza Grande (Mérida) **291**
Plaza Hidalgo (Mexico City) 122
Plaza San Jacinto (Mexico City) 113, **118**, 124
Plaza Santa Catarina (Mexico City) 125
Polanco (Mexico City) 97, **106f**
Polyforum Siqueiros (Mexico City) 130
Popocatépetl 35, **158**

Porträt meines Vaters (Kahlo) 116
Posada, José Guadalupe 90, 224
Post 319
Postklassische Ära **145**
Präklassische Periode 56, 102f, **144f**
Progreso **308**
Puebla 43, **148–151**
 Karte 149
 Spaziergang 150f
Puebla, Schlacht von 61
Puerto Ángel 251
Puerto Escondido 45, 250, **254**
Puerto Morelos 280
Puerto Vallarta **224f**
Puppentheater 159
Puuc-Route **302f**
Pyramiden 42, 145
 Calakmul 51, 309
 Cañada de la Virgen **212f**
 Comalcalco 272
 El Castillo (Chichén Itzá) 295, **296f**
 El Castillo (Tulum) 289
 Große Pyramide (Cholula) 154f
 Große Pyramide (Uxmal) 285
 Mayapán 145
 Monte Albán 241
 Nischenpyramide (El Tajín) 262
 Pirámide de Cuicuilco (Mexico City) **133**
 Pyramide des Quetzalcóatl (Xochicalco) 156
 Pyramide des Wahrsagers (Uxmal) 284, 285, **286**
 Pyramide von Calixtlahuaca 160
 Sonnenpyramide (Teotihuacán) 38, 140, 142
 Templo Mayor (Mexico City) 81

Q

Querétaro 61, **206f**
 Karte 207
Quetzalcóatl 154, 287, 294
Quiahuiztlan **266f**
Quiroga 229

R

Rarámuri 175, 180, **181**, 238
Rauchen 319
Real de Catorce **223**
Reise-Infos 312–319
 In Mexiko unterwegs 314–317
 Praktische Hinweise 318f
 Reiseplanung 312f
Reiten 41, 181
Restaurants
 Baja California 172
 Bajío 199, 204, 209, 213, 225
 Golfküste 265, 267
 Halbinsel Yucatán 283, 293, 301

Mexico City 79, 87, 105, 109, 119, 131
Südmexiko 237, 241, 248
Zentralmexiko 153, 157
siehe auch Essen und trinken
Ría Lagartos, Biosphärenreservat 39, **307**
Ribera **219**
Río Filobobos 40, 41, 265
Río-Bec-Stätten 5, **308f**
Rivera, Diego 36, 62, 113, 117, 133
 Antiguo Colegio de San Ildefonso (Mexico City) 85
 Casa Diego Rivera (Guanajuato) **198**, 200
 Centro Cultural La Casa de los Vientos (Acapulco) **242**
 Fuente de Tláloc (Mexico City) 110
 Museo Anahuacalli (Mexico City) **132**
 Museo de Arte Moderno (Mexico City) 108
 Museo Casa Estudio Diego Rivera y Frida Kahlo (Mexico City) **119**
 Museo Mural Diego Rivera (Mexico City) **88**
 Museo Rafael Coronel (Zacatecas) 203
 Palacio de Cortés (Cuernavaca) 156
 Palacio Nacional (Mexico City) 82f, 95
 Segretaría de Educación Pública (Mexico City) 84
 Teatro de los Insurgentes (Mexico City) 130
 Universidad Nacional Autónoma de México (Mexico City) 132
Riviera Maya 38, 41, 277, **280–283**
Rojkind, Michel 43
Ruta de los Conventos (Maní) 307
Ruta de la Plata 11
 Erkundungstour 26f
Ruta Zapata 46

S

Sala de Arte Público Siqueiros (Mexico City) **107**, 111
Saltillo **188f**
San Agustinillo 251
San Andrés Tuxtla **270f**
San Ángel und Coyoacán (Mexico City) 70, **112–125**
 Karte 114f
 Restaurants 119
 Spaziergang 122–125
San Antonio Arrazola 253
San Bartolo Coyotepec 253
San Cristóbal de las Casas 46, **249**
San Jacinto, Schlacht von 60
San Jerónimo Tlacochahuaya 256
San José del Cabo **173**

327

San Juan de los Lagos **218**
San Lorenzo 144
San Luis Potosí **222f**
San Miguel de Allende **224**
 Spaziergang 226f
Santa Ana del Valle 257
Santa Anna, Antonio López de 60, 133
Santa Clara Cigars (San Andrés Tuxtla) 270, 271
Santa Fe de la Laguna 229
Santa María del Tule 256
Santa Rosalía 50, **170f**
Santacilia, Carlos Obregón 106
Santiago Tuxtla **271**
Santuario de Jesús Nazareno de Atotonilco **224**
Santuario El Rosario **214f**
Sayil 302
Schnorcheln *siehe* Tauchen und schnorcheln
Schokolade 43, 106f
Shopping
 Bajío 204
 Golfküste 275
 Mexico City 38
 Nordmexiko 189
 Südmexiko 254
 siehe auch Märkte
Sian Ka'an, Biosphärenreservat 35, 45, **309**
Sicherheit
 Persönliche Sicherheit 318
 Sicherheitshinweise 312
Sierra Gorda **214**
Sierra Madre 175
 Occidental 181, 187
Silber 58, 153, 191
 Batopilas 183
 Guanajuato 199, 200
 Lagos de Moreno **219**
 Real de Catorce **223**
 San Luis Potosí 222f
 Taxco 161
 Zacatecas 203, 204
Silva, Federico 222
Siqueiros, David Alfaro 36
 Castillo de Chapultepec 109
 Escuela de Bellas Artes (San Miguel de Allende) 226
 La Tallera (Cuernavaca) 157
 Museo de Arte Moderno (Mexico City) 108
 Museo Nacional de Arte (Mexico City) 89
 Museo Soumaya (Mexico City) 133
 Plaza de las Tres Culturas (Mexico City) 131
 Polyforum Siqueiros (Mexico City) 130
 Sala de Arte Público Siqueiros (Mexico City) **107**, 111
 Segretaría de Educación Pública (Mexico City) 84
Sklaverei 58, 259
Spanien
 Kolonialzeit 46, 58f
 Konquistadoren 57, 145, 191

Spas
 San Juan Cosalá 219
 Tequisquiapan **216**
Spaziergänge
 Bosque de Chapultepec (Mexico City) 110f
 Coyoacán (Mexico City) 122f
 Guanajuato 200f
 Morelia 210f
 Puebla 150f
 Von San Ángel nach Coyoacán (Mexico City) 124f
 San Miguel de Allende 226f
 Taxco 162f
 Alameda Central (Mexico City) 92f
 Zócalo (Mexico City) 94f
Sport
 Fußball 133, 152
 Wassersport 45
 siehe auch Outdoor-Aktivitäten
Sprache 313
 Spanische Ausdrücke 312
 Indigene Sprachen 105, 238
 Sprachführer 330–333
Spratling, William 162, 237
Stalin, Josef 121
Steinbeck, John 165
Strände 13, 44f
 Baja California **171**, 172f
 Bajío 224f
 Halbinsel Yucatán 277, 280–283, 303, 308
 für Kinder 38
 Nordmexiko 186
 Oaxaca **250f**
 Südmexiko 242f, 250f, 254
Straße der Toten (Teotihuacán) 140
Streetfood 10, 52
Strom 312
Sonnenstein, Azteken 100, 104
Südmexiko 20, **230–257**
 Erkundungstour 28f
 Feste 254
 Karte 232f
 Restaurants 237, 241, 248
 Shopping 254
Surfen 38, 45, 254

T

Tagundnachtgleiche 295, 296, 305
Taller Uriarte Talavera (Puebla) **149**
Tamayo, Rufino 108, 133
 Museo Rufino Tamayo (Mexico City) **108**, 111
 Museo Rufino Tamayo (Oaxaca) **236**
Tanz 13, **32f**
 Danza de los Liseres (Santiago Tuxtla) 271
 siehe auch Unterhaltung
Tapijulapa **272**
Tarasken 103, 145, 229
Tauchen und schnorcheln 38, 45, 280, 281, **282**
 cenotes 34, 281

Taxco **161**
 Spaziergang 162f
Teatro Juárez (Guanajuato) **196**, 201
Teleférico de Puebla **148f**
Tempel
 Abseits liegende Tempel (Palenque) **245**
 Quetzalcóatl-Tempel (Teotihuacán) 140f
 Sonnentempel (Palenque) 10, 247
 Tempel des Blätterkreuzes (Palenque) 246
 Tempel der Fresken (Tulum) **289**
 Tempel des Grafen (Palenque) 246
 Tempel der Inschriften (Palenque) **244f**, 246
 Tempel des Jaguars (Palenque) **244**
 Tempel des Kreuzes (Palenque) 246
 Tempel der Krieger (Chichén Itzá) 295
 Templo Mayor (Cempoala) 267
 Templo Mayor (Mexico City) **80f**, 95, 104, 105
Templo *siehe* Kirchen und Kathedralen
Tempolimits 314
Tenochtitlán 57, 73, 109, 113, 128
Teotihuacán 47, 56f, 137, **140–143**, 144
Teotitlán 257
Tepeyac 58
Tepic **215**
Tepoztlán 154, **157**
Tequila (Getränk) 53, 85, 218
Tequila (Stadt) **218**
Tequisquiapan **216**
Texcoco, See 57, 73, 113
Theater *siehe* Unterhaltung
Themenpark
 Six Flags México (Mexico City) 39
Third Root 63
Tiere
 Feuchtgebiete 35
 Santuario de Piedra Herrada (Valle de Bravo) 155
 Santuario El Rosario **214f**
 Santuario Sierra Chincua 41, 215
 Umweltfreundliche Touren 44
 Walbeobachtung 39, **173**
 siehe auch Nationalparks; Naturreservate
Tijuana 165, **169**
Tlacolula de Matamoros 257
Tlacotalpan **274f**
Tláloc 101, 110, 142, 246
Tlalpan (Mexico City) **133**
Tlaquepaque **212**
Tlatelolco **131**
Tlaxcala **159**
Tlaxiaco 252

Tocuaro 228
Todos Santos **173**
Tolsá, Manuel 77, 89
Tolteken 56, 57, 145, **154**, 294
   Cempoala 267
   Tula **154**
Toluca **160**
Toniná 57, **255**
Torre Latinoamericana (Mexico City) 42, **90**, 93
Totonaken 239, 259, 264, 267
   El Tajín **262f**
   Quiahuiztlan **266f**
Touren mit dem Auto
   Lago de Pátzcuaro 228f
   Valle de Tlacolula 256f
Transpeninsular Highway 34, 165
Trique 238
Trotzki, Leo 113
   Ermordung **121**
   Museo Casa de León Trotsky (Mexico City) **121**
Tula 137, 145, **154**, 294
Tulum **288f**
Tulum (Stadt) **288**
Tuxtla Gutiérrez **250f**
Tzintzuntzán 215, 229

U

Unabhängigkeitsbewegung 59, 184, 191, 207, 220
Unabhängigkeitskrieg 59, 61, 198, 253
Universidad Nacional Autónoma de México (UNAM) (Mexico City) **132**
Unterhaltung
   Auditorio Nacional (Mexico City) 110
   Centro Cultural Tijuana 169
   Estadio Azteca (Mexico City) **133**
   Palacio de Bellas Artes (Mexico City) 43, **78f**, 92
   Puppenspiel (Huamantla) 159
   Teatro José Peón Contreras (Mérida) 290
   Teatro Juárez (Guanajuato) **196**, 201
   siehe auch Festivals und Events; Musik; Tanz; Sport
Uruapan **217**
USA
   Immigranten 60, 187
   Krieg mit 60
   Mexikanische Grenze **169**, 175, 314
Uxmal **284–246**

V

Valladolid 47, **306f**
Valle de Bravo 40, 41, **155**
Valle de Guadalupe 51, **168**
Velasco, José María 89
Veracruz 259, **268f**
Verkehrsregeln 317

Versicherungen 312f
Villa, Pancho 46, 62, 106, **184**, 204
   Museo Casa Francisco Villa (Hidalgo del Parral) 189
   Museo General Francisco Villa (Durango) 188
Villa del Oeste 188
Villahermosa **273**
Viva la Vida (Kahlo) 116
Voladores 259, **263**, 267
Vulkane 35
   El Nevado de Colima 35, 216
   Iztaccíhuatl **158**
   Paricutín **214**
   Popocatépetl 35, **158**
   Volcán del Fuego 216

W

Währung 312
Walbeobachtung **173**
Wandern 40
   Cañón del Cobre 182, 183
   El Nevado 216
   Pico de Orizaba **270**
   Popocatépetl und Iztaccíhuatl 158
Wandgemälde 11, 36
   Antiguo Colegio de San Ildefonso (Mexico City) 84, 95
   Bonampak 36, 47, 248
   Cacaxtla 158
   Castillo de Chapultepec 109
   Centro Cultural La Casa de los Vientos (Acapulco) **242**
   Museo Anahuacalli (Mexico City) 142
   Museo Mural Diego Rivera (Mexico City) **88**
   Museo Soumaya (Mexico City) 133
   Palacio de Bellas Artes (Mexico City) **78f**
   Palacio de Cortés (Cuernavaca) 156
   Palacio Nacional (Mexico City) **82f**
   Plaza de las Tres Culturas (Mexico City) 131
   Polyforum Siqueiros (Mexico City) 130
   Sala de Arte Público Siqueiros (Mexico City) 107
   Segretaría de Educación Pública (Mexico City) 84
   Teotihuacán 36, 142, 143
   Universidad Nacional Autónoma de México (UNAM) (Mexico City) 132
Wasserfälle
   Cascada Cusárare (Cañón del Cobre) 181
   Cascada de Basaseachi (Cañón del Cobre) **183**
   Cascadas de Agua Azul **248f**
Wasserparks 39
   Xel-Ha **281**
Wassersport 45
Websites 318

Wein
   Baja 51
   Bodegas de Santo Tomás (Ensenada) 168
   Museo de la Vid y el Vino (Valle de Guadalupe) 168
Wildwasser-Rafting 40f
Wirtschaft 63
WLAN 319
Wright, Frank Lloyd 42
Wüsten 34

X

Xalapa **264f**
   Restaurants und Cafés 265
Xel-Ha **281**
Xico **275**
Xlapak 302
Xochicalco 102, **156**
Xochimilco (Mexico City) 127, **128f**
Xochitécatl **158**
Xpujil 308, 309

Y

Yagul **251**, 257
Yaqui 238
Yaxchilán **255**
Yucatán *siehe* Halbinsel Yucatán

Z

Zaachila 238
Zacatecas 58, **202–205**
   Karte 203
   Restaurants 204
   Shopping 204
Zapata, Emiliano 46, 62, 249
Zapatisten-Aufstand 62, 231, **249**
Zapoteken 144, 145, 231, 238, 239
   Dainzú 256
   Lambityeco 257
   Mitla 42, 145, **252f**, 257
   Monte Albán **240f**
   Teotitlán 257
   Yagul **251**, 257
Zauberheiler **274**
Zeit 318
Zentralmexiko 17, **136–163**
   Bars und Cafés 158
   Feste 154
   Hotels 157
   Karte 138f
   Restaurants 153, 157
Zihuatanejo **250**
Zimatlán **253**
Zócalo (Mexico City) 76, 82, 94f
Zona Rosa (Mexico City) 97
Zoll 312
Züge **316**
   El Chepe 11, 175, 180, 181, **182**
Zweiter Weltkrieg 62

SPRACHFÜHRER

Mexikanisches Spanisch ist dem in Spanien gesprochenen Spanisch (*castellano*, Kastilisch) ähnlich, obwohl es wie in den Ländern Südamerikas einige Abweichungen gibt. Eine deutliche Abweichung zeigt sich auch beim Wort *ustedes* (dem Plural von »Sie«), das in Mexiko bei der formellen wie bei der informellen Anrede gebraucht wird.

Mexikaner benutzen *carro* (statt *coche*) für Autos; Busse gleich welcher Art und Lastwagen werden *camiones* genannt. Nur in Mexiko wird für Markt das Wort *tianguis* (vom Nahuatl-Wort *tianquiztli*) benutzt, obwohl auch *mercado* in Gebrauch ist.

Mexikaner sind sehr formell, Sie sollten also immer *usted* (und nie *tú*) für die Anrede verwenden, es sei denn, die Person ist Ihnen sehr vertraut. Sagen Sie *buenos días* (vormittags) oder *buenas tardes* (nachmittags) beim Einsteigen in ein Taxi, und sprechen Sie den Fahrer ebenso wie einen Kellner mit *señor* an.

Vorsicht geboten ist bei dem Gebrauch des Wortes *madre* (Mutter), da es eine Reihe von Schimpfwörtern mit diesem Wort gibt. Sprechen Sie von der Mutter ihres Gesprächspartners, benutzen Sie, um sicherzugehen, den Ausdruck *tu mama* oder das formellere *su señora madre*.

Notfälle

Hilfe!	¡Socorro!	[so'kɔrrɔ]
Stopp!	¡Pare!	['pare]
Polizei!	¡Policía!	[poli'sia]
Rufen Sie einen Arzt!	¡Llame a un médico!	[ʎame a un 'mediko]
Rufen Sie einen Krankenwagen!	¡Llame a una ambulancia!	[ʎame a 'una ambu'lansia]
Wo ist das nächste Telefon?	¿Dónde está el teléfono más cercano?	['dɔnde es'ta εl te'lefono mas sεr'kano]
Wo ist das nächste Krankenhaus?	¿Dónde está el hospital más cercano?	['dɔnde es'ta εl ɔspi'tal mas sεr'kano]
Können Sie mir helfen?	¿Me puede ayudar?	[me 'pueđe aju'đar]
Man hat mir mein … gestohlen.	Me robaron mi …	[me rro'baron mi …]

Grundwortschatz

ja	sí	[si]
nein	no	[no]
bitte	por favor	[pɔr fa'bɔr]
danke	gracias	['grasĭas]
Entschuldigung	Perdóne	[pεr'đɔne]
Tut mir leid.	Lo siento.	[lo 'sĭento]
Hallo	¡Hola!	['ola]
Guten Tag	Buenos días	['buenos 'dias]
Guten Tag (nachm.)	Buenas tardes	['buenas 'tarđes]
Guten Abend	Buenas noches	['buenas notʃes]
Morgen (Tageszeit)	la mañana	[ma'nana]
Nachmittag	la tarde	['tarđe]
Nacht	la noche	['notʃe]
gestern	ayer	[a'jεr]
heute	hoy	[ɔi]
morgen	mañana	[ma'nana]
hier	aquí	[a'ki]
Wie?	¿Cómo?	['komo]
Wann?	¿Cuándo?	['küando]
Warum?	¿Por qué?	[pɔr ke]
Wo?	¿Dónde?	['dɔnde]
Wie geht es Ihnen?	¿Cómo está usted?	['komo es'ta us'teđ]
Sehr gut, danke.	Muy bien, gracias.	[mŭi bĭen, 'grasĭas]

Nützliche Redewendungen

Das ist in Ordnung.	Está bien.	[es'ta bĭen]
Toll!	¡Qué bien!	[ke bĭen]
Sprechen Sie Englisch?	¿Habla inglés?	['abla iŋgles]
Sprechen Sie ein bisschen Deutsch?	¿Habla un poco de alemán?	['abla un 'poko de ale'man]
Ich verstehe nicht.	No entiendo.	[no en'tĭendo]
Könnten Sie etwas langsamer sprechen, bitte?	¿Puede hablar más despacio, por favor?	['puede a'blar mas des'pasĭo, pɔr fa'bɔr]
Ich möchte …	Quiero …	['kĭero]
Ich möchte … (höflicher)	Quisiera/ Me gustaría …	[ki'sĭera/ me gusta'ria]
Wir möchten …	Queremos …	[ke'remos]
Haben Sie Wechselgeld (für 100 Pesos)?	¿Tiene cambio (de cien pesos)?	['tĭene 'kambĭo de sĭen 'pesos]
Sehr freundlich.	Muy amable.	[mŭi a'mable]
Gibt es …?	¿Hay …?	[aĭ]
Gibt es Wasser?	¿Hay agua?	[aĭ 'agŭa]
In Ordnung/ einverstanden.	De acuerdo.	[de a'kŭerđo]
Gut	bueno	['bŭeno]
Alles klar!	¡Claro que sí!	['klaro ke si]
Selbstverständlich!	¡Cómo no!	['komo no]
Mit Vergnügen!	¡Mucho gusto!	['mutʃo 'gusto]
Es ist kaputt.	Está roto/rota.	[es'ta 'rrɔto/a]
Wo ist/sind …?	¿Dónde está/ están …?	['dɔnde es'ta/ es'tan …]
Wie weit ist es nach …?	¿Cuántos metros/ kilómetros hay de aquí a …?	['kŭantos 'metros/ ki'lɔmetros aĭ de a'ki a …]
Ist es weit?	¿Está lejos?	[es'ta 'lexos]
Ist es nah?	¿Está cerca?	[es'ta 'sεrka]
Wie kommt man nach …?	¿Por dónde se va a …?	[pɔr 'dɔnde se ba a …]
Passen Sie auf!	¡Ten cuidado!	[ten kŭi'đađo]
Wie geht's?	¿Qué tal?	[ke tal]
Wir sind zu spät.	Estamos atrasados.	[es'tamos atra'sađos]
Wir sind zu früh.	Estamos adelantados.	[es'tamos adelan'tađos]
Gehen wir!	¡Vámonos!	['bamɔnos]

Nützliche Wörter

Deutsch	Spanisch	Aussprache
groß	grande	['grande]
klein	pequeño	[pe'kɛɲo]
heiß	caliente	[ka'lĭente]
kalt	frío	['frio]
gut	bueno	['bŭeno]
gut (Adv.)	bien	[bĭen]
schlecht	malo	['malo]
genug	suficiente	[sufi'sĭente]
geöffnet	abierto	[a'bĭerto]
geschlossen	cerrado	[se'rrađo]
Eingang	la entrada	[en'trađa]
Ausgang	la salida	[sa'liđa]
voll	lleno	['ʎeno]
leer	vacío	[ba'sio]
rechts	derecha	[de'retʃa]
links	izquierda	[is'kĭerđa]
immer geradeaus	siga derecho	['siga de'retʃo]
unterhalb, unten	debajo	[de'baxo]
oben, hinauf	arriba	[a'rriba]
bald	pronto	['prɔnto]
früh	temprano	[tem'prano]
spät	tarde	['tarđe]
jetzt	ahora	[a'ɔra]
mehr	más	[mas]
weniger	menos	['menos]
wenig	poco	['poko]
viel	mucho	['mutʃo]
sehr	muy	[mŭi]
erster Stock	segundo piso	[se'gundo 'piso]
Erdgeschoss	primer piso	[pri'mer 'piso]
Fahrstuhl	ascensor	[assen'sɔr]
Toiletten	los baños	['baɲos]
Frauen	mujeres	[mu'xeres]
Männer	hombres	['ɔmbres]
Toilettenpapier	papel higiénico	[pa'pel i'xĭeniko]
Kamera	cámara	['kamara]
Reisepass	pasaporte	[pasa'pɔrte]

Gesundheit

Ich fühle mich krank.	Me siento mal.	[me 'sĭento mal]
Ich habe Bauch-/Kopfschmerzen.	Me duele el estómago/la cabeza.	[me 'dŭele ɛl es'tomago/la ka'besa]
Er/sie ist krank.	Está enfermo/enferma.	[es'ta em'fɛrmo/em'fɛrma]
Ich muss ausruhen.	Necesito descansar.	[nɛsɛ'sito deskan'sar]
Apotheke	la farmacia	[far'masĭa]

Post/Bank

Bank	el banco	['baŋko]
Postamt	la oficina de correos	[ofi'sina de kɔ'rreos]
Ich möchte einen Brief versenden.	Quiero enviar una carta.	['kĭero em'bĭar 'una 'karta]
Postkarte	la postal	[pɔ'stal]
Briefmarke	el sello	['seʎo]
Geld wechseln	cambiar dinero	[kam'bĭar di'nero]
Geldautomat	cajero automático	[ka'xero aŭto'matiko]

Shopping

Ich hätte gern…	Me gustaría/quiero…	[me gusta'ria/'kĭero…]
Ich suche…	Estoy buscando/a…	[es'tɔĭ bus'kando/a…]
Haben Sie…?	¿Tiene…?	['tĭene…]
Wie viel kostet das?	¿Cuanto cuesta?	['kŭanto 'kŭesta]
Ist das Ihr günstigster Preis?	¿Es su mejor precio?	[es su mɛ'xɔr 'presĭo]
Preisnachlass	el descuento	[des'kŭento]
Wann öffnen/schließen Sie?	¿A qué hora abren/cierran?	[a 'ke 'ora abren/sĭerran]
Kann ich mit Kreditkarte zahlen?	¿Puedo pagar con tarjeta de crédito?	['pŭedo pa'gar kɔn tar'xeta de 'kređito]
Akzeptieren Sie Reisechecks?	¿Aceptan cheques de viaje?	[a'sɛptan 'tʃekes de bĭa'xero]
Kleidung	la ropa	['rrɔpa]
dieses	éste	['este]
jenes	ése	['ese]
teuer	caro	['karo]
billig	barato	[ba'rato]
Kleidergröße	talla	['taʎa]
Schuhgröße	número	['numero]
weiß	blanco	['blaŋko]
schwarz	negro	['negro]
rot	rojo	['rrɔxɔ]
grün	verde	['bɛrđe]
blau	azul	[a'sul]
gelb	amarillo	[ama'riʎo]
Antiquitätenladen	la tienda de antigüedades	['tĭenda de antigueđađes]
Bäckerei	la panadería	[panađe'ria]
Buchhandlung	la librería	[libre'ria]
Fischgeschäft	la pescadería	[peskađe'ria]
Friseur	la peluquería	[peluke'ria]
Gemüseladen	la tienda de abarrotes	['tĭenda de aba'rrɔtes]
Juwelier	la joyería	[xoje'ria]
Kaufhaus	la tienda de departamentos	['tĭenda de departa'mentos]
Konditorei	la pastelería	[pastele'ria]
Markt	el tianguis/el mercado	['tĭangis/mɛr'kađo]
Metzger	la carnicería	[karnise'ria]
Obsthändler	la frutería	[frute'ria]
Reisebüro	la agencia de viajes	[a'xensĭa de bĭ'axes]
Supermarkt	el supermercado	[supɛrmɛr'kađo]
Zeitungskiosk	el puesto de periódicos	['pŭesto de pe'rĭođikos]

Sightseeing

Bibliothek	la biblioteca	[biblĭo'teka]
Festung, Burg	el castillo	[kas'tiʎo]
Kathedrale	la catedral	[kate'đral]
Kirche	la iglesia/la basílica	[i'glesĭa ba'silika]
Museum	el museo	[mu'seo]

Deutsch	Spanisch	Aussprache
Park, Garten	el jardín	[xar'ðin]
Pyramide	la pirámide	[pi'ramiðe]
Rathaus	el palacio municipal	[pa'lasïo munisi'pal]
Ruine	las ruinas	['rrüinas]
Tourismusbüro	la oficina de turismo	[ofi'sina de tu'rismo]
Strand	la playa	['plaja]
Platz	la plaza	['plasa]
Straße	la calle	['kaʎe]
Landstraße	la carretera	[karre'tera]
Viertel	barrio	['barrïo]
Eintrittskarte	la entrada	[en'traða]
Wie viel kostet der Eintritt?	¿Cuánto vale la entrada?	['kůanto 'bale la en'traða]
Wegen Urlaub geschlossen.	Cerrado por vacaciones.	[sɛ'rraðo pɔr baka'sïones]
Fremdenführer	el guía	[ɛl 'gia]
Reiseführer (Buch)	la guía	[la 'gia]
Führung	la visita guiada	[bi'sita gi'ðaða]
Karte	el mapa	['mapa]
Stadtplan	el plano de la ciudad	['plano de la sïu'ðað]

Transport

Deutsch	Spanisch	Aussprache
Gibt es einen Bus/Zug nach …?	¿Hay un camión/tren a …?	[aï un ka'mïon/tren a …]
Wann fährt er?	¿A qué hora sale?	[a ke 'ora 'sale]
(Zentraler) Busbahnhof	la camionera (central)	[kamïo'nera sen'tral]
Bahnhof	la estación de trenes	[esta'sïon de 'trenes]
U-Bahn	el metro	['metro]
Bahnsteig	el andén	[an'den]
Ticketschalter	la taquilla	[ta'kiʎa]
Rückfahrkarte	el boleto de ida y vuelta	[bo'leto de 'iða i 'bůɛlta]
Ticket für die einfache Fahrt	el boleto de ida solamente	[bo'leto de 'iða sola'mente]
Taxistand	sitio de taxis	['sitïo de 'tagsis]
Könnten Sie mir ein Taxi rufen?	¿Me puede llamar un taxi?	[me 'půeðe ʎa'mar un 'tagsi]
Flughafen	el aeropuerto	[aero'půɛrto]
Zoll	la aduana	[a'ðůana]
Fahrrad	la bicicleta	[bisi'kleta]
Tagespreis	la tarifa diaria	[ta'rifa 'ðïarïa]
Wochenpreis	la tarifa semanal	[ta'rifa sema'nal]
Versicherung	los seguros	[se'guros]
Tankstelle	la gasolinera	[gasoli'nera]
Werkstatt	el taller mecánico	[taʎer me'kaniko]
Ich habe eine Reifenpanne.	Se me pinchó una llanta.	[se me pin'tʃo 'una ʎanta]
Einschiffungshafen	el puerto de embarque	['půerto de em'barke]

Im Hotel

Deutsch	Spanisch	Aussprache
Ich habe reserviert.	Tengo una reserva.	['tengo 'una rrɛ'sɛrba]
Haben Sie noch ein freies Zimmer?	¿Tiene una habitacion libre?	['tïene 'una abita'sïon 'liβre]
Einzelzimmer	la habitación sencilla	[abita'sïon sen'siʎa]
Doppelzimmer	la habitación doble	[abita'sïon 'doβle]
mit Doppelbett	con cama matrimonial	[kɔn 'kama matrimo'nïal]
mit zwei Betten	con dos camas	[kɔn dɔs 'kamas]
Badezimmer	el baño	['baɲo]
Dusche	la ducha	['dutʃa]
Badewanne	la bañera	['baɲera]
Haben Sie ein Zimmer mit Aussicht?	¿Hay alguna habitación con vista?	[aï al'guna abita'sïon kɔn 'bista]
Meerblick	vista al mar	['bista al mar]
Das … funktioniert nicht.	No funciona el/la …	[no fun'sïona ɛl/la …]
Ich möchte um … geweckt werden.	Necesito que me despierten a las …	[nese'sito ke me des'pïɛrten a las …]
Wo ist der Speisesaal?	¿Dónde está el restaurante?	['dɔnde es'ta ɛl rrestaůrante]
Wo ist die Bar?	¿Dónde está el bar?	['dɔnde es'ta ɛl bar]
warmes/kaltes Wasser	el agua caliente/fría	['agůa ka'lïente/'fria]
Seife	el jabón	[xa'bɔn]
Handtuch	la toalla	[to'aʎa]
Schlüssel	la llave	['ʎaβe]

Im Lokal

Deutsch	Spanisch	Aussprache
Haben Sie einen Tisch für …?	¿Tienen una mesa para …?	['tïenen 'una 'mesa 'para …]
Ich möchte einen Tisch reservieren.	Quiero reservar una mesa.	['kïero rreser'bar 'una 'mesa]
Ich bin Vegetarier.	Soy vegetariano/a.	[sɔi bɛxeta'rïano/a]
Kellner/-in	mesero/a	[me'sero/a]
Kann ich bitte die Speisekarte sehen?	¿Me deja ver el menú, por favor?	[me 'dɛxa bɛr ɛl me'nu, pɔr fa'bɔr]
Festpreis	precio fijo	['presïo 'fixo]
Weinkarte	la carta de vinos	['karta de 'binos]
Die Rechnung, bitte.	La cuenta, por favor.	[la 'kůenta, pɔr fa'bɔr]
Ich hätte gern etwas Wasser.	Quiero un poco de agua.	['kïero un 'poko de 'agůa]
Wein	el vino	['bino]
Flasche	la botella	[bo'teʎa]
Glas	el vaso	['baso]
Frühstück	el desayuno	[desa'juno]
Mittagessen	la comida	[ko'miða]
Abendessen	la cena	['sena]
Hauptgericht	el plato fuerte	['plato 'fůɛrte]
Vorspeise	la entrada	[en'traða]
Tagesgericht	el plato del día	['plato del 'dia]
blutig (beim Steak)	término rojo	['tɛrmino 'rrɔxɔ]
medium	término medio	['tɛrmino 'meðïo]
durchgebraten	bien cocido	['bïen ko'siðo]
Könnten Sie es aufwärmen?	¿Me lo podría calentar?	[me lo po'ðria kalen'tar]

Serviette	la servilleta	[sɛrbi'ʎeta]	el vinagre	[bi'nagre]	Essig
Trinkgeld	la propina	[pro'pina]	el vino blanco	['bino 'blaŋko]	Weißwein
Haben Sie Feuer?	¿Tiene fuego?	['tĩene 'fŭego]	el vino tinto	['bino 'tinto]	Rotwein

Auf der Speisekarte

Zeit

al horno	[al 'ɔrno]	gebacken	eine Minute	un minuto	['un mi'nuto]
asado	[a'sado]	gebraten	eine Stunde	una hora	['una 'ora]
frito	['frito]	frittiert	Woche	la semana	[se'mana]
picante	[pi'kante]	würzig	nächste Woche	próxima semana	['prɔɡsima se'mana]
seco	['seko]	trocken			
el aceite	[a'sɛi̯te]	Öl	Monat	el mes	[mes]
las aceitunas	[asɛi̯'tunas]	Oliven	Montag	lunes	['lunes]
el agua mineral	['aɡŭa mine'ral]	Mineralwasser	Dienstag	martes	['martes]
sin gas/	[sin gas/	still/mit	Mittwoch	miércoles	['mĭɛrkoles]
con gas	kɔn gas]	Kohlensäure	Donnerstag	jueves	['xŭebes]
el ajo	['axo]	Knoblauch	Freitag	viernes	['bĭɛrnes]
el arroz	[a'rrɔs]	Reis	Samstag	sábado	['sabado]
el atún	[a'tun]	Thunfisch	Sonntag	domingo	[do'miŋgo]
el azúcar	[a'sukar]	Zucker	Januar	enero	[e'nero]
el bacalao	[baka'lao]	Kabeljau	Februar	febrero	[fe'brero]
la banana	[ba'nana]	Banane	März	marzo	['marso]
la bebida	[be'biđa]	Getränk	April	abril	[a'bril]
el café	[ka'fe]	Kaffee	Mai	mayo	['majo]
los camarones	[kama'rɔnes]	Garnelen	Juni	junio	['xunĭo]
la carne	['karne]	Fleisch	Juli	julio	['xulĭo]
la cebolla	[se'boʎa]	Zwiebel	August	agosto	[a'gɔsto]
la cerveza	[sɛr'besa]	Bier	September	septiembre	[se'tĭembre]
el cerdo	['sɛrđo]	Schweine-fleisch	Oktober	octubre	[ɔk'tubre]
			November	noviembre	[no'bĭembre]
el chocolate	[tʃoko'late]	Schokolade	Dezember	diciembre	[di'sĭembre]
el cordero	[kɔr'đero]	Lammfleisch			
la ensalada	[ensa'lađa]	Salat	## Zahlen		
la fruta	['fruta]	Frucht, Obst	1	un/uno/una	[un/'uno/'una]
el helado	[e'lađo]	(Speise-)Eis	2	dos	[dɔs]
el huevo	['ŭebo]	Ei	3	tres	[tres]
el jugo	['xugo]	Fruchtsaft	4	cuatro	['kŭatro]
la langosta	[lan'gɔsta]	Languste	5	cinco	['siŋko]
la leche	['letʃe]	Milch	6	seis	[sɛi̯s]
la mantequilla	[mante'kiʎa]	Butter	7	siete	['sĭete]
la manzana	[man'sana]	Apfel	8	ocho	['otʃo]
los mariscos	[ma'riskos]	Meeresfrüchte	9	nueve	['nŭebe]
la naranja	[na'ranxa]	Orange	10	diez	['dĭes]
el pan	[pan]	Brot	11	once	['onse]
las papas	['papas]	Kartoffeln	12	doce	['dose]
las papas a la francesca	['papas a la fran'seska]	Pommes frites	13	trece	['trese]
			14	catorce	[ka'torse]
las papas fritas	['papas 'fritas]	Pommes frites	15	quince	['kinse]
el pastel	[pas'tɛl]	Kuchen	16	dieciséis	[dĭesi'sɛi̯s]
el pescado	[pes'kađo]	Fisch	17	diecisiete	[dĭesi'sĭete]
la pimienta	[pi'mĭenta]	Pfeffer	18	dieciocho	[dĭesi'otʃo]
el pollo	['poʎo]	Hühnchen	19	diecinueve	[dĭesi'nŭebe]
el postre	['pɔstre]	Dessert	20	veinte	['bɛi̯nte]
el queso	['keso]	Käse	30	treinta	['trɛi̯nta]
el refresco	[rrɛ'fresko]	Softdrink	40	cuarenta	[kŭa'renta]
la sal	[sal]	Salz	50	cincuenta	[sin'kŭenta]
la salsa	['salsa]	Sauce	60	sesenta	[se'senta]
el solomillo	[solo'miʎo]	Filet	70	setenta	[se'tenta]
la sopa	['sopa]	Suppe	80	ochenta	[o'tʃenta]
el té	[te]	Kräutertee	90	noventa	[no'benta]
la ternera	[tɛr'nera]	Kalbfleisch	100	cien/ciento	[sĭɛn/'sĭɛnto]
la torta	['torta]	Sandwich	500	quinientos	[ki'nĭentos]
las tostadas	[tɔs'tađas]	Toast	1000	mil	[mil]

DANKSAGUNG

Dorling Kindersley möchte sich bei allen bedanken, die dieses Buch möglich gemacht haben.

BILDNACHWEIS

l = links; r = rechts; o = oben; u = unten; m = Mitte

Dorling Kindersley dankt folgenden Personen, Institutionen, Unternehmen und Bildarchiven für die Erlaubnis, ihre Fotos zu reproduzieren:

123RF.com: Belikova 90ul; Yulia Belousova 20ol, 230 – 231; Freda Bouskoutas 121ur; Anton Ivanov 116 – 117u; Andrea Izzotti 170o; Loes Kieboom 10mo; Joanne Weston 281mru.

akg-images: Bildarchiv Steffens 145mru.

Alamy Stock Photo: Aclosund Historic 59ur; Aflo Co. Ltd./AM Corporation 263ur; agefotostock/ Jerónimo Alba 76ul, /Cem Canbay 302ul, /J. D. Dallet 61mlu, /Sara Janini 272 – 273o, /Laurent Marolleau 247or, /Richard Maschmeyer 284ul, /Leonardo Díaz Romero 146ul, /Toño Labra 157ul, 159or, 211mro, 240ul, /Douglas Williams 91o; AGF Srl/Charles Mahaux 150ul, 266ul; Tatiana Aksenova 63um; Rubens Alarcon 195or; Jerónimo Alba 37ml; Dorothy Alexander 37ur; Luis Emilio Villegas Amador 156o; Auk Archive 63mru; Al Argueta 50or, 183ur; Rafael Ben-Ari 38 – 39u; Bildagentur-online/Schoening 79or; Robert Briggs 272ul; Chad Case 24or; Cavan/ Aurora Photos/Ethan Welty 28ul; Jui-Chi Chan 196 – 197u; Creative Touch Imaging Ltd. 221m; David Crossland 42ol; Bob Daemmrich 63or; Danita Delimont/Brent Bergherm 28mru; Danita Delimont, Agent/Russell Gordon 47mlu, 238mru, /Charles Sleicher 285ol; Keith Dannemiller 54mlu; Simon Dannhauer 306 – 307o; Bill Davis 71o, 126; Bill Davis/Museo de Arte Popular – AAMAP/*Vochol* – VW Beetle von den Familien Bautista und Ortiz 36ul; dbimages/ Amanda Ahn 132ol, /Allen Brown 206o, /dbtravel 197ur, /Roy Johnson 289o; Kinn Deacon 27or; Design Pics Inc/Axiom/Richard Maschmeyer 295ol, /Destinations/Richard Cummins 25or, /Destinations/Stuart Westmorland 52ul; directphoto.bz 47ur; Reinhard Dirscherl 31or; Douglas Peebles Photography/ *Wandgemälde im Museo Alhondiga de Ganaditas, Guanajuato* von José Chavez Morado © DACS 2020 198ul; dpa picture alliance/Jesús Alvarado 54mr; Daniel Gustavo Apodaca Duron 178 – 179u; John Elk III 285om; Richard Ellis 53ur, 214 – 215u, 219ol, 274or; Esdelval 217ur; Everett Collection Inc/CSU Archives 117mro; Eye Ubiquitous/Nick Bonetti/*Traum eines Sonntagnachmittags im Park Almeda Central* von Diego Rivera © Banco de México Diego Rivera Frida Kahlo Museums Trust, Mexico, D.F./ DACS 2020 88u; Eye Ubiquitous/Nick Bonetti 202ur, 205ur, 263o; Michele Falzone 45ur; Tiago Fernandez 238 – 239o; FineArt 117or; Robert Fried 205mlo; Eddy Galeotti 30ol; Scott Goodno 151or; Paul Christian Gordon 119ml; Diego Grandi 83um; Granger Historical Picture Archive, NYC 59or, 62o, 62mru, 117mu; Leigh Green 168ul; Jeff Greenberg 107or; Jeffrey Isaac Greenberg 5 87ur; Luis Gutierrez/NortePhoto. com 179ur, 185o, 187ur; Pedro Gutierrez 8mlu; ML Harris 236ul; Andrew Hasson 128mru; Have Camera Will Travel | Central & South America 77om; hemis.fr/Leroy Francis 220u, /Franck Guiziou 182ml, /José Nicolas 105ur, /Paul Seux/ Museo de Arte Moderno/*Las Dos Fridas* von Frida Kahlo © Banco de México Diego Rivera Frida Kahlo Museums Trust, Mexico, D.F./DACS 2020 108ol; Hi-Story 62mr; David Hilbert 140ur; Simone Hogan 33mlo; Keith Homan 53mro; Dave G. Houser 179mul; IanDagnall Computing 57or; Image Professionals GmbH/Franz Marc Frei/*La Giganta* von José Luis Cuevas © DACS 2020 86ur; imageBROKER/Oliver Gerhard 41ur, /Knut Hildebrandt 238um, /Stefan Kiefer 46u, /Horst Mahr 248u, /Martin Siepmann 223or, /Vision 21 32ul, 42mro; Independent Picture Service/A. A. M. van der Heyden 57mlo; Anton Ivanov 43o, 120 – 121o, 123ur, 241o; JeffG 133mru; Jon Arnold Images Ltd 145or, /John Coletti 60or, 82 – 83o, /*Glasmalerei im Castillo de Chapultepec* von Dr. Atl aka Gerardo Murillo © DACS 2020 108 – 109u; Bjanka Kadic 36 – 37o, 101ur, 117ol, 118o, 125or, /Diego Riveras Atelier und Haus – Museo Casa Estudio Diego Rivera y Frida Kahlo, San Ángel, Mexico City © Banco de México Diego Rivera Frida Kahlo Museums Trust, Mexico, D.F./DACS 2020 119ul; Chon Kit Leong 80ur; Melvyn Longhurst 77mo, 294ml; Craig Lovell/Eagle Visions Photography 47or; Elijah Lovkoff 12o; M&N 63ol; M.Sobreira 101mru; Alain Machet (4) 246ul; © Marco/ASK Images 54ml; Marshall Ikonography 302 – 303o; Richard Maschmeyer 255ur; Angus McComiskey 22ul, 289ur; Mehdi33300 234 – 235o; Cathyrose Melloan 227ol; Margaret Metcalfe 83mru; Robert Meyers 280; John Mitchell 46ol, 110ml, 156mr, 170um, 269ur; J.Enrique Molina 145ur, 241mro, 248ml; Mostardi Photography 295mo; National Geographic Image Collection/Richard Nowitz 212ol; Nature Picture Library/Jack Dykinga 34mlo; Niday Picture Library 60mlu; Ai Nishino 236or; Luc Novovitch 181ur; Frank Nowikowski/ *Glasmalerei* von Leopoldo Flores 160o; Brian Overcast 28mr, 58mlo, 63mro, 141mro, 145mro, 210ul, 212 – 213u, 215or, 229ur, 238mlu, 255o, 270ul; David Parker 85ur; Pascopix 204 – 205o; Stefano Paterna 308 – 309o; PhotoBliss 145ur; Pictorial Press Ltd 60ur; The Picture Art Collection 60ol, 221mu (La Catrina); Marek Poplawski 188 – 189u; Prisma Archivo 57ur, 58ur, 61ur, 235or; Radius Images 22o; Alberto Sibaja Ramírez 55or; Bernardo Ramonfaur 49mru,

59mlu; Stefano Ravera 287or; Robertharding/ Wendy Connett 51or, /Christian Kober 40 – 41o, 48ul, 158 – 159u, 208ur, /Kim Walker 237o; Emiliano Rodriguez 143mro; Marcelo Rodriguez 216o; Eduardo Fuster Salamero 144 – 145u; Chico Sanchez 142ml; Schoening 292ul, 292 – 293u, 293ol; David Shaw 264mr; Mirosław Skórka 265ul; Witold Skrypczak 171u; Jonny Snowden 21o, 276 – 277; Jan Sochor 55mlu, 221mo, 239ur; Kumar Sriskandan 286or; Lee Karen Stow 49ul; Egmont Strigl 143o; Keren Su/China Span 54mru; Hiroko Tanaka 90ur; Darren Tierney 280 – 281u; TMC images 253or; Travelpix 104ur; Jane Tregelles 282o; Nathan und Elaine Vaessen 184ul, 310 – 311; Lucas Vallecillos 11mr, 12mlu, 33ur, 43ml, 84u, 89ol, 120ul, 130u, 199u, 219or; Ivan Vdovin 186o; John Warburton-Lee Photography/David Bank 70, 112 – 113; Judy Waytiuk 287mr; Jim West 48 – 49o; Xinhua/Rong Hao 26ol; Zoonar GmbH/Konstantin Kalishko 297ml; Bosiljka Zutich 83mlu; Александар Тодоровић 55mru.

Bridgeman Images: 58 – 59o.

Depositphotos Inc: Naticastillog 109ml.

Dreamstime.com: Adeliepenguin 51mlo; Adfoto 238mro; Atosan 68m, 72 – 73; Florian Blümm 55mro; Boggy 225u; Byelikova 13ur, 162ul; Richie Chan 285ur; Kobby Dagan 32 – 33o; Igor Dymov 270 – 271u; Eddygaleotti 86ol, 244 – 245o; Marc Elicagaray 152mlu; Esdelval 208o; Alexandre Fagundes 93ur; Frenta 287u; Gerasimovvv 290 – 291u; Diego Grandi 95ur, 106u; Sven Hansche 31ol; Tim Hester 34or; Pablo Hidalgo 283ur; Vlad Ispas 41ml; Javarman 30or, 275u; Denis Kabanov 169o; Liliya Kandrashevich 22mr; Ivan Kokoulin 218ul; Jesse Kraft 51mru; Jesus Eloy Ramos Lara 155u; Chon Kit Leong 79mru, 82mru; Lev Levin 266 – 267o; Bartosz Luczak 56mlu; Lunamarina 27mlo; Nailotl Mendez 206ul; Borna Mirahmadian 82ul; Marketa Novakova 80 – 81o; Oksanaphoto 44ul; William Perry 94ul; Boris Philchev 297ur; Nadezda Rabtsevich 154ol; Leon Rafael 144mro; Massimiliano Rastello 35u; Rightdx 4; Sapientisat 268o; SimonDannhauer 34ul; Cristina Stoian 153or; Enrique Gomez Tamez 39or; Aleksandar Todorovic 111ur, 128ul, 249or; Mike Van 13mr; Cinar Yilancioglu 304 – 305u.

Getty Images: 500px/Mary Frisbee 251mr; AFP/Luis Acosta 101um, /Patricia Castellanos 50u, /Hector Guerrero 54mlo, /Ulises Ruiz 221o, /Ronaldo Schemidt 53ml; Bloomberg/Susana Gonzalez 58mlu; Corbis News/John Gress 101mlu, 102ul; De Agostini Pictire library/DEA/Biblioteca Ambrosiana 61o; G. Dagli Orti 56o, 57mlu; Design Pics/Carlos Sanchez Pereyra 256ul; DigitalVision/Jeremy Woodhouse 8ml, 17ul, 164 – 165; DigitalVision Vectors/ZU_09 58ol; EyeEm/Tarik Lebbadi 42u, /Elijah Lovkoff 194o;

EyeEm Premium/Luis M. Cortes Sánchez 17o, 136 – 137; Glow Images 254ur; Andrew Hasson 117mlo, 117mru; The Image Bank/John Elk 24 – 25mo, /Gerard Soury 45ml; In Pictures/Phil Clarke Hill 52 – 53o; JohannesBluemel Photography 12 – 13u; LatinContent Editorial/Pedro Martin Gonzalez Castillo 54mru, /Leopoldo Smith Murillo 22mru; Lonely Planet Images/Richard Cummins 24ol, /Witold Skrypczak 20mu, 257ol, 258 – 259; Horst Mahr 303mro; Medios y Media/Adrián Monroy 55ol; Moment/Marco Bottigelli 296 – 297o, /Wendy Connett 56ur, /fitopardo.com 134 – 135, 252 – 253u, /Sergio Mendoza Hochmann 125ul, /Jia Liu 228mlo, /Hagens World Photography 239mu, /M Swiet Productions 30 – 31mo, /Gabriel Perez 221mu, /Photo by Rafa Elias 55mlo, /Maria Swärd 26or; Moment Open/© fitopardo.com 27ol; Michael Nolan 39ur; Perspectives/Greg Vaughn 18o, 174 – 175; Photodisc/Gonzalo Azumendi 148o; Sollina Images 38or; Stockbyte/Ivy Reynolds 239ul; Stone/Andrew Peacock 25ol; Stone/Livia Corona 221um; ullstein bild Dtl. 60mro; Universal Images Group/Eagle Visions Photography/Craig Lovell 221mu (Pappmaschee), /Education Images 39ml, /Jeff Greenberg 100 – 101o, 103o, 104o; Westend61 13o 44 – 45o.

iStockphoto.com: : Orbon Alija 69u, 96 – 97; arielcione 8 – 9u; Arturogri 273ur; Benedek 132 – 133u, 140 – 141o, 242o; E_Rojas 128 – 129; E+/Bluebird13 131om, /Ferrantraite 6 – 7, 10 – 11u, 11o, 19u, 172 – 173u, 190 – 191; ferrantraite 201ol, 224o; holgs 11ur, 182o; Indigoai 152 – 153u; jejim 179mru; Jessica Pichardo 155or; Nathan Kelly 85ol; lenawurm 145mr; Peter Marik 8mlo; Arturo Peña Romano Med 35o; mehdi33300 202o; mofles 298ul, 298ur; Moment Open/Matt Mawson 10mlu; OGphoto 35mr, 304ol; Pe3check 308ul; Sepp Puchinger 245or; Laura Ragsdale 250o; Redtea 161ur; segarza 180 – 181o; SL_Photography 2 – 3; sorincolac 300 – 301u; Starcevic 16m, 64 – 65; Stockcam 57ol, 78 – 79u.

Mary Evans Picture Library: Iberfoto 178ul.

Nestlé Chocolate Museum – Rojkind Arquitectos: Paul Rivera 43mru.

Odd Society Spirits – Katharine Manson Communications: Cause And Affect 50 – 51o.

Robert Harding Picture Library: Rodrigo Torres 222 – 223u.

Shutterstock: Anne Czichos 123ol; EPA/Alejandro Zepeda 40ul, Granger 62ul.

SuperStock: www.agefotostock.com/Vojtech Vlk 264 – 265o.

Mexiko

(Map)